KB071491

# 생활지도학개론

박성수 · 김영근 · 김장회 · 임효진 · 유현실 · 최윤정 · 김봉환 · 정애경
박민지 · 김용태 · 반신환 · 남상인 · 김계현 · 김인규 · 박재황 공저

INTRODUCTION TO GUIDANCE AND COUNSELING

학지사

헌사

우리의 젊은 날
삶의 꿈과 용기를 길러 주신
우리의 큰 스승
青南 鄭元植 博士님께
우리의 존경과 감사와 함께
삼가 본서를 헌정합니다.

집필자 일동

## 머리말

생활지도는 인간의 삶과 행동을 의미 있게 향상시키는 교육활동이다. 생활지도학은 인간의 행위와 생활을 의도적으로 성숙시키는 교육활동을 통합적으로 서술하고 설명하는 체계화된 과학이라고 간단하게 말할 수 있다. 인간의 활동과 생애는 인류의 오랜 역사를 거치며 정련된 전승과 깊게 관련되어 있다. 과학적 방법으로 연구를 하여도 그것으로 인류의 오랜 생활 관습이나 개인의 습관적 움직임을 모두 설명하기에는 부족한 것이 대단히 많다. 인류의 전승과 과학의 방법이 모두 담겨진 것이란 정신문화의 전통과 과학적 연구의 결과가 한 자리에서 만나 하나로 융합될 때 가장 큰 쓸모가 있다.

생활지도를 하나의 융합학문으로 성숙시키려는 의도가 이 책을 탄생시키게 하였다. 생활지도학은 교과지도학과 교육행정학과 함께 교육학의 삼각다리의 하나이다. 실천으로서 교육이나 학문으로서 교육학은 생활지도나 생활지도학이 없이는 제 역할을 바르게 할 수 없다. 생활지도와 교과지도와 교육행정이 하나로 움직일 때 교육은 제 궤도에서 이루어질 수 있다. 그럼에도 불구하고 생활지도가 학문적으로나 실제적으로 제대로 이루어지고 있지 못한 오늘의 현실을 조금이라도 바로잡아 보려는 필자들의 마음이 오늘 이 책을 세상에 내놓게 하였다.

본래의 계획은 우리나라 교육계의 대원로인 서울대학교 명예교수 정원식 전 국무총리의 미수 기념으로 출간할 예정이었다. 필자들의 사정으로 여럿이 교체가 되고 또한 원고 집필이 지연되었기 때문에 뒤늦게 책이 나오게 된 것을 송구스럽게 여기고 있으면서도, 또한 지금이라도 이렇게 새로운 시야를 넓혀 주는 책이 출간된 것은 우리 모두의 기쁨이라고 생각한다. 생활지도를 하나의 융합과학으로 발전시키려는 본 『생활지도학개론』은 우리나라 교육계의 앞날을 위한 디딤돌이 되리라고 굳게 믿는다. 생활지도를 융합 학문으로 발전시켜 교육현장에서 또한 교육정책 설계에서 그리고 삶의 현장 여러 곳에서 자주 읽고 많이 참조하는 생활지도학의 세계가 펼쳐지기를 기대한다. 집필자가 교체되고 원고 마감이 지연되는 등의 어려움 속에서 집필과정을 챙겨 준 유현실 교수에게 감사드린다. 끝으로 이 책의 출간을 위하여 물심양면으로 지원해 주고 격려해 준 학지사 김진환 사장님과 편집과 교정을 위하여 수고한 출판부 이세희 선생님에게 깊은 감사를 드린다.

2019년 7월 1일
대표 집필자
박성수 배상

차례

# 제2부 학업과 학교생활의 지도

# 제5부 현대 생활지도학의 과제와 전망

# 생활지도학의 기초적 이해

생활지도 그 자체는 인류의 역사와 함께 시작되었다고 할 수 있다. 그러나 학문으로서의 생활지도. 즉 생활지도학은 20세기 인류 문명의 발전과 인간 생활의 급격한 변화에 따른 혁명적 학교교육 발전의 산물이다. 교육의 비약적 발전. 직업의 폭발적 분화. 가정의 교육적 기능 약화 등으로 인하여 학교에서 이루어지는 생활지도의 영역은 학교생활의 지도뿐만 아니라 가정생활과 직장생활까지 포함하는 범위로 확장되었다.

제1부에서는 먼저 생활지도의 기초 개념을 알아보려고 한다. 인류의 오랜 역사에 담겨 있는 생활지도의 의미와 함께 교육을 중심으로 한 생활지도를 자아실현 중심으로 살펴본다.

인간발달에 대한 과학적 연구들을 종합적으로 살펴봄으로써 태어나서 노인이 되기까지 인간이 어떻게 성장하고 성숙하는가를 고찰할 것이다. 생활지도가 전 생애의 과제임을 보여 주는 인간발달과 함께 학교의 생활지도를 이해하기 위한 중요 사항들을 살펴보고자 한다.

제1장 **생활지도의 기초 개념**

이 장에서는 생활지도가 삶으로서 자연스럽게 이루어지는 것에서부터 교육으로서 의도적인 목적을 가지고 실천하는 것을 먼저 살펴본다. 그리고 학문으로서 생활지도학이 융합과학 또는 종합과학의 특성을 가지고 있음을 밝힌다. 끝으로 생활지도가 무슨 과제를 수행하는지 구체적인 역할을 간략하게 설명함으로써 밝히고 있다.

## 1. 생활지도의 의미

"생활지도란 무엇인가?"

생활지도를 대학의 정규 교과목으로 강의하고 『생활지도의 원리와 실제』라는 교과서를 우리나라에서 최초로 저술한 학자는 정원식이라고 볼 수 있다. 그는 생활지도를 "사람이 일상생활에서 당면하고 여러 가지 문제를 자력으로 해결함으로써 건전하게 성장 발달할 수 있도록 도와주는 봉사활동의 과정"(정원식 외, 1962)이라고 하였다. 그는 자신의 책에서 생활지도를 성격발달, 학업발달, 직업발달의 세 영역으로 나누고, 인간의 성장·발달을 도와주는 것이 생활지도임을 밝혀 우리나라의 생활지도학에 방향을 정립하는 역할을 하였다고 평할 수 있다.

여기서는 생활지도가 삶으로서, 교육으로서, 학문으로서 어떤 의미가 있는가를 먼저 정리해 보려고 한다. 학교, 가정, 일터 등 각 영역에서의 실제 생활지도는 뒤에 이어지는 장들에서 상세하게 살펴볼 것이다.

## 1) 삶으로서의 생활지도

문명 세계에 사는 사람의 행동은 오랜 기간에 걸친 학습을 통해 습득된 것이다. 본능적 행위라고 여길 수 있는 행동들, 예를 들면 먹고 마시는 일이나 용변습관 같은 행위도 사회학습의 과정을 거치며 학습한 것이다. 의도나 계획을 가지고 가르치려는 노력을 전혀 하지 않아도 문명 세계의 일상적 생활을 통해서 '자연스럽게' 학습되고 있으나 대단히 중요한 의미를 지닌 행동습관이다. 일상적 활동 그 자체가 교육하는 힘을 가지고 있기 때문에 기본 생활에 필요한 대부분의 행동 유형은 삶 속에서 형성된다.

삶으로서의 생활지도란 일상적 생활 그 자체가 생활에 필요한 기본 행동을 길러 내는 현상을 가리킨다. 생활에 꼭 필요한 필수적 행동 유형을 습득하지 못하면 인간은 가정, 학교, 일터 등 모든 생활 영역에서 큰 어려움을 겪게 된다.

일상적 삶을 통한 생활지도가 성공적으로 이루어지려면 삶에서 부단한 노력을 하여야 한다. 능동적으로 살아가는 행동 유형을 기르기 위하여 배우고 습득해야 할 행동을 동기화, 구조화, 의미화하는 활동이 요구된다.

### (1) 동기화

사람은 생존하기 위해 필요한 간단한 행동을 학습하는 데에도 오랜 기간이 걸린다. 우리나라 사람인 경우 태어나서 숟가락과 젓가락을 사용하여 식사를 하기까지 여러 해 동안의 노력이 필요하다. 사소하게 보이는 행위 하나하나가 모두 반복되는 학습 과정의 산물이다. 사람이 살아가는 일은 결국 이 학습의 과정과 밀접하게 연결되어 있다.

학습의 과정에는 실패와 좌절이 있다. 목표가 성취될 때 환희가 있는 반면 욕망이 좌절될 때 분노나 적개심이 생길 수 있고 낙담과 절망이 뒤따를 수도 있다. 성장의 과정에서 실패와 좌절, 분노는 피할 수 없는 인간의 현실이다.

사람에게는 실패와 좌절이 반복되는 현실에서 살아남고 더 나아가 성장하고 발달하는 행동의 습관을 학습하는 것이 필요하다. 한편, 실패나 좌절을 그 사람의 잘못된 생각이나 감정, 현실에 맞지 않는 행동에 기인한다고 믿는 경향이 있다. 그래서 잘못된 점을 고치려고 하고, 잘못을 고치지 않는 것은 그 사람의 과오라고 믿는 경향이 있다.

하지만 실제 상황을 면밀하게 관찰하면 실패한 사람의 과오보다는 그가 목표를 잘못 설정한 것이 좌절의 큰 원인이 되고 있음을 쉽게 발견할 수 있다. 성취가 현실적으로 가능할 뿐만 아니라 적정 수준의 노력을 하면 달성되는 목표를 설정하는 것이 동기부여의 기본이다. 일상적 활동에서 목표 달성을 거뜬히 이루는 일이 결국 동기화의 출발이라고 하겠다.

인간의 욕망은 신체적 욕구에서 시작되지만 점진적으로 심리적 욕구·경제적 욕구 등으로 확대되고 커지고 성장한다. 사다리에 한 계단 위에 또 한 계단이 있는 것처럼 인간의 욕구에도 위계가 있다는 것이 매슬로(A. Maslow)를 비롯한 행동학자들의 견해이다. 현실 세계의 사람들이 가지고 있는 욕구들을 보면 신체적 욕구, 심리적 욕구, 생계와 경제적 욕구, 정치적·사회적 지위와 명예의 욕구, 환경과 세계에 관련된 인지적 욕구, 시간과 공간을 초월하는 영적 욕구가 단계적으로 드러남을 알 수 있다. 한 단계의 욕망에서 다음 단계의 욕망으로 넘어갈 때 이를 가로막거나 후진하여 되돌아가게 하는 환경적 요인과 심리적 기제들이 있는데 이것들을 묶어서 성장의 방해벽이라고 부를 수 있다.

동기화는 성장의 방해벽을 극복하고 성취와 좌절의 두 극단적 지점을 조절하여 자신의 발달과업을 계속적으로 이루어 가는 일이다. 사람이 산다는 것은 곧 움직인다는 의미이다. 그리고 움직이면 변화가 이루어지게 마련이다. 요람에서 나와 무덤에 이르기까지 인간은 자아를 개발하여 성숙의 단계를 높여 가는 존재로 끝없이 자기 변화를 꾀하며 살게 된다.

삶으로서 생활지도는 결국 자연스러운 일상적 활동을 통하여 사람이 자기 욕망을 충족시키는 행동습관을 학습하고, 계속 변화되는 현실적 요구에 슬기롭게 대응하여 자기 자신의 성숙을 이루어 가는 능력을 습득하는 것을 가리킨다. 이러한 생존과 성숙의 동기를 삶에서 자연스럽게 터득할수록 그 사람은 그만큼 더 성숙하고 만족스러운 삶을 살게 될 가능성이 높아진다고 하겠다.

### (2) 구조화

국어사전에서는 구조화를 "심리 과정 또는 의식 내용이 상호작용하여 통일적 조직을 형성하는 일"이라고 설명한다. 구조는 조직화 내지 얼개를 짜는 일이기도 하지만 경계선을 설정하고 그 경계선을 지켜 가는 것을 가리키는 일이기도 하다. 인간의 삶은 구조화되지 않으면 무질서와 혼돈으로 빠지게 된다. 구조가 무너지면 사람은 아무것도 할 수 없게 된다. 인간이 원시적 본능을 충족시키기 위한 최초의 행동을 하고 만족을 얻기 시작하면서 함께 학습하는 것이 시간과 공간에 관한 지식이다. 밤에 잠을 자고 낮에 움직이는 것, 밤과 낮을 구별하는 것이 사람이 최초로 구조화하는 일, 시간이라고 할 수 있다.

잠을 자는 일만 아니라 먹고 마시고 씻고 하는 일도 시간의 질서 속에서 진행된다. 시간의 흐름에 따라 일정한 경계선을 설정하고 잠자는 시간, 먹는 시간, 몸을 씻는 시간, 노는 시간 등으로 구획 짓는 것이 시간을 구조화하는 것이라고 할 수 있다. 초기의 시간 구조화는 시간 단위나, 하루/일주일을 기준으로 이루어지겠지만 계절이나 각종 절기 또는 기념일 등을 주기로 삶의 활동들이 반복적으로 이루어진다. 성취하려는 목적에 따라서 시간의 길이가 다르게 요구되고 결국 시간의 구조화는 1년이나 5년 또는 10년 이상처럼 장기적으로 이루어질 수도 있다.

시간이 요구하는 행위가 다른 것처럼 장소 내지 공간이 요구하는 행위도 공간의 특성에 따라서 달라진다. 공간의 구조화는 공간이나 장소에 경계선을 설정하고 그 장소가 요구하는 행동을 하도록 하는 것을 가리킨다. 잠을 자는 곳, 식사를 하는 곳, 몸을 씻는 곳 등과 같이 문명세계의 사람들은 장소에 따라 할 수 있는 행동이 지정되어 있다. 장소의 개념이 시간의 개념과 어우러지면 구조화는 상황에 따라서 인간에게 요구되는 행동을 다르게 만들어 낼 수 있다. 시간과 공간 그리고 상황을 구조화하는 일은 자연스러운 일상적 활동에서 사람들이 사회화/문화화 과정을 거치며 '무의도적으로' 학습하는 것이라고 볼 수 있다.

구조화가 되어야 할 것은 시간과 공간 이외에도 다른 많은 것들이 있다고 하겠다. 사물도 구조화되어야 하고 인간관계도 구조화되어야 할 것 같다. 그중 행동의 구조화는 삶으로서의 생활지도에서 가장 중심에 있다. 어떤 행동은 어떤 상황에서도 변함없이 요구되는 것이다. 어느 장소 어느 시기에도 한결같이 해야 하는 행동은 대체로 사회적 규범으로 오랜 전통이 되어 있다. 반면 특정 행동은 어떤 상황에서도 금지되는 것이 있다. 어느 사회나 금기시하는 행동이 있고, 그렇기 때문에 행동을 구조화하고 일정한 행동의 경계선을 분명하게 설정하게 된다.

어떤 행동은 해야 하고 어떤 행동은 하면 안 되는가를 명확하게 지정하고 그 행동의 경계선을 정해서 창조적이고 건설적인 방향으로 행동이 이루어지도록 하는 것이 행동의 구조화를 통해서 성취할 목적이다. 그런 행동의 구조화 역시 가정에서 아주 자연스러운 일상적 활동을 통해서 출발한다.

### (3) 의미화

많은 행동학자들이 인간을 쾌락을 추구하는 존재로 본다. 프로이트(S. Freud)의 정신분석은 인간이 쾌락을 추구하는 존재로 규정하는 대표적 이론이다. 그러나 실제로 인간의 삶을 관찰하면 사람이란 쾌락을 추구하는 만큼 권력이나 재물이나 명예 등 다른 것을 추구함을 발견할 수 있다. 아직 성숙하지 못하고 발달 과정에 있는 인간은 쾌락을 추구하는 여러 가지 행동을 하고 있을 수 있다. 어린아이와 달리 충분히 성장하여 발달이 정점에 도달한 사람은 가치와 의미화가 인간의 생활에서 가장 중요하다고 주장한다. 인간을 의미를 추구하는 존재로 규정한 대표적 학자는 프랭클(V. Frankl, 2006)이다.

그는 나치 치하 유태인 수용소에 갇혀 고난에 처한 사람들을 관찰하면서 자신의 이론을 정립하였다. 프랭클은 고통과 죄책감, 죽음의 비극이 수용소의 유태인들을 겹겹으로 둘러싸고 있는 중에도 낙관적으로 존재하고 살아가는 사람들의 힘이 어디에서 나오는가 질문하였다. 그리고 그는 생명의 역동적 힘이 바로 의미를 발견하는 데 있음을 주장하였다. 어떤 이는 삶의 가치를 학문적 진리 추구, 윤리적 선행, 예술적 아름다움을 창조하는 것에 두기도 한다. 수도자들은 종교적 거룩함을 위하여 자신의 모든 것, 심지어 생명까지도 희생한다. 가치로운 것, 보람을 느끼는 것을 위하여 자신을 던지는 사람들은 쾌락을 추구하는 사람들에게서 발견할 수 없는 용기와 열정을 가지고 있다.

사람의 삶은 다른 사람은 물론 세계와 인류, 자연과 문화, 역사와 우주에까지 연결되어 있다. 사람이 성장하며 다른 사람에게서 발견하는 의미의 깊이는 인간관계의 깊이를 더 한다. 깊은 인간관계를 지속적으로 발전시키기 위해 그 관계 속에서 발견하는 의미가 있어야 한다. 그런데 의미란 사물이 존재하는 것처럼 어떤 형태를 가지고 존재하는 것이 아니라 추상화된 표상을 개인이 창조하는 것이다. 다른 사람들이 수없이 많은 반복을 되풀이하며 동일하게 깨닫게 되는 의미라고 하여도 개인 자신의 경험 세계에서 처음으로 그 의미를 발견하는 사람에게는 전혀 새로운 것을 창조하는 과정이다. 의미를 창조하고 가치를 발견하는 경험을 되풀이하면서 사람은 의미화하는 능력을 기르게 된다. 사소한 자신의 행동에서 의미를 발견할 수도 있고, 아무런 가치도 없는 사물에서도 우주적 진리를 발견할 수 있다. 그렇게 의미를 발견하는 삶은 자연스럽게 장기적 목적, 세계와 인류의 보편적 가치에까지 이어질 수 있다.

삶으로서의 생활지도에서 동기화, 구조화, 의미화가 이루어지기 시작하여 어느 수준의 발달이 성취되면 사람은 스스로 목표를 설정한다. 그리고 그것을 달성하기 위해 자신의 활동을 선택하고 획득한 목표를 음미하고 평가하여 삶을 만족하는 능력을 갖추게 된다. 이렇게 사람이 생존하고 번영하기 위해서 기초가 되는 능력을 기르는 것이 삶으로서 생활지도이며 그런 기초적 토대를 마련하게 하는 것이 바로 동기화, 구조화, 의미화이다. 그런데 모든 여정은 중도에 끝나지 않고 인간이 생존하는 동안 지속적으로 발달하는 인간의 삶 그 자체의 과정이라고 하겠다.

## 2) 교육으로서의 생활지도

교육은 가르치고 기르는 것이며 지향이 있다. 민주주의 국가에서 교육은 개인의 자아실현과 자아개발이 목적이다. 개인의 인권과 자유를 지키는 것이 국가 존재의 이유이기 때문이다. 교육으로서의 생활지도는 자아실현을 위해서 개인과 학교, 그 밖의 여러 교육기관이 의도적·계획적으로 일상적 활동 전체를 동기화하고 구조화하며 의미화하는 것을 가리킨다.

생활지도라고 하면 일본 군국주의의 잔재인 체벌이 흔하던 시기의 훈육과 혼동하는 경우도 있다. 훈육은 상벌 중심의 구시대적 지도 방법이다. 훈육만으로 인간의 자아실현을 지원한다는 것은 거의 불가능한 일이다. 또 현재 유행되고 있는 코칭이나 심리치료가 생활지도의 과정에서 특정한 문제를 해결하는 데 부분적 도움이 될 수는 있어도 인간의 자아실현을 위한 접근은 되지 못한다.

교육으로서의 생활지도의 목적은 대단히 광범하고 복잡하다. 그 대표적인 목적으로 인간발달의 촉진을 들 수 있을 것이다. 일반적 발달의 모든 영역에서 잠재 가능성의 최고 수준까지 끌어올리는 것이 생활지도의 목적이 될 수 있고, 신체적 발달, 심리적 발달, 사회적 발달 그리고 영적 발달 등이 생활지도의 목적이 된다. 생활의 여러 분야를 모두 포함하여 목적을 설정할 수 있다. 개인생활, 가정생활, 학교생활, 직장생활, 여가생활을 기쁘고 보람 있게 하는 것을 방향으로 설정할 수 있을 것이다.

생활 속의 여러 가지 활동을 통해서 발달은 이루어지고, 일상의 여러 영역에서 발달을 조정하고 주관하는 것이 바로 자아이기에 자아가 중심축이 되겠다. 그래서 자유민주주의를 신봉하는 모든 국가에서는 생활지도의 목적을 자아의 실현에 둔다. 자아실현이란 인간이 타고나거나 개발한 자기 자신의 가능성을 최고의 수준까지 현실 세계에서 구현해 내는 것을 의미한다. 개인에게는 개인마다 제각각 고유한 특성이 있고, 잠재되어 있는 개인 한 사람만의 유일한 능력이 있다. 드러나지 않은, 가능성으로 숨겨져 있는 개인의 고유한 능력을 발견하는 일은 교육으로서 생활지도의 중요한 과업이다. 즉, 생활지도는 유일한 개인의 고유한 자아를 발견하고 가능성을 선택하여 그것을 실현하는 일이다.

인간의 내부에 가능성으로서만 존재하던 능력을 밖으로 드러나게 하여 가능성이 현실이 되도록 하는 것이 자아실현의 특징이라고 하겠다. 그런 점에서 지식이나 가치처럼 외부 세계의 것을 자아가 받아들여 내면화하는 교과지도와 구별할 수 있다. 이 측면에서 보면 교과지도는 외부의 것을 내재화하는 것이고 자아실현은 내부의 것을 외현화하는 것이라 할 수도 있다. 자아실현은 개인 내면세계에 있는 잠재적 가능성을 찾아내고 음미하여 키우고 다듬어서 현실세계에서 그것들을 의미 있고 가치 있는 것으로 창조해 내는 것이다. 마치 광산에서 원석을 캐내어 빛나는 보석을 만들어 내는 과정과 비슷하다.

### (1) 자아의 발견

'나는 누구인가'

'나는 어디에 있는가?'

'나는 무엇을 하고 있는가?'

이 질문은 사람들이 수시로 던지는 질문 가운데 몇에 불과하다. 이것의 의미는 다음과 같다. 첫째, 이 질문은 참된 나는 누구인가라는 맥락에서 '참 나'를 찾는 것이다. 둘째, 이 질문은 내가 과거에서 미래를 잇는 긴 시간 연속선상에서 어디에 있으며 삶의 공간으로서 세상의 어디에 있는가를 묻는 것이다. 셋째, 이 질문은 행위와 삶의 현실에 관한 것이다. 지금 여기에서 내가 하고 있는 활동에 대한 구체적 내용을 직시하게 하는 질문이다.

이러한 질문은 자아 발견 초기 단계에서 유용하게 활용될 수 있다. 이 질문에 대한 대답을 찾는 노력과 함께 구체적으로 적성, 흥미, 지능, 성격 등에 대한 객관적 이해가 필요하다. 각종 표준화검사나 투사검사들은 개인의 능력이나 특징이 집단 내 어느 위치에 있는, 자신 안에 고유하게 존재하는 자아의 특성이 무엇인지 알려 줄 수 있다. 사람이 스스로의 신체적·심리적·사회적·영적 특징 따위를 어느 정도 이해하고 있으면 자아를 정확히 이해하는 데 큰 도움이 된다.

그러나 그러한 이해만으로 참된 자아를 모두 발견하였다고 하기는 어렵다. 자아 가능성의 영역은 대단히 많으며, 현실세계의 복잡성은 무한하다. 세계가 나에게 제공하는 기회는 대단히 많고 자아의 잠재된 가능성의 발견은 곧 복잡한 세계 속에서 방향을 찾아가는 필요에 직면한다.

자아의 참된 의미를 발견하고 자아의 가능성을 찾는 것은 자아의 발견에서 최종적으로 중요한, 목적을 찾아내는 일의 선결조건이다. 여행을 하려면 행선지를 먼저 정해야 하지만 사람이 삶의 목적을 발견하는 것은 간단한 과제가 아니다. 사람이 성취하고자 하는 욕망은 하나가 아니며, 자아가 바라는 삶의 목적은 여러 가지이다. 사람이 자기 자신의 자아의 특성과 이 세상이 제공하는 기회 사이의 역동적 상호작용 속에서 어떤 목적을 이루며 살아갈지 찾아내는 것은 어렵다고 해도 피할 수 없는 삶의 현실이다.

### (2) 자아의 결정

가능성을 모두 다 개발하는 것은 현실적으로 가능하지 않기 때문에 그 가운데서 우선순위를 정하여 현실화해야 한다. 선택의 과정을 여러 단계 거치면서 점차 최종선택을 위한 소수의 선택지로 가능성을 좁히는 것이 도움이 된다. 예를 들면, 직업이나 학과 같은 것들이 단순히 자료일 때에는 수백 가지에서 출발할 수 있다. 그러다 그것을 50가지로, 다시 30가지로, 또다시 10가지로 줄일 수 있다. 최종적으로 다섯 가지 정도로 만들어 여러 기준으로 평가하고 분석하는 작업을 반복할 수 있다.

그리고 단 한 가지만을 선택하는 마지막 결정을 하게 된다. 비슷비슷한 매력을 지닌 소중한 것들을 포기하고 단 하나를 선택하는 것은 쉬운 결단이 아니다. 선택과 결정은 최선의 것을 위하여 차선의 것을 포기하는 일이다. 최선의 것도 선택하고 차선의 것까지도 포기하지 않으려 하면 사람은 아름다운 인생의 삶을 조각해 나가기 어려울 수 있다. 자아실현의 아름다움은 최선의 것을 위하여 차선의 것을 포기할 때 이루어진다. 인생이란 아쉬움을 뒤로 하고 포기할 것을 깨끗하게 포기할 때 인간의 삶은 아름다워질 수 있는 것이다. 최선의 것 하나만을 선택하고 차선의 것 이하의 모든 것을 포기하는 것을 가리켜 지아실현의 비극적 아름다움이라고 부를 수도 있을 것 같다.

자아의 선택과 결정은 최종적으로 도착하는 지점에 있는 자아상을 사전에 분명하게 설계하고 그려 보게 될 때 보다 용이하게 된다. 유대교의 랍비들이 신도들을 상담하고 최종적 문제해결책을 제시하는 것을 '엣자(Etzah)'라고 부르기도 하는데 어원은 '나무'로, 그 뜻은 나무가 많은 열매를 맺게 하기 위하여 과수원지기가 나뭇가지가 햇빛을 더 잘 받도록 조절하는 것과 관련되어 있다고 한다. 미래에 최선의 결과를 얻기 위해 예측하고 선택하며 결정하는 일이 필요함을 뜻하는 말이라고 하겠다.

결정은 현재 하지만 그 성취는 먼 훗날 이루어지기 때문에 미래에 대한 예측이 필요하다. 최선의 열매를 위해 노력하는 과수원지기처럼 자아실현을 위한 길을 예견하고 그 길을 찾아내 결정하는 능력, 즉 앞을 멀리 내다보며 결정하는 것이 자아의 결정이다. 현대 선진국들은 50년, 500년 또는 그 이상의 장기적 변화를 예측하며 국가 계획을 수립하고 조정해 나간다. 개인의 삶에도 장기적 예측과 그 지원이 요구된다 하겠다.

선택과 결정에서 외부의 도움을 적정수준에서 받는 것이 유리하다. 현대에는 개인이나 직업, 교육, 능력 등에 대하여 헤아릴 수 없이 많은 전문적 정보와 지식을 가지고 있기 때문에 전문적 도움을 받는 것이 바람직하다. 그렇다고 해도 그것으로만 결정이 이루어지는 것은 아니다. 마지막 선택은 언제나 본인 자신의 몫이다. 외부의 자문이나 정보는 결정을 위한 참고자료일 뿐이다. 강요나 압력 또는 다른 사람의 의견에 따른 결정은 민주주의 교육, 생활지도에서는 적절하지 않은 일이다. 본인 자신의 자유로운 의사에 따른 자아의 선택만이 참된 자아의 결정이다. 자유의지에 따른 선택과 결정이 자아결정의 전제 조건이 된다고 하겠다.

### (3) 자아의 실현

개인은 자아의 잠재 가능성 중 자유의지에 따른 선택을 하여 현실의 세계에서 결정한 활동을 실천해 감으로써 미래의 모습을 창조해 나가게 된다. 가능성은 넓게 열려 있고 선택과 결정에 본인의 자유의지가 작용하지만 현실은 언제나 인간의 의지대로 움직이지 않는다. 현실에서 자아실현을 이루어 내기 위해 내포된 한계와 제약을 감수하면서 현실에 바탕하여 자아를 창조해야 한다. 현실은 우리에게 새로운 목표가 되기도 하고 자아실현의 경로를 차단하기도 하기 때문에 도전과 장애를 지혜롭게 관리해야 한다.

자아의 실현은 계속되는 도전과 방해를 극복하며 가능성의 최고 수준까지 한 단계, 한 단계 올라가는 일이라고 할 수 있다. 미개척지를 개척하는 것과 유사한 측면도 있고, 조각가들이 대리석에 작품을 조탁해 가는 과정에 비유할 수도 있다. 다른 사람이 걸어간 길을 뒤따라가면 되는 것이 아니라 아무도 가 보지 않은 곳에 새로운 길을 만들며 가는 일이라고 할 수도 있다.

그러므로 자아의 실현은 세계의 현실 속에서 사람이 자기 자신의 역사를 창조해 나가는 것이다. 더 높은 가치와 더 넓고 깊은 의미를 창조하는 새로운 세계를 창조해 가는 일이다. 그래서 언제나 자아의 실현은 자신과의 고독한 싸움에서 승리하는 사람에게 주어지는 것이다.

또 자아의 실현은 사회 공동체와 연결되어 있다. 창조와 자아실현은 시간적으로 역사성을 가지고 공간적으로 인류 보편의 이상과 연합될 때 더 깊은 의미를 지닌다. 가정, 학교, 직장, 나라, 민족, 세계, 인류와 연결되어 있는 자아실현과 창조가 더 큰 의미를 가지고 있다. 그러한 자아실현은 개인 한 사람의 노력으로 뿐만 아니라 공동체의 반응과 함께 이루어진다.

　세계적으로 탁월한 업적을 이루어 낸 체육인, 예술인, 과학자들의 생애를 분석해 보면 스승과 교육자의 역할이 중요하다. 첫 번째 단계에서는 즐기고 기뻐하는 애착 형성과 발달이 이루어진다. 이 단계에서는 놀이처럼 재미있고 호기심을 채워 주며 흥미진진한 경험을 안내하는 지도자나 교사가 있다. 두 번째 단계에서는 정열적으로 할 뿐만 아니라 끈질기게 끝까지 해 내는 헌신적 태도가 발달된다. 이 단계에는 가르치거나 훈련하는 한 가지 일에 혼신의 힘을 다하고 하나에 몰두하는 역동적 활력이 넘치는 교사가 있다. 세 번째 단계는 몰입 또는 삼매에 학습자가 빠지는 단계이다. 교사가 학습자와 함께 삼매경이나 몰입경에서 새로운 깨달음을 얻고 그것을 함께 다듬어 가는 과정이다. 학습자와 교사가 함께 새로운 역사를 창조해 나간다고 하겠다.

## 3) 학문으로서 생활지도

　자아실현을 위한 교육으로서 생활지도를 보면, 학문으로서 그것은 자아의 과학이 될 수 있다. 자아과학(self science)은 자아의 발달에서부터 출발한다. 자아의 신체적 · 심리적 · 사회적 · 영적 발달 등 발달에 관련된 과학적 연구가 자아과학의 기초가 된다. 아울러 자아의 환경과 상호 관계에 대한 과학적 연구도 기초가 된다. 특별히 가정, 학교, 직장은 자아와 대단히 밀접한 관련을 가진 환경이기 때문에 자아과학과 깊게 관련되어 있다.

　생활지도의 중심에는 성취하려는 목적이 있다. 성취 목적은 개인적 수준에서만 있는 것이 아니다. 자아는 이 세상과 연결되어 있기 때문에 자아의 개인적 · 가정적 · 사회적 · 보편적 영역의 목적이 균형과 조화를 이루게 된다. 특히, 국가적 차원에서 강조하는 목적의 성취는 현대사회에서 대단히 중요한 역할을 한다. 목적 선정이 개인의 결단에 달려 있다고 하더라도 목적 그 자체가 지니고 있는 의미는 복잡한 현실세계라는 맥락에서 발견되는 것이다. 현실세계에서 추구하는 가치를 강조한다는 측면에서 보면 생활지도는 가치의 과학이라고도 할 수 있다.

　실제로 생활지도는 상담이나 규칙 시행 같은 구체적 절차와 방법을 통해서 다루어진다. 사람에 따라 또 상담에 따라 임기응변이 필요한 영역이 생활지도이다. 기존의 방법으로 해결하기 어려운 문제들도 많이 있다. 그렇다고 새로운 방법의 연구개발을 기다릴 수도 없기에 적절한 방법을 임기응변으로 착안해 낼 수밖에 없다. 그런 점에서 생활지도는 응용과학 또는 공학이라고 할 수 있고, 아울러 예술이라고도 할 수 있다. 생활지도는 과학, 공학, 예술의 측면을 모두 갖추고 있다. 그래서 여기에서 학문으로서 생활지도의 의미를 융합학문에 두고 생활지도가 융합적 학문으로서 가지고 있는 특징들을 살펴보려고 한다.

### (1) 인과율과 자아과학

자연과학은 가설을 수립하는 긴 과정의 연구와 가설을 검증하는 실험, 관찰의 엄밀한 방법과 절차를 발달시켜 왔다. 과학적 연구방법과 절차를 거쳐서 법칙 또는 규칙 따위를 발견하면서 과학은 발전하였다. 그 법칙들이 일정한 문제 영역에 하나로 정연한 틀을 갖추면 그것들이 연합되면서 하나의 이론을 구성하게 된다. 그리고 이론들이 일정한 주제의 영역에서 통일체를 이루며 연합될 때 학문 또는 전문적 과학 분야를 구성한다. 이러한 자연과학의 전체적 흐름을 지배하는 논리의 체계는 아마도 인과율(因果律, causality)일 것이다. 인과율은 원인이 있기 때문에 결과가 생겨남을 가리키는 개념으로, 국어사전에서는 "모든 일은 원인에서 발생한 결과이고, 원인이 없이는 아무것도 일어나지 않는다는 원리"라고 서술하고 있다. 자연의 현상, 생명의 현상이 신비스러운 비밀에 감추어져 있었으나 인과관계의 과학적 탐구에 의해서 하나하나 그 신비를 벗게 되었다.

인간의 행동이나 생활도 자연과학적 인과율의 틀에서 많은 연구가 진행되어 왔다. 특히, 학습과 발달에 관련된 과학적 연구는 정밀한 지식을 제공하여 인간의 행동이나 생활을 '과학적으로 이해'하는 데 도움을 주었다. 인간의 두뇌, 생리현상, 질병 등에 대한 생물학적 연구도 인간의 신체적 문제들을 이해하고 해결하는 데 많은 기여를 하고 있다.

인간의 환경, 예를 들면 주택, 음식, 의복, 토양, 공기, 식수 등에 대한 것은 물론 자연, 지구, 우주 등이 인간의 성장, 행동, 생활에 주는 영향도 많은 과학적 연구를 통해서 밝혀 왔다. 자연과학적 연구는 계속 인간의 행동과 삶에 관련된 새로운 지식을 생산하고 그 지식을 인간의 복지를 위해 사용하고 있다.

인과율에 근거한 그 밖의 모든 과학적 연구는 자아과학으로서 생활지도의 기초가 되고 있다. 사회과학, 예를 들면 사회학, 경제학, 정치학, 문화인류학도 마찬가지로 자아과학으로서의 생활지도에 튼튼한 기초가 된다. 과학의 시대에 여러 학문들이 그러한 인과율에 따르는 지식을 발전시키기 위해 많은 노력을 기울이고 있다.

　물론 인간의 행동과 삶에는 인과율에 의해 설명하기 어려운 부분이 있다. 특히, 예술의 세계에는 과학의 법칙으로 설명하기 어려운 영역들이 있다. 역동적으로 움직이는 인간의 행동과 삶에는 인과의 규칙을 넘어서는 많은 현상들이 있다. 무엇보다도 국가의 발전을 경쟁적으로 시도하고 있는 현대 국가들의 노력은 국가의 목적을 달성하기 위한 여러 정책의 추진으로부터 나타나고 있다. 목적률이 지배하는 새로운 과학의 필요성이 점점 더 증가되고 있다.

### (2) 목적률과 자아과학

　인과율이 원인에 초점을 맞추는 관점이라고 한다면 목적률은 도달하려는 최종의 결과가 중심이다. 사람은 과거에 구애 받지 않고 미래에 이룩해 내겠다는 최종적 목표를 설정하고 그 목적을 달성하기 위해서 혼신의 노력을 하기도 한다. 원인에 의해서 밀려가는 힘이 있다면 목적에 의해서 끌려가는 힘이 있다. 자아실현에서 개인이 설정한 목적은 다른 무엇보다도 행동과 삶에 강력한 영향을 준다.

　사전에서는 목적률에 관해 "인간의 행위만 아니라 역사 과정이나 자연현상도 목적에 의하여 규정되고 이끌리어 가는 것"이라고 설명하고 있다. 목적률(目的律, teleology)은 목적이 행동이나 생활을 결정한다는 것을 기본 관점으로 삼고 있다. 목적이 변화되면 그에 따라 생활이나 행동이 변화되고, 가치 있는 목적이 그에 따라서 사람을 달라지게 한다는 입장이다.

　사람이 어떤 행동을, 무슨 원인 때문에 그렇게 하는지 알아내는 것도 중요함과 마찬가지로 개인이 그 행동을 통해서 궁극적으로 어떤 목적, 결과를 기대하는지를 분석하는 것도 중요하다. 많은 경우 행동 결과가 무엇이며 그것을 통해서 성취하고자 하는 목적이 무엇인가를 분석할 때 자아의 목적이 분명하게 드러날 수 있다. 그래서 자아과학에서는 인과율뿐 아니라 목적률도 지식의 형성과 발달에 또 다른 중요한 역할을 한다고 여긴다.

　자아과학에서는 자아가 의미를 부여하고 있는 목적의 세계를 이해하는 것은 물론 더 가치 있는 새로운 의미의 목적을 발견하는 일도 중요하다. 행동이나 습관을 바꾸려고 노력하기보다 목적을 바꾸는 것이 더 효과적이기 때문에 생활지도에서 나쁜 버릇 자체를 고치려고 하기보다 새로운 목적을 가지게 하는 것이 더 성과를 보는 경우가 있다. 행동을 바꾸려고 하지 말고 목적을 바꾸라. 목적이 바뀌면 모든 것이 달라질 수 있다.

개인 간의 차이는 물론 조직이나 국가 간의 차이도 설정한 목적에 따라서 크게 달라질 수 있다. 좋은 정책을 수립해서 추진하는 나라가 잘 발전하는 것은 그 정책에 담긴 옳은 가치들과 지속 가능한 목적을 설정하고 그 목적을 달성하기 위한 프로그램을 꾸준하게 추진하기 때문이다. 목적을 제대로 정해서 추진하지 못하면 조직은 쉽사리 무너진다. 개인이 하루하루 작은 목표를 이루어 마침내 꿈꾸던 최종적 목적을 달성하는 것은 그것을 향하여 지속적으로 흔들림 없이 움직였기 때문이다. 이런 이유 때문만이 아니라 자아과학의 전체 성격으로 보아서도 목적률에는 자아과학으로서 생활지도가 새롭게 접근할 필요가 있는 학문 구성의 논리가 되고 있다.

### (3) 융합과학으로서의 생활지도

자아과학으로서 생활지도는 이론 중심의 학문이라기보다는 생활 현장에서 순간순간 직면하는 현실을 다루는 실천적 영역에 초점을 둔 학문이다. 현실을 다루는 실천적 과정과 방법에 대한 실천이론과 처방적 지식(處方的 知識, prescriptive knowledge)을 제공하는 것이 자아과학으로서 생활지도라고 할 수도 있다. 실제적 문제에 대한 현실적 절차, 현실적 설명이 있을 때 자아과학으로서 생활지도는 제 기능을 하게 된다. 그렇기 때문에 학문으로서의 생활지도, 즉 생활지도학은 인과율적 지식, 목적률적 지식, 처방론적 지식을 모두 요구한다. 그래서 생활지도학은 통합적인 융합과학으로서 인과율과 목적률과 처방론이 조화와 균형을 이루면서 발전하는 학문이다.

생활지도학의 처방적 지식은 상담이나 검사 등의 분야에서 상당한 발전을 이루고, 철학, 사회학, 경제학, 정치학, 문화인류학 등이 목적률적 지식을 생활지도의 현실 속에서 생산하며, 인과율적 지식을 학습, 발달, 생리학 등에서 방대한 연구를 통해서 제공하고 있다. 다양한 지식들이 생활지도의 현실에서 검증되고 수정되고 보완되면서 생활지도학은 그 자체의 방대한 지식을 구축한다.

살아 있는 사람들의 이야기와 현실을 대상으로 하고 있는 생활지도는 학문으로서도 사람들의 삶을 탐구하고 있다. 새로운 삶을 통하여 더 성숙된 인간의 길을 가도록 안내하고 이끌어 주는 생활지도가 학문으로서, 제도로서 얼마나 발전되어 있는가는 그 사회의 발전을 가늠하는 척도가 된다. 집단이 중심이 되는 전체주의 사회에서는 자아과학이 발전되기 어렵다. 생존의 위협이 큰 사회에서 자아실현은 뒷전으로 밀려나게 된다. 개인의 자아 발견과 자아의 결정을 존중하는 자유민주주의 사회의 꽃이 자아과학으로서 생활지도학이라고 할 수 있다. 모든 개인의 자아를 존중하고 자아를 찾기 위해 힘을 다하고 자아의 결정을 최대한 격려하고 도와주고 자아의 실현을 축제로 여기는 사회에서 생활지도학은 더욱더 발전하게 될 것이다. 이러한 여러 가지 관점에서 볼 때 종합과학으로서 또는 융합과학으로서 생활지도학은 행동과 삶에 관련된 지식의 발견, 발견된 지식의 통합적 활용, 그리고 개인과 집단, 나라와 인류의 새로운 지평을 개척하는 시대적 과업을 맡고 있다고 하겠다.

## 2. 생활지도의 역할

생활지도란 삶의 현장에서 무엇을 하는 것인가? 개인의 자유의지에 따르는 선택과 결정을 존중하는 현대적 맥락의 생활지도가 있기 이전, 전체주의 국가의 교육체제에서는 명령과 복종을 중심으로 하는 훈육이 생활지도의 중심이었다. 실천 과정에서는 상과 벌이 주로 사용되었고, 체벌이 집단적·개인적으로 일상화되어 있었다. 자유민주주의 사회에서 생활지도는 모든 개인이 타고난 잠재능력을 개발하고 꿈과 이상을 실현하도록 전문적 경험과 과학적 지식으로 안내하고 지원하는 활동이 중심이며, 존중과 공감, 촉진적 대화와 자기결정이 핵심적 실천 방법이 되고 있다. 구체적으로 생활지도를 살펴보면 전통적으로 수행하던 것을 계속하는 것도 있고 융합과학으로 발달되면서 수행하게 된 영역도 있다. 사회의 변화와 인류의 문명이 변화되면서 그에 따르는 환경적 요구로 인해 새롭게 맡게 된 영역도 있다. 여기에서는 오랜 역사적 맥락에서 실시되고 있는 생활지도의 전통적 역할과 종합 학문으로서 현대사회에서 실시하는 중핵적 역할로 나누어 살펴보려고 한다.

## 1) 전통적 역할

'지도'라는 말이 내포하는 바와 같이 생활의 방향을 제시하고 그 방향의 길로 가도록 안내·유도하는 것이 생활지도의 오랜 역사를 거치면서 실시되는 전통적 역할이라고 볼 수 있다. 전통적 역할을 구체적으로 살펴보면 다음과 같이 요약해 설명할 수 있을 것 같다.

### (1) 전통적 규범의 전수

생활지도의 첫 번째 전통적 역할은 사회적 규범을 전수하는 것이다.

어느 시대, 어느 사회에서나 사람이 마땅히 따르고 지켜야 한다고 믿는 행위의 본보기가 있다. 공동생활을 하기 위해서 지켜야 하는 규범은 누가 명령하거나 지시하지 않아도 당연하게 따라서 하는 행위의 모형이다. 일상생활에서 사람의 행위가 규범을 벗어나면 공동생활에 여러 가지 문제가 생긴다. 법이나 규칙으로 정하지 않아도 누구나 따르고 지키는 것이 규범이다.

개인위생, 식사, 인사, 언어, 보행 등에 관련된 생활의 규범은 매우 복잡하고 다양하다. 규범은 공동생활을 질서 있고 청결하고 아름답고 기쁘게 할 수 있게 하는 사회적 행동의 기본 골격이 된다. 그래서 개인위생에 관련된 생활지도는 영아 시절부터 가정에서 시작된다. 물론 가정에서 생활의 규범을 양육자로부터 전수받기 시작하지만 점진적으로 확대되면서 규범의 전수는 생활이 이루어지는 모든 곳에서 계속적으로 이루어지게 된다.

건전한 사회적 규범이 일상생활을 통해 자연스럽게 전수되지 못하면 그 사회는 혼란과 무질서에 빠질 수 있다. 사회적 전통을 계승하고 안정된 사회 발전을 지속하기 위해서 전통적 사회규범의 전수가 제대로 이루어져야 한다. 도덕적 원칙, 문화적 전통은 규범의 전수가 제대로 이루어질 때에만 존중받고 지켜 나갈 수 있게 된다. 그런 점에서 생활지도는 전통의 파수꾼이며 전수자라고 할 수 있다.

### (2) 생활법규의 시행

최근 우리의 학교는 새로운 생활법규의 시행을 위해서 많은 노력을 하고 있다. 즉, 폭력, 성희롱, 그 밖에 현실 생활과 관련된 법령 준수와 관련된 사건의 교육적 처리뿐 아니라 법적·행정적 처리를 위해 적지 않은 노력을 하고 있다. 급격한 사회 환경의 변화에 따른 이러한 활동이 이루어지기 이전부터 전통적으로 학교의 생활지도는 훈육이 적지 않은 비중을 차지하고 있었다. 규칙을 지키지 않은 학생에게 처벌을 내리거나 그에 따른 특별한 과제를 수행하게 하였다. 교칙을 위반한 학생의 지도는 현재의 학교에서도 생활지도의 주요 과제가 되고 있다.

규범의 경우 오랜 전통이 배경에 있지만 법규나 행정적 지침의 경우는 새롭게 제정되는 경우가 많이 있다. 특히, 사회적 격변기와 함께 법령 자체도 수시로 바뀌고 있어 일관된 관점을 적용하기란 어렵다. 우리나라의 경우 최근 교육 관련된 법령의 변화가 자주 있어서 법령의 변동에 늘 관심을 가지면서 생활지도를 하는 것이 필요하게 되었다.

흡연, 음주, 폭력, 성적 문제 등과 새로운 법령 제정과 변화에 따라서 생활지도에도 그에 따르는 활동 프로그램이 실시된다. 특히, 체벌이라는 과거의 습관도 폭력이라는 개념의 변화로 인해 제재를 받게 되었기 때문에 생활지도에서 신체적·언어적·심리적 폭력을 배제한 민주적 태도를 기본으로 해야 한다는 요구가 거세지고 있다.

국가의 발전과 통일의 준비를 병행해야 되는 우리나라에서 인정된 생활지도를 하도록 하는 것이 무엇보다 중요하다고 하겠다. 생활지도의 전통적 역할에는 법규를 지키고 준법정신과 애국심을 고양하는 것도 있다. 국가의 장기적 목적을 수립하고 그에 따른 법령의 안정적 실천을 향해 생활지도 전체가 체계적으로 이루어지는 일이 중요하고 특히, 학생과 교육생 개인의 권리와 개인의 자유가 계속 확대되고 있다. 개인생활에서 각종 법규나 사회규범이 개별적으로 적용되기 위한 개별화된 생활지도 활동이 늘어나고 있다.

### (3) 오리엔테이션

환경의 변화는 새로운 대처를 필요하게 하고, 인간의 성장과 발달은 언제나 새로운 환경에서 이루어진다. 급격하게 이루어지는 환경의 변화는 인간이 적응하기에 큰 어려움이 될 수 있다. 환경이 바뀔 때마다 익숙하지 못한 그 환경의 변화에 대한 안내가 큰 도움이 된다. 오리엔테이션은 변화된 환경에 대한 소개와 안내를 가리킨다.

20세기 전반 두 차례에 걸친 세계 대전을 경험한 독일의 실존철학자들이 '세계 내

존재로서 방위(orientation as in-the-world being)'를 삶의 중요한 과제로 강조하면서 오리엔테이션은 인간의 생활을 지도하는 가장 의미 있는 활동 가운데 하나로 자리 매김하게 되었다. 실존철학은 이 세계에 내동댕이쳐진 존재로 인간을 규정하고 광야 같은 세상에서 자기가 앞으로 살아갈 방향을 설정하고 현재의 위치를 확인하는 것이 중요하다는 관점을 지니고 있다. 이는 생활지도에서 오리엔테이션의 의미를 더 분명하게 해 주는 것이다.

입학·전학·진급 등의 교육환경의 변화, 취업이나 승진, 그 밖의 중요한 여건의 변화가 있을 때 개인의 변화된 환경을 이해하고 새로운 도전에 대응하는 새로운 인지적 지도화(cognitive mapping)를 하도록 도움을 주는 것은 전통적으로 매우 중요한 활동이다. 오리엔테이션은 집단적으로 이루어지기도 하지만 개인의 필요에 따라서 실시되기도 하며, 개인의 여건에 따라 새로운 환경의 변화가 있을 때마다 실시되는 것이 도움이 될 수 있다. 오리엔테이션은 사전에 이루어지는 것이 가장 도움이 되지만 사전의 오리엔테이션이 어려운 경우 변화의 초기에 무엇보다 먼저 하는 것이 늦게 하는 것보다 더 큰 도움이 된다.

## 2) 중핵적 역할

생활지도의 중핵적 역할이 무엇인가 하는 문제는 국가에 따라서, 또는 문화나 기관의 특성에 따라서 여러 가지 다른 반응과 대답이 나올 수 있다. 개인의 인권이 고도로 신장되고 남녀 간 평등이 이루어지고 풍요로운 사회가 되면서 20세기에는 상상하기도 어려웠던 문제들이 21세기에 등장하고 있다. 생활지도의 핵심적 역할도 더 복잡해지고 더 깊은 생각과 과정을 요구한다. 21세기 생활지도는 개개인의 자아개발과 자아실현을 위한 다음과 같은 역할을 그 핵심에 두고 있다. 상담, 검사, 자아개발을 위한 교육, 정보의 제공, 배치, 조정과 자문, 그리고 추수지도 등을 생활지도의 중핵적 역할로서 살펴보고자 한다.

### (1) 상담
상담과 대화를 통한 문제해결은 우리 사회의 보편적 추세가 되고 있다. 개인의 심리적 문제나 가정 내 문제라고 하여 사생활의 영역이기 때문에 외부의 도움이나 개입이 불필요하다고 여기던 전통사회의 인식과 달리 현대에는 상담이 생활의 거의 모든 분야에서 이루어지고 있다. 상담은 생활지도의 핵심적 역할로서 무엇보다도 더 중시되고 있다. 심지어 최근에는 상담이 곧 생활지도라고 잘못 생각하거나 착각하는 경우도 있는데, 상담은 생활지도의 여러 가지 기능 가운데 하나이다.

상담을 학교생활과 학업문제를 중심으로 하는 학업상담, 직업 발달과 직장 · 진로 문제를 중심으로 하는 진로상담, 가족 발달과 가족관계를 중심으로 하는 가족상담, 그리고 성격 발달과 심리적 문제를 중심으로 하는 성격상담 등과 같이 내용에 따라 분류할 수도 있다. 그러나 대체로 성격, 학업, 직업, 가족 등의 문제가 너무나 얽혀 있어서 이것들을 분리하여 상담하기가 어려운 경우도 많다.

여기에서는 개인상담, 가족상담, 집단상담으로 나누어 살펴보려고 한다.

### ① 개인상담

개인상담은 일대일 상담을 가리킨다. 개인 한 사람을 상담하기 때문에 개인의 내면세계를 깊게 이해하고 공개하기 어려운 개인적 문제를 다루기에 적합한 상담이다. 인간중심상담, 정신분석, 인지상담, 행동분석 등의 다양한 상담 이론이 발달되어 있어서 상담의 대한 내용과 상담의 접근 방법이 다양하다.

개인상담은 단순히 심리치료라고 혼동하는 경우가 자주 있으나 이는 심리치료가 주로 일대일 면담을 주로 하기 때문에 유사해 보일 수는 있다. 하지만 심리치료 또는 정신치료가 의학적 관점에서 병리 내지 질병으로 정의할 수 있는 문제를 대상으로 하는 반면, 개인상담은 발달과 교육의 관점에서 내담자의 다양한 문제를 다룬다는 데 차이가 있다. 심리치료가 질병 모형에 근거하고 있다면 상담은 발달과 교육을 기본으로 하는 미시교육(microeducation)을 모형으로 하고 있다.

개인상담은 인간의 내면세계에 잠재된 가능성의 발견과 개발에 중점을 두는 것이다. 개인의 자아발견, 다양한 대안의 탐색, 자유의지에 의한 선택과 결정, 개인의 포부와 목표의 구체적 실현 방법 탐색 같은 것이 개인상담에서 주로 하는 작업이다. 그래서 개인상담을 생활지도 내에서 개인의 자아실현을 지원하는 관점에서 가장 많이 활용하는 방법이 되고 있다.

### ② 가족상담

심리학이나 문화인류학 등의 행동과학 분야의 학문이 개인상담의 이론적 기반이 되는 데에 비해 가족상담은 가족사회학에 이론적 기반을 두는 경우가 많다. 가족상담에서는 가족을 개인의 기본으로 보기에 개인상담과 상당히 다른 이론적 체계를 가지고 접근한다. 개인은 가족 전체를 구성하는 하나의 요소로 해석된다. 가족상담을 원칙적으로 가족 전체가 참석하여 모두 함께 상담을 하게 되어 있다.

가족상담은 아동·청소년의 문제를 해결하는 과정에 탁월한 효과를 보이곤 한다. 부모가 자녀에게 주는 영향이 상당히 크지만 또 자녀가 부모에게 미치는 작용의 힘도 대단히 크기 때문에 성장기 자녀들이 있는 가족의 문제를 다루기에 가족 간의 상호작용을 체계적으로 다루는 가족상담은 대단히 효과적이다.

가족상담은 높은 이혼율, 낮은 출산율, 1인 가구의 증대 등의 변화와 인간의 발달과정에 나타나는 여러 가지 문제를 다루는 데 높은 호응을 받는 상담 접근이다.

### ③ 집단상담

집단상담은 대체로 20명 이하의 소집단으로 구성된 집단 구성원들을 대상으로 진행하는 상담이다. 소집단 역동에 관련된 이론적 연구들이 집단상담에 이론 기반을 제공하고 있다. 집단상담은 비교적 사회화 정도가 낮은 사람들인 경우 다른 사람의 다양한 반응 유형을 관찰할 수 있고 또 스스로 집단 내에서 다양한 반응을 시도해 보는 기회를 가질 수 있기 때문에 사회적 행동 영역에서 큰 학습효과를 얻을 수 있다.

집단상담은 크게 구조화된 집단상담과 비구조화된 집단상담으로 나누어 볼 수 있다. 구조화된 집단상담은 사전에 준비한 활동 계획에 따라 상담자가 상담을 이끌어 가고 비구조화된 집단상담에서는 집단 운영을 위한 최소한의 규칙을 설정하고 나머지는 집단 내에서 구성원들의 상호작용에서 자연스럽게 발생하는 집단역동의 전개를 따라가는 것이다.

집단상담의 경우 집단 구성원 가운데 감당하기 어려운 상황에 처한 사람이 있으면 상담자가 그 사람을 도와 그 상황을 직면하고 관리할 수 있도록 작업하는 것이 중요하다. 집단상담에서 발생하는 역동과 행동에 관련된 문제는 집단상담의 진행 과정 내에서 참여자의 성장과 발달에 도움이 되도록 다루어야 부작용을 막을 수 있다. 개인에게 해결되지 못한 문제가 있을 경우 개인상담과 연결하여 마무리를 하는 것이 필요하다.

### (2) 검사

측정과 평가 이론에 근거한 검사는 객관적 기준을 설정하여 그에 따라 개인과 집단의 여러 가지 인간적 특성을 이해하는 데 과학적 자료를 제공한다. 생활지도에서 요구되는 검사는 거의 모든 인간 특성에 관련되어 있고, 일반적으로 다음과 같이 몇 가지로 분류하여 살펴볼 수 있을 것 같다.

#### ① 지적 능력 검사

지적 능력은 학업성취 능력, 지능 등으로 일컫는, 지적 문제를 해결하고 지적 과업을 학습하는 능력을 가리킨다. 지적 능력을 측정하는 대표적인 검사가 바로 지능검사이다.

지능검사는 집단용 지능검사와 개인용 지능검사로 나누어진다. 집단용 지능검사는 학급, 학년 또는 학교를 대상으로 실시할 수 있고, 전국적으로 동시에 실시하기도 한다. 우리나라에서는 1953년 정범모가 간편형 지능검사를 개발한 이래 여러 가지 집단용 지능검사를 개발하여 활용하고 있다.

개인용 지능검사는 한국판 웩슬러 성인용 지능검사가 개발된 이후에 여러 가지 개인용 지능검사를 개발하여 활용하고 있다. 개인용 지능검사는 문자를 해독하지 못하는 개인이나 언어발달이 아직 성숙하지 않은 미취학연령의 어린이를 위한 것도 있다.

일반적으로 지능지수(IQ)는 안정되어 있어 연령 증가나 환경 변화에 따라서 크게 달라지지 않는다고 알려져 있고, 대체로 ±5 이하의 변화를 보인다고 알려져 있다. 그러나 환경적/개인적 이유로 인해 측정된 지능지수와 실제 지능지수 사이에 매우 큰 차이가 나는 경우도 있다. 개인의 지능을 이해하기 위해서는 섬세한 배려와 전문적 지식을 기반으로 한 훈련이 필수적이다.

#### ② 학업성취 검사

표준화 학력 검사를 통한 학력 측정은 우리나라에서 1950년대부터 사용되고 있으며, 미국을 중심으로 전 세계가 활용하고 있다. 홈스쿨링을 통해서 학력을 인정받고 학년을 승급하는 일도 표준화 학력 검사가 있기에 가능한 일이다. 미국에서는 의사, 변호사, 약사, 회계사 등 여러 전문직의 자격 취득 과정에도 표준화 학력 검사가 활용되고 있다. 생활지도에서 학업성취 검사는 유치원에서 대학원에 이르는 각종 교과의 학업성취 수준을 측정하고, 이를 배치나 학습지도 과정에서 개인의 의사결정을 위한 자료로 활용할 수 있다.

우리나라에서는 1993년부터 대학 입학 수학능력시험 결과를 대학 진학을 위한 기본 자료로 활용하고 있다. 그러나 표준화되지 않은 시험이기 때문에 해마다 문제의 난이도가 논란의 대상이 되고, 심지어 오답 소동도 반복해서 발생하고 있다. 국가의 학업성취 평가를 표준화된 검사로 하는 것이 과학적 행정을 위하여 그리고 교육 정책의 안전화를 위하여 필요한 과제라고 하겠다.

### ③ 직업 능력 검사

직업에서 요구하는 업무를 성공적으로 수행할 수 있는 능력을 가리키는 개념이 적성이다. 우리나라에서 1953년 정원식이 '한국군자질검사(KMQT)'를 개발하여 표준화한 이래 여러 가지 표준화된 적성 검사가 개발되어 사용되고 있다. 군대에서 적성에 따른 병과 배치나 학교의 학과 선택을 위한 자료로 광범위하게 활용되고 있다. 적성 검사는 여러 직업 가운데 어떤 분야의 직업에 능력이 있는지를 측정하기 위한 종합적성 검사와 특정한 직업 분야에 어느 정도의 능력을 가지고 있는가를 측정하기 위한 특수적성 검사로 나누어 볼 수 있다.

직업적 성공을 위해서는 그 업무를 수행할 능력뿐 아니라 그 사람이 지니고 있는 가치관과 흥미도 중요하기 때문에 흥미·가치관을 함께 측정하기도 한다. 직업흥미 검사나 직업가치관 검사를 적성 검사와 함께 활용하면 직업발달을 위한 생활지도를 그만큼 더 안정적으로 진행할 수 있다.

### ④ 성격 검사

넓은 의미에서 성격은 사람이 지니고 있는 인간적 특징을 모두 가리키고, 좁은 의미에서는 개인의 내면세계에서 움직이고 있는 정서적 반응의 지속적 특징과 도덕적 판단의 반복적 유형 그리고 그런 내면세계의 움직임이 신체적 반응이나 언어 또는 구체적 행위 등과 연결되는 일반적 특징을 가리킨다.

만화, 소설, 영화 등의 주인공이 어떤 성격을 소유하고 있느냐에 따라 이야기의 전개가 달라지는 것처럼 성격은 사람의 행위와 습관을 결정하고, 한 걸음 더 나아가 그 사람의 운명을 좌우한다. 그래서 성격을 측정하는 검사를 개발하는 일은 많은 학자들의 연구 대상이 되고 있다.

성격을 측정하는 대표적 검사로는 이야기를 중심으로 하는 주제통각검사(Thematic Apperception Test: TAT)가 있다. 이 검사는 검사를 받는 사람이 이야기를 꾸미게 하고 그 이야기를 분석하여 성격을 진단한다. 또한 로르샤흐 잉크반점검사(Rorschach inkblot Test)는 대칭의 추상적 그림을 보고 그것이 무엇으로 보이는지 말하게 하며 그 반응 내용을 분석하여 성격을 측정한다. 집-나무-사람검사(House-Tree-Person Test: HTP)는 집과 나무와 사람을 그리게 하고 그 그림의 내용을 분석하여 성격을 측정한다.

성격 검사에도 지능 검사나 적성 검사처럼 표준화된 집단용 성격 검사들이 있다. 가장 대표적인 것으로 캘리포니아 성격검사(CPI), 미네소타 다면인성검사(MMPI) 등이 있다. 우리나라에서도 많은 종류의 집단용 성격 검사가 개발되어 활용되고 있다.

생활지도에서 이러한 검사들은 건전한 성격발달을 위한 프로그램 진행을 위한 기초선을 설정하고, 이루어진 성과를 측정하기 위해서 활용할 수 있다. 문제 행동이나 고위험군의 사고를 예방하거나 성격적 병리를 진단하기 위해 성격 검사를 활용하기도 한다.

### (3) 자아개발교육

교과지도는 대체로 교과목별로 분화된 객관적인 지적 자료들을 교재로 하는 교육을 한다. 생활지도는 이와 다르게 개인생활에서 주관적으로 체험하는 삶의 모든 현상을 교재로 하여 개인적인 자아의 내부로 통합시키고자 노력한다. 특히, 개인 내면세계에서 이루어지는 정서적 반응과 인지적 판단을 중시하는 자아개발교육에서는 개인 내면의 주관적인 현상을 중시한다. 객관적 현실과 주관적 판단을 연결하는 작업이 바로 자아개발교육이다.

"너 자신을 알라."고 고대 그리스 철학자 소크라테스는 말하였다. 사람이 자기 스스로를 아는 일은 결코 쉽지 않다. 자신의 신체에 대해서 잘 아는 것 같아도 실제로 그렇지가 않고, 자신의 마음에 대하여 이해하는 것은 더 어려운 일이다. 그래서 옛말에 "열 길 물속은 알아도 한 길 사람 속은 모른다."고 한 것이다. 독일 나치 정권에서 범한 가장 악랄한 범죄가 유태인을 학대하고 수용소에서 수많은 사람을 죽인 것이다. 그 잔혹한 수용소에서 살아남은 프랭클은 인간의 삶은 영적 의미(靈的 意味; spiritual meanings)를 추구하는 데에 있다고 말하였다. 영적 의미를 찾는 일, 자기 자신의 영혼을 이해하는 일은 더욱더 어려운 일이다.

자아개발교육은 자기 자신을 이해하도록 도와주는 것으로서, 특히 개인이 스스로의 내면세계를 지각하고 이해한 후 분석하고 평가하여 숨어 있는 자신을 계속 성숙시키도록 노력하는 것을 가리킨다. 자기 자신을 이해한다고 할 때 그것은 스스로의 행동과 마음과 영혼을 가리킨다고 할 수 있다. 사람의 행동은 인간 세계만 아니라 자연과 우주에 영향을 미친다. 그리고 사람의 마음을 이해하는 일은 지금도 수많은 과학자들이 충분히 밝혀내지 못한 어려운 과제이다. 또 만물의 영장으로 영혼을 가진 인간은 자연과 우주, 영원과 무한을 추구하는 존재로서 존재하는 모든 것을 따듯하게 돌보고 보살피는 역할을 맡게 된다.

결국 자아개발교육은 인간이 자신의 몸과 행동, 마음, 영혼을 인류 세계와 자연, 무한 속에서 방위를 정하고 우주를 가슴에 품으며 만물의 영장으로서 자라도록 하는 교육이라고 하겠다.

### (4) 정보의 제공

생활지도에서 학교와 교육 관련 정보, 직업과 직장 관련 정보, 성격과 개인생활 관련 정보를 제공하는 것은 20세기 초부터 시행하는 활동이다. 결혼, 가정생활, 성과 출산·육아 등에 관련된 정보가 강조되어 온 바 있으나 우리나라에서 결혼과 출산은 더욱더 강조되리라 예상한다. 더하여 가정과 결혼, 직장과 직업, 학교와 교육에 대한 정보는 체계 있게 정리하고 여러 수준의 사람들이 필요한 정보를 그때그때 활용할 수 있도록 하는 노력도 필요하다고 하겠다. 매우 급격하게 변화 중인 우리나라에서 사람들이 필요로 하는 다양한 지식과 정보를 정확하게 수집하고 분류하여 의미 있게 정리해서 제공하는 것이 무척 복잡하고 힘든 일이 되고 있다.

생활지도에서 제공하는 정보는 인간의 삶에 관련된 모든 것이 포함될 수 있다. 다음에는 현대 학교에서 제공하는 정보를 간추려 소개한다. 첫째, 학교나 교육에 관한 정보 제공이 생활지도에서 수행하는 역할이다. 대표적 교육 정보인 대학 입학 정보를 살펴보면 학과에 따라서 특별한 전형의 방법이 다르고 해마다 바뀌는 내용이 있어 입학전문가들조차도 정확한 전형 방법을 알기 어려운 사례가 적지 않다. 그런 학교와 교육에 대한 정보를 정확히 제공해야 한다. 교육과정, 학교의 교칙, 교육시설 등은 물론 장학금이나 기숙사 등에 대한 내용도 교육 정보에서 다루는 것들이다.

둘째, 성·결혼·가정·출산·육아 등에 관련된 지식과 정보를 제공하는 것도 역시 생활지도가 수행하는 역할이다. 별거·이혼 등이 예외적 상황이 아니고 가족의 유대가 약화되는 상황에서 건전한 가정을 이루기 위한 지식과 정보를 제공하는 일은 현재 우리나라 생활지도에서 해야 할 중요한 사명이라고 하겠다.

가령 이상적 가족의 형태가 양성 3세대가 한 가정에서 생활하는 것이라고 한다면 우리나라의 생활지도에서 결혼과 가정을 위한 새로운 노력의 방향을 시급하게 설정하는 것이 요구되고 있다. 현재의 상황 그대로 일정 기간이 경과하면 한국인이 지구상에서 사라질 수도 있다는 예측을 우리는 미래의 경고로 받아들여야 하기 때문이다.

셋째, 직장과 직업에 관한 지식과 정보의 제공이 생활지도에서 수행하는 역할이다. 우리나라는 고용노동부 등에서 상당히 체계적으로 시행하고 있기도 하나 우리나라는 물론 미국의 경우 『직업분류사전』, 『직업전망핸드북』 등과 같은 직업의 전체적 변화를 이해하기 위한 자료를 제공하고 있다. 개인의 요구에 부응하는 직장과 직업 관련 지식과 정보를 제공하기 위해서 전문가들이 추가적으로 노력하여 개인에게 요구되는 정확한 자료를 마련하는 것이 중요하다.

넷째, 성격발달, 대인관계, 의사소통, 건강, 재정과 금융, 개인경제생활, 개인의 습관과 행동 등에 관련된 정보와 지식도 생활지도에서 제공한다. 생활지도에서 특히 건강과 경제적 문제에 대한 개인의 필요는 언제나 민감하게 다루는 문제이다. 그래서 질병 예방과 건관관리, 가정의 경제적 상황과 필요 재정 등에 관련 있는 지식, 정보, 자료를 생활관리 영역에서 다루어야 한다.

### (5) 배치

배치 또는 정치(定置, placement)는 취업지도나 진학지도와 같이 일할 곳이나 공부할 곳을 개인이 자유의사에 따라 선택하고 그 선택한 곳에서 본인이 원하는 활동을 하도록 지원하는 생활지도의 핵심적 활동 중 하나이다. 직업의 세계가 복잡하게 발달하고 급격한 변동이 이루어지기 때문에 개인 혼자만의 힘으로 결정하기 어려운 경우가 상당히 많이 있다. 교육의 발전도 급격하게 이루어지고 있고, 교육의 내용이나 방법에도 많은 변화가 있다. 적재적소에서 공부하고 일할 수 있도록 돕는 것이 20세기 이후 활동이다.

직장이나 학교의 배치와 달리 교과목의 선택, 클럽활동의 선택, 방과 후 학교 교육과목의 선택, 취미생활의 선택과 같은 경우에도 전문적 지원이 필요하다. 적성과 개인적 능력 수준에 알맞고 개인의 흥미나 가치와 조화롭게 어울리는 활동을 하는 것은 개인의 자아실현을 위한 통로가 된다. 때문에 배치를 위한 전문적 지원에 과학적 지식과 교육적 경험이 요구되는 것이다. 배치활동은 많은 심층적 자료를 체계적으로 분석하여 연구할 때 높은 신뢰도를 지니게 되기 때문에 오랜 역사적·경험적 배경이 있더라도 새로운 환경이 요구하는 조건, 개인의 능력에 대한 지속적 요구 등으로 인해 언제나 새롭게 프로그램을 개발하고 운영하는 것이 필요한 분야이다.

### (6) 조정과 자문

인간 문제와 일상의 삶은 사회의 여러 분야와 복잡하게 얽혀 있다. 국가가 발전할수록 사회서비스는 세분화·전문화되어 대단히 치밀하게 짜이기 마련이다. 생활지도·상담 전문가들이 간단해 보이는 문제를 해결하기 위해서 가정, 학교, 경찰, 행정기관 등과 협조하고 조정해야 하는 것들이 생긴다. 20세기 말 이후 우리나라에서도 인권에 대한 인식이 높아지면서 과거 당연시하던 체벌이나 꾸지람이 형사처벌이나 행정적 제재의 대상이 되는 경우가 자주 발생하고 있다. 학생들 간 폭력이나 갈등이 여러 기관 사이의 협력과 조정을 거치는 경향도 늘어나고 있다. 성폭력·성희롱 영역의 문제도 역시 빈번한 조정과 협력이 필요하다. 아동·청소년의 인터넷·게임 중독 등의 문제, 여러 가지 문제행동도 조정과 협력을 통해서 해결해 나가고 있다.

생활지도 전문가는 인간관계 전문가로서, 특히 성격과 정서적 반응에 대한 전문적 지식을 가지고 있다. 그래서 가정, 학교, 직장, 지역사회에서 사람들이 직면하는 삶의 문제에 관해서 전문적 지식을 가지고 자문하거나 정보를 제공하는 활동을 할 수 있다. 인간의 행동이나 성격에 관련된 자문은 사회가 발전할수록 더욱더 많은 요구가 생겨날 것이다.

### (7) 추수지도

추수지도는 생활지도의 실제 활동이 종료된 이후에 지도를 받은 사람과 다시 접촉하여 추가적으로 더 필요한 지도가 있는지 점검하고 필요에 따른 추가적 생활지도를 하는 과정을 가리킨다. 추수지도(追隨指道; follow-up service)를 상품관리의 AS(after-service)처럼 생활지도의 사후관리를 하는 것으로 생각할 수도 있지만 추수지도가 제대로 이루어질 때 생활지도의 필요를 판단하고 방법과 방향을 현실적으로 조정 및 선정할 수 있다.

추수지도는 생활지도의 목표를 새롭게 정하고, 새로운 방법을 발견하기 위해서 필요한 활동이다. 생활환경의 변화에 맞추어 생활지도의 목표와 방법도 현실에 따라 조정되고 조율되어야 성과를 얻을 수 있다. 그래야만 생활지도의 발전이 제대로 이루어지리라 여겨진다.

생활지도의 이러한 역할은 삶의 모든 영역을 아우른다. 현대 사회에서 이러한 역할이 그 어디보다도 더 요구되고 있는 곳이 가정과 학교, 직장이다. 이 책에서는 가정, 학교, 직장에서 이루어지는 각종 선택과 결정, 그리고 그 실천을 중심으로 생활지도를 살펴본다.

## 참고문헌

박성수(1985). 생활지도. 서울: 정민사.

박성수(1999). 수월성 발달과정 분석: 과학, 예능, 체육 분야 수월성 성취인의 사례분석. 미발표 논문.

정원식 외(1962). 생활지도의 원리와 실제. 서울: 교학도서.

Frankl, V. E. (2006). *Man's Search for Meaning.* Boston: Beacon Press.

Patterson, C. H. (1971). *An Introduction to Counseling in the School.* New York: Harper & Row.

Schachter-Shalomi, Z. M. (1991). *Spiritual Intimacy: A study of Counseling in Hasidism.* Nashville, N.J.: Jason Aronson.

제2장 **인간발달과 생활지도**

인간은 태어나면서부터 죽음에 이를 때까지 어떤 변화와 성장 및 쇠퇴를 경험하면서 살아가는가? 인간발달은 정자와 난자의 수정에서 시작하여 죽음에 이르기까지 인생의 전 과정에 대한 개인의 체계적이고도 연속적인 변화이다. 이러한 인간발달의 특징적 측면을 살펴보는 것은 전 생애의 인간발달적 측면에 대해 생활지도학적 개입 방안을 탐구하는 데 있어서 중요한 부분을 차지한다. 이 장에서는 크게 세 가지 측면에 대해 다룬다.

첫째, 인간발달학이 발전해 오면서 현재까지 인간발달 관련 쟁점에 어떤 것들이 있어 왔는지 살펴볼 것이고, 이것이 어떻게 전 생애적인 관점으로 이어지게 되는지에 관해 다룰 것이다.

둘째, 인간발달에 관한 여러 이론 중에서 특히 정신분석적 관점, 인지발달적 관점 및 정서발달적 관점에 대해 살펴볼 것이다. 이를 위해 인간발달 이론에 관한 선구적 업적을 이룬 주요 학자들이 제시한 이론을 학습할 것이다. 마지막으로, 이 장을 마무리하면서 전 생애적인 관점에 입각하여 각각의 시기별로 생활지도에 있어서 어떠한 주제들이 중요한지에 관해 개략적으로 살펴봄으로써 개입의 시사점을 얻고자 한다.

# 1. 인간발달의 역사적 쟁점과 전 생애적 관점

인간발달(human development)이란 무엇인가? 인간은 누구나 어머니의 태내에서부터 시작하여 탄생과 성장의 과정을 거쳐 죽음을 맞이한다. 이러한 전 생애는 복잡다단하며 유기체와 환경의 끊임없는 상호작용 속에서 변화무쌍하면서도 개별적인 일련의 과정을 거침으로써 비로소 진행되고 완성되어 간다. 인간발달이란 수정에서부터 죽음까지 일어나는 개인의 체계적인 연속성과 변화를 일컫는다(Shaffer & Kipp, 2012). 이 절에서는 인간발달학에서의 여러 가지 쟁점과 최근 발달학자들 사이에서 폭넓게 받아들여지는 전 생애적 관점에 대해 다룬다.

## 1) 인간발달의 역사적 쟁점

그동안 인간의 발달에 대해 다양한 학문에서 각자의 시각에 따라 조명해 왔다. 근래에 들어 비교적 활발해진 인간발달에 관한 연구는 심리학 · 교육학 · 사회학 · 인류학 · 생물학뿐만 아니라 의학이나 심지어 역사학에서마저도 다루게 되는 다학제적인 특성을 지니고 있다. 지난 한 세기가 넘도록 인간발달학은 다양한 쟁점들에 대한 논박과 연구를 바탕으로 발전을 거듭하고 있다. 특히, 인간발달학의 역사 속에서 논란이 되어 온 주된 쟁점은 다음의 세 가지이다(Lerner, Theokas, & Bobek, 2005).

### (1) 발달에 있어 유전이 더 중요한가, 환경이 더 중요한가

인간발달에 있어서 유전이 더 중요한지, 환경이 더 중요한지에 관한 문제는 다른 식으로 표현하면 본성과 양육의 쟁점(nature-nurture issue)이다. 본성은 유전적인 요인을 일컫는 것으로 유전자와 같은 생득적인 생물학적 요인들을 뜻한다. 반면, 양육은 환경적인 요인을 말하는 것으로 생물학적 기질 및 심리적 경험에 있어서 물리적 세계와 사회적 세계가 복합적으로 작용하는 것을 의미한다. 본성과 양육의 양극단에 있어서 한쪽이 인간발달에 더 중요하다고 주장하는 학자들은 유전적인 요인에 의해서 발달이 주로 이루어지는지, 환경적인 요인에 의해서 발달이 주로 이루어지는지에 관해 논쟁을 벌여 왔다.

### (2) 발달은 연속적으로 이루어지는가, 비연속적으로 이루어지는가

발달이 점진적으로 이루어지는지, 그렇지 않고 갑작스럽게 질적 변화가 일어나는지에 관한 연속성과 비연속성의 논쟁(continuity-discontinuity issue)은 주로 이론적 관점에 있어서의 차이를 반영한다. 발달이 점진적으로 이루어진다는 연속적 관점을 취하고 있는 이론은 연령이 증가함에 따라 완만한 곡선을 그리듯 점차적으로 양적인 변화가 일어난다고 본다. 반면, 발달이 이루어지지 않는 시간을 거치다가 어느 순간 갑작스럽게 질적인 변화가 일어난다고 보는 이론은 주로 단계적으로 발달이 이루어진다는 관점을 취한다.

### (3) 발달상의 어떤 특질들은 변화하는가, 변하지 않는가

발달 초기의 어떤 특성이나 특질들은 어느 정도의 시간이 지나고 난 이후에 변화하지 않고 그대로 있는지, 아니면 변화하는지에 관한 논쟁은 발달의 안정성과 변화 쟁점(stability-change issue)이라고도 한다. 안정성이란 대조 집단과 비교해서 개인의 발달적 위치가 변화하지 않음을 뜻하는 반면, 불안정성(instability) 또는 가소성(plasticity)은 발달적으로 변화가 일어남을 의미한다. 대체로 안정성을 강조하는 이론가들은 유전의 역할을 중요하게 여기고, 불안정성을 강조하는 학자들은 환경의 역할을 강조한다.

## 2) 인간발달의 전 생애적 관점

본성과 양육의 쟁점에 있어서 오늘날의 대부분의 인간발달학자들은 유전적 요인과 환경적 요인들이 오랜 시간 동안 상호작용함으로써 발달이 이루어진다고 보고 있다. 연속성과 비연속성의 논쟁에 있어서는 발달이 연속적으로 이루어지기도 하고 어느 순간 비연속적으로 이루어지기도 한다는 데에 의견을 모으고 있다. 또한, 안정성과 변화 쟁점에 있어 발달적 변화는 안정성과 불안정성 모두에 의해서 특징지어진다고 보고 있으며, 두 가지 용어는 상대적일 뿐 절대적이지 않다는 관점이 최근 들어 우세하다. 이와 같은 절충적 관점은 대체로 성인 이전 시기까지의 발달만을 대상으로 하는 연구에서 벗어나 성인 초기와 중기 및 노년기에 이르기까지 역동적인 체계를 연구하는 전 생애적 관점(lifespan perspective)과 맥을 같이하고 있다. 버크(Berk, 2007)는 전 생애 발달 전문가인 파울 발테스(Paul Baltes)와 그의 동료들이 수행한 연구들을 바탕으로 다음과 같이 전 생애 관점의 네 가지 가정을 정리하였다.

### (1) 발달은 전 생애에 걸쳐 이루어진다

발달은 성인 초기에 이르러 멈추는 것이 아니라 전 생애를 통해 이루어진다. 유기체는 시간의 흐름에 따라 신체적·인지적·사회정서적 영역의 발달적 변화를 경험하게 되는데, 이 세 가지 영역은 뚜렷이 구분되는 것이라기보다 서로 중복되기도 하고 상호작용하기도 한다. 연령에 따른 시기는 유사한 측면의 발달을 이루기도 하지만 개별적으로 다양하기도 하다.

### (2) 발달은 다차원적이면서 다방향적이다

발달은 신체적·인지적·사회정서적 차원으로 다양하게 구성된다. 이 세 가지 차원이 유기체에 다각도로 복합적인 영향을 미쳐 발달이 이루어진다. 또한, 발달은 다방향적으로 이루어지는데, 연령의 각 시기마다 성숙한 발달만 이루어지기보다는 쇠퇴하는 발달도 동시에 이루어질 수 있다. 더불어, 발달의 각 영역 사이에서도 어떤 기능은 질적으로 감소되어도 어떤 기능은 질적으로 증가되는 방향으로 이루어질 수도 있다.

### (3) 발달은 유연하게 일어난다

발달은 전 생애의 모든 연령에서 가소성을 가지면서 유연하게 이루어진다. 가소성은 변화할 수 있는 능력을 뜻한다. 이전까지의 관점에서는 성인 이후의 인지적 발달에 대해서는 크게 주의를 기울이지 않았으나 노년기에 이르러서도 인지적 발달이 충분히 이루어진다는 증거들이 있다. 또한, 이러한 발달적 유연성은 개인마다 차이가 날 수도 있다.

### (4) 발달은 상호작용하는 다양한 힘에 의해 이루어진다

발달은 다양한 생물학적·역사적·사회문화적 힘에 의해 영향을 받는다. 발테스와 동료들(Baltes, Reese, & Lipsitt, 1980)은 이러한 광범위한 영향을 세 가지 범주로 묶어 설명하였다. 발달은 비슷한 연령에 따라 영향을 받고 특정한 역사적 시점에 따라 영향을 받는 등 규준적(normative) 영향을 받는다. 또한, 발달은 생애 특정한 사건과 같은 비규준적(nonnormative) 영향을 받는다. 이 세 가지 범주는 다양하게 상호작용하면서 발달한다.

## 2. 인간발달 이론

인간발달과 같은 신비로운 세계를 탐험하는 데 있어서 지도와 같은 역할을 하는 것은 발달 이론(theory of development)이다. 발달 이론이란 증거에 기반해서 인간의 발달을 설명하고 예측하기 위해 필요한 생각의 도식이나 체계다(Johnson, Slater, & Hocking, 2011). 어떠한 발달 이론도 인간발달의 모든 측면을 완벽하게 설명해 주지 못한다. 그러나 각각의 이론들은 인간발달의 특정한 측면들에 대해 주의를 기울이고 설명하고자 하는 노력을 거듭해 왔기 때문에 서로를 보완하면서 다양한 발달차원의 중요한 조각들을 맞추는 데 기여해 왔다. 이 절에서는 인간발달의 주요 이론인 정신분석적 관점, 인지발달 및 정서발달 관점에 대해 비중 있게 다룬다.

### 1) 인간발달에 관한 정신분석적 관점

#### (1) 프로이트의 정신분석 이론

빈에서 활동한 신경학자이자 개업의사 지크문트 프로이트(Sigmund Freud)는 정서적 어려움을 호소하는 다양한 환자에 대한 풍부한 임상경험을 바탕으로 정신분석 이론을 창시하였다. 그는 부모와의 초기 경험이 인간의 발달에 광범위하게 영향을 미친다고 보았기 때문에 기본적으로 발달론자이기도 하다. 프로이트는 그의 동료 요제프 브로이어(Josef Breuer)와 함께 히스테리 환자들에 대해 연구하면서 환자들의 신경증을 유발하는 원인이 의식 이면의 무의식에서 성본능을 억압하였기 때문이라고 결론 내렸다. 브로이어가 이 의견에 동의하기 난처해했기 때문에 프로이트와 결별하게 되었지만 프로이트는 환자들의 정서적인 어려움

지크문트 프로이트
(1856~1939)

의 원인이 되는 성본능과 공격본능에 대해 지속적으로 연구하면서 심리성적 이론 (psychosexual theory)을 창안하였다. 프로이트는 인간의 발달 과정은 기본적으로 성본능과 공격본능의 갈등 과정이라고 보았고 생후 6년 정도의 기간 동안 부모가 아동의 두 가지 본능을 어떻게 다루느냐에 따라 아동의 성격이 발달한다고 보았다.

### ① 성격의 세 가지 요소

프로이트는 인간의 성격을 구성하는 세 가지 요소가 있다고 주장하였다(Freud, 1933/1965). 그는 원초아(id), 자아(ego), 초자아(superego)가 정신의 대리자로서 기능한다고 보았다. 원초아는 신생아일 때부터 존재하는 것으로 기본적인 생물학적 반사와 추동 및 갈망으로 구성된다. 프로이트가 '끓어오르는 흥분들로 가득 찬 구덩이'로 표현했듯 원초아는 기본적으로 쾌락을 추구하는 에너지 덩어리라고 볼 수 있다. 원초아는 즉각적으로 욕구가 채워지는 방향으로 나아가고자 하는 방향성을 지니고 있으며, 욕구가 채워질 수 있을 때 긴장이 풀리면서 쾌감과 안도감을 느낄 수 있게 되는 것이다. 이렇게 즉각적인 욕구의 충족을 원하는 원초아는 공격적이면서 파괴적인 힘을 가지고 있고 무질서하며 비논리적인 특성을 가지고 있다.

자아는 영아기 초기에 출현하기 시작하여 원초아가 가지고 있는 충동적인 방향성을 제어하는 역할을 한다. 자아는 현실의 상황을 고려하여 행동을 선택하고자 하기 때문에 합리적이고 이성적인 판단이 관여하는 기능을 한다. 이렇게 자아가 가진 기능으로 이성에 따라 분별하고 선택하지 않으면 자칫 원초아가 이끄는 방향대로 무분별하게 충동을 채우고자 할 것이다. 결국, 현실 원리에 입각한 행동이 아닌 충동적인 욕구를 만족시키자 하는 방향으로 끌려가게 되는 것이다.

초자아는 부모와의 상호작용을 통해서 3~6세 사이에 나타나기 시작한다. 초자아는 사회적으로 수용되는 기준과 도덕적 가치 판단의 기준을 내면화하는 역할을 담당한다. 특히, 부모와의 관계 안에서 사회적 기준이 내면화되고 이후 자라면서 교사나 어른들로부터도 배워 나갈 수 있게 된다. 문제는 초자아가 출현하기 시작할 때 자아의 기능이 보다 복잡해진다는 데 있다(Freud, 1923/1962). 자아는 본능적인 움직임을 추구하려는 원초아와 옳고 그름의 판단기준을 가진 초자아 사이에서 적절히 조정하는 기능을 담당해야 한다. 자아가 이러한 기능을 적절한 방식으로 담당하지 못한다면 깊이 숙고하지 않고 충동적인 행동을 일삼거나 지나치게 도덕적인 기준으로 행동하고자 하기 때문에 원초아와 초자아 사이에서 균형 있는 개인이 되기 어려워진다.

### ② 심리성적 발달 단계 이론

인간의 성본능에 초점을 맞춘 프로이트는 성적 에너지의 초점이 구강에서 항문으로, 항문에서 생식기로 옮겨 간다고 주장하면서 심리성적 이론(psychosexual theory)을 제시하였다(Freud, 1938/1949). 프로이트는 성적 에너지의 초점이 옮겨 감에 따라 성장기의 특성이 나타난다고 보고 이를 다섯 가지 발달 단계로 나누어 설명하였다.

- 구강기(0~1세): 영아는 태어나서부터 어머니의 젖가슴이나 젖병을 빨고 물고 씹는 행위에서 쾌감을 얻는다. 이렇게 주로 입을 사용한 행위에 심리성적 쾌감이 집중되는 만큼, 이것이 적절히 제공되지 못하고 좌절되었을 때에 사물을 물어뜯는 행위, 음식에 대한 집착, 흡연/음주에 몰두하는 행동 등이 나타나게 된다고 보았다.
- 항문기(1~3세): 걸음마기나 학령전기를 거치면서 아동은 심리성적 쾌감이 항문에 집중되면서 변을 보유하거나 배출시키는 행위로 인한 만족감을 누리게 된다. 부모가 적절한 배변훈련을 시킨다면 이 시기를 잘 지나갈 수 있으나 지나치게 엄격한 훈련을 시킨다면 과도하게 꼼꼼하고 강박적인 성격으로, 반대로 부모가 방치한다면 무질서하고 지저분한 성격 특성으로 나타나게 될 수 있다.
- 남근기(3~6세): 학령전기에 아동은 심리성적 에너지가 생식기에 집중되면서 생식기를 통한 성적 쾌감을 느끼게 된다. 그러면서 이성 부모에 대한 성적 욕구가 일어나게 되고, 이것이 동성 부모에 의해 제한된다는 것을 인식하게 되면서 남아에게는 오이디푸스 콤플렉스(Oedipus complex), 여아에게는 엘렉트라 콤플렉스(Electra complex)가 나타나게 된다. 이 시기에 아동은 부모의 가치 기준을 내재화하면서 초자아가 발달해 부모의 뜻을 거스르면 죄책감을 경험하기도 한다.
- 잠복기(6~11세): 이 시기의 아동은 그동안 생식기에 집중되어 있던 심리성적 에너지가 억압되는 한편, 가족 이외의 성인과 또래들을 통해서 사회적 기술을

습득하고 놀이를 통한 에너지 발산을 하게 된다. 아동은 문제해결 능력을 배우고 사회적 가치기준을 습득하면서 자아와 초자아가 지속적으로 발달한다.

- 생식기(12세 이후): 청소년기에 접어들어 사춘기가 되면 그동안 억압되어 있던 성적 욕구가 각성되어 일어난다. 그러면서 가족 이외의 대상에게 성적인 관심이 커지고, 이러한 갈망에 적절히 대처해 나가고자 애쓰는 시기이다. 청소년이 이 시기를 잘 보낸다면 건강한 성적 욕구해소 방식을 바탕으로 연애와 결혼 및 양육에 있어서 적응적인 모습을 보일 수 있다.

### ③ 심리성적 발달 단계 이론의 비판과 공헌

심리성적 발달 단계 이론은 여러 측면에서 학자들 사이에서 비판을 받아 왔고, 특히 버크(Berk, 2007)는 세 가지 측면에서 비판을 받은 이유를 제시하였다. 첫째, 이 이론은 발달 단계에서 지나치게 성적인 욕구에만 집중해 조명하였다. 둘째, 19세기를 배경으로 성적으로 억압된 성인들을 중심으로 연구하였기 때문에 문화적 · 시기적 특수성을 반영하지 못했다. 셋째, 인간의 발달 단계를 다루는 데 있어서 정작 아동을 대상으로 연구하지 않았다.

이러한 몇 가지 비판에도 불구하고 프로이트의 이론은 부모-자녀의 관계를 발달론적 시각으로 바라본 최초의 연구라는 점과, 이를 바탕으로 한 임상적 경험을 거쳐 오늘날의 정신분석 이론이 다양한 형태로 발전하게 했다는 데에서 의의가 있다. 또한, 무의식적 동기와 과정에 관해 처음으로 탐구하게 되었고, 이를 통해 무의식적 동기가 인간의 초기 경험에 어떻게 작용하여 영향을 미칠 수 있게 되는지에 대해 안내했다는 점에서 의미가 크다.

### (2) 에릭슨의 심리사회적 이론

프로이트의 이론이 서서히 각광을 받기 시작하면서부터 자연스럽게 그를 따르는 추종자들이 생겨나게 되었다. 에릭 에릭슨(Eric Erikson)도 그중 한 명인데, 그는 프로이트가 기여한 학문적 성과를 인정했지만 점차 자신의 이론을 정립해 가면서 프로이트의 심리성적 발달 단계 이론을 수정하기에 이르렀다. 무엇보다 에릭슨은 프로이트의 이론이 지나치게 성적 욕구에만 초점이 맞추어진 것에 동의하지 않고 성적 욕구 자체보다 아동이 성장하면서 경험하게 되는 다양한 사회적 환경, 타인과 우호관계를 맺어 나가고자 하는 동기에 의해서 발달이 이루어진다고 보았다. 그리고 프로이트는 부모와의 관계에서 아동의 무의식적 동기와 이것이 결정적인 영향을 주는 과정에 초점을 맞추었던 반면에, 에릭슨은 가족뿐만 아니라 또래 및 다른 성인과 같은 보다 폭넓은 사회적 관계 안에서의 역할에 초점을 맞추었다. 그리고 프로이트가 생후 6년간의 기간 동안 평생을 좌우하는 성격의 대부분이 형성된다고 본 반면, 에릭슨은 인간의 성격발달이 청소년기를 지나 평생에 걸쳐서 이루어지는 것이라고 보고 프로이트의 발달 단계를 확장시켰다. 따라서 에릭슨의 이론을 심리사회적 이론(psychosocial theory)이라 부른다.

에릭 에릭슨(1902~1994)

### ① 심리사회적 발달 단계 이론

에릭슨은 프로이트의 심리성적 이론을 확장하여 청소년기 이후의 단계를 3단계로 나누어 세분화하고 각각의 단계에서 정상적으로 성장하게 되었을 때의 과정과 이때 경험하게 되는 위기에 대해서도 다루었다. 에릭슨은 이렇게 전 생애적인 발달론적 관점을 취하여 인간의 발달 단계를 총 여덟 단계로 이루어지는 것으로 제시하였다(Erikson, 1950, 1968, 1982). 이러한 각 단계를 심리사회적 환경에 적응하기 위한 기본적 요소와 이에 대립되는 갈등 요소로 구별하여 제시하고, 정상적으로 각 단계를 경험하였을 때 얻게 되는 덕목을 연령에 따라 설명하고자 한다.

- 기본적 신뢰 대 불신－희망(0~1세): 프로이트의 심리성적 발달 단계에서 구강기에 해당하는 이 시기는 영아가 어머니와의 상호작용에서 일관성, 예측 가능성 및 신뢰성을 발견하느냐가 중요한 관건이다. 영아가 신체적 욕구 충족을 위해 필요한 것들을 너무 오래 지체하지 않고 적절한 방식으로 받을 수 있느냐에 따라 기본적 신뢰감을 형성하게 된다. 반대로 영아의 욕구가 충족되지 않았을 때에는 불신감을 가질 수 있는데, 에릭슨은 이 불신감을 경험하는 것도 어느 정도 필요하다고 하였다. 이 시기를 잘 보내면 영아는 세상이 괜찮은 곳이라는 희망을 품게 된다.
- 자율성 대 수치와 회의－의지(1~3세): 항문기에 해당하는 이 시기에는 아동이

영아기 후반과 걸음마기를 거치게 되면서 스스로 일어서서 걸을 수 있게 되고 세상을 탐험해 나갈 수 있게 되면서 독립성을 가지게 된다. 아동은 대변을 참거나 배설하고 물건을 움켜쥐거나 던지는 등의 행동을 스스로 할 수 있게 되면서 혼자서 해 나가고자 하는 자율성을 획득하게 된다. 그러나 이 과정에서 양육자가 제재하거나 아동의 뜻대로 하지 못하도록 다그치면 아동은 수치와 회의를 느끼게 된다. 아동은 자율성을 추구하면서 수치와 회의도 경험하며 자라나는데, 이 시기를 잘 보내면 아동은 자신이 스스로 할 수 있다는 의지를 가질 수 있게 된다.

- 주도성 대 죄의식—목적(3~6세): 남근기와 학령전기에 해당되는 이 시기에 아동은 자신의 계획에 따라 무언가를 성취하고자 하는 열망을 가지고 세상을 탐험해 나간다. 아동은 자신이 원하는 바에 따라 행동하고 시도해 보고 부딪쳐 보는 과정을 거치면서 주도성을 가지게 된다. 그러나 이 시기에 부모를 통해 초자아가 내면화되기 시작하면서 아동은 자기가 주도적으로 원하는 바를 모두 할 수 없다는 것을 알게 되고 다른 사람들에게 피해를 줄 수 있다는 것에서 죄의식을 느끼게 된다. 이 시기를 잘 거치면 아동은 자신의 행동의 목적을 가지고 성취해 나갈 수 있는 힘을 기를 수 있게 된다.

- 근면성 대 열등감—역량(6~12세): 잠복기와 초등학생 시기에 해당하는 이 단계에서 아동은 성적·공격적 욕구들을 억압하고 또래와의 관계에서 협업과 협동심을 배울 수 있으며, 사회적 지식을 습득해 나가는 가운데 지적 능력의 발달을 경험한다. 이 시기에 아동은 이전 시기들을 잘 보내면서 학교 장면이나 또래와의 관계 등에서 근면성을 함양하게 되고 꾸준히 목표를 달성하기 위한 주의집중력을 기르게 된다. 그러나 이 과정에서 자신이 잘 해 내지 못하고 있다고 생각되고 또래와의 비교를 통해서 열등감을 느끼게 될 수도 있다. 교사와 또래와의 관계 안에서 기본적인 근면성을 획득한다면 아동은 자신의 역량을 바탕으로 자신 있게 수행해 나간다.

- 정체감 대 역할혼미—충실성(12~20세): 생식기와 청소년기에 해당하는 이 시기에 청소년은 2차 성징을 거치게 되고 신체적으로 급변하는 자신의 모습을 발견하며 혼란을 느끼게 된다. 신체가 급격히 성장하고 변화가 일어나는 만큼 아동기와 성인기의 중간 지점에서 자신의 인생은 어디로 가고 있는지, 자신은 누구인지에 대한 의문을 품게 된다. 이 시기에는 또래와의 관계가 어느 때보다도

중요하여 또래들과의 상호작용 속에서 자신의 정체감을 찾으려고 애쓴다. 그러나 정체감을 형성해 나가는 데 있어서 어려움을 겪는다면 자신의 역할에 대한 혼미를 경험하게 된다. 이 시기를 잘 겪게 되면 충실성을 바탕으로 자신의 인생을 살아가고자 하는 태도를 가질 수 있다.

- 친밀성 대 고립-사랑(20~40세): 프로이트는 생식기 이후의 성인기를 따로 구분하지 않았지만 에릭슨은 프로이트 학파 중에서 최초로 성인기를 세 가지로 구분하였다. 성인 초기에 해당하는 이 시기에 개인은 동성·이성 친구, 연인 및 배우자와의 관계 안에서 친밀감을 경험해 나간다. 이는 이전 단계에서 자신의 정체성에 대한 확립이 어느 정도 이루어진 상태에서 가능하게 되는데, 그렇지 않다면 관계 안에서 친밀성을 누리기 어려워지게 된다. 친밀성 형성에 어려움을 겪게 된다면 고립감을 경험하게 되지만 이를 극복하고 일시적으로 경험하게 되는 관계 안에서의 반목을 해결하게 되면 사랑이라는 자아역량을 발달시켜 나가게 된다.

- 생산성 대 침체-호의(40~65세): 성인 중기에 접어들면서 친밀성을 획득하고 사랑의 자아역량을 발휘할 수 있게 되면 개인은 생산성을 보이게 된다. 이 생산성은 친밀감과 사랑의 결과로 가정을 꾸리고 자녀양육을 포함한 다음 세대의 성장과 가능성의 발전을 위해 발휘된다. 이를 위해 개인은 자녀가 잘 성장해 나갈 수 있도록 보호하고 훈육하고 지도하는 일을 포함한다. 하지만 이러한 생산성은 비단 자녀를 가진 부모에서만 발휘되는 것이 아니라 다음 세대를 위해 자신의 생산성을 발휘할 수 있는 모든 사람에게 해당되는 것이다. 자녀나 다음 세대를 위한 생산성이 잘 발휘되지 않는 경우에는 침체에 빠지게 되지만 이를 잘 대처해 나가면 호의(care)가 발달된다.

- 자아통합 대 절망-지혜(65세 이후): 노년기에 이르러 다음 세대를 위한 생산성을 충분히 발휘하게 되면 개인은 비로소 자아통합을 향한 걸음을 걸어가게 된다. 자아통합은 인생을 마무리하는 시점에서 전 인생의 과정을 돌아보고 자신의 삶의 중요한 경험들에 대한 회고를 통해 의미를 찾는 일을 가능하게 한다. 비록 신체적으로는 노화되어 힘이 쇠퇴하지만 인생에 대한 통찰을 바탕으로 삶에 대한 가치를 누리게 된다. 하지만 이러한 자아통합이 원활히 이루어지지 않았을 경우에는 절망에 빠지게 되는 순간들이 온다. 순간순간 찾아오는 절망

을 극복하고 삶의 통합을 이루어나가게 되면서 개인은 지혜라는 자아역량을 발달시켜 나간다.

### ② 심리사회적 발달 단계 이론의 비판과 공헌

에릭슨의 심리사회적 발달 단계 이론은 몇 가지 측면에서 문제점이 있다고 지적되고 있다(Shaffer & Kipp, 2012). 먼저, 에릭슨의 이론은 발달의 원인적 측면에 대한 설명을 구체적으로 제공해 주지 못한다. 그리고 개인이 성장해 나가면서 겪게 되는 여덟 가지의 심리사회적 갈등을 성공적으로 해결해 나가기 위해 어떤 경험을 해야 하는지 안내해 주지 못하고 있다. 또한, 앞의 심리사회적 단계가 다음 단계에 어떠한 영향을 주는지에 대한 설명을 제공해 주지 못하기 때문에 각 단계에서 이루어야 하는 발달과업이 어떻게 일어나는지에 대해 충분히 답해 주지 못한다.

그럼에도 불구하고, 에릭슨의 이론은 프로이트의 심리성적 이론이 성본능에 지나치게 몰두되어 있는 데 대한 한계를 뛰어넘어 발달에서의 사회문화적 결정인자를 강조했다는 것에 그 의의가 있다. 또한, 프로이트가 제시한 5단계에서 성인기를 세분화함으로써 각 단계의 특징적 설명을 구체화하였고 전 생애적인 관점에서 발달 단계의 본질을 탐구했다는 데 가치가 있다.

## 2) 인지발달 이론

### (1) 피아제의 인지발달 이론

스위스의 인지 이론가 장 피아제(Jean Piaget)는 아동의 인지발달 연구에 있어 획기적인 공헌을 한 학자다. 피아제는 10세 때 희귀 알비노 참새에 관한 연구로 자신의 첫 번째 과학논문을 출판했고, 21세 때에 자연과학 분야에서 동물학 박사학위를 취득할 만큼 어린 나이부터 과학적 탐구능력을 갖춘 사람이었다. 그는 과학적 탐구방식을 취함과 동시에 철학적 방법의 하나인 인식론에도 동시에 관심을 가지면서 이 두 가지 방식을 아동의 정신발달을 연구하는 데 적용하여 발생학적 인식론

장 피아제(1896~1980)

(genetic epistemology; Ginsburg & Opper, 2006)이라는 새로운 구상을 하기에 이르렀다. 이후, 피아제는 프랑스 파리로 건너가 알프레드 비네 연구소에서 아동의 지능검사를 연구하게 되었는데, 단지 검사가 요하는 정답과 오답에 관심을 가지기보다 특정한 연령대의 아동들이 일관성 있는 오류를 범하는 것을 발견하고 아동들의 사고가 그 나름대로의 독특한 특성을 가지고 있다고 결론 내렸다. 또한, 그는 개방적인 임상적 면담 방법을 고안하여 이를 아동의 자발적 행동을 관찰하면서 적용하기 시작하였다. 이후, 피아제는 자신의 세 자녀들의 성장 과정을 탐구하면서 자신의 인지발달 이론(cognitive developmental theory)을 체계화하였다.

### ① 지적 발달에 관한 피아제의 관점

본래 생물학자였던 피아제는 신생아가 아동으로 성장하면서 지적으로 발달해 나가는 과정을 적응과 조직화의 과정으로 주로 설명하였다(Piaget, 1971). 신생아는 주로 물건을 잡거나 빠는 행위를 통해서 세상에 대해 경험해 나가며 일어서고 걷기 시작하면서부터는 자신이 살피고 탐험하고자 하는 물건이나 장소에 대해 이동해 가면서 인식의 세계를 확장시켜 나간다. 피아제는 이러한 과정에서 아동의 경험을 통해 인지구조(cognitive structures), 다른 표현으로 '도식(scheme)'이 형성된다고 보았다.

특히, 그는 생물학적 이론에서 주로 사용되는 적응이라는 개념을 도입해 아동의 지적 발달이 적응의 기능과 유사하게 동화(assimilation)와 조절(accommodation)의 과정을 통해서 이루어진다고 보았다. 동화란 아동이 자신이 현재 가지고 있는 기본적인 도식 내에서 설명되는 범위 안에서 그 지식을 넓혀 가는 것을 말한다. 예를 들어, 물건을 잡았다가 던지면 자신과 멀어지게 된다는 것을 알게 되면 이를 다른 물건이나 장난감에도 적용하여 같은 결과를 얻는다는 것을 예측할 수 있게 된다. 조절이란 아동의 도식의 범위를 넘어서 새로운 경험을 하게 될 때에 일어나는 것으로 아동의 이해 체계에 대한 변화를 가져오는 기능을 한다. 예를 들어, 높은 곳에 있는 장난감을 만질 수 없지만 책을 쌓거나 의자와 같은 도구를 사용하여 장난감을 내릴 수 있다는 사실을 알게 된다.

피아제는 이러한 동화와 조절과 같은 적응의 개념과 함께 조직화(organization)도 아동의 지적 발달을 이루게 하는 중요한 요소라고 보았다. 조직화란 동화와 조절의 과정을 거치면서 습득하는 지식에서 자신에게 덜 중요한 부분을 중요한 생각으로부터 분리해 내고 다른 생각들과 연결시키는 등 조직적으로 자신의 관찰과 경험을 확대해 나가는 것을 의미한다.

### ② 인지발달 단계 이론

피아제가 생물학에서 도입한 개념인 적응과 조직화를 통해서 아동의 지적 발달이 이루어진다고 본 것과 함께, 한편으로는 서로 질적으로 다른 네 단계를 거치면서 인지발달이 이루어진다고 보았다(Ginsburg & Opper, 2006; Piaget, 1926/2007, 1962). 이 네 단계는 영아기의 감각운동기(sensorimotor stage), 초기 아동기의 전조작기(preoperational stage), 중기 아동기의 구체적 조작기(concrete operational stage) 및 청소년기 이후의 형식적 조작기(formal operational stage)다. 질적으로 다른 네 단계라 함은 각 단계에서 별개의 사고방식으로 세상을 경험하고 이해한다는 의미다. 그리고 피아제는 각 단계가 불변적 순서(invariant sequence)로 발달해 나간다고 보았는데, 이는 이전 단계를 성취하지 않고서 보다 복잡한 사고방식을 요하는 다음 단계로 이행하기란 어렵다는 의미다. 그리고 그는 이러한 과정이 각 아동의 특성에 따라 연령과 속도에 차이가 있을 수 있다고 보았다.

- 감각운동기(0~2세): 신생아는 태어나서 빨기 반사(sucking reflex)부터 시작하여 자신의 감각으로부터 사물과 대상을 인식하고 경험해 나가기 시작한다. 처음에는 자신과 외부 대상이 구분되지 않은 채 보기, 만지기, 차기 등의 감각운동을 통해서 세상을 인식하면서 움직이는 대상을 보고 미소를 보이기도 한다. 4개월경이 지나면 영아는 서서히 외부 대상에 대해 인식해 나가기 시작하는데, 기거나 걷기 시작하면서부터는 목표가 되는 대상을 향해 스스로 움직이면서 대상에 대한 탐험을 보다 적극적으로 하기 시작한다. 가장 극적이고 인상적인 지적 발달이 이루어지는 이 시기에 특징적인 것 중 하나는 대상영속성(object permanence)의 발달이다. 영아가 약 4개월 정도까지 눈앞에 보이는 물체가 사라지면 그 대상 자체가 없어져 버리는 것처럼 인식하다가 4개월이 지나가면서 물체가 눈앞에서 사라지더라도 그것이 다른 어딘가에 위치해 있을 수 있다는 것을 인식할 수 있는 것이 대상영속성이다. 아동이 더 성장하면서는 그것을 스스로 찾을 수 있는 단계까지 갈 수 있다.

- 전조작기(2~7세): 전조작기에 접어들면서 아동은 급격한 언어의 발달이라는 가장 큰 특징적인 측면을 보인다. 그러나 피아제는 언어 발달 자체는 상징적 의사소통에 있어서 중요한 부분이지만 감각운동기부터 경험한 행위체계를 통해 내적으로 점점 조직화되면서 지적 발달이 이루어진다고 보았다. 이 시기에 아동은 상상과 상징을 활용한 가상놀이를 할 수 있는 발달이 일어난다. 다만, 이 시기의 아동은 자기중심적(egocentric) 사고를 하기 때문에 객관적인 관점으로 사물과 대상을 바라보는 데 있어서는 제한이 있다. 또한, 사물에 생명이 있다고 생각하는 물활론적(animistic) 사고를 하기 때문에 사물의 활동이나 움직임과 연계하여 그것이 마치 생명이 있는 것처럼 지각한다. 이 시기의 아동은 가상놀이를 통하여 상상력이 풍부해지기는 하나 논리적으로 생각할 수 있는 능력이 발달하기 이전 단계라고 볼 수 있다.

- 구체적 조작기(7~11세): 구체적 조작기에 아동은 논리적 사고를 통한 정신활동을 할 수 있게 되면서 보다 복잡한 인지조작을 할 수 있는 단계에 접어든다. 아동은 당장 눈에 보이는 그대로 인식하는 것에서 벗어나 양과 수가 보존된다는 개념을 습득할 수 있다. 예를 들어, 같은 양의 우유를 각기 다른 모양과 크기의 컵에 부어도 그 양이 같다는 것을 인식할 수 있으며, 수가 같다면 다른 크기의 그릇에 사탕을 담더라도 그 개수가 같음을 안다. 그리고 서로의 특성이 같은 것끼리 분류하고, 다른 특성을 지닌 것들을 구별해 내는 유목화를 할 수 있다. 또한, 다른 사람들의 행동을 관찰하여 동기를 유추해 낼 수 있게 된다. 물론 아직까지 성인처럼 추상적 사고를 하기에는 어려움이 있다.

- 형식적 조작기(11세 이후): 형식적 조작기에 접어들면서 청소년은 관찰 가능하고 구체적인 것에 의해서만 사고를 하는 단계에서 벗어나 눈에 보이지 않는 추상적인 것과 이상적인 관념들을 이해할 수 있는 지적 발달이 이루어진다. 청소년은 문제해결에 있어서 자신 나름대로의 가설을 설정하고 이를 검증해 나갈 수 있는 과학자적 태도도 취할 수 있게 된다. 여러 각도에서 문제해결을 시도해 보고 그것이 잘 되지 않았을 때에는 다른 방안도 고려해 볼 수 있게 된다. 한편으로는 사랑과 정의 및 자유와 같은 추상적이고 이상적인 개념에 대해 이를 추구하고 자신의 정체성에 비추어 미래를 꿈꿀 수 있다. 청소년은 세계를 자신을 중심으로 이해하는 전조작기와는 구별되는 또 다른 자기중심적 사고를 하

기도 하지만 점차 성인이 되면서 이러한 자기중심적 사고를 극복하고 정체성을 확립해 나가게 된다.

### ③ 인지발달 단계 이론의 비판과 공헌

피아제의 인지발달 단계 이론에 대한 학자들의 가장 주된 비판의 초점은 아동의 지적 발달 능력을 그가 과소평가했다는 점에 있다(Bjorklund, 2005; Klahr & Nigam, 2004). 각 발달 단계에 있는 아동들은 피아제가 제시한 과제에 대해 학습과 훈련으로 수행이 증진될 수 있음을 보여 주었는데, 이는 개별화된 발견학습을 통해 지적 발달이 이루어진다는 피아제의 중요한 가정에 반하는 것이다. 이 외에도 피아제는 개인적 편차와 사회문화적 요인들에 대해서는 간과했다는 비판도 받고 있다.

이러한 비판들에도 불구하고 피아제의 이론은 여전히 인지발달에 있어 중요한 부분을 차지한다(Crain, 2011). 특히, 성본능과 무의식을 강조하는 정신분석적 관점과 기계론적 입장을 취하고 있는 행동주의적 관점은 아동의 발달이 주로 수동적으로 이루어진다고 본 반면에, 피아제는 아동이 개별적인 발견학습을 통해 능동적으로 학습해 나가고 지적 발달을 이루어 간다고 믿었다. 또한, 그의 이론은 도덕발달과 인지발달을 연결한 연구영역에까지 영향을 주었고 교육 분야에도 지대한 영향을 미쳤다.

### (2) 비고츠키의 사회문화적 인지발달 이론

레프 세메노비치 비고츠키(Lev Semenovich Vygotsky)는 피아제와 같은 해에 태어나 그의 초기 저술들을 읽으면서 내적 발달의 중요성을 인정한 심리학자이자 발달학자다. 그러나 그의 이론은 피아제의 인지발달 이론과 달리 사회문화 및 역사의 집단적 가치, 신념, 기술 및 전통이 세대 간에 전달되면서 어떻게 개인의 인지가 발달해 나가는지에 중점적으로 관련되어 있기 때문에 사회문화적(sociocultural)/사회역사적(social-historical) 인지발달 이론이라 부른다. 서러시아의 항구도시인 고멜에서 은행 간부인 아버지와 교사인 어머니 사이에서 태어

레프 세메노비치 비고츠키
(1896~1934)

나 일곱 남매와 함께 자란 비고츠키는 가족들과 재미있는 대화를 하는 것을 좋아하며 문학과 시, 역사 등 다방면에 관심을 가졌다. 그 덕에 10대 때에는 또래들 사이에서 꼬마 교수라고 불릴 만큼 지적 토론과 논쟁을 좋아하였다. 우여곡절 끝에 17세에 모스크바 대학교에 입학한 비고츠키는 법학과 문학을 전공하였고, 샤니야브스키 인민대학에서 역사와 철학도 함께 공부하였다. 이후, 고향으로 돌아와 중등학교에서 문학을, 지역 대학에서 심리학을 가르쳤으며 루리아(Luria)에 의해 모스크바 심리학 연구소에서 일하게 되면서 논문을 집필한 이후 박사학위를 받았다. 38세의 젊은 나이에 결핵으로 요절하기 전까지 100편이 넘는 논문과 저서를 남길 만큼 그는 지적인 열정으로 가득 차 있었다.

### ① 근접발달영역과 인지발달

피아제는 인지발달이 서로 질적으로 다른 단계로의 이행으로 이루어진다고 본 반면, 비고츠키(Vygotsky, 1934/2012)는 근접발달영역(zone of proximal development: ZPD)이라는 잠재적 발달수준의 영역에서 아동의 발달이 이루어진다고 보았다. 근접발달영역이란 아동의 현재 수준으로는 혼자서 성취하기 힘든 과제에 대해 능숙한 성인이나, 보다 수행을 잘 해낼 수 있는 또래나 연장자의 도움으로 도달할 수 있는 범위를 뜻한다. 아동이 현재의 지적 수준으로 혼자서 충분히 해낼 수 있는 과제는 더 낮은 한계에 해당하고 아동의 현재 수준으로는 할 수 없지만 유능한 성인이나 또래가 도와준다면 성취할 수 있는 과제는 더 높은 한계에 해당한다. 근접발달영역은 바로 더 낮은 한계와 더 높은 한계 사이에 위치하는 영역이라고 볼 수 있다. 비고츠키는 아동이 근접발달영역으로 성취해 나갈 수 있도록 하는 성인 조력자의 역할을 강조했기 때문에 그의 이론에서 사회적 상호작용을 통한 학습을 중시하였다.

비고츠키의 근접발달영역은 점차 연구자들의 관심을 받게 되었고, 특히 교육 분야에의 적용이 활발히 이루어져 왔다. 근접발달영역과 유사한 개념으로, 심리학자와 교육학자들이 제시한 발판화(비계, scaffolding)의 개념이 있다(Wood, 1998). 발판화란 과제에 대해 보다 능숙한 사람이 이를 배워 나가는 학습자에게 현재 상황에 맞게 적절한 도움을 주면서 점진적으로 변화시켜 나가는 과정이라고 할 수 있다. 이는 마치 건축물이 완성되고 나면 치우는 비계와 같이 보다 능숙한 사람이 비계 역할을 해 주는 것이라고 볼 수 있다. 아동이 어떤 과제를 어떻게 해결해 나가야 할지 잘 모를 때, 능숙한 성인은 이를 점진적으로 도와 발판을 마련해 주고 아동이 이를 해결해 나간다면 지원을 철회하여 아동이 유능감을 느낄 수 있도록 성과를 돌려주는 것이다.

### ② 언어와 인지발달

피아제와 같이 비고츠키도 아동이 적극적으로 자신의 지식을 구성해 나간다고 보았다. 그러나 비고츠키에 있어서 더욱 중요한 부분은 아동이 적극적으로 지식을 구성해 나가는 과정이 바로 사회문화적인 맥락 안에서 성인들과의 사회적 상호작용을 통해 주로 이루어진다고 보았다는 데에서 차이가 있다. 특히, 피아제와 비고츠키의 관점 차이는 아동의 언어 사용과 지적 발달 사이의 관련성을 보는 데서 극명하게 드러난다. 피아제(Piaget, 1923/2014)는 아동이 사회적 언어를 자신의 언어로 내면화하는 과정에서 혼자서 중얼거리는 말을 자기중심적 언어(egocentric speech)라고 칭하였다. 피아제는 이러한 자기중심적 언어가 어디까지나 조망수용(perspective taking)에 있어서 어려움을 반영할 뿐 그것이 아동의 지적 발달에 중대한 영향을 끼치지 않는다고 보았다.

반면, 비고츠키(Vygotsky, 1934/2012)는 아동이 혼자서 중얼거리는 말을 통해 주의집중, 기억과 회상, 범주화 및 문제해결에 대한 계획과 수행이 이루어진다고 보고, 이는 아동이 고등 인지 과정을 내면화하기 위한 기초적 단계라고 보았다. 특히, 이러한 과정이 전적으로 아동이 혼자서 해 나가는 과정이라기보다는 성인과의 사회적 상호작용이 이루어지는 가운데 외적·사회적 지원을 통해 정신기능이 습득된다고 보았다. 비고츠키에게 아동이 혼자서 중얼거리는 말은 단순히 자기중심적인 언어라기보다는 사회문화적 맥락 안에서 자신의 생각과 행동을 안내하기 위한 도구로 사용되는 사적 언어(private speech)인 것이다. 크레인(Crain, 2011)은 아동이 사적 언어를 사용하여 부모가 나무라는 말을 내면화하는 과정을 통해 양심이 발달하는 것이 프로이트의 초자아 발달과 일맥상통한다고 보기도 하였다. 언어와 지적 발달에 대한 비고츠키의 관점은 지난 수십 년간 아동 초기 사고 발달의 중요한 도구라는 것이 여러 학자에 의해 지지되어 왔다(Alderson-Day & Fernyhough, 2014; Berk & Harris, 2003).

### ③ 사회문화적 인지발달 이론의 비판과 공헌

비고츠키의 사회문화적 인지발달 이론은 여러 가지 측면에서 비판을 받고 있다. 가장 두드러진 부분은 이 이론의 핵심과 관련된 부분으로, 사회적 상호작용의 역할을 지나치게 강조했다는 점(Feldman & Fowler, 1997)과 사고에 있어서 언어의 역할을 과도하게 강조하였다는 것(Rogoff, 1990)이다. 또한, 그의 이론이 피아제의 이론처럼 검증 가능한 가설이 많지 않다는 것과 연령과 관련한 변화에 대해 구체적으로 다루지 않았다는 비판도 있다.

이러한 비판에도 불구하고, 비고츠키의 이론은 현대의 발달심리학에 많은 아이디어와 시사점을 주고, 그가 남긴 저술들은 역사적 가치 이상의 의미를 지니고 있다(Wertsch & Tulviste, 1992). 특히, 그가 남긴 업적은 교육학 분야에서 교육 장면에 대한 다양한 아이디어를 제공하고 응용 범위를 폭넓게 했다는 데 의의가 있다. 교사를 포함한 성인과의 사회적 상호작용을 통해 아동의 지적 능력이 발달해 나간다는 관점은 촉진자와 조력자로서의 성인의 역할에 한층 더 큰 의미를 부여하는 것이다. 게다가 그의 이론은 교육학적 응용을 넘어 심리치료의 임상적 적용의 가능성도 넓혀 주었다(Crain, 2011).

## 3) 정서발달 이론

### (1) 볼비와 에인스워스의 애착 이론

런던에서 출생한 존 볼비(John Bowlby)는 정신분석, 동물행동학 및 생물학의 영향을 받아 애착 이론(attachment theory)을 탄생시켰다. 1928년에 케임브리지 대학교를 졸업한 그는 의사로서, 정신분석학자로서 훈련을 받았고 영국정신분석학회에 소속되어 당대에 가장 영향력이 있었던 멜라니 클라인(Melanie Klein)에게서 슈퍼비전을 받았다. 당시 런던아동상담소에서 박사후 과정을 밟으면서 부모-영아 사이의 상호작용에 관심이 많았던 볼비는 자신이 분석하던 3세 아동에 대해 어머니와의 이야기를 금지한 클라인과의

존 볼비(1907~1990)

다른 관점으로 인해 고통스러워하기도 하였다. 이후, 볼비는 지속적으로 부모-영아의 상호작용과 애착에 대한 관심을 키워 가면서 콘라트 로렌즈(Konrad Lorenz) 등

메리 에인스워스(1913~1999)

의 영향을 받아 동물행동학(ethology)으로 전환하여 연구하기 시작하였다. 평생 동안 영국정신분석학회의 회원으로 남아 정신분석학과의 대화를 중단하지 않았지만, 정작 정신분석학자들로부터 수많은 비판을 받았다. 하지만 볼비는 애착 이론을 체계화하였고, 결국 정서발달에 관한 주요 이론들 중 가장 영향력 있는 이론으로 만들어 나갔다(Lamb & Lewis, 2005).

한편, 볼비가 애착 이론을 집대성할 수 있기까지 지대한 영향을 미친 메리 에인스워스(Mary Ainsworth)의 업적을 간과할 수 없다. 볼비보다 여섯 살 아래인 에인스워스는 오하이오에서 태어나 토론토에서 성장하였고, 16세에 토론토 대학교에 입학하였다. 1950년에 결혼한 그녀는 남편과 함께 런던으로 가서 볼비가 공고한 연구보조자 구인광고를 보고 응모하여 채용된 이후 40년 동안 볼비와 함께 공동 연구를 하게 되었다. 당시 볼비도 인식하지 못하였지만 에인스워스는 볼비의 연구에 참여하면서 자신의 연구 전반에 걸쳐 영향을 받았다. 1954년에 그녀의 남편이 우간다의 교수직으로 가게 되어 함께 가면서부터 볼비와 지리적으로 떨어져 있었지만 에인스워스는 지속적으로 애착 이론을 발전시켜 나갔으며, 볼비와 아이디어를 공유해 나가면서 서로 영향을 주고받았고 볼비가 애착 이론을 집대성하는 데 큰 기여를 하였다.

### ① 볼비의 애착 단계

볼비는 영아가 태어나 부모와 같은 성인과 관계를 형성해 나가는 방식에 주목하였다. 영아는 태어나서부터 자신의 생명을 스스로 지킬 수 있는 이렇다 할 수단이 없다. 단지 자신이 필요할 때 부모가 접근하여 해결해 줄 수 있도록 있는 힘을 다해 우는 일과 욕구가 충족되었거나 사회적 반응을 할 때 미소 짓는 일을 할 수 있을 뿐이다. 하지만 이러한 단순한 행동이 인간이 환경에 적응해 나갈 수 있도록 하는 아주 중요한 수단이 된다. 볼비는 영아가 이를 양육자가 곁에 있으면서 자기를 지킬 수 있도록 신호를 보내는 애착 행동(attachment behaviors)이라고 칭하였다. 그는 이와 관련하여 부모-영아의 애착이 발달해 나가는 네 가지 단계에 대해 기술하였다(Bowlby, 2009).

- 1단계(0~3개월)−비변별적 사회적 반응의 단계: 영아는 태어나서 2~3개월 정도 되는 시기 동안 부모와 같은 특정한 사람들에 대한 구별 없이 기본적인 반응을 한다. 이 시기의 영아는 사람의 얼굴을 쳐다보는 것을 좋아하고 목소리를 듣는 것을 좋아한다. 영아는 사람의 얼굴을 보고 목소리를 들으면서 미소를 짓게 되는데, 이러한 사회적 미소(social smile)는 생후 5~6주경에 더 강렬해지기 시작한다. 이러한 미소는 눈맞춤과 함께 나타나는데, 영아의 눈맞춤과 미소는 부모와 성인으로 하여금 사랑스러운 감정으로 영아와 상호작용하는 것을 촉진시키는 반응을 하게 만든다. 한편, 영아는 울음을 통해서도 부모를 가까이 있도록 만든다. 영아는 배가 고프거나 몸이 불편할 때 큰 울음소리를 냄으로써 부모로 하여금 빨리 자신 곁에 다가와 이를 해결해 주도록 하는 것이다.

- 2단계(3~6개월)−변별화된 사회성의 단계: 볼비는 이 단계에서 영아의 사회적 반응이 보다 변별적으로 이루어진다는 점에 주목하였다. 이 시기에 영아는 점점 더 낯익은 사람에게만 미소 짓는 반응을 보이게 된다. 낯선 사람에 대해서는 그저 쳐다보기만 하는 반응을 보인다. 그러면 낯익은 사람과의 상호작용이 더욱 늘어나게 되고 상대방과의 연합감이 증진됨과 동시에 영아 자신도 상호작용 속에서 긍정적인 느낌을 더욱 많이 가지고 불쾌감은 덜 느끼게 된다. 옹알이와 상대방의 신체를 만지는 행동 등도 선택적으로 낯익은 사람에게만 하게 된다. 이 시기에 영아는 두세 명 정도의 사람을 좋아하게 되고, 특히 어머니와 같이 자신에게 가장 좋은 질적인 반응을 해 주고 잘 놀아 주는 등의 상호작용을 하는 사람에게 강한 애착을 형성해 나가기 시작한다.

- 3단계(6개월~3세)−강한 애착을 통한 정서적 관계 형성 단계: 생후 6개월 정도 시기에 영아는 어머니와 같은 특정 인물에 대한 애착이 더욱 강해진다. 어머니에 대한 애착이 강해지면서 어머니와 떨어지게 되면 우는 분리불안(separation anxiety)을 경험하게 된다. 또한, 7~8개월 정도의 시기에는 낯선 이를 보면 경계를 보이거나 우는 낯선 이 불안도 나타나게 된다. 유아가 서서히 기고 걸으면서부터는 애착이 강하게 형성된 어머니를 안전기지(secure base)로 자신의 근처에 두고 자신 앞에 펼쳐진 세상을 적극적으로 탐색해 나갈 수 있게 된다. 유아가 세상을 탐색해 나가면서도 어머니가 자기가 필요할 때 여전히 자신의 곁에 있음을 확신하게 된다면 접근 가능성과 반응성에 대한 내적 작동 모델

(internal working model)을 안정적으로 형성해 나가고 활성화시킬 수 있게 된다. 반면, 유아가 어머니와 떨어져 세상을 탐색하는 데 있어서 어머니가 접근 가능하지 않고 반응적이지 않다면 불안해하는 내적 작동 모델이 활성화될 것이다.

- 4단계(3세~아동기 말)−상호 협력적 관계 형성 단계: 3세 이전의 유아는 오로지 자신과 애착을 형성한 주 양육자와 가까이 있으려 하는 욕구를 가지고 있고 양육자의 상황이 어떠한지에 대해서는 관심이 없다. 하지만 이후부터는 서서히 어머니가 자신과 잠시 떨어져 있어야 하는 상황에 대해 이해하기 시작한다. 어머니가 볼일을 보기 위해서 자신과 떨어져 있어야 할 때 유아는 자신이 함께 가기를 원하거나 동행하는 대신 어머니가 돌아와서 책을 읽어 주는 등 자신에게 어떠한 보상이 주어지기를 바라기도 한다. 이러한 관계는 유아가 어머니의 상황을 이해하고 잠시 떨어져 있을 수 있게 되는 상호 협력적인 동반자 관계라고 볼 수 있다. 아동기에 접어들면서 아동은 서서히 부모가 아닌 또래, 교사와 같은 다른 이들과도 애착을 형성하게 된다.

### ② 에인스워스의 애착 유형

에인스워스는 우간다의 간다 족 가족과 미국 볼티모어 가족들에 대한 연구 경험을 바탕으로, 동료들과 함께 애착 유형에 관한 획기적인 연구를 실시하였다(Ainsworth, Blehar, Waters, & Wall, 1978). 이는 어머니와 어머니에게 우호적인 낯선 이를 활용하여 1~2세의 영아의 행동을 관찰하는 '낯선 상황'이라는 연구이다. 연구자들은 20분간 여덟 가지의 계획된 순서대로 놀이방 안에서의 도입, 분리 및 재결합의 상황을 설정하여 영아의 반응을 살펴보았다. 그 결과, 영아가 안정애착, 회피애착, 저항애착 등의 세 가지 애착 유형을 보이는 것을 확인하였다. 또한, 에인스워스의 제자인 메리 메인(Mary Main)은 동료와 함께 수행한 연구(Main & Solomon, 1990)에서 네 번째 유형인 해체/혼란 애착을 추가적으로 발견하였다. 이러한 애착 유형은 아동의 초기 애착이 형성된 이후 성장 과정의 발달적 기능을 예측(Brisch, 2012)한다는 데서 중요하다고 볼 수 있다.

- 안정애착(secure attachment): 이 영아들은 어머니를 자신의 안전기지로 삼아 주

위를 탐색해 나갈 수 있다. 어머니가 자신의 주위에 있다는 것을 알고 있는 상황에서 마음껏 놀이를 할 수 있으며 주변을 탐색할 수 있다. 어머니가 잠깐 자신의 눈에 띄지 않는 상황에서는 불안해하며 울기도 하지만 어머니가 돌아오면 웃으며 반길 수 있다. 어머니가 없는 상황에서 스트레스를 많이 받았어도 어머니가 달래면 이내 안정을 찾을 수 있다. 이 영아들은 건강한 유형의 애착 행동을 보인다.

• 저항애착(resistant attachment): 이 불안정 애착 유형에 속하는 영아들은 놀이방에서 어머니와 함께 있을 때 달라붙어서 좀처럼 떨어져 있으려고 하지 않고 어머니가 어디에 있는지에 온 신경을 기울여서 정작 놀이방을 탐색해 나가려고 하지 않는다. 이 영아들은 어머니가 자리를 비우면 큰 소리로 우는 등 불안한 모습을 많이 보이며 어머니가 돌아와도 바짝 붙어 있으려 한다거나 오히려 화를 내거나 공격적인 반응을 보이는 등의 저항적인 행동을 보이게 된다.

• 회피애착(avoidant attachment): 이 불안정 애착 유형에 속하는 영아들은 놀이방에서 마치 어머니를 무시하는 듯한 행동을 보인다. 영아들은 어머니가 자신의 곁에 있는지 없는지 살펴보지 않음으로써 어머니를 안전기지로서 활용하지 않는 듯 행동한다. 어머니가 방을 나갔다가 다시 돌아와도 별로 관심을 보이지 않으며 가까이 가려고 하는 행동이 잘 나오지 않는다. 어머니가 안으려고 해도 안기려고 하지 않고 눈맞춤을 회피하는 경우가 많다.

• 해체/혼돈 애착(disorganized/disoriented attachment): 이 유형에 속한 영아들은 가장 혼란스러운 반응을 주로 보인다. 마치 자신이 어머니에게 저항할지 회피할지 사이에서 갈등하는 듯한 모습을 보이며 혼란스러워한다. 어머니가 안아 주어도 우울해하거나 정서가 드러나지 않는 반응을 보인다. 또는 낯선 상황에서 돌보는 사람 주위를 돌며 공포심 같은 특정한 정서를 나타내기도 한다. 여기에 해당하는 영아들은 어머니와 분리되었다가 다시 재결합하는 상황에서 겁을 먹거나 얼어붙기도 하고 이상한 행동을 보이기도 한다.

### ③ 애착 이론의 비판과 공헌

애착 이론은 영아와 어머니 간의 애착에만 주된 초점을 맞추어 왔고 문화적 다양성과 사회적 맥락을 고려하지 않았으며 기질과 유전인자 같은 생물학적 요인들에 대해 주의를 기울이지 않았다는 비판을 받아 왔다(Santrock, 2016). 또한, 볼비가 정신분석학에서 동물행동학으로 전향했으면서도 정작 동물행동학의 개념들이 인간발달에 어떻게 연관이 되는지에 관해 애매모호하게 설명했다는 비판도 있다(Crain, 2011).

볼비는 애착 이론을 집대성해 나가면서 프로이트, 에릭슨, 피아제와 로렌츠 같은 다양한 학파의 학자들의 영향을 많이 받았으며, 심지어는 그의 이론의 한 측면이 비고츠키의 이론과도 유사한 점을 지니고 있다. 그만큼 볼비와 에인스워스의 작업은 애착 이론과 접목할 수 있는 새로운 연구 동향을 촉진시켜 왔고, 이와 관련하여 앞으로도 성격발달과 관계발달에 관한 이론이 나올 가능성이 크다(Bretherton, 1992). 그리고 지금까지 애착이 인간발달에 있어서 중요하다는 증거들이 많이 축적되어 있다(Groh et al., 2014). 무엇보다 애착 이론은 아동이 안정적으로 발달해 나가는 데 있어서 주 양육자의 역할이 얼마나 중요한지에 대한 큰 시사점을 준다.

## 3. 발달 시기와 생활지도

이 절에서는 인간발달의 전 생애적 관점에 입각하여 각각의 인간발달의 주요한 시기별로 생활지도에 있어서의 중요한 사항들을 짚어 본다. 인간발달의 전 생애적 관점과 함께 주요한 발달 이론은 생애 각 시기의 중요한 함의점들을 고찰하도록 도와준다. 인간발달학자들은 주로 발달의 주요한 시기로 태아기, 영아기와 걸음마기, 초기 아동기, 중기 아동기, 청소년기, 초기 성인기, 중기 성인기 및 후기 성인기 등 여덟 가지로 구분하지만 이 절에서는 영유아기, 아동기, 청소년기, 성인기 및 노년기 등 다섯 시기로 구분하여 제시하고자 한다.

### 1) 영유아기(0~6세)와 생활지도

영아가 이 땅에 태어나면 미소와 울음과 같은 사회적 신호 장치를 갖추게 된다. 이후부터 영아는 주 양육자인 어머니와 정서적 메시지를 주고받으면서 정서적 표현을 교환하기도 한다. 어머니는 아이의 배고픔, 고통, 분노와 연합된 울음을 통해서 아이가 필요로 하는 것이 무엇인지 서서히 더 인식해 나가게 된다. 그러면서 영아는 어머니의 안아주기와 쓰다듬어 주기와 같은 달래는 행위를 통해 정서를 조절해 나갈 수 있는 능력을 가지게 된다. 영아는 자신의 신체적·정서적 필요를 어머니로부터 충족시키면서 정서발달을 건강히 이루어 나갈 수 있게 된다. 또한, 이 과정에서 얼마나 어머니와 안정적인 애착을 형성해 나가는지가 관건이다. 유아로 서서히 성장해 나가면서 언어발달과 함께 인지적 발달이 이루어지고 안정적인 애착을 기반으로 유아는 세상을 탐색해 나가고 정서적 충족감을 가질 수 있는 아동으로 성장할 수 있다. 이 시기에는 주 양육자인 어머니와 유아가 정서적 안정감을 바탕으로 얼마나 건강한 상호작용을 이루어 나갈 수 있느냐에 초점을 맞추어 생활지도가 이루어질 수 있다. 특히, 유아-어머니의 상호작용을 관찰하거나 어머니의 정서적 상태와 애착 유형을 바탕으로 개입해 나갈 수 있다.

## 2) 아동기(6~11세)와 생활지도

아동기에는 유아기에 자신을 표현한 것보다 더욱 구체적으로 자신의 심리적 특성에 대해 표현할 수 있다. 더불어, 자신에 대한 사회적 측면의 특징을 보다 더 잘 표현할 수 있게 된다. 이 시기는 타인의 입장을 더욱 잘 이해할 수 있는 능력인 조망수용 능력이 향상되어 자기 자신뿐만 아니라 타인에 대한 이해도 높아진다. 이 시기에 아동의 인지발달은 더욱 폭발적으로 일어나면서 이전보다 구체적인 조작이 가능해지며 논리적 추론도 할 수 있게 된다. 대체로 학교에 입학하여 초등학생이 되는 이 기간 동안에는 또래와의 상호작용이 크게 증가하고 사회적 역할을 수행해 내야 하는 단계에 이르게 된다. 아울러, 또래와 상호작용하면서 자신의 정서를 조절하고 스트레스에 적절히 대처해 나갈 수 있는 능력이 길러진다. 이 시기에 부모의 역할이 영유아기에 비해 상대적으로 줄어들기는 하지만 부모는 아동이 스스로 해 나갈 수 있는 능력을 가질 수 있도록 발판화를 제공하는 것이 중요하다. 또한, 애착의 형성이 더욱 복잡하게 되어 부모에서 또래와 교사와 같은 다른 성인들로 확장되는데, 생활지도에서는 아동이 이러한 측면들을 건강하게 잘 이루어 갈 수 있도록 돕는 것이 개입의 주된 초점이 된다.

### 3) 청소년기(11~18세)와 생활지도

청소년기는 2차 성징이 나타나면서 신체적 발달이 급격하게 이루어지는 시기이다. 청소년기 초기에 나타나는 사춘기는 특히 이러한 신체적 성장과 함께 성적 성숙의 지표들도 나타나는 시기로 청소년에게 있어 정체성의 혼란을 경험할 수 있는 때이다. 이 시기에 미처 온전히 발달하지 못한 전전두엽은 청소년의 충동적 행동에 대한 통제력과 관련이 있다. 하지만 나이가 들어갈수록 전전두엽이 보다 발달하면서 통제력이 향상된다. 청소년의 정체성 발달의 문제는 특히 이 시기의 핵심적인 부분이다. 청소년들은 자신이 어디로부터 왔고 누구이며 어디로 가게 되는지에 관한 문제에 직면하면서 삶의 경험을 통해 정체성 요소들을 서서히 확립해 나가게 된다. 정체성의 혼미를 경험할 수 있는 시기에 부모를 포함한 가족의 역할이 커지게 된다. 청소년들은 부모로부터 심리적 독립을 이루기 위해 애쓰면서도 동시에 부모의 도움을 필요로 한다. 또한, 부모의 영향력이 줄어들고 또래들과의 관계의 역할이 대폭 확대되는 시기이기도 하다. 이 시기 생활지도의 주된 주제는 청소년이 자신의 정체성을 잘 형성해 나가고 가족 및 또래와의 관계의 안정성을 추구할 수 있도록 돕는 데 있다.

### 4) 성인기(18~65세)와 생활지도

성인기는 성인 초기(18~40세)와 성인 중기(40~65세)로 나뉘는 폭넓은 시기인 만큼 삶의 다양한 경험을 하게 되는 시기이다. 성인 초기에는 일과 사랑에 있어서 자신의 삶을 탐색하고 실험하는 것이 주된 특징인 시기이다. 자신이 원하는 삶의 경로를 따라 자신이 어떤 정체성을 가지고 삶을 살아가기를 원하는지 탐색하고 실험하는 시기이기에 불안정성의 특징을 보인다. 자신의 삶을 책임지고 정서적 통제를 하는 것이 주된 과업이다. 낭만적 사랑을 통해 만난 대상과의 결혼, 부모역할 및 양육을 경험하면서 삶의 다른 역할들과 조화를 이루어 나간다. 성인 중기는 젊음과 늙음 사이에서 체력이 저하되는 반면, 삶의 책임감은 더욱 가중되는 시기이다. 일에 있어서는 자신이 하고 있는 일을 돌아보고 평가하는 시기이다. 무엇보다 이 시기에 자신의 삶의 유산을 후속 세대에 물려주고자 하는 생산성이 중심이 된다. 또한, 삶의 의미를 되돌아보고 자유를 누리며 책임 있는 삶을 살고자 하는 태도를 가지게 된다. 이 시기는 연령의 폭이 넓은 만큼 삶의 다양한 사건들을 경험하게 되기 때문에 생활지도의 주제도 매우 다양하다. 삶의 책임감을 높이고 후속 세대를 위한 생산성을 발휘할 수 있도록 개입한다.

## 5) 노년기(65세~사망)와 생활지도

성인 후기에 해당하는 노년기는 21세기에 접어들면서 부쩍 높아진 기대수명으로 인해 새로이 생겨나게 된 개념이다. 비록 개인마다 차이가 있고 일률적이지 않기는 하지만 노년기에 이르러 신체적 쇠퇴가 이루어지며 뇌는 수축되고 유연성이 감소되는 것은 불가피하다. 그러나 균형 잡힌 운동과 영양 상태 및 활동 정도에 따라 신체적 기능이 어느 정도 유지될 수 있으며 뇌의 기능도 적응 능력을 가질 수 있다. 일에 있어서 노년기는 은퇴의 시기와 맞물리기 때문에 다양한 은퇴 상황에 따라 일에 있어서의 의미가 달라진다. 무엇보다 노년기는 인생을 돌아보고 회상하면서 자신이 살아온 인생에 대해 긍정적인 시각을 가지고 보람을 느끼며 만족감을 누릴 수 있는 통합을 이루는 것이 중요하다. 만약, 자신의 인생이 그동안 부정적인 방식으로 이어지고 인생의 가치에 대해 부정적인 시각을 가지게 된다면 절망감을 느낄 수도 있다. 자신의 건강, 가족 및 인생에 대해 생각하면서 서서히 죽음에 대한 준비를 하게 되는 이 시기는 건강의 유지, 가족 및 사회적 관계와 지지, 적절한 정신적 자극과 활동적 생활양식, 상실과 애도 및 죽음이 생활지도에 있어 중요한 주제가 된다.

## 참고문헌

Ainsworth, M. D. S., Blehar, M. C., Waters, E., & Wall, S. (1978). *Patterns of attachment.* Hillsdale, NJ: Erlbaum.

Alderson-Day, B., & Fernyhough, C. (2014). More than one voice: Investigating the phenomenological properties of inner speech requires a variety of methods. *Consciousness and Cognition, 24,* 113-114.

Baltes, P. B., Reese, H. W., & Lipsitt, L. P. (1980). Life-span developmental psychology.

*Annual Review of Psychology, 31,* 65-110.

Berk, L. E. (2007). *Development through the lifespan* (4th ed.). Boston, MA: Allyn & Bacon.

Berk, L. E., & Harris, S. (2003). Vygotsky, Lev. In L. Nadel (Ed.), *Encyclopedia of cognitive science* (Vol. 6, pp. 532-535). London, UK: Macmillan.

Bjorklund, D. F. (2005). *Children's thinking: Cognitive development and individual differences* (4th ed.). Belmont, CA: Wadsworth.

Bowlby, J. (2009). 애착: 인간애착행동에 대한 과학적 탐구[*Attachment and loss: Vol. 1. Attachment*] (김창대 역). 서울: 나남. (원전은 1969년에 출판)

Bretherton, I. (1992). The origins of attachment theory: John Bowlby and Mary Ainsworth. *Developmental Psychology, 28,* 759-775.

Brisch, K. H. (2012). *Treating attachment disorders* (2nd ed.). New York: Guilford.

Crain, W. (2011). 발달의 이론: 개념과 적용[*Theories of development: Concepts and applications*] (송길연, 유봉현 역). 서울: 시그마프레스. (원전은 2005년에 출판)

Erikson, E. H. (1950). *Childhood and society.* New York: W. W. Norton.

Erikson, E. H. (1968). *Identity: Youth and crisis.* New York: W. W. Norton.

Erikson, E. H. (1982). *The life cycle completed.* New York: W. W. Norton.

Feldman, D. H., & Fowler, R. C. (1997). The nature(s) of developmental change: Piaget, Vygotsky, and the transition process. *New Ideas in Psychology, 3,* 195-210.

Freud, S. (1949). *An outline of psychoanalysis* (J. Strachey, trans.). New York: W. W. Norton. (Original work published 1938)

Freud, S. (1962). *The ego and the id* (J. Strachey, trans.). New York: W. W. Norton. (Original work published 1923)

Freud, S. (1965). *New introductory lectures on psychoanalysis* (J. Strachey, trans.). New York: Norton. (Original work published 1933)

Ginsburg, H. P., & Opper, S. (2006). 피아제의 인지발달이론[*Piaget's theory of intellectual development*] (김정민 역). 서울: 학지사. (원전은 1988년에 출판)

Groh, A. M., Fearon, R. P., Bakermans-Kranenburg, M. J., van IJzendoorn, M. H., Steele, R. D., & Roisman, G. I. (2014). The significance of attachment security for children's social competence with peers: A meta-analytic study. *Attachment and Human Development, 16,* 103-136.

Johnson, S. P., Slater, A., & Hocking, I. (2011). Theories and issues in child development.

In A. Slater & G. Bremner (Eds.), *An introduction to developmental psychology* (2nd ed., pp. 41–78). Hoboken, NJ: John Wiley & Sons.

Klahr, D., & Nigam, M. (2004). The equivalence of learning paths in early science instruction: Effects of direct instruction and discovery learning. *Psychological Science, 15*, 661–667.

Lamb, M. E., & Lewis, C. (2005). The role of parent-child relationship in child development. In M. H. Bornstein & M. E. Lamb (Eds.), *Developmental science: An advanced textbook* (5th ed., pp. 429–468). Mahwah, NJ: Lawrence Erlbaum Associates.

Lerner, R. M., Theokas, C., & Bobek, D. L. (2005). Concepts and theories of human development: Historical and contemporary dimensions. In M. H. Bornstein & M. E. Lamb (Eds.), *Developmental science: An advanced textbook* (5th ed., pp. 3–43). Mahwah, NJ: Lawrence Erlbaum Associates.

Main, M., & Solomon, J. (1990). Procedures for identifying infants as disorganized/disoriented during the Ainsworth Strange Situation. In M. T. Greenberg, D. Cicchetti, & E. M. Cummings (Eds.), *Attachment in the preschool years: Theory, research, and intervention* (pp. 121–160). Chicago, IL: University of Chicago Press.

Piaget, J. (1962). The stages of the intellectual development of the child. *Bulletin of the Menninger Clinic, 26*, 120–128.

Piaget, J. (1971). *Biology and knowledge: An essay on the relations between organic regulations and cognitive processes.* Chicago, IL: University of Chicago Press.

Piaget, J. (2007). *The child's conception of the world* (J. Tomlinson & A. Tomlinson, trans.). Lanham, MA: Rowman & Littlefield. (Original work published 1926)

Piaget, J. (2014). *The language and thought of the child* (M. Gabain & R. Gabain, trans.). New York: Routledge. (Original work published 1923)

Rogoff, B. (1990). *Apprenticeship in thinking: Cognitive development in social context.* New York: Oxford University Press.

Santrock, J. W. (2016). 발달심리학[*Essentials of life-span development* (4th ed.)] (이지연, 임춘희, 김수정 역). 서울: 교육과학사. (원전은 2015년에 출판)

Shaffer, D. R., & Kipp, K. (2012). 발달심리학[*Developmental psychology: Childhood and adolescence* (8th ed.)] (송길연, 장유경, 이지연, 정윤경 역). 서울: Cengage Learning. (원전은 2010년에 출판)

Vygotsky, L. S. (2012). *Thought and language* (A. Kozulin, trans.). Cambridge, MA: MIT Press. (Original work published 1934)

Wertsch, J. V., & Tulviste, P. (1992). L. S. Vygotsky and contemporary developmental psychology. *Developmental Psychology, 23,* 548-557.

Wood, D. (1998). *How children think and learn* (2nd ed.). Oxford, UK: Blackwell.

제3장 **학교교육과 생활지도**

이 장에서는 우리나라 생활지도의 역사를 미국의 사례와 함께 짚어 보고 생활지도가 학교교육에서 차지하는 위치와 역할에 대해 살펴본다. 학교교육에서 생활지도의 역할은 2015 개정 교육과정에서 제시하고 있는 교육목표를 종합하여 총 다섯 가지를 제시하고 각각의 목표를 성취하기 위한 내용을 다룬다. 이 장에서 제시하는 생활지도의 목표는 자신에 대한 존중을 바탕으로 바른 품성 갖추기, 자신의 꿈을 인식하고 진로 탐색하기, 문제해결력을 바탕으로 도전정신 키우기, 공감하는 마음과 문화이해 능력 기르기, 타인을 존중하고 소통하는 능력 기르기 등이다. 각각의 목표를 성취하기 위한 구체적인 내용으로 교사의 태도, 상담활동과 기술, 대인관계 증진, 진로지도 활동, 정신건강 활동, 학교폭력 대처 등에 대해 소개한다.

## 1. 학교교육에서 생활지도의 위치

학교교육에서 생활지도의 위치를 짚어 보는 것은 그 자체로 생활지도가 학교교육의 중요한 요소임을 전제한다. 동시에 생활지도가 학교교육의 맥락 속에서 이해될 수 있음을 의미하는 것이기도 하다. 생활지도와 학교교육이 밀접하게 관련되어 있다는 사실은 교육 관련 종사자라면 누구나 동의할 것으로 예상하지만 구체적으로 어떤 방식으로, 어떤 수준으로 관련되어 있는지에 대해서는 검토가 필요하다. 그래서 이 장에서는 생활지도가 학교교육에서 차지하는 위치와 관련성에 대해 살펴보고, 학교교육에서 생활지도의 역할이 무엇인지에 대해 다루어 보고자 한다. 우선적으로는 학교교육에서 차지하는 생활지도학의 위치와 역할을 살펴보기에 앞서 생활지도를 보는 관점에 대해 살펴보고자 한다. 생활지도의 정의와 개념에 대해서는 앞 장에서 충분히 검토하였지만 학교 장면에서 이를 바라보는 시각에 따라 생활지도의 의미와 역할은 다르게 부각될 수 있기 때문이다. 즉, 학교교육에서 이루어져야 하는 생활지도의 내용과 지도의 주체, 지도 방법 등에 대한 입장에 따라 학교교육에서 차지하는 생활지도의 기능이나 역할은 사뭇 달라질 수 있다는 것이다. 이를 위해서는 생활지도가 학교교육 속에 자리 잡게 된 과정을 살펴볼 필요가 있다.

### 1) 미국 생활지도의 역사

생활지도를 학교교육의 맥락에 도입한 최초의 시도는 미국의 사례에서 찾아볼 수 있다. 미국의 생활지도는 1907년에 직업 및 진로지도 분야에서 전개되었던 가이던스 운동(guidance movement)이 효시가 된 것으로 간주된다(Schmidt, 2008). 이 운동의 중심에 있었던 프랭크 파슨스(Frank Parsons)는 1908년 보스턴시에 직업국(vocation bureau)을 설치하여 청소년들에 대한 직업교육을 실시하는 동시에 직업교육을 담당할 인력을 양성하기도 하였다. 이듬해인 1909년에는 자신의 경험을 바탕으로『직업의 선택(Choosing a Vocation)』이라는 책을 출판하였는데, 이 책은 미국 최초의 생활지도 교과서로 평가받는다(이재창, 1988). 그는 이 책에서 개인과 산업체 및 조직(직무)의 세 영역을 구분하고, 각각에서 취해야 할 상담자의 역할과 활용할 수 있는 상담기법들을 설명하고 있다. 파슨스는 직업 선택의 중요성을 강조하며 개인에 대한 이해와 직업세계에 대한 이해를 바탕으로 양자를 연결시켜 주는 소위 '매칭 이론(matching theory)'을 제시하였다. 개인과 직업세계를 적절히 연결시켜 주기 위해서는 일정한 절차가 필요한데, 그 절차는 다음과 같다.

①  개인에 대한 충분한 이해(적성, 지능, 성격, 흥미, 관심, 가치관 등)
②  직업에 대한 이해(직업의 요구사항, 필요한 능력과 지식, 보수, 준비 과정 등)
③  두 범주 간의 합리적 관련성 발견하기

파슨스(Parsons)의 가이던스 운동은 대학에 직업지도에 관한 강의 과목을 개설하도록 자극하였을 뿐만 아니라, 직업교육을 위한 법안 마련에도 영향을 주었다. 이러한 파슨스의 업적으로 인해 그는 '생활지도의 아버지'로 불리고 있다(김계현, 1997).

1908년에 시작된 가이던스 운동이 직업교육을 중심으로 이루어진 점을 고려할 때, 생활지도는 학생들의 직업 선택을 조력하는 직업지도의 형태로 시작되었으므로 직업지도가 생활지도의 모태라고 할 수 있다. 이런 이유로 당시 미국의 학교에서 직업정보를 제공한 주체는 생활지도를 담당한 교사들이었다(Wright, 2012). 이후 1930년대에 들어서면서 학생들의 교육활동을 포함한 심리적 적응을 지원하는 방향으로 생활지도의 기능이 확장하게 된다. 결과적으로 학생들의 생활문제나 심리적 건강이 생활지도의 주요 역할로 부각하게 되면서 이를 진단하는 다양한 검사도구가 개발되었고, 상담의 필요성에 대한 요구도 나타나게 되었다. 이 같은 흐름 속에서 심리검사, 학생상담, 정보 제공, 정치 및 추수 활동 등이 생활지도의 주요 내용으로 자리하게 되었다.

따라서 이 시기의 생활지도는 학생의 학교적응, 학업수행, 대인관계, 심리적 건강 등과 같은 개별 학생의 문제에 초점을 두는 것으로 특징지어진다. 하지만 1940년대를 지나면서 학교교육과정의 전체적인 틀 속에서 생활지도를 다루는 방식으로 생활지도의 초점이 확장되었다. 즉, 교과지도나 예체능 활동뿐만 아니라 학급운영에 관련된 활동 등과 같은 교육활동의 전반적인 영역에서 생활지도의 기능을 수행하기 시작한 것이다. 이와 더불어, 역사적으로 직업지도에서 시작된 생활지도가 학교교육에서 본격적으로 부각되기 시작한 것은 두 차례의 세계 대전, 미국과 소련을 축으로 한 냉전시대의 전개가 배경으로 작용하였음을 인식할 필요가 있다(Sink, 2005). 특히, 소련의 인공위성 스푸트니크(Sputnik) 발사를 계기로 미국 정부가 제정한 「국방교육법안(National Defense Education Act: NDEA)」은 생활지도가 발전하는 중요한 전기가 되었다. 이 법안은 중등학교에서 생활지도와 상담업무에 대한 수행인력을 양성하기 위하여 관련 학과를 설치할 것을 명시하였기 때문이다. 「국방교육법안」에 근거하여 생활지도 담당인력을 양성하기 위한 재정지원과 생활지도 시스템 구축 노력이 본격화되었다. 이 시기에 미네소타 대학교의 윌리엄슨(Williamson)은 『학생상담전략(How to Counsel Student)』(1939), 『청소년상담(Counseling Adolescents)』(1950) 등의 저서를 출판하면서 생활지도의 발전에 중요한 기여를 하였다. 윌리엄슨은 학생의 특성을 객관적으로 파악한 뒤, 상담자가 적합한 정보나 자료를 제공하는 것을 특징으로 하는 특성요인 이론을 제시하기도 하였다. 특성요인 이론은 상담자가 적극적으로 설명하고 필요한 정보나 조언을 제공한다는 점에서 '지시적 상담(directive counseling)'으로도 불린다.

이러한 과정을 거쳐 1970년대에 들어서면서 미국에서의 생활지도는 학생들의 삶 전체를 돕는 활동으로 확대된다. 즉, 생활지도의 시초인 직업지도에서 학생의 적응과 성장 전반을 조력하는 방향으로 그 영역이 대폭 확대되었다. 결과적으로 개인상담, 집단상담, 진로상담, 심리교육 등과 같은 다양한 생활지도 관련 프로그램이 개발·보급되었으며, 학교의 종합적인 교육과정 속에 생활지도가 통합되어 운영됨으로써 오늘날 미국에서의 생활지도는 발달적이고도 종합적인 성격으로 발전하고 있다.

## 2) 우리나라 생활지도의 역사

우리나라 학교교육에서 생활지도가 시작된 시기는 1945년 일제로부터의 해방 직후로 볼 수 있다. 해방과 더불어 미국으로부터 도입된 민주주의와 아동 중심 교육 이념이 '새교육 운동'이라는 이름으로 전국의 학교에 확산되었기 때문이다. 이는 과거 체벌 중심의 강압적인 학생지도 방식에서 탈피한 대안적인 교육방법으로 받아들여졌다. 이후 1958년 서울시 교육위원회가 생활지도 전담교사의 양성과 배치를 위한 연수를 실시하며 시행한 '교도교사제도'는 우리나라 생활지도 발전에 중요한 계기가 된다. 교도교사제도는 1963년에 제정된 「공무원법」에 중·고등학교 교도교사 자격규정이 포함되면서 교도교사 자격연수에 생활지도와 상담에 관심 있는 많은 교사들이 참여하였다. 이어 1973년에 18학급 이상의 중·고등학교에 교도주임을 배치하는 규정이 제정되면서, 생활지도는 학교교육에서 공식적으로 인정받기에 이른다. 교도교사제도는 교사의 전문성 부족, 승진을 위한 도구화, 행정적 지원 미비 등의 논란 속에 중단된다. 하지만 생활지도 전담인력 양성을 위한 최초의 시도이자 생활지도의 중요성을 부각시켰다는 점에 그 의의가 작지 않다. '교도교사'는 1990년대 초반에 '진로상담교사'로 명칭이 변경되었고, 이후 1997년도에 개정된 「초·중등교육법」에 따라 1999년부터 양성되기 시작한 '전문상담교사'로 이어진다. 「초·중등교육법」은 제19조 2항 전문상담교사의 배치에 관한 규정에 따라 학교장은 전문상담교사를 두도록 하였다. 이 조항은 학교 현장에서 학생상담과 생활지도를 담당할 전문인력을 양성하기 위한 것으로서 앞서 시행된 교도교사제도에서 한층 발전한 학교상담의 본격적인 서막을 올린 것으로 간주된다. 전문상담교사제도는 2004년 1월에 개정된 「초·중등교육법 시행령」 제40조 2항과 「학교폭력예방 및 대책에 관한 법률」 제12조에 의거하여 2000년에 중·고등학교에 소수 인원을 배치하고, 이어 2005년 9월과 2006년 3월의 두 차례에 걸쳐 222명의 전문상담순회교사를 배치하는 것을 기점으로 본격 수행되었다. 이후 각급 학교 단위에서 전문상담교사가 상담업무를 수행하는 위 클래스(Wee class)를 설치하고, 지역 교육청 단위에는 종합적인 상담업무를 위한 위 센터(Wee center)를 설치하여 운영하는 방식으로 정착되고 있다.

　하지만 2018년을 기준으로 전국의 초·중·고등학교에 배치된 정규직 전문상담교사의 수는 초등학교가 5.4%, 중학교 38.8%, 고등학교 35.7%에 그치고 있다. 특히, 초등학교는 전국 6,064개 학교에 330명이 배치되어 5.4%의 배치율에 머무는 것을 볼 때 향후 지속적인 배치 노력과 예산 지원 등의 행·재정적 뒷받침이 이어져야 할 것으로 보인다. 전문상담교사의 배치율만 놓고 보면 아쉬운 면이 없지 않지만, 2018년에 들어서면서 임용 수가 대폭 늘어난 것을 감안할 때, 향후 지속적인 배치가 이루어질 것으로 예상된다. 교육당국과 학교 현장에서도 그 필요성을 절감하고 있다는 점에서 전문상담교사제도가 학교 현장에 효과적으로 정착될 것으로 기대된다.

　1940년 후반부터 불기 시작한 새교육 운동의 바람 속에 교도교사에서 출발하여

〈표 3-1〉 **전문상담교사 배치율**(2000~2018년)                                     (단위: 개교, 명, %)

| | 초등학교 | | | 중학교 | | | 고등학교 | | |
|---|---|---|---|---|---|---|---|---|---|
| | 전체<br>학교 수 | 전문상담<br>교사 수 | 배치율 | 전체<br>학교 수 | 전문상담<br>교사 수 | 배치율 | 전체<br>학교 수 | 전문상담<br>교사 수 | 배치율 |
| 2000년 | 5,267 | – | – | 2,731 | 13 | 0.5 | 1,957 | 38 | 1.9 |
| 2005년 | 5,646 | 1 | – | 2,935 | 22 | 0.7 | 2,095 | 25 | 1.2 |
| 2010년 | 5,854 | 2 | – | 3,130 | 193 | 6.2 | 2,253 | 372 | 16.5 |
| 2011년 | 5,882 | 3 | 0.1 | 3,153 | 227 | 7.2 | 2,282 | 403 | 17.7 |
| 2012년 | 5,895 | 14 | 0.2 | 3,162 | 243 | 7.7 | 2,303 | 416 | 18.1 |
| 2013년 | 5,913 | 9 | 0.2 | 3,173 | 951 | 30.0 | 2,322 | 523 | 22.5 |
| 2014년 | 5,934 | 21 | 0.4 | 3,186 | 1,060 | 33.3 | 2,326 | 576 | 24.8 |
| 2015년 | 5,978 | 39 | 0.7 | 3,204 | 1,090 | 34.0 | 2,344 | 631 | 26.9 |
| 2016년 | 6,001 | 86 | 1.4 | 3,209 | 1,107 | 34.5 | 2,353 | 658 | 28.0 |
| 2017년 | 6,040 | 123 | 2.0 | 3,213 | 1,131 | 35.2 | 2,360 | 681 | 28.9 |
| 2018년 | 6,064 | 330 | 5.4 | 3,214 | 1,248 | 38.8 | 2,358 | 841 | 35.7 |

주: 전문상담교사 배치율 (1) = 정규직 전문상담교사 수/전체 학교 수.

진로상담교사를 거쳐 전문상담교사로 명칭을 변경하며 이어져 온 생활지도의 흐름은 학교교육에서 생활지도가 차지하는 위치와 역할에 대한 중요성을 공감하고 있음을 보여 주는 것이기도 하다.

특히, 전문상담교사제도는 학생지도의 패러다임에 변화를 가져온 일대 사건으로 평가될 정도로(강진령, 2015) 학교교육에서 생활지도의 위상을 명확히 하는 전기가 되었다. 즉, 생활지도에는 고유의 영역이 있고, 전문인력이 담당해야 하며, 생활지도를 담당하기 위해서는 일정 기간의 체계적인 훈련을 받아야 한다는 인식이 자리 잡게 된 것이다. 이와 함께 주목되는 것은 생활지도가 발전하는 과정에서 학교상담이 불가분의 요소로 등장하고 있다는 사실이다. 예를 들면, 학교상담은 1970년대 초반에 생활지도가 전문적인 활동이어야 한다는 필요성이 제기되면서 본격화된다. 즉, 생활지도가 전문적 활동으로 인식되면서 생활지도가 학교상담으로 전환하게 된 것이다. 이 배경에는 1985년에 등장한 미국의 「상담자 면허법」이 자리하고 있다. 이 법의 통과로 기존에 생활지도, 상담, 학생서비스 등의 다양한 명칭으로 불리던 것이 학교상담으로 불리게 되고, 해당 업무를 담당하던 생활지도교사, 상담교사, 생활지도상담자 등의 명칭도 '학교상담교사(school counselor)'라는 용어로 통일하여 사용되기 시작하였다. 이러한 흐름에 따라 오늘날 미국의 학교에서는 생활지도 업무를 학교상담교사가 담당하고 있다.

여기에서 미국의 학생지도 시스템에는 우리나라와 다른 점이 있음을 이해할 필요가 있다. 우리나라의 초·중·고등학교는 학급 단위로 배정된 일정한 수의 학생들을 담임교사가 1년간 관리하는 학급담임제를 채택하고 있다. 반면, 미국의 중·고등학교에서는 학급 담임교사가 학생의 출석 여부 정도만 파악하는 극히 형식적인 역할만 담당하고, 학생들은 대학처럼 매 시간마다 특정 수업이 개설되는 교실을 찾아 이동하며 수업을 듣는다. 따라서 이들의 생활을 관리하는 일은 학교상담교사에게 주어져 있다. 지역마다 약간의 차이는 있지만 학교상담교사 한 명이 대략 200여 명의 학생을 관리한다. 따라서 학생이 2,000명 정도 되는 규모의 학교라면 최소 10여 명의 학교상담교사가 배치되는 것이다. 학생을 관리한다는 것은 학생이 입학해서 졸업할 때까지 학교적응, 친구관계, 정신건강, 교과학습, 학업성적, 진로 선택 등의 전반적인 영역에서 조력을 제공하는 것을 의미한다. 즉, 학교상담교사가 우리나라와 같은 담임교사의 역할을 수행하고 있는 것이다. 여기에는 장단점이 있겠지만 고등학교 4년간 한 명의 학생을 지속적으로 관찰하고 지도할 수 있다는 점에서 학생에 대한 심층적인 이해와 효과적인 지도에 유리하게 작용할 것으로 본다. 이러한 미국의 학교 시스템에서 학교상담교사가 생활지도 업무를 전담한다는 것은 지극히 자연스러운 현상이라 할 수 있다.

한편, 미국 초등학교에서는, 학생 수 약 600~800명당 1명의 학교상담교사를 배치하고 있다. 중·고등학교에 비해 배치 인원이 적은 이유는 학급담임제를 운영하고 있기 때문이다. 초등학생 시기에는 담임교사가 학생을 관리하는 것이 유리하다는 판단에 따른 것이다. 하지만 담임교사가 학생을 지도하면서 난관에 봉착하거나 도움이 필요할 경우, 학교상담교사가 수업 중에 특정 학생의 교실 행동을 관찰하고, 개인면담도 실시하면서 담임과 협력적인 방식으로 학생을 관리한다. 이처럼 생활지도에 관해서 담임교사와 학교상담교사가 협력하되 학교상담교사가 보다 전문적인 관점에서 자문과 정보를 제공하는 위치에 있다. 따라서 미국 초등학교에서 생활지도에 관한 학교상담교사의 역할은 비교적 명확하다고 할 수 있다.

그러면 우리나라에서 생활지도는 누가 수행하는가? 전문상담교사인가, 아니면 담임교사인가? 앞서 생활지도의 역사를 통해서 살펴보았듯이 생활지도의 내용적 측면은 학교상담의 영역으로 포함되었고, 방법적 측면에서는 학교상담을 통한 생활지도의 형태로 정착되고 있다. 따라서 이론적으로는 학교에 배치된 전문상담교사가 생활지도의 최고 전문가이지만 우리나라의 학교체제에서는 전문상담교사가 담임교사의 생활지도를 지원하고 협력하는 형태를 유지해야 할 것으로 본다.

우리나라는 미국과 달리 초·중·고등학교의 모든 학교 급에서 학급담임제를 운영하고 있다. 즉, 담임교사가 학생지도와 관리에 우선적인 책임을 지고 있는 것이다. 따라서 학교에 배치된 전문상담교사는 담임교사와 긴밀한 협력관계를 유지하며 학생지도에 임해야 한다. 필요할 경우, 교실에서의 학생 관찰, 학생과의 직접적인 상담, 담임교사에 대한 정보 제공과 자문 등과 같은 활용 가능한 모든 방법을 동원하여 학생 생활지도에 나서야 한다.

〈표 3-1〉에서도 나타났듯 학생 수에 상관없이 단위 학교당 1명의 전문상담교사를 배치하고 있고, 그마저도 16%의 배치율(2016년 기준)에 그치고 있는 점을 감안하면, 전문상담교사가 생활지도 업무를 전담하는 것은 사실상 불가능에 가까운 일이다. 따라서 전문상담교사는 학교상담의 최고 전문가로서 단위 학교의 생활지도에 대한 전반적인 계획 수립 및 추진, 담임교사에 대한 생활지도 관련 교육 및 자문과 같은 중추적인 기능 수행에 집중하는 방식으로 생활지도 업무를 수행해야할 것이다.

## 3) 생활지도의 위치

미국과 우리나라에서의 생활지도를 역사적 관점에서 살펴보면, 생활지도가 전문 영역으로서 학교교육에 필수 요소로 자리하고 있음을 알 수 있다. 이러한 생활지도의 위치를 학교교육의 맥락에서 짚어 보고 이를 바탕으로 생활지도가 수행해야 할 역할을 살펴보고자 한다.

학교는 급격한 사회 변화에 따른 교육의 다변화와 맞물려 갈수록 다양한 기능을 수행할 것을 요구받고 있다. 이런 기류 속에서도 학교의 핵심적인 기능을 압축해 보면 교과지도, 재능 계발, 생활지도의 세 가지로 요약할 수 있다. 여기서 교과지도는 "학력 향상을 목표로 하는 교수-학습활동 전반을 다루는 기능"으로 정의할 수 있다. 재능 계발은 예체능이나 흥미·적성과 같은 학생의 잠재 능력을 발견하고 육성하는 기능을 일컫는다. 생활지도는 학교 및 가정생활에서의 적응, 대인관계, 성격발달, 감정의 인식과 조절, 생활습관, 적성의 발견과 진로 선택 등에 관한 일체의 교육적 활동(김계현, 조화태, 전용오, 2002)을 지칭한다.

학교의 기능은 각자의 견해와 입장에 따라 다양하게 제시될 수 있다. 예를 들면, 인성교육 기능을 강조하거나 진로·직업 교육 기능, 혹은 체육 및 예술 교육을 핵심 기능으로 간주하는 것 등이다. 그럼에도 이 장에서 학교의 기능을 교과지도와 재능 계발 및 생활지도의 세 영역으로 제시하는 것은 이 세 영역으로 학교가 본질적으로 수행하는 여러 역할들을 함축할 수 있기 때문이다. 즉, 교과목 운영에 관한 전반적인 것은 교과지도로 표현될 수 있고, 생활지도의 기능을 통해 인성교육이나 진로·직업 교육 기능을 다룰 수가 있으며, 재능 계발의 범주에서 체육 및 예술 교육 등에 접근할 수 있다고 보기 때문이다.

이러한 교과지도와 재능 계발 및 생활지도는 일견 독립적인 것으로 비칠 수도 있지만 실제로는 상호 밀접하게 관련되어 있다. 재능 계발과 생활지도 영역을 교과지도 영역에서 다루는가 하면, 교과지도와 재능 계발에 해당하는 요소들을 생활지도를 통해 접근할 때도 있다. 따라서 이 세 기능은 특정 교육과정이나 교과목을 통해서만 구현되는 것이 아니라 교육과정 전반을 통해 수행된다는 특징이 있다. 혹시라도 재능 계발이나 생활지도가 방과 후 활동이나 재량수업 등과 같은 별도의 교육활동을 통해서만 이루어진다고 본다면 이는 학교교육에 대한 몰이해에서 비롯된 것이라 할 수 있다. 교육부가 지속적으로 제시하고 있는 초·중·고등학교 교육과정의 교육목표 내용을 살펴보아도 교과지도와 재능 계발과 생활지도는 학교교육의 목표를 공유하며 유기적으로 관련되어 있음을 확인할 수 있다. 따라서 이들 각각은 학교교육을 구성하는 핵심 요소로서 세 기능이 조화롭게 수행될 때 이른바 성공적인 학교교육의 모습을 구현하고 있다고 평가할 수 있다. 이들 간의 관계는 [그림 3-1]과 같은 모습으로 나타낼 수 있다.

[그림 3-1]의 관점에서 보면 생활지도는 학교교육의 핵심적인 구성요소일 뿐만 아니라 교과지도와 재능 계발의 영역에서도 공통적으로 수행되어야 할 요소이다. 즉, 성공적인 생활지도는 학교교육의 성공과 불가분의 관계에 있음을 명확히 인식할 필요가 있다.

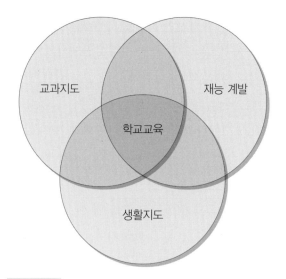

**그림 3-1** 학교교육, 교과지도, 재능 계발, 생활지도의 관계

　한편, 학교교육은 근대에 이르러 국민교육제도로 확장되면서 의무교육으로 정착되고 있다. 이는 교육의 보편화와 개인의 성장과 발달에 대한 교육의 중요성이라는 측면과 연결된다. 이러한 학교교육의 가장 중요한 기능으로 '자아실현'이 제시된 바 있다(김종서, 이영덕, 1998). 이는 생활지도의 목표 중 하나인 '개인의 자아실현'과 일맥상통하는 것으로서 학교교육과 생활지도가 공동의 목표를 지향하고 있다고 할 것이다. 학교교육에서 생활지도의 위치를 보다 명확히 하는 차원에서 교육부(2015)가 제시한 '2017 개정 교육과정'의 초 · 중 · 고등학교의 교육목표를 살펴볼 필요가 있다.

　우선, 초등학교 교육은 학생의 일상생활과 학습에 필요한 기본 습관 및 기초 능력을 기르고 바른 인성을 함양하는 데에 중점을 두는 것으로 하고 있다. 구체적인 목표는 다음과 같다.

　첫째, 자신의 소중함을 알고 건강한 생활습관을 기르며, 풍부한 학습 경험을 통해 자신의 꿈을 키운다. 둘째, 학습과 생활에서 문제를 발견하고 해결하는 기초 능력을 기르고, 이를 새롭게 경험할 수 있는 상상력을 키운다. 셋째, 다양한 문화활동을 즐기고 자연과 생활 속에서 아름다움과 행복을 느낄 수 있는 심성을 기른다. 넷째, 규칙과 질서를 지키고 협동정신을 바탕으로 서로 돕고 배려하는 태도를 기른다.

　다음으로 중학교 교육은 초등학교 교육의 성과를 바탕으로, 학생의 일상생활과

학습에 필요한 기본 능력을 기르고 바른 인성 및 민주시민의 자질을 함양하는 데에 중점을 두는 것으로 하고, 구체적인 목표를 다음과 같이 제시하고 있다.

첫째, 심신의 조화로운 발달을 바탕으로 자아존중감을 기르고, 다양한 지식과 경험을 통해 적극적으로 삶의 방향과 진로를 탐색한다. 둘째, 학습과 생활에 필요한 기본 능력 및 문제해결력을 바탕으로, 도전정신과 창의적 사고력을 기른다. 셋째, 자신을 둘러싼 세계에서 경험한 내용을 토대로 우리나라와 세계의 다양한 문화를 이해하고 공감하는 태도를 기른다. 넷째, 공동체의식을 바탕으로 타인을 존중하고 서로 소통하는 민주시민의 자질과 태도를 기른다.

세 번째로 고등학교 교육은 중학교 교육의 성과를 바탕으로, 학생의 적성과 소질에 맞게 진로를 개척하며 세계와 소통하는 민주시민으로서의 자질을 함양하는 데에 중점을 두는 것으로 하고, 구체적인 목표를 다음과 같이 제시하고 있다.

첫째, 성숙한 자아의식과 바른 품성을 갖추고, 자신의 진로에 맞는 지식과 기능을 익히며 평생학습의 기본 능력을 기른다. 둘째, 다양한 분야의 지식과 경험을 융합하여 창의적으로 문제를 해결하고, 새로운 상황에 능동적으로 대처하는 능력을 기른다. 셋째, 인문·사회·과학 기술 소양과 다양한 문화에 대한 이해를 바탕으로 새로운 문화 창출에 기여할 수 있는 자질과 태도를 기른다. 넷째, 국가 공동체에 대한 책임감을 바탕으로 배려와 나눔을 실천하며 세계와 소통하는 민주시민으로서의 자질과 태도를 기른다. 이상에서 제시한 '2017 개정 교육과정'의 초·중·고등학교의 구체적인 교육목표의 내용을 모두 반영하면서도 주요 단어를 중심으로 요약하여 표

〈표 3-2〉 2017 개정 교육과정의 구체적 교육목표

|  | 초등학교 | 중학교 | 고등학교 |
|---|---|---|---|
| I | 자기의 소중함<br>건강한 생활습관 | 자아존중감<br>삶의 방향과 진로탐색 | 성숙한 자아의식과 바른 품성<br>진로지식과 기능 및 평생학습 능력 |
| II | 문제해결력 | 기본 능력 및 문제해결력<br>도전정신과 창의적 사고 | 창의적 문제해결력<br>상황에 대한 능동적 대처 능력 |
| III | 아름다움과 행복 느끼는<br>심성 | 문화이해 및 공감 | 문화이해<br>문화 창출 태도 및 능력 |
| IV | 규칙과 질서 지키기<br>돕고 배려하는 태도 | 타인 존중과 소통 | 배려와 나눔 실천과 세계와 소통 |

로 제시하면 〈표 3-2〉와 같다.

〈표 3-2〉를 통해 확인되는 것은 각급 학교 단위로 성취해야 할 교육목표의 표현과 수준에는 다소 차이가 있지만 동일한 내용을 다루고 있다는 점이다. 더불어, 주목되는 것은 모든 목표가 생활지도를 통해 성취하고자 하는 내용과 일치한다는 사실이다. 즉, 첫 번째 목표인 자신에 대한 존중과 진로탐색, 두 번째 목표인 문제해결력을 포함한 도전정신과 창의적 사고 및 능동적 대처 능력, 세 번째 목표인 아름다운 심성과 문화이해 및 공감 능력, 네 번째 목표인 규칙과 질서를 지키고 남을 배려하고 존중하며 소통하는 능력 등은 모두 생활지도에 해당하는 영역이다. 따라서 초·중·고등학교의 교육목표를 관통하는 핵심 목표는 생활지도가 지향하는 본질적인 목표와 일치하고 있음을 다시금 확인할 수 있다. 학교교육과정의 교육목표를 통해서 확인된 바, 생활지도는 학교교육의 핵심 기능일 뿐만 아니라 중핵적인 위치에 있는 것으로 명확히 인식할 필요가 있다.

## 2. 학교교육에서 생활지도의 역할

생활지도의 위치를 논하면서 살펴보았듯 생활지도는 학교교육을 구성하는 핵심 기능이며 중핵을 다루는 활동이다. 이는 교사가 시간이 남을 때 해 보거나 학생에게 문제가 발생하면 비로소 개입하는 식의 활동이 아니라는 것이다. 앞서 서술한 초·중·고등학교 교육과정의 교육목표를 성취하기 위해서는 생활지도가 수행해야 할 역할과 전반적인 실행 계획이 구체적으로 수립되고, 이를 토대로 체계적인 생활지도 활동이 이루어져야 한다. 즉, 학교에 근무하는 모든 교사가 일상적으로 수행해야 하는 기본적이고 필수적인 업무로 정착되어야 하는 활동인 것이다. 따라서 교사가 수행해야 할 생활지도 활동의 내용, 즉 생활지도의 역할이 무엇인지에 대해 살펴볼 필요가 있다. 하지만 생활지도에서 다루는 내용은 매우 광범위하다. 예를 들면, 학생조사 활동, 심리검사 활동, 정보 제공 활동, 진로지도 활동, 체험학습 활동, 폭력 및 비행 지도 활동, 성격발달 활동, 인간관계 활동, 정신건강 증진 활동, 학생상담 활동, 학부모상담 활동, 학부모교육 활동 등이 이에 해당된다. 이 장에서 이 모든 역할들을 다루기에는 지면상 한계가 있고, 성격에도 맞지 않다. 따라서 학교

교육의 목표를 효과적으로 성취한다는 맥락에서 각각의 목표와 가장 밀접할 것으로 판단되는 영역을 생활지도가 담당해야 할 역할이라는 입장에서 간략히 제시하고자 한다.

〈표 3-2〉의 교육목표 내용에서 공통적이고 핵심적인 내용을 정리하여 5개의 목표로 재정리하면 ① 자신에 대한 존중을 바탕으로 바른 품성 갖추기, ② 자신의 꿈을 인식하고 진로탐색하기, ③ 문제해결력을 바탕으로 도전정신 키우기, ④ 공감하는 마음과 문화이해 능력 기르기, ⑤ 타인을 존중하고 소통하는 능력 기르기 등으로 제시할 수 있다. 이상의 다섯 가지 목표는 학교교육의 목표인 동시에 생활지도의 목표이면서 생활지도의 역할이 무엇이어야 하는지를 확인시켜 주고 있다. 따라서 재정리한 각각의 목표 성취와 관련되는 생활지도 활동을 제시하면 〈표 3-3〉과 같다.

〈표 3-3〉은 교육목표를 성취하는 데 최적화된 구별된 생활지도 활동이 있음을 의미하는 것이 아니다. 오히려 각각의 생활지도 활동은 여러 목표를 동시에 구현할 수 있다. 따라서 생활지도 활동은 그 자체로 교육목표를 성취하기 위한 중요한 과정임을 인식하고, 목표에 따른 분류 자체보다는 생활지도를 통한 교육목표 성취에 집중해야 할 것이다. 생활지도의 역할이 교육목표 성취에 있음을 확인하는 차원에서 각각의 목표를 제시하고 최소한의 생활지도 관련 활동을 소개하고자 한다. 이를 통해 생활지도의 역할이 학교교육의 맥락에서 보다 구체화되기를 기대한다.

〈표 3-3〉 교육목표를 위한 생활지도 활동

| | 초 · 중 · 고교의 교육목표 | 생활지도 활동 |
|---|---|---|
| ① | 자신에 대한 존중을 바탕으로 바른 품성 갖추기 | 성격발달 활동, 심리검사 활동 |
| ② | 자신의 꿈을 인식하고 진로탐색하기 | 진로지도 활동, 학생조사 활동 |
| ③ | 문제해결력을 바탕으로 도전정신 키우기 | 인간관계 활동, 체험학습 활동 |
| ④ | 공감하는 마음과 문화이해 능력 기르기 | 학생상담 활동, 정보 제공 활동 |
| ⑤ | 타인을 존중하고 소통하는 능력 기르기 | 정신건강 활동, 품행지도 활동 |

## 1) 자신에 대한 존중을 바탕으로 바른 품성 갖추기

### (1) 학생에 대한 무조건적 긍정적 수용

'자기 존중'의 밑바탕에는 '자아정체감(identity)'이라는 개념이 자리하고 있다. 자아정체감이란 '나는 이러이러한 사람이다.'라는 정보를 바탕으로 형성된다. 인간은 기본적으로 관계에서 의미를 찾고 자기를 타당화(validation)한다. 자기타당화는 주변 사람들, 특히 주 양육자와의 상호작용을 통해 끊임없이 자기를 확인하는 과정을 거쳐 '나는 이런 사람이야.' 하는 결론을 내리는 것을 말한다. 이는 곧 자기의 정체성을 확립하는 것이며 자기 개념(concept)의 형성과 밀접하게 관련되어 있다. 생애 초기 양육자와의 관계에서 만족, 기쁨 등과 같은 건강한 정서를 경험하는 유아는 긍정적인 자기 상(image)을 형성하고, 자신에 대한 안정적인 정체성을 확립하게 된다. 여기서 안정적인 정체성이 자기 존중으로 연결된다.

생애 초기 주 양육자와의 관계는 생애 전반에 영향을 미치는 핵심 요인으로 간주된다. 이러한 관점은 애착 유형을 규명한 볼비(Bowlby, 1969)나 에인스워스 등(Ainsworth et al., 1978)의 애착에 관한 설명과도 같은 맥락에서 이해될 수 있다. 인간중심 상담을 설파한 로저스(Rogers, 1951)는 조건화로 인해 인간이 병드는 것으로 진단하였다. 조건화의 기준을 충족한 사람은 인정과 승인을 받게 되어 행복감을 느낀다. 하지만 그 행복감은 잠시에 그친다. 충족해야 할 조건이 끊임없이 생겨나기 때문이다. 결국, 조건화에 길들여진 사람은 결코 행복에 이를 수 없는 것이다. 이 같은 조건화를 비롯한 생애 초기 결핍의 문제는 후기에라도 해소되어야 한다. 이것이 자기 존중의 열쇠이기 때문이다. 로저스(1951)는 조건화로 손상된 마음을 회복시킬 핵심 요소로 무조건적 긍정적 수용, 공감, 일치성의 세 가지를 제안한 바 있다. 이들 요소가 자신의 소중함을 확인시켜 주는 온전히 새로운 경험으로 작용하여 결핍을 해소하고 온전하게 자기를 실현할 수 있는 사람으로 회복시킨다고 본 것이다. 이러한 관점에서 초·중·고등학교 교사들의 역할은 매우 중요하다. 즉, 생활지도를 담당하는 담임교사나 담당자는 학생이 스스로를 소중하게 여길 수 있도록 노력해야 한다. 이러한 노력의 핵심은 바로 학생에 대한 무조건적이고 긍정적인 수용이다. 교사는 학생에 대한 편견을 버리고 존재 그 자체를 인정하고 수용하는 자세를 취해야 한다. 학생의 성적이나 외모, 가정환경, 성격 등에 대한 정보나 인식이 학생 개인의 존재나 가치에 어떠한 방식으로도 영향을 주어서는 안 된다. 학교 현장에서 이를 실천하는 것이 쉽지 않을 수 있다. 그럼에도 생활지도에 임하는 교사는 학생의 긍정적인 자아상 형성을 위해 심리적인 재양육을 하는 자세로 이를 실천해야 한다. 구체적인 접근을 위하여 베버(Weber, 1994)가 생활지도를 담당할 교사를 위하여 제안한 사항들을 소개하면 다음과 같다.

첫째, 교사는 먼저 자기 자신을 수용해야 한다. 둘째, 교사는 학생에게 자신의 가치를 강요하지 말아야 한다. 셋째, 교사는 부드러운 얼굴과 다정한 몸짓, 그리고 따뜻한 목소리로 학생에 대한 존중과 친절을 표현해야 한다. 넷째, 학생의 행동과 특성을 수용하기 어려운 경우 자신의 무의식적인 자기방어를 인식하고 수용하고자 하는 노력을 해야 한다. 다섯째, 교사는 학생이 자신과는 다른 개성을 가진 존재임을 인정해야 한다. 여섯째, 교사는 학생과의 관계에서 무의식적 전이 혹은 역전이가 작용할 수 있음을 인정하고 학생을 수용하고 존중해야 한다. 일곱째, 교사는 자신의 한계를 인정하고 모든 것을 받아들일 수 없다는 사실을 수용해야 한다. 교사가 학생을 원칙적으로 수용할 수 없고 존중할 수 없다면 차라리 그 자리를 벗어나는 것이 낫다. 여덟째, 교사는 학생과 대화할 때, '하지만'이라는 표현으로 시작하지 않도록 주의해야 한다. '하지만'이라는 표현 뒤에는 반대와 거부가 숨어 있고 수용과 존중은 거의 없기 때문이다. 아홉째, 교사는 무조건적 수용이 학생에 대한 공감적 태도와 함께 이루어질 때 효과가 있음을 이해하고 적극 노력해야 한다.

## 2) 자신의 꿈을 인식하고 진로탐색하기

### (1) 진로지도 활동

#### ① 꿈 인식과 진로탐색
'꿈'은 미래지향적이고 발달적인 속성을 지니고 있다. 특히, 학령기에 있는 학생들을 특별하게 바라보는 것은 이들의 잠재능력과 미래 가능성을 주목하기 때문이다. 꿈은 인간을 움직이게 하는 원동력이기도 하다. 때문에 꿈을 인식한다거나 꿈을 구체화한다는 것은 교육의 맥락에서 중대한 의미가 있다. 꿈은 대체로 막연한 속성이 있어서 이를 구체화하고 실현 가능한 형태로 접근하는 노력이 필요하다. '진

로'는 '꿈'으로 대변되는 미래 계획이나 포부를 조작적인 방식으로 담아내는 표현이
다. 따라서 학생의 꿈을 확인하고 이를 진로지도나 진로상담의 형태로 펼쳐내는 것
은 생활지도의 중요한 역할에 해당된다. 즉, 생활지도 담당 교사는 학생들이 자신
의 꿈을 구체화하고 이를 성취해 가는 과정을 '진로' 차원에서 조력해야 한다. 진로
란 일생 동안 일과 관련해서 경험하고 거쳐 가는 모든 체험이다(김계현, 1997). 따라
서 '진로(career)'를 구성하는 핵심 요인은 직업이다(김영빈, 선혜연, 황매향, 2017). 진
로의 핵심요인이 직업이라는 것은 생활지도를 통해 학생이 자신에 대한 이해와 직
업세계 탐색을 토대로 진로를 결정하고, 미래 직업인으로서 직업에 대한 올바른 가
치관을 형성하도록 조력해야 함을 의미한다. 참고로, 미국의 각급 학교에서 제시하
고 있는 교육목표에 '학교에서 직업으로(school to work!)'라는 문장이 등장한다. 이
는 미래 직업인 양성을 학교교육의 핵심 목표로 설정하고 있는 미국 교육의 방향을
잘 드러내주고 있다. 학생의 진로를 조력하는 구체적인 방법으로 진로교육, 진로지
도, 직업교육, 진로상담 등 다양한 방법이 제시되고 있는데(김봉환, 정철영, 김병석,
2012), 여기서는 진로지도의 목표에 대해서만 간략히 설명한다.

② 진로지도의 목표

우선, 진로지도의 일반적인 목표로 자신에 관한 보다 정확한 이해 증진, 직업세
계에 대한 이해 증진, 합리적인 의사결정 능력의 증진, 정보 탐색 및 활용 능력의 함
양, 일과 직업에 대한 올바른 가치관과 태도 형성 등이 제시된 바 있다(김봉환 외,
2012). 이를 차례대로 살펴보면 다음과 같다.

첫째, 자신에 대한 정확한 이해 증진이 첫 번째 목표로 제시된 것은 일과 관련한
자신의 능력, 적성, 흥미 등이 무엇인지 정확하게 인식하는 능력이 우선되어야 함을
보여 준다. 이는 특성요인 이론(Parsons, 1909)이나 성격 이론(Holland, 1973)과 같이
개인과 직업환경 간의 연결 혹은 조화를 특징으로 하는 직업선택 이론에서는 보다
중요하게 다루어진다. 자신에 대해 명확하게 인식할수록 올바른 직업 선택을 하게
되고, 이는 환경과의 조화로운 삶과 더불어 개인의 만족과 행복으로 이어질 것으로
보기 때문이다. 따라서 생활지도 교사는 학생이 자신의 적성과 흥미를 인식할 수 있
도록 조력해야 한다.

둘째, 직업세계에 대한 이해 증진은 직업세계에 대한 탐색을 토대로 직업세계에

대해 폭넓은 정보 취득, 즉 직업의 종류와 하는 일, 특정 직업에 종사하게 되는 과정, 직업세계의 변화상 등에 대해 올바르게 이해하는 것을 의미한다. 오늘날 직업의 종류는 약 3만 개에 이를 만큼 다양한 직업이 존재한다. 더불어 4차 산업혁명과 같은 산업구조의 변화는 현존하는 직업의 대폭적인 소멸과 새로운 직종의 출현과 같은 급격한 변화를 예견케 한다. 이러한 상황에서 특정 직업에 대한 전통적인 인식을 토대로 직업을 선택하는 것은 무모하다고 할 수 있다. 따라서 일과 직업세계의 다양한 측면과 변화 양상 등을 정확하게 이해할 수 있도록 조력하는 것은 생활지도의 주요한 역할에 해당한다.

셋째, 합리적인 의사결정 능력의 증진은 앞서 언급한 자신에 대한 정보와 직업세계에 대한 정보를 바탕으로 최종적으로 진로를 선택하는 의사결정에 관한 것이다. 진로를 결정하는 일은 개인이 일생에서 가장 중요한 과정의 하나라 할 수 있다. 이런 중요한 결정이 자신과 직업세계에 대한 정확한 정보 없이 편견이나 가족의 권유 등에 의한 것이거나, 합리적인 판단보다는 의존적이거나 직관적인 결정에 의해 내려지는 경우가 적지 않다. 따라서 생활지도 교사는 학생들이 올바른 진로 결정을 할 수 있도록 의사결정 기술을 증진시키는 노력을 해야 한다.

넷째, 정보 탐색 및 활용 능력의 함양이 진로지도의 목표로 거론된 것은 진로지도에서 정보 제공이 중요한 부분을 차지하기 때문이다. 직업세계에 대한 이해는 정보 탐색을 기초로 한다. 효과적인 정보 탐색은 직업세계에 대한 인식을 높일 뿐만 아니라 삶의 모든 영역으로 확정될 수 있고 필요시 적절히 활용할 수 있는 소중한 자산이 된다. 교사나 상담교사가 학생이 필요한 모든 정보를 제공하기는 어렵다. 정보화사회로 명명되는 현대사회에서 홍수처럼 쏟아지는 수많은 정보 속에서 자신에게 적합하고 필요한 자료를 직접 수집하여 활용하는 능력은 필수적으로 갖추어야 할 요소이기도 하다.

다섯째, 일과 직업에 대한 올바른 가치관과 태도를 형성하도록 조력해야 한다. 직업은 모든 수준의 기본적인 욕구를 충족시켜 주는 단일한 상황(Roe & Lunneborg, 1990)으로 평가될 만큼 그 자체가 개인에게 주는 의미는 특별하다. 따라서 직업을 단순히 돈을 벌기 위한 생계의 수단 혹은, 명예나 지위를 획득하는 수단으로 보는 것은 직업에 대한 왜곡된 인식으로서 시정되어야 한다. 직업은 생계의 수단인 동시에 사회봉사와 자아실현의 수단으로서 중요한 가치를 지니기 때문이다. 따라서 생계지향적인 직업의식은 소명적인 직업의식으로, 결과지향적인 직업의식은 과정지향적인 직업의식으로, 귀속주의적인 직업의식은 업적주의적인 직업의식으로 전환되도록 노력해야 할 것이다.

## 3) 문제해결력을 바탕으로 도전정신 키우기

### (1) 인간관계 활동

인간은 세상에 태어나는 순간부터 다양한 인간관계 속에 놓이게 된다. 정신분석이론, 대상관계 이론, 교류분석 이론 등은 인간의 관계 특히, 생애 초기에 경험하는 관계가 생애 후기의 심리적 건강성에 중요한 영향을 미치는 것으로 보았다. 한 예로, 생애 초기의 부적절한 양육은 불신, 수치심, 의존성 등과 같은 심리적 결핍을 초래하고 이것은 회피적인 대인관계, 사회불안과 같은 역기능을 유발할 수 있다는 것이다. 따라서 상담이나 교육을 통해 대인관계 기술을 훈련하는 동시에 결핍된 과거 경험을 교정하는 노력을 해야 한다. 이러한 관점에서 생활지도 교사가 담당해야 할 인간관계 훈련, 즉 대인관계 기술에 대해 살펴보기로 한다.

#### ① 대인관계 기술

대인관계 기술(interpersonal skill)은 인간관계를 성공적으로 이끌어 갈 수 있는 사교적 능력을 말한다. 구체적으로는 "자신의 권리, 요구, 만족, 의무를 효과적으로 수행하는 동시에 타인의 권리, 요구, 만족, 의무를 훼손시키지 않으면서도 자연스럽고 개방적인 교류 속에서 자신과 타인의 권리 등을 생산적으로 공유하는 방식으로 소통할 수 있는 능력(Phillips, 1978)"으로 정의된다. 이와 함께 대인 기술의 특징에 대해 살펴보면 다음과 같다(Michelson et al., 1983). 첫째, 대인 기술은 학습을 통해 성취된다. 성장 과정에서의 다양한 경험을 통해 습득되는 것이다. 둘째, 대인 기술은 언어적 행동과 비언어적 행동으로 구성된다. 즉, 표정이나 몸짓과 같은 비언어적 행동도 대인 기술에 포함된다. 셋째, 대인 기술의 효과는 상황에 따라 결정된다. 인간관계의 순간에 관련된 사람의 특성과 반응, 관계가 이루어지는 상황이 고려된다. 넷째, 적절한 대인 기술은 인간관계에서 긍정적 강화를 수반한다.

이러한 대인관계 기술에는 경청, 공감, 반영, 자기 노출, 자기 주장, 질문, 재진술,

요약, 조언 등이 있는데 이는 언어적인 기술에 해당한다. 비언어적인 영역에는 몸동작, 악수, 팔짱, 신체적 접촉, 옷차림 등과 같은 요소들이 포함된다. 그러므로 생활지도 교사는 학생이 이러한 언어적·비언어적 행동들을 적절히 구사하는 의사표현 능력을 갖출 수 있도록 조력해야 한다.

### ② 공감하기

대인관계 기술에서 일부 내용에 대해 구체적으로 살펴보고자 한다. 우선, '공감하기'는 알아차림과 의사소통의 두 가지 차원에서 이해할 수 있다. 공감하기에서 알아차림은 상대방의 감정, 생각, 의도, 행동 등이 무엇인지 구체적으로 파악하는 것이다. 타인과의 교류 속에서 상대방의 비언어적 표현이나 언어적 표현 속에 담긴 감정이나 생각을 읽어 낼 수 있어야 공감적 이해가 가능하다. 이후 자신이 상대방의 감정이나 생각을 이해하고 있음을 효과적으로 전달하는 것이 필요한데, 이는 의사소통의 차원에 해당한다. 공감적 이해의 내용이 전달되는 순간, 상대방은 이해받았음을 느끼게 된다. 따라서 상대의 마음과 생각, 감정과 의도 등을 순간순간 파악하고 적절히 전달하려는 노력이 필요하다. 그러므로 학생들로 하여금 타인에 대한 관심과 이해의 자세를 토대로 상대의 감정과 생각을 알아차리는 노력을 지속적으로 격려해야 한다.

### ③ 경청하기

경청이란 말하는 사람의 언어 내용뿐만 아니라 얼굴표정, 몸짓과 같은 신체언어를 포함한 모든 것을 듣는다는 의미이다. 여기서 표현된 말 그 자체보다 전달하려는 내용이 무엇인지를 이해하기 위해 주의를 기울여 세심하게 듣는 것을 적극적 경청이라고 한다. 인간관계에서 이루어지는 대화의 내용을 정확하게 듣는다는 것은 결코 쉬운 일이 아니다. 상대방의 말 속에 포함된 마음까지 들을 수 있어야 하기 때문이다. 대화의 출발은 경청에서 출발한다고 해도 과언이 아니다. 사람들은 일반적으로 남의 이야기를 듣는 것보다 말하는 것을 더 좋아한다. 말하기를 좋아하는 것에 더하여 상대방이 자신의 말을 들어 주기를 원한다. 이런 이유로 상대가 경청하는 자세를 보이면 이는 대인관계의 호감으로 이어진다. 결국, 잘 듣는 사람이 효과적인 대인관계를 이어 갈 수 있다. 내가 하고 싶은 말은 잠시 멈추고, 상대가 하고 싶은 말이 무엇인지 주의를 기울이는 노력을 해야 한다. 그러므로 생활지도 교사는 학생의 대화를 정확하게 관찰하고 경청하는 자세를 갖도록 지도하고 교육해야 한다.

#### ④ 효과적인 대화

대인관계에서 효과적인 대화를 위해서는 자신의 생각이나 감정을 적절하게 표현하는 것이 중요하다. 공감하기와 경청하기가 대화의 대상인 상대방을 이해하려는 노력이라면 자신의 감정과 생각을 알아채고 적절하게 표현하는 것은 자신을 효과적으로 전달하려는 노력이다. 이 두 가지 조건이 충족될 때 효과적인 대화가 가능해진다. 학생들 중에는 수줍음이나 타인에 대한 눈치 보기, 적절한 표현 여부에 대한 불안감 등으로 자신의 의사를 제대로 표현하지 못하는 경우가 있다. 반면, 타인의 감정이나 입장은 고려하지 않고, 감정적이거나 공격적인 의사표현으로 상처를 주는 사례도 있다. 두 경우 모두 부적절한 의사표현이다. 효과적인 대화란 상대방의 인격과 권리를 존중하면서 자신의 생각과 감정을 적절하게 전달하는 의사표현을 통해 구현된다. 이러한 대화는 인간관계를 원만하게 한다. 효과적인 대화와 관련하여 '나-전달법', '상보교류'에 대하여 간략히 살펴본다.

나-전달법(I-Message)은 '나'를 주어로 하여 상대방에 대한 나의 생각이나 감정, 상황을 표현하는 대화법이다. 표현 방식은 "당신이 ……(행동)……할 때, 나는 ……(감정, 생각) ……을 느낀다."와 같다. 예를 들면, 학생들 간의 대화에서 "네가 자꾸만 떠드니까, 나는 화가 나!"와 같이 말하는 것이다. 나-전달법은 상대방을 자극하지 않으면서도 자신의 입장을 솔직하게 전달함으로써 상호 이해를 높일 수 있다. 하지만 제삼자 간의 대화를 관찰해 보면 일반적으로 나-전달법보다는 너-전달법(You-Message)이 빈번하게 활용되는 것으로 보인다. 예를 들면, "너는 수학 시간에 딴짓만 골라 하지?"라거나, "너는 수업 시간에 지나치게 산만해!"라는 식의 표현이다. 이러한 방식은 상대의 기분을 상하게 하고, 마음에 상처를 주기 쉽다. 한마디로 상대방을 공격하거나 나무라는 느낌을 줌으로써 반감과 저항을 유발한다. 그러므로 너-전달법보다는 나-전달법의 표현방식을 사용하는 훈련이 필요하다.

다음으로, '상보교류'란 사람들 간에 이루어지는 대화 형태를 분석한 '교류분석 이론(Berne, 1961)에 등장하는 이상적인 대화 방식이다. 의사소통 유형에는 상보교류, 교차교류, 이면교류가 있다. 상보교류는 기대했던 반응이 돌아오는 대화이고 언어

〈표 3-4〉 의사교류의 유형

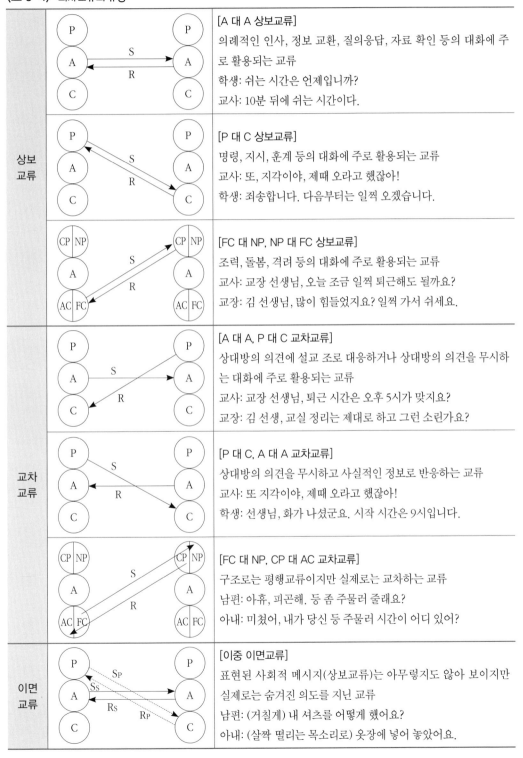

| | |
|---|---|
| 상보<br>교류 | **[A 대 A 상보교류]**<br>의례적인 인사, 정보 교환, 질의응답, 자료 확인 등의 대화에 주로 활용되는 교류<br>학생: 쉬는 시간은 언제입니까?<br>교사: 10분 뒤에 쉬는 시간이다. |
| | **[P 대 C 상보교류]**<br>명령, 지시, 훈계 등의 대화에 주로 활용되는 교류<br>교사: 또, 지각이야, 제때 오라고 했잖아!<br>학생: 죄송합니다. 다음부터는 일찍 오겠습니다. |
| | **[FC 대 NP, NP 대 FC 상보교류]**<br>조력, 돌봄, 격려 등의 대화에 주로 활용되는 교류<br>교사: 교장 선생님, 오늘 조금 일찍 퇴근해도 될까요?<br>교장: 김 선생님, 많이 힘들었지요? 일찍 가서 쉬세요. |
| 교차<br>교류 | **[A 대 A, P 대 C 교차교류]**<br>상대방의 의견에 설교 조로 대응하거나 상대방의 의견을 무시하는 대화에 주로 활용되는 교류<br>교사: 교장 선생님, 퇴근 시간은 오후 5시가 맞지요?<br>교장: 김 선생, 교실 정리는 제대로 하고 그런 소린가요? |
| | **[P 대 C, A 대 A 교차교류]**<br>상대방의 의견을 무시하고 사실적인 정보로 반응하는 교류<br>교사: 또 지각이야, 제때 오라고 했잖아!<br>학생: 선생님, 화가 나셨군요. 시작 시간은 9시입니다. |
| | **[FC 대 NP, CP 대 AC 교차교류]**<br>구조로는 평행교류이지만 실제로는 교차하는 교류<br>남편: 아휴, 피곤해. 등 좀 주물러 줄래요?<br>아내: 미쳤어, 내가 당신 등 주물러 시간이 어디 있어? |
| 이면<br>교류 | **[이중 이면교류]**<br>표현된 사회적 메시지(상보교류)는 아무렇지도 않아 보이지만 실제로는 숨겨진 의도를 지닌 교류<br>남편: (거칠게) 내 셔츠를 어떻게 했어요?<br>아내: (살짝 떨리는 목소리로) 옷장에 넣어 놓았어요. |

적인 메시지와 표정, 태도 등 비언어적인 메시지가 일치하는 교류다. 반면, 교차교류는 기대하고 시작한 발신자의 교류가 저지되고 예상하지 못한 반응이 돌아와서 중도에 대화가 단절되거나 싸움이 되는 교류를 말한다. 이면교류는 표현된 사회적 메시지는 언뜻 보기에 아무렇지도 않으나 실제로는 숨겨진 의도를 지닌 심리적 메시지를 담고 있는 교류로서 인간관계의 갈등을 유발하는 교류다.

교류분석에서는 사람의 자아상태를 크게 P(Parent, 부모 자아), A(Adult, 성인 자아), C(Child, 어린이 자아)로 구분한다. 이는 다시 기능적으로 다섯 가지 자아상태인 CP(Critical Parent, 비판적 부모 자아), NP(Nurturing Parent, 양육적 부모 자아), A(Adult, 성인 자아), FC(Free Child, 자유로운 어린이 자아), AC(Adopted Child, 순응하는 어린이 자아)로 분류한다. 이 자아상태들은 모두 현상학적으로 관찰 가능하다. 즉, 상대방이 지금 이 순간 어떤 자아상태에 있는지 인식할 수 있다. 따라서 대화에 참여하고 있는 나와 상대방의 자아상태 간 교류방식을 이해하면 상보교류를 선택함으로써 효과적인 인간관계를 유지할 수 있다.

모든 대화는 사람 간의 자아상태와 자아상태 간의 대화로 도식화할 수 있다. 상보교류와, 교차교류, 이면교류에 해당하는 도식화의 예들을 제시하면 〈표 3-4〉와 같다. 일상에서 학생들이 상보교류를 통한 원만한 대인관계를 이어 가도록 지속적인 지도가 필요하다.

## 4) 공감하는 마음과 문화이해 능력 기르기

### (1) 학생상담 활동

학생상담 활동에 관한 설명에 앞서 생활지도와 상담의 관계에 대해 짚어 볼 필요가 있다. 다양한 관점이 존재하고 있어 혼동을 주는 측면이 있기 때문이다. 이러한 여러 관점을 살펴보면 첫째, 상담은 생활지도의 여러 방법 중 하나(이재창, 2005)라는 것이다. 둘째, 상담의 원리에 따라 생활지도를 해야 한다(박성희 외, 2006)는 것이다. 셋째, 상담과 생활지도는 각각 다른 영역을 다루는 구별되는 방법(이장호, 1986; 홍강의, 1993; Shertzer & Stone, 1981)이라는 것이다. 넷째, 상담은 생활지도와 상담의 관계에 대한 다양한 관점이 존재하지만, 최근 학교 현장에서 상담은 그 자체만으로도 필수적인 요소로 자리 잡고 있고, 그 중요성도 갈수록 부각되고 있다. 이처럼 생활지도의 역사는 학교상담의 목표와 내용도 매우 유사하다. 따라서 학교상담을 생활지도의 하위 영역, 하나의 수단, 구별되는 영역 등으로 보는 관점보다는 동등한 수준의 밀접한 영역으로 보면서도 생활지도를 구현하는 중핵적인 방안으로 보고자 한다. 중핵적인 방안이라 함은 생활에서 상담의 역할이 필수적이며 대체 불가능한 요소임을 의미한다. 이러한 맥락에서 생활지도를 담당하는 교사는 상담의 원리, 과정, 영역, 대상, 이론, 기법, 실제 등에 대한 전문성을 갖출 것이 요구된다. 여기서는 교사는 개인 상담을 할 때 갖추어야 할 상담의 기본 기술들에 대해 간략히 살펴보고자 한다. 생활지도에 관여하는 교사는 역할 수행 과정, 즉 학생과의 상담, 지도, 면담 등의 상황에서 상담의 기본 기술들을 자연스럽게 사용할 수 있도록 충분히 준비되어야 한다.

### ① 구조화

구조화란 상담 과정에서 알아야 할 규정, 지켜야 할 사항, 한계 등에 관하여 설명하는 것이다. 구조화를 통해 성실한 참여, 시간 준수, 상담실 이용 방법, 응급 상황 시 취할 태도, 기타 숙지할 사항 등에 대해 안내함으로써 학생은 상담에 임하는 자세와 전반적인 과정에 대해 이해하고 참여 동기를 높일 수 있다.

### ② 주의집중

주의집중은 언어적 · 비언어적 메시지에 전적으로 집중하고 있음을 전달하는 것이다. 여기에는 눈 마주치기, 표정으로 표현하기, 적절한 공간 유지하기, 최소한의 격려와 인정과 같은 준어적 표현하기, 고개 끄덕이기나 몸의 자세와 같은 몸 동작하기 등의 적절한 사용이 동원된다. 힐과 오브라이언(Hill & O'Brien, 1999)은 각 단어의 머리글자를 따서 'ENCOURAGES'라 명명한 주의집중 기술을 제안하였다.

---

E = 적당한 정도의 눈(Eye) 마주치기를 유지한다. 자주 다른 곳을 보거나 뚫어지게 응시하지 않는다.

N = 고개 끄덕임(Nods)을 적당한 수준으로 사용한다.

C = 주목하기에 문화적 차이(Cultural differences)를 인식하고 존중하는 태도를 보인다.

O = 내담자 쪽으로 열린 자세(Open stance)를 유지한다. 팔짱을 끼지 말고, 정면으로 마주 대한다.

U = '음(Uhmm)' 등의 인정하는 언어를 사용한다.

R = 편안하고(Relaxed) 자연스럽게 대한다.

A = 산만한 행동은 피한다(Avoid). 즉, 지나친 웃음이나 머리, 물건 등을 만지작거리지 않는다.

G = 내담자의 문법적(Grammatical) 스타일에 맞춘다. 범위 내에서 같은 언어 스타일을 사용한다.

E = 제삼의 귀(Ear)로 듣는다. 언어적 메시지와 비언어적 메시지를 주의하여 듣는다.

S = 적당한 공간(Space)을 유지한다. 너무 가깝거나 멀리 앉지 않는다.

### ③ 명료화

명료화는 학생의 진술 중에 모호한 진술이나 이해하기 어려운 내용이 있을 경우 질문 형태의 진술로 되돌려 주는 것을 말한다. 학생이 진술 내용을 누락하거나 왜곡하고 일반화할 경우, 자신의 진정한 사고와 감정, 행동, 의도가 무엇인지를 명확하게 이해하도록 돕는다. "~라는 것은 ~라는 뜻이니?"의 형태로 표현된다.

교사: 네가 공부할 때는 친구들이 조용히 해 주면 좋겠다는 말이니?

부모님이 원하시는 직업보다는 네가 좋아하는 전공을 찾아 진학하겠다는 뜻이니?

### ④ 재진술

학생의 진술 중에서 중요한 내용을 동일한 의미를 지닌 다른 표현으로 되돌려주는 것을 말한다. 상대방의 표현을 단순히 반복하는 것이 아니다. 학생 자신의 생각, 정서, 욕구 등에 대한 인식 능력을 높여 주기 위한 것이다. 교사의 재진술을 통해 자신의 말을 되돌려 받는 순간, 관심과 이해와 수용 받는 경험을 하게 되고 이야기의 흐름을 이어 갈 수 있게 된다. 학생의 말을 모두 옮기는 것이 아니라 가장 중요한 것에 초점을 맞춘다는 점에서 일반적으로 학생의 말보다 짧고 간결하다.

학생: 아버지와 더 이상 말하기 싫어요. 한번 야단을 치기 시작하면 끝이 없어요. 제 이야기는 아예 들을 생각을 하지 않는단 말이에요.

교사: 일방적으로 야단만 치는 아버지와는 더 이상 말하기 싫다는 소리구나.

⑤ 질문

질문에는 개방형 질문, 폐쇄형 질문, 양자택일형 질문이 있다. 내면 탐색을 위해서는 개방형 질문이 효과적이다. 개방형 질문은 학생이 자신의 생각과 느낌을 명확히 하거나 탐색할 것으로 요구한다. 명확한 답을 얻기 위한 것이 아니라 학생의 내면에서 일어나는 것들을 탐색하도록 격려하기 위함이다. 학생이 자신의 이야기를 하면서 카타르시스를 느끼고, 자신의 감정을 파악하고 몰입할 수 있게 한다. 따라서 개방형 질문은 탐색을 돕는 가장 중요하고 기본적인 상담 기술에 해당한다.

교사: 그것에 대해 좀 더 이야기해 줄 수 있니?

　　그것은 너에게 어떤 의미지?

　　화가 날 때 무엇을 하는지 예를 들어 설명해 보겠니?

⑥ 감정 반영

감정의 반영은 학생의 감정을 강조하며 진술들을 반복하거나 부연 설명하는 것이다. 학생이 감정을 파악하고, 명료화하며, 표현하도록 돕기 위하여 반영을 사용한다. 반영을 통해 학생은 좀 더 깊이 감정을 탐색할 것으로 기대된다. 학생이 자신의 감정을 경험하도록 고무시킴으로써 정화적 안도를 제공하고, 결과적으로 자신의 감정에 대처하는 법을 배우게 되는 것이다. "너는 ~ 때문에 ~를 느끼는구나!"와 같은 형태로 표현할 수 있다. 감정과 함께 감정의 원인을 이야기하도록 해야 한다. 이때 모든 감정을 반영하려 하기보다는 가장 현저한 감정을 짚어내야 한다.

교사: 일방적으로 훈계만 하는 아버지에 대해 화가 났구나!

　　부모님이 원하는 직업보다, 내가 원하는 일을 하고 싶다고 이야기해서 기쁜가 보다.

⑦ 직면

직면은 학생이 자신의 언어적 진술과 비언어적 행동 간의 차이, 혹은 언어적 진술 간의 불일치, 모순되거나 부적절한 행동, 부적절한 사고 등을 직시하도록 짚어 주는 것을 말한다. 모순이나 부정, 방어, 학생이 자각하지 못하거나 달가워하지 않거나 도전할 수 없는 비합리적인 신념 등을 지적하는 것이다. '도전'으로도 표현된다. "너는 ~라고 말했는데, ~하게 행동하고 있어."와 같은 형태로 표현된다.

> 교사: 너는 좋은 성적을 얻고 싶다고 말하지만, 대부분의 시간을 인터넷 게임에 쓰고 있네.
>
> 　　　너는 학교생활이 즐겁다고 말하고 있는데, 얼굴 표정은 어두워 보여.

### ⑧ 해석

해석은 학생의 행동이나 사건의 의미를 가설적인 형태로 설명해 줌으로써 새로운 관점에서 자신의 문제를 바라볼 수 있도록 돕는 기술이다. 해석의 전형적인 목적은 통찰을 촉진하기 위함이다. 학생이 자신의 생각과 감정, 행동 뒤에 숨어 있는 원인에 대하여 배우게 되기를 기대한다. 또한 감정을 파악하고 강렬하게 하려는 것이며, 다른 사람을 비난하기보다 자신의 행동에 대해 책임을 지는 자기통제를 촉진시키기 위한 것이다. 해석에는 오류의 가능성이 존재하므로 잠정적인 어조로 제안해야 한다.

> 교사: 수학 선생님을 싫어하는 것이 아마도 일방적인 훈계를 일삼는 아버지의 모습과 겹쳐지면서 아버지에게 화난 감정이 전달된 것이 아닐까 생각되는데, 그래서 수학 공부도 싫어진 것이 아닐까?

### ⑨ 요약

요약은 학생이 이야기한 진술의 핵심 내용들을 파악하되 주제, 유형, 의도 등을 분류하고 정리하여 간명하게 되돌려 주는 기술이다. 학생은 상담 회기에 다루어진 내용과 진행 과정을 확인함으로써 자신의 문제에 대한 인식을 높일 수 있다. 또 자신의 인지, 정서, 행동에 대한 통찰을 가능하게 한다.

> 교사: 어제 엄마와는 방 정리하는 문제로, 아빠와는 게임하지 말고 공부하라고 야단친 문제로, 오늘 학교에 왔지만 기분이 좋지 않고, 그래서 친구들과 다투게 되었다는 말이구나.

### ⑩ 정보 제공

정보 제공은 문제해결과 관련하여 학생에게 반드시 필요하다고 판단되는 단계에서 특정 자료나 정보를 제공하는 것을 말한다. 정보 제공의 핵심은 정보 자체보다는 학생이 정보의 중요성을 인식하고 이를 어떻게 사용하는가에 있다. 정보를 제공하기 전에, 이 정보가 학생에게 반드시 필요한 것인지, 학생 스스로 접근할 수는 없는 것인지 등을 확인하는 과정을 거치고, 정보 제공 후에는 학생의 반응을 점검하며 추가적인 정보 제공에 참고한다.

> 교사: 약사가 되는 것이 목표라면 약학대학입문자격시험(PEET)과 관련이 높은 자연대학이나 공과대학 분야로 진학하는 게 유리할 것이다. 구체적으로 화학, 생물, 물리 등에 관심을 두되 영어공부도 착실히 해야 한다.

## 5) 타인을 존중하고 소통하는 능력 기르기

### (1) 정신건강 활동

생활지도와 관련한 교육목표나 이를 위한 구체적 활동은 예방적 성격에 가깝다. 학생의 성장과 발달을 조력한다는 점에서는 바람직한 방향이라 할 수 있다. 하지만 학교에서는 위기 상황이나 이상행동 증상과 같이 즉각적인 대처나 전문적인 개입이 요구되는 사안이 일상적으로 발생한다. 위기 상황에는 자살이나 학교폭력 문제가, 이상행동에는 주의력결핍 과잉행동장애, 적대적 반항장애, 품행장애, 불안장애 등이 해당된다. 위기개입이나 이상행동 문제는 전문적인 대처가 필요하기 때문에 생활지도 교사는 이를 해결할 역량을 갖추어야 한다. 그러므로 생활지도 교사가 학교에서 직면할 가능성이 높은 위기 상황 및 이상행동의 종류와 그에 대한 대처방안에 대해 살펴보고자 한다.

### ① 자살

2016년 한 해 동안 자살한 학생 수가 108명을 기록했다(교육부, 2017). 학교 급별 자살자 비율은 고등학생(71%), 중학생(24%), 초등학생(5%)의 순으로 나타났다. 이는 OECD 평균인 10만 명당 6.5명을 상회하는 수준이다. 자살 원인은 가정불화(35.6%), 우울(17%), 성적비관(12%), 이성관계(4%), 학교폭력(1%) 등의 순으로 조사되었다. 시기별로는 2013~2016년 4년간의 월별 자살 학생 비교에서 3월(50명)이 가장 많았다. 해당 기간 전체의 11.2%에 해당한다. 이어 2학기 시작 시점인 9월에도 45명(10.1%)이 자살함으로써 학기 초인 3월과 9월에 자살 예방을 위한 생활지도 노력이 특별히 집중되어야 할 것으로 판단된다.

자살은 자신을 해치려는 의도뿐 아니라 복잡한 심정의 극단적 표현이나 극단적 정서의 전달방법으로 사용되기도 한다(Keinhorst et al., 1995). 일반적으로 자살은 자신의 목숨을 끊는 행동으로 이해되지만, 자살생각(suicidal ideation), 자살시도(attempted suicide), 자살이행(completed suicide)의 형태를 모두 포함하는 행동으로 보고 포괄적으로 접근해야 한다. 성인의 자살은 비교적 심사숙고하는 특징을 보이는 반면, 청소년의 자살은 충동적인 경향을 보인다는 점에서 청소년의 자살 징후에 대한 세심한 관찰이 요구된다. 청소년들이 자살에 앞서 보이는 일반적인 단서는 다음과 같다(Nazario, 1994).

- 행동적 단서
  - 소중히 여기던 물건을 갑자기 나누어 줌
  - 주의집중에 어려움을 겪음
  - 섭식 · 수면 장애로 신체적 변화를 보임
  - 초조하고 전전긍긍하는 모습을 보임
  - 학교 성적이 갑작스럽게 하락함
  - 삶에 대한 비관과 죽음 혹은 내세에 관한 말을 자주 함
  - 주변 사람들에게 죽고 싶다는 말을 자주하고 우울해함
  - 학교 친구나 가족과 거리를 두거나 관계를 단절함
  - 지인들에게 갑작스러운 전화, 이메일, 문자, 카톡 등으로 덕담이나 고마움을 표시함

　　-어둡고 무감각한 얼굴 표정과 생기 없는 눈빛을 보임

　　-술이나 약물을 과다 복용함

- 언어적 단서

　　-"차라리 죽어 버려야겠어."

　　-"이런 상황에서는 죽을 수밖에 없어."

　　-"사는 게 정말 피곤하고 희망이 없어."

　　-"앞으로 날 볼 일은 더 이상 없을 거야."

　　-"내가 죽으면 얼마나 잘 사나 보자."

　　-"내가 사라지면 모든 것이 좋아질 거야."

- 상황적 단서

　　-과거의 자살시도

　　-급격한 생활환경의 변화(부모의 이혼, 가족 구성원의 죽음, 성적 하락, 비난받은
　　　경험 등)

- 정서적 단서

　　-자포자기, 죄책감, 수치심, 외로움, 슬픔, 무망, 무기력, 무가치, 우울 등의 반
　　　복적 경험

- 개입 전략

　생활지도 교사는 자살위험이 있는 학생을 상담하거나 지도하게 될 경우, 반드
시 '자살금지서약서'를 작성해야 한다. '나는 절대로 자살하거나 자해하지 않겠습니
다.' 라는 문구와 약속기간, 서약자의 확인 등이 포함된 서약서를 작성한다. 서약서
를 작성하는 행위 자체만으로도 자살을 예방하는 효과가 있을 뿐 아니라 유사시 교
사를 보호하는 효과가 있다. 자살상담의 과정에서 필요한 상담자의 발문을(육성필,
2007) 사안별로 소개하면 다음과 같다.

- 촉발 사건: "계기가 된 사건이 있었나요?", "최근에 무슨 일이 있었나요?"
- 위험 수준: "구체적인 방법은?", "생각하고 있는 자살방법은?", "언제 시도할 예정인지?"
- 과거 경험: "이전에 시도한 적이 있나요?", "자살시도에 대한 주위의 반응은 어떠했나요?"
- 도울 사람: "지금 당장 당신을 도와줄 수 있는 사람은?", "당신에게 중요한 사람은?"
- 시도 인식: "왜 지금 시도하지 않나요?", "부모에게 상처를 주기 싫어하나요?"
- 조력 방법: "자살을 위해 준비한 물건을 버리세요.", "다른 사람에게 도움을 요청하세요."

자살위험이 있는 학생을 면담할 때는 여러모로 세심하게 접근해야 한다. 학생을 훈계하거나 안타까운 표정으로 바라보거나, 불안하고 산만한 행동을 보여서는 안 된다. 자살위험이 있는 학생과 면담을 하게 될 경우 다음의 내용을 참고하기 바란다.

- 온 마음과 정성을 다해 주의를 기울인다.
- 일상적인 이야기를 나누는 것처럼 담담하고 열린 마음으로 대화한다.
- 자살시도나 생각에 대해 비난하거나 찬성하지도 않는 중립적인 자세를 취한다.
- 학생의 감정상태를 정확하게 알아차리고, 부정적인 감정은 해소시킨다.
- 진정성과 공감을 바탕으로 한 감정 반영에 집중한다.
- 어떤 상황에서도 학생을 돕기 위해 이 자리에 있을 것임을 확신시킨다.

② 학교폭력

• 학교폭력의 정의

학교폭력은 학문적 관점에서는 "한 명 또는 그 이상의 학생들에 의해 행해지고, 가해자와 피해자 간의 관계가 반드시 힘의 불균형 상태에 있으며, 이것이 지속적이고 반복적인 부정적 행위로 나타나는 것(Olweus, 1994)", 혹은 "학교뿐 아니라 가정이나 학교 밖에서 일어나는 폭력이라도 학생들에게 영향을 미치는 것이라면 모두 학교폭력(Morrison, 2002)" 등과 같이 정의되고 있다. 법률적 관점에서는 "학교 안팎 또는 사이버공간 등 발생 장소에 상관없이 학생을 대상으로 이루어지는 상해, 폭행, 감금, 협박, 약취, 유인, 공갈, 강요, 명예훼손, 모욕, 강제적인 심부름, 사이버 따돌림을 포함한 집단 따돌림, 성폭력, 언어폭력, SNS 등 정보통신망을 이용한 음란 및 사이버 폭력 등 학생에게 정신적 · 신체적으로 고통과 괴로움을 주거나 재산상 피해를 수반하는 행위(「학교폭력예방 및 대책에 관한 법률」 제2조 1항)"로 정의하고 있다.

• 학교폭력의 징후

학교폭력을 예방하려면 우선적으로 관련 징후를 포착할 수 있어야 한다. 가행학생과 피해학생이 보이는 일반적인 징후(정종진, 2012)를 살펴보면 다음과 같다.

〈표 3-5〉 가해학생과 피해학생이 보이는 일반적인 징후

| 가해학생 | 피해학생 |
| --- | --- |
| • 교실에서 큰 소리를 많이 치고, 분위기를 주도<br>• 교사가 불러도 못 들은 척 피함<br>• 교사의 권위에 도전하는 행동을 자주 함<br>• 불평불만이 많고 거친 행동과 화를 잘 냄<br>• 위협을 주는 흉기를 소지함<br>• 친구에게 물건이나 돈을 자주 빌림<br>• 가방을 들어 주는 친구나 후배가 있음<br>• 형편에 비해 비싼 옷을 입거나 씀씀이가 헤픔<br>• 하교 후에도 학교 주변에서 자주 배회함 | • 평소보다 어둡고 두려워하는 표정을 보임<br>• 수업에 집중하지 못하고 멍한 태도를 보임<br>• 휴식시간이나 점심시간에 자주 혼자 지냄<br>• 친구나 선배의 심부름을 함<br>• 수업 중 행동에 대해 친구들이 웃거나 흉내 냄<br>• 일기에 죽고 싶다는 표현이나 폭력적인 그림이 발견됨<br>• 조퇴 · 지각 · 결석 빈도가 잦아짐<br>• 급격한 학교성적 하락이 관찰됨<br>• 전학을 신청하거나 전학 방법에 대해 문의함<br>• 특별한 이유 없이 교무실, 교사 주변을 배회함<br>• 신체 외상의 발견과 이에 대한 설명을 회피함 |

• 학교폭력 사안의 처리

인지된 모든 학교폭력 사안은 반드시 '학교폭력전담기구'에 신고해야 한다. 「학교폭력예방 및 대책에 관한 법률」 제17조에 따라 가해학생의 '즉시 출석정지'를 실시해야 하는 사안은 다음과 같다.

• 2명 이상의 학생이 고의적 · 지속적 폭력을 행사한 경우
• 폭력을 행사하여 전치 2주 이상의 상해를 입힌 경우
• 학교폭력에 대한 신고, 진술, 자료 제공 등에 대한 보복을 목적으로 폭력을 행사한 경우

가해학생에 대한 '즉시 출석정지'를 해야 하는 사안에 대해서는 가해학생과 피해학생을 즉시 격리하고, 신고한 학생이 있을 경우 즉각적인 신변보호 조치를 실시하고 가해학생과 피해학생 및 신고 학생의 보호자에게 학교폭력 발생 사실을 즉시 알린다. 동시에 학교폭력전담기구에 신고하고, 초기 사건조사를 실시한 후 학교장에게 신속하게 보고하여 '출석정지' 조치를 취한다. 이후 학교폭력전담기구는 신고 받은 후 7일 이내에 학교폭력대책자치위원회를 개최하여 조치에 대한 결정을 하고 이를 학교장에 통보한다.

담임교사가 자체적으로 해결할 수 있는 사안은 피해학생의 신체·정신·재산상의 피해가 있다는 객관적인 증거가 없고, 가해학생이 즉시 잘못을 인정하여 피해학생에게 화해를 요청한 바, 피해학생이 화해에 응하는 경우가 해당된다. 하지만 자체 해결한 사안이라 하더라도 학교폭력전담기구에 발생 사실과 조치사항에 대해 알려야 한다. 담임교사가 사안을 인지한 후 3일 이내에 해결하지 못할 경우에는 일반적인 절차를 거쳐야 한다.

가해학생에 대한 즉시 출석조치 대상이 아닌 폭력 사안과 담임교사가 자체 해결할 수 없는 폭력 사안에 대해서는 일반적인 절차를 거쳐 처리해야 한다. 일반적인 절차란 먼저 가해학생과 피해학생을 즉시 격리하고, 신고 학생이 있는 경우 신속한 신변보호 조치를 실시하며, 가해·피해·신고 학생의 보호자에게 학교폭력 발생 사실을 즉시 통보한다. 이후 학교폭력전담기구에 우선 신고하고, 해당 학생들을 대상으로 초기 사안 조사를 실시하여 전담기구에 통보한다. 학교장은 가해학생에 대한 선도가 긴급하다고 인정되는 경우 선도 조치하고, 학교폭력전담기구에서는 신고 받은 후 7일 이내에 학교폭력대책자치위원회를 개최하여 조치에 대한 결정을 내리고 이를 학교장에게 통보한다.

담임교사는 학교폭력전담기구와 협의하에 학교폭력 사안에 대한 조사를 진행해야 한다. 우선 피해자 면담은 가해학생이나 다른 학생이 모르게 진행하고, 피해학생이 솔직하게 이야기할 수 있는 분위기를 만들어야 한다. 피해 유형, 구체적인 학교폭력 내용, 가해자 명단 등의 구체적인 증거를 수집한다. 필요할 경우 전문상담교사의 지원을 받도록 한다.

가해학생 면담은 피해학생과의 면담과 구체적인 증거를 확보한 이후에 진행한다. 집단폭행 사안을 조사할 경우에는 관련 학생 모두를 동시에 소환하여 제3의 장소에서 일제히 조사함으로써 상황을 조작하지 못하도록 한다. 가해학생에게 피해학생에 대해 보복할 경우, 더 무거운 징계를 받을 수 있음을 주지시킨다.

• 학교폭력 사안 처리 후 생활지도

학교폭력 사안 처리 이후, 피해학생의 신체적·정신적 피해의 빠른 치유를 위해 최선을 다해야 한다. 학생이 안정적인 학교생활로 복귀할 때까지 전문상담교사 또는 외부의 상담전문가를 통한 정기적인 상담과 지원을 제공해야 한다. 가해학생에 대해서는 더욱 세심한 지도가 이루어져야 한다. 가해학생의 진정한 반성과 행동의 변화를 위해 정기적인 상담과 교육을 실시한다.

③ 품행장애

품행장애(conduct disorder)는 폭력, 방화, 도둑질, 거짓말, 가출 등과 같이 난폭하거나 무책임한 행동을 통해 타인을 고통스럽게 하는 행위를 반복적으로 나타내는 경우를 말한다. 품행장애로 진단되기 위해서는 다른 사람의 기본적 권리를 해치거나 나이에 적합한 사회적 규범을 어기는 행동양상이 지속적으로 반복되어야 한다. 품행장애로 진단될 수준의 문제행동을 보이는 학생이 있을 경우, 담임교사의 정서적 고통은 심각한 수준에 이를 수 있다. 경우에 따라서는 교직을 포기할 만큼 고통스러운 경험이 되기도 한다. 드물지만 갈수록 빈번하게 나타나는 품행장애 학생을 효율적으로 관리하고 지도하는 것은 생활지도가 감당해야 할 중요한 문제다. 품행장애에 관한 DSM-5의 진단기준 일부를 공유하고 있는 사례로 '청소년 비행'이나 '적대적 반항장애'를 꼽을 수 있다. 청소년 비행은 명확한 진단기준이 없고, 적대적 반항장애는 전형적으로 8세 이전에 시작하는 아동기 문제행동이며 남자 아동은 품행장애로 진단되는 경향이 많다(권석만, 2016). 이런 점을 고려하여 여기서는 품행장애의 진단과 지도 방안에 대해서 살펴보고자 한다. 다음의 15개 항목 중 3개 이상이 지난 12개월간 지속되고 이 중 한 항목 이상이 지난 6개월 동안에 반복적으로 나타날 때 품행장애로 진단된다.

• 사람과 동물에 대한 공격
  −자주 다른 사람을 못살게 굴거나, 협박하거나 겁먹게 한다.

　　-자주 싸움을 건다.

　　-다른 사람에게 심한 신체 손상을 줄 수 있는 무기를 사용한다.

　　-사람에게 신체적으로 잔인하게 대한다.

　　-동물에게 잔인하게 대한다.

　　-피해자가 보는 앞에서 도둑질을 한다(예: 노상 강탈, 날치기, 강도).

　　-다른 사람으로 하여금 강제로 성행위를 하게 한다.

- 재산파괴

　　-심각한 파괴를 일으킬 작정으로 고의로 불을 지른다.

　　-다른 사람의 재산을 고의로 파괴한다(방화에 의한 것은 제외).

- 사기 또는 절도

　　-다른 사람의 집, 건물 또는 자동차를 파괴한다.

　　-물품이나 호의를 취득하거나 의무를 피하려고 자주 거짓말을 한다.

　　-피해자와 마주치지 않고 사소한 것이 아닌 물건을 훔친다.

　　　(예: 파괴하거나 침입하지 않고 물건을 사는 체하고 훔치기, 문서 위조)

- 중대한 규칙 위반

　　-부모가 금지하는데도 자주 외박을 하며, 이는 13세 이전부터 시작된다.

　　-부모나 대리부모와 집에서 같이 살면서 최소한 두 번 이상 가출, 외박을 한다.

　　　(또는 한 번 가출했으나 장기간 귀가하지 않음)

　　-무단결석을 자주 하며, 이는 13세 이전부터 시작된다.

품행장애는 갑자기 발병되지 않는다. 나이가 들고 학년이 올라가면서 서서히 비행행동이나 적대적 반항장애에 해당하는 여러 가지 증상이 발생되다가 결국은 심각한 수준에 이르게 된다. 품행장애의 정도가 경미하고 다른 정신장애가 없으며 지능이 정상일 경우에는 예후가 좋다. 증상이 비교적 어린 나이에 시작되고 문제행동의 수가 많은 경우는 예후가 좋지 않고, 반사회성 성격장애로 발전할 수 있다. 반사회적 성격장애나 중독 문제가 있는 부모의 자녀에게서 빈번하게 발생한다. 부모의 양육태도와 가정환경, 즉 강압적이고 폭력적이며 방임적인 양육태도는 품행장애를 촉발할 수 있다. 부모의 불화, 가정폭력, 아동학대, 결손가정, 부모의 정신장애나 알코올 중독 등도 품행장애와 밀접한 관련이 있다.

품행장애는 다각적인 방법을 통해 치료되어야 한다. 일반적으로 부모가 자녀에 대해서 실망과 분노를 느끼고 비난과 처벌을 가하게 되면 자녀는 저항하고 반발한다. 이는 문제행동을 계속 유지시키는 악순환 체계다. 따라서 적절한 개입을 통해 부모의 태도를 변화시키는 것이 필요하다. 가능하다면 부부간의 갈등이나 갈등 상황에서의 표현 방법을 변화시키도록 가르쳐야 한다. 그와 동시에 품행장애 학생에게는 좌절과 불만을 사회적으로 용인되는 방법으로 표현하도록 가르치고 반복적으로 훈련시켜야 한다. 일관성 있는 보상과 처벌 규칙을 만들어 긍정적 행동은 강화하고 반사회적 행동은 약화시키는 꾸준한 노력이 필요하다. 개인상담 및 집단상담을 통해 좌절에 대한 인내력을 키우고, 긍정적 자아상을 회복하도록 조력해야 한다.

---

☞ **품행장애 지도 시 유의할 사항**

① 품행장애에 해당하는 DSM-5의 진단기준을 정확히 이해한다.

② 품행장애로 오인될 수 있는 유사 장애를 명확히 구분한다.

　－적대적 반항장애, 주의력결핍 과잉행동장애, 우울장애, 학습장애 등

③ 부모, 담임교사, 전문상담교사, 외부 전문가 등과 협력한다.

④ 보상과 처벌 및 학생을 대하는 태도에서 일관성의 원칙을 지킨다.

⑤ 감정이입과 양심 수준이 현저히 낮은 점을 인식하고 이를 개선한다.

---

## 참고문헌

강진령(2015). 학교상담과 생활지도. 서울: 학지사.

교육부(2015). 초 · 중등학교 교육과정 총론. 교육부 고시 제2015-74호 [별책 1].

권석만(2016). 현대이상심리학(2판). 서울: 학지사.

김계현(1997). 상담심리학. 서울: 학지사.

김계현, 조화태, 전용오(2002). 인간과 교육. 서울: 방송통신대학 출판부.

김계현, 김동일, 김봉환, 김창대, 김혜숙, 남상인, 천성문(2016). 학교상담과 생활지도(2판). 서울: 학지사.

김봉환, 정철영, 김병석(2012). 학교진로상담. 서울: 학지사.

김영빈, 선혜연, 황매향(2017). 직업 · 진로설계. 서울: 방송통신대학교 출판문화원.

김종서, 이영덕(1998). 신교육학개론. 서울: 교육과학사.

김태호(2004). 학생생활지도와 상담. 서울: 학지사.

박성희, 김광수, 김혜숙, 송재홍, 안이환, 오익수, 은혁기, 임용우, 조붕환, 홍상황, 홍종관 (2006). 한국형 초등학교 생활지도와 상담. 서울: 학지사.

육성필(2007). QPR Suicide Triage Training Program. 전국대학학생생활연구소협의회 학술 대회 자료집.

이장호(1986). 상담심리학입문. 서울: 박영사.

이재창(2005). 생활지도와 상담. 서울: 문음사.

정종진(2012). 학교폭력상담: 이론과 실제. 서울: 학지사.

홍강의(1993). 청소년상담의 이론적 경향 고찰: 치료적 관점. 청소년상담연구, 1(1), 41-55.


Ainsworth, M. D. S., Blehar, M., Waters, E., & Wall, S. (1978). *Patterns of Attachment*: A Psychology Study of the Strange Situation.

Berne, E. (1961). *Transactional analysis in psychotherapy*. New York: Ballantine Books.

Bowlby, J. (1969). *Attachment and loss (Vol. 1): Attachment*. New York: Basic Books.

Hill, C. E., & O'Brien, K. M. (1999). *Helping Skills: Facilitating exploration, insight, and action*. APA.

Hollad, J. L. (1973). *Making vocational choices: A theory of careers*. Englewood Cliffs, N. J.: Prentice-Hall.

Keinhorst, D. W., De Wilde, E. J., & Diekstra, R. F. W. (1995). Suicide and suicidal behavior among adolescent. In M. Rutter, & D. J. Smith (Eds.), *Psychosocial disorders in young people, time, trends, and their causes*. London: Wiley.

Michelson, L., Sugai, D., Wood, R., & Kazdin, A. (1983). *Social skills assessment and training with children*. NY: Plenum.

Morrison, B. (2002). Bullying and victimizations in schools: A restorative justice approach. *Trends and Issues No. 219*. Australian institute of Criminology.

Nazario, T. A. (1994). What a parents should know about teenage suicide. *Child Welfare Report, 2*(6), 1-8.

Olweus, D. (1994). Bullying at school: Basic facts and effects of a school based intervention program. *Journal of Child Psychology and Psychiatry, 35*, 1171-1190.

Parsons, F. (1909). *Choosing a vocation*. Boston: Houghton Mifflin Company.

Phillips, E. (1978). *The social skills basis of psychopathology.* NY: Grune & Stratton.

Roe, A., & Lunneborg, P. W. (1990). Personality Development and Career Choice. In Brown, D. & Brooks, L. (Eds.), *Career Choice and Development.* San Francisco: Jossey-Bass Publishers.

Rogers, C. R. (1951). *Client-centered therapy: Its current practice, implications, and theory.* Boston: Houghton Mifflin Company.

Schmidt, J. (2008). *Counseling in schools* (5th ed.). Boston: Person Education, Inc.

Shertzer, B., & Stone, S. C. (1981). *Fundamentals of Counseling.* Boston: Allyn and Bacon.

Sink, C. A. (2005). *Contemporary school counseling.* New York: Lahaska Press.

Weber, W. (1994). *Wege zum belfenden Gespraech.* Muenchen.

Wright, R. J. (2012). *Introduction to school counseling.* Thousand Oaks, CA: SAGE Publications, Inc.

# 학업과 학교생활의 지도

학업과 학교생활의 지도는 학생 개개인의 개성을 발견하여 신장하고 학교에서 개설하고 있는 교육과정을 성공적으로 이수하도록 지원하는 것에 목적이 있다고 할 수 있다. 교육과정의 이수는 그 열매가 개인의 역량을 개발하는 것으로 나타날 수 있다.

　　제4장에서는 개인의 역량과 학업발달을 다룬다. 개인의 역량은 20세기 후반기에 활발하게 이루어진 학문적 연구들을 중심으로 접근하여, 학습자 각 개인의 역량을 어떻게 이해하고 지도할 수 있는지를 다루었다.

　　제5장에서는 학업 문제와 재능 계발 지도를 다루고 있다. 개인의 역량 개발에 방해가 되는 여러 가지 문제들 가운데서도 가장 자주 많은 학생들이 직면하는 실제적 문제를 어떻게 이해하고 어떻게 지도할 수 있느냐를 살펴본다.

　　제6장의 주제는 학교생활에서 학생들이 직면하는 문제를 어떻게 상담을 통하여 지도하느냐 하는 것이다. 문제의 사전 예방을 위하여 할 수 있는 일이 무엇인지. 문제의 평가와 진단은 어떻게 하는지. 그리고 상담을 어떻게 할 수 있는지를 다룬다.

제4장 **개인역량과 학업발달**

이 장에서는 학업발달의 근원이 되는 개인의 역량을 인지적 · 정의적 영역으로 나누어 소개한다. 서두에서는 최근 제시된 미래 핵심역량의 개념과 구성 요소를 설명하고, 이어 학업발달을 위한 역량의 종류를 인지적 영역에서는 지적 능력, 선행학습 능력, 학습전략의 활용 능력으로 나누어 설명하고, 정의적 영역에서는 자기개념, 흥미와 내재동기, 목표로 나누어 설명하였다. 마지막으로 이러한 개인역량들의 발달을 위해 어떠한 환경적 조성이 필요한지 제언하였다.

## 1. 역량의 개념

### 1) 역량의 정의

'역량'이라는 개념은 크게 보아 개인의 능력을 의미하는 것이며, 기존에는 직업교육이나 평생교육의 영역에서 "어떤 일을 해 낼 수 있는 힘이나 기술"로 정의되어 왔다. 따라서 학생의 학업적 역량을 말할 때는 일정 기간 동안 학교학습을 통해 갖추어 온 보편적인 학업지식이나 기술, 능력을 말하는 것으로 해석될 수 있다. 특별히 직무 혹은 직업과 관련된 역량(competence 혹은 competency)이라는 용어에 대해서 스펜서와 스펜서(L. Spencer & S. Spencer, 1993)는 "특정한 상황이나 직무에서 준거에 따른 효과적이고 우수한 수행의 원인이 되는 개인적 특성"(p. 9)으로 정의한 바 있다. 이와 같은 용어의 정의는 다음과 같이 이해될 수 있다. 첫째, 역량은 개인차를 나타내는 특성(individual differences)이 될 수 있고, 이는 단기간에 보여지는 능력이 아니라 비교적 영속적인 행동과 사고방식(Guion, 1991)을 의미한다. 둘째, 역량이 바람직한 수행의 원인이 된다는 점에서 개인역량의 차이에 의해 미래 어떤 수행의 숙달 결과나 성공 여부를 예측할 수 있다. 셋째, 수행의 결과를 예측할 때에는 그 수행을 규정하는 구체적인 준거(criterion)나 기준이 설정되어야 하는데, 이를테면 학업역량을 가지고 학업수행을 예측할 때에는 특정한 학업성취도 측정 결과를 가지고 평균보다 어느 정도 높은가 낮은가를 판단하게 되는데, 이때 사용되는 준거는 성취도 점수 결과가 될 수 있다.

역량 연구는 주로 집무나 업무 분야에서의 숙달, 수행 여부를 위주로 이루어져 왔지만, 1990년대부터 영국을 비롯한 여러 국가에서는 학교교육에서의 역량에 대한 개념화와 역량교육에 대한 논의를 전개해 왔다. 초기의 학자들은 이러한 역량에 대한 관심이 직업교육이나 경제, 기술적 관점에서 출발하였음을 비판하였는데(소경희, 2007), 대표적인 이유는 앞에서 제시한 스펜서와 스펜서(1993)의 정의와, 이와 유사한 정의를 사용한 연구들에서 역량은, 다분히 수행(performance)에 필요한 능력을 관찰 가능한 형태로 증명하여 보여 주는 것으로 이해되고, 이는 행동주의적 관점에만 치중하여 지식의 이해보다는 수행의 결과만을 강조하고 있기 때문이다(Hyland, 1993).

그러나 최근 들어 역량은 사회적 삶의 맥락 차원에서 새롭게 정의되고 있다. 특히, 경제협력개발기구(OECD)에서 실시하고 있는 국제학업성취도평가(Programme for International Student Assessment: PISA)에서는 의무교육이 끝나가는 시점인 15세의 학생들을 대상으로 이들이 사회에서 제대로 기능하는 데 필요한 지식과 기술을 얼마만큼 습득하였는가를 측정하고 있고(OECD, 2005) 한 사람의 사회 구성원으로서 성공적인 삶을 위해 어떤 지식과 기술(능력 또는 소양)을 갖추어야 하는가에 대한 관점에서 역량의 개념화에 대한 연구가 매우 광범위하게 이루어지고 있다. 따라서 역량은 단순한 지식과 기술이 아니라 "특수한 상황이나 맥락 속에서 심리적·사회적 자원을 이용하고 동원함으로써 (수행에 필요한) 복잡한 요구에 대처하는 능력"으로 정의된다(OECD, 2005, p. 4).

## 2) 역량의 구성요소

### (1) 스펜서와 스펜서의 역량 유형

직업 혹은 직무 활동에서의 지식과 기술로서가 아니라, 개인의 전체적인 삶의 질을 향상시키는 데 일조하는 역량의 개념을 고려할 때, 역량의 구성요소는 다양하게 나타날 수 있다. 스펜서와 스펜서(1993)는 역량 구조를 표면적 역량(surface competence)과 심층적 역량(central competence)으로 구분하여 가시적으로 나타나는 지식과 기술을 전자에, 잠재적으로 가지고 있는 자아개념, 특질, 동기 등을 후자에 포함하여 역량의 구성요소를 설명하였다.

구체적으로 말하면 심층적 구조에 속하는 구성요소 중 먼저 동기(motive)는 "특정한 행위나 목표를 향해 행동을 시작하고 방향을 지시하고 선택 및 지속하게 하

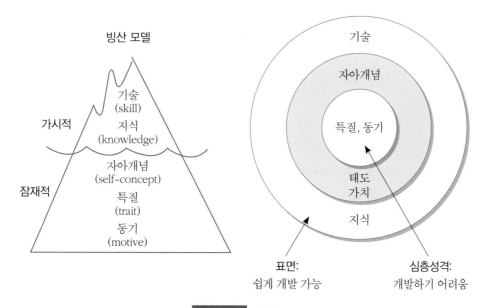

그림 4-1 역량구조

출처: Spencer & Spencer(1993), p. 11.

는 힘"(McClelland, 1985)으로 정의된다. 두 번째 특질(trait)은 타고난 신체적인 특성과 더불어 상황이나 정보에 일관적으로 나타내는 반응성을 의미하는데, 동체 시력, 빠른 운동신경과 같이 비교적 단순한 형태의 반응성이 있는가 하면 감정통제나 주도성과 같이 복잡한 형태의 반응성도 존재한다. 세 번째로 자아개념 혹은 자기개념(self-concept)은 자기 자신에 대해 가지고 있는 태도, 가치관, 자아상(self-image)을 나타낸다.

표면적 구조에 해당하는 구성요소 중 먼저 지식(knowledge)은 "특정한 내용 영역에서 개인이 보유하고 있는 정보"라고 정의되지만, 다소 복잡한 속성을 가지고 있는 역량에 속한다. 특히, 스펜서와 스펜서는 지식역량을 평가할 때에는 단순히 정답을 고르는 능력뿐 아니라 지식을 응용하여 문제를 해결하는 능력까지도 평가해야 한다고 주장하였다. 두 번째로 기술(skills)은 특정한 신체적/정신적 과제를 수행할 수 있는 능력으로, 특히 인지적 기술은 분석적 사고(analytical thinking)와 개념적 사고(conceptual thinking)를 포함한다.

### (2) DeSeCo 프로젝트에서의 핵심역량

앞서 기술한 바와 같이 역량의 개념이 교육학에 접목되면서 사회적 삶의 질을 향상시키기 위한 기본적이고 중요한 역량이 무엇인가를 밝히는 연구들이 OECD의 최근 프로젝트에서 수행되고 있다. 1997년 OECD는 DeSeCo(Defining and Selecting Key Competencies)라는 연구를 통해 현대사회에서 발생하는 복잡한 문제를 해결하기 위한 능력으로서 광범위한 역량의 개념을 주장하였다. 역량이란 단순히 지식과 기술을 넘어서 태도, 감정, 가치, 동기와 같은 사회심리적 자원을 이용해 특정 맥락에서의 복잡한 요구를 만족시키는 힘을 말한다(OECD, 2005).

이와 같은 역량의 개념화에 따르면 역량은 특정 상황에서의 개인적 혹은 사회적 요구를 만족시키는 데 필요한 능력이라는 점에서 요구지향적(demand-oriented) 성격을 지니고 있으며, 외적으로 주어진 요구를 개인의 내적 구조를 통해 만족시키게 된다. 역량의 내적 구조로는 지식, 인지적/실천적 기술, 태도, 감정, 가치 및 윤리, 동기 등을 포함하며, 이것은 특정한 맥락에서 개인이 취한 행동으로 나타나게 된다(OECD, 2002). 따라서 역량은 외적 요구, 내적 구조, 맥락의 3요소로 구성되며, 역량 자체가 정적인 상태라기보다는 이들 요소들이 성공적이고 효과적인 수행을 위해

통합되는 역동적이고 총체적인 과정을 포함한다고 볼 수 있다.

　이처럼 역동적·총체적 역량의 개념을 이해한다면, 사회적 삶에서 나타나는 복잡한 과제를 해결하기 위해서 나타나는 역량(들)은 다양한 맥락에서 다각도로 나타나게 된다. 그래서 DeSeCo 프로젝트에서는 핵심역량(key competencies)이라는 용어를 사용하여, 구체적이고 특수한 상황에서 필요한 역량보다는 삶의 광범위한 맥락에서 반드시 필요한 일반적인 몇 가지 역량을 추출하려 하였다. 이들이 소개하는 핵심역량은 다음과 같다(OECD, 2005).

① 여러 도구를 상호작용적으로 활용하기(using tools interactively)
- 언어, 상징, 텍스트의 상호작용적 사용 능력: 다양한 상황에서 구어, 문어, 계산, 수학적 기술을 효과적으로 사용하는 능력
- 지식과 정보의 상호작용적 사용 능력: 정보의 성격과 출처(source)를 비판적으로 수용하고, 사회적·문화적·이념적 맥락과 그 영향을 이해하며, 지식과 정보를 적절히 조합하고 평가·조직화하는 능력
- 기술의 상호작용적 사용 능력: 일상생활에서 정보통신 기술을 선택적·조직적·비판적으로 사용하고 타인과 소통하는 능력

② 이질적인 집단에서 상호작용하기(interacting in heterogeneous groups)
- 타인과 좋은 관계를 맺는 능력: 공감 능력, 정서를 효과적으로 조절하고 관리하는 능력
- 팀 속에서 협동적으로 일하는 능력: 자신의 의견을 효과적으로 표현하고 협력 관계를 구축하며, 효과적으로 의사결정을 내리는 능력
- 갈등을 다루고 해결하는 능력: 이슈와 이해관계를 분석하고, 문제를 재구조화하며, 각자의 요구, 목표의 우선순위를 정하여 필요한 맥락에서 의견을 조율하는 능력

③ 자율적으로 행동하기(acting autonomously)
- 큰 틀 속에서 행동하는 능력: 체제 내에서 형식적/비형식적 규칙과 주어지는 기대에 부응하며 자신의 행동에 직접적·간접적으로 예상되는 결과를 예상하

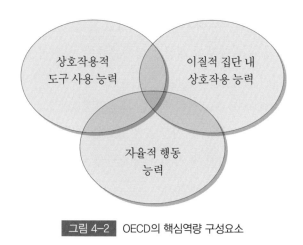

그림 4-2  OECD의 핵심역량 구성요소

고 행동하는 능력
- 인생의 계획과 개인적 프로젝트를 형성하고 수행하는 능력: 목표를 설정하고 시간과 자원을 확인, 평가하고 목표의 우선순위를 정하는 능력 및 프로젝트의 진척 상황을 모니터하고 필요시 조정하는 능력
- 권리, 흥미, 한계, 욕구를 주장하는 능력: 개인의 흥미, 관심을 이해하고 주어진 규칙, 원리 등을 숙지하며 자신의 욕구나 권리를 구성하며 대안을 제안할 수 있는 능력

이러한 세 가지 핵심역량의 내용은 기존의 교육과정이나 교육의 내용, 목표로 다루어져 왔던 개인의 인지적·정의적 특성들을 포함하고 있으며, 구체적으로 지식과 기술의 습득과 사용, 사회적 관계 형성, 협동, 자신에 대한 이해와 자율적 동기화 등을 포함한다.

세 가지 핵심역량의 개발과 활용의 핵심은 바로 반성적 사고(reflective thinking)다(OECD, 2005, p. 8). 반성적 사고와 행동은 핵심역량의 기본 틀을 제공하며, 반성적으로 사고한다는 것은 상대적으로 복잡한 정신적 사고 과정을 요구하는데, 사고 과정 자체를 객관적으로 바라볼 수 있어야 하기 때문이다. 이를테면 어떤 정신적 기술을 숙달할 때의 반성성(reflectiveness)은 개인으로 하여금 그 기술에 대해 생각하고, 동화하고, 다른 경험과 연결시키고, 변화시키거나 적응시키도록 한다. 이는 바로 사고에 대한 사고인 초인지적 사고(metacognitive thinking)와도 연결되는데, 반성적 사고를 위해서는 이외에도 창의적 능력, 비판적 능력 등이 추가로 요구된다. 이는 개인의 사고방식뿐 아니라 사고, 감정, 사회적 관계 등을 다루는 개인의 총체적 경험을 구성하는 방식에 관한 것이다. 그러므로 반성적 사고를 하기 위해서는 사회적 압박에서 벗어나고, 다양한 관점을 수용하며, 독립적인 판단을 내리고 자신의 행동에 책임을 지는 사회적 성숙성(social maturity)을 가질 필요가 있다(OECD, 2005, p. 9).

### (3) 미래 사회 핵심역량

국내에서도 미래 사회를 구성하는 핵심역량에 대한 교육과정 구성 연구(한국교육과정평가원, 2012) 등을 통해 핵심역량의 구성요소가 제시된 바 있다. 이 연구에서 제안된 미래 교육을 위한 세 가지 대범주의 핵심역량은 인성역량, 지적 역량, 사회적 역량이다. 델파이 조사와 전문가 협의회, 설문조사 등을 통해 역량을 구성하는 요소에 대한 우선순위를 정하게 했는데, 이에 다분히 대범주가 다른 역량의 구성요소가 중복되는 경우도 발생할 수 있다.[1] 첫 번째 인성역량은 인간 성품 계발과 관련된 역량으로, 자기존중 및 수용, 잠재력 개발, 자기통제와 조절 능력 등 개인 차원이나 개인 자격으로 타인을 만나 발생하는 관계에서 필요한 역량이다. 인성역량은 도덕적 역량, 자아정체성, 개인적·사회적 책무성, 대인관계 능력, 시민의식, 개방성 및 유연성, 의사소통 능력, 자기관리 능력 등을 구성요소로 하고 있다. 인성역량이 시민교육에 초점을 둔 것이라면 두 번째인 지적 역량은 전문가 교육에 초점을 둔 것으로, 창의적 사고 능력과 학습역량으로 구분된다. 이는 삶의 장면에서 발생하는 문제를 해결하고 비판적·창의적 사고를 발현시키며, 미래 사회 구성원으로서 필요한 기본 소양 준비를 기초로 하는 능력을 말한다. 지적 역량의 구성요소로 먼저 창의적 사고 능력에는 창의력, 혁신 능력, 비판적 사고력, 문제해결력, 의사결정력, 자기주도적 학습 능력, 정보활용력이 포함되고, 학습역량에는 문해력, 수리력, ICT, 문제해결, 의사소통 등이 포함된다고 하였다. 마지막 사회적 역량은 사회적 소통 능

---

[1] 핵심역량의 대범주들은 서로 긴밀하게 연계되어 있어서 일부 구성요소의 경우는 중복되어 제시될 수 있다(한국교육과정평가원, 2012). 이를테면 문제해결력이나 의사소통 능력의 경우는 지적 역량과 사회적 역량에 동시에 포함된다. 인성역량의 경우 사실에 대한 비판적 이해를 토대로 자존감을 형성하는 등의 능력은 지적·사회적 역량에 기반할 수 있고, 인성역량이 발달한 후에 공동체에 소속되어 사회적 역량을 개발할 가능성이 있다.

력과 참여를 통해 문제를 해결하는 능력, 사회생활 속에서 자신의 역할을 다하고 직무를 수행하며 진로를 개척해 나가는 데 필요한 역량이다. 여기에는 대인관계 능력, 개인적·사회적 책무성, 의사소통 능력, 시민성, 참여와 공헌, 도덕적 역량, 비판적 사고가 포함된다(이광우 외, 2009).

## 3) 현대사회에서 개인역량 개발의 필요성과 학업발달의 성격

### (1) 현대사회와 개인역량의 개발

프라할라드와 하멜(Prahalad & Hamel, 1990)은 개인역량을 넘어선 조직역량을 하나의 기본 단위로 여기는데, 높은 성과를 달성하는 조직은 핵심역량에 바탕을 둔 체계를 구성원에게 적용하고자 한다. 따라서 개인역량은 해당 조직의 가치체계나 핵심역량으로부터 나오기 때문에 조직의 역량과 개인역량은 서로 밀접히 연관되어 있다(Reagan, 1994).

그러나 최근 현대사회에서는 점점 더 개인역량의 중요성이 부각되고 있다. 이러한 현상은 기본적으로 산업 및 경제, 더 나아가 사회 자체의 변화 양상이 예측 불가능한 변동성을 특징으로 한다는 데에서 기인한다. 근대 산업사회의 경우에는 조직의 핵심적 가치를 기준으로 각 개인이 갖추어야 할 역량을 규정하고 거기에 맞추도록 하려는 경향이 강했다. 이에 비해 현대사회에서는 정보화·지식기반 사회의 도래로 개인을 둘러싼 주변 환경이 급속도로 변화하고 있으며, 개인역량을 창의적으로 발휘할 수 있도록 배려하고 지원할 수 있느냐가 점차 사회의 생존과 발전의 관건이 되고 있다. 특히, 경제권역과 노동시장 간의 국경이 점점 낮아지고 지식정보화 사회가 되면서 창의적인 역량을 갖춘 인재의 양성은 사회 전반의 활동에 중요한 결정요소가 되었다. 즉, 정보와 기술력이 중요한 고부가가치인 현대사회에서는 창의적 역량을 갖춘 인재를 양성하기 위한 양질의 교육이 그 사회의 경쟁력을 결정한다고 볼 수 있다(NIC, 2008).

한편, 오늘날 개인역량의 증진은 사회 전반의 경쟁력 제고만 의미하는 것은 아니다. 개인에게 있어서는 현대사회의 변화된 환경에 적응하고 개척해 나갈 수 있는 힘으로서 더욱 큰 의미를 지닌다. 현대사회의 변화는 급속할 뿐만 아니라 복잡하고 다양한 양상을 보이고 있다. 이렇게 예측 불가능한 변동성을 특징으로 한 사회에서 개

인은 고정된 지식과 정보의 반복적 습득과 적용이나 기성의 학습과 특정한 경험만
으로는 예측하고 통제할 수 없는 새로운 환경에 끊임없이 적응해야 하는 상황에 놓
이게 된다. 그러므로 급격하고 광범위한 변동에 대응할 수 있는 개인역량의 끊임없
는 계발이 한 사회의 생존과 발전에 앞서 무엇보다도 개인 자신에게 먼저 절실하게
요청된다. 요컨대, 현대사회에서 개인이 갖추어야 할 핵심적 개인역량의 계발은 특
정한 직업이나 기술에 특화된 것이 아니라 새로운 상황과 문제 속에서 다양한 능력
을 발휘하여 창의적으로 대처하는 끊임없는 학습 능력을 필요로 하는 것이다.

### (2) 개인역량과 학업발달의 관계

바람직한 직업발달을 위해서는 그에 상응하는 직무역량이 요구되며, 이때 직무
역량은 직업발달을 위해 사전에 갖추어야 할 어떠한 태도나 능력을 의미한다. 이에
비해 개인역량과 학업발달의 관계는 이와는 다른 관계적 특징을 보인다.

여기서 말하는 학업발달이라는 개념은 학업성취라는 용어의 의미처럼 미리 설정
된 학업상의 목표치를 성취하는 것이 아니라 다양한 환경과 조건 속에서 학업을 끊
임없이 지속할 수 있는 것을 의미한다. 그러므로 예측 불가능한 변동성에 대처하는
적응력을 요구하는 개인역량의 핵심은 다양한 상황과 문제를 해결해 가는 과정 속
에서 지식의 새로운 조합과 창의적 적용을 가능하게 하는 학업을 지속하는 능력이
며, 이는 곧 학업발달을 끊임없이 지속할 수 있는 태도와 능력이라고 말할 수 있다.

물론 바람직한 학업발달을 위해서도 이에 상응하는 개인역량이 요구된다. 학업
발달의 개념에 따르면 직무역량과 직업발달이 서로 외적 관계에 있는 데 비해, 학업
발달은 개인역량과 논리적으로 내적 관계에 있다. 직무역량이 직업발달과 외적 관
계에 있다는 말의 의미는 직무역량이 직업발달이라는 목적을 달성하기 위해 고안
된 수단이 된다는 뜻이다. 이에 비해 학업발달과의 관계에 있어 개인역량은 학업발
달을 위한 전제조건이면서 동시에 학업발달 속에서 끊임없이 달성해야 할 목적이
된다.

결론적으로, 예측 불가능한 변동성 속에서도 끊임없이 문제를 해결해 나갈 수 있
는 능력이야말로 학업발달의 핵심적 내용이다. 그러므로 개인역량은 바람직한 학
업발달의 조건인 동시에 학업발달 속에서 길러져야 하는 것이다. 나아가 오늘날 요
청되는 개인역량이란 학업발달의 결과로 얻어지는 고정된 그 무엇이 아니라 학업

발달을 지속할 수 있는 역량 그 자체라고 말할 수 있겠다.

## 2. 학습자의 개인역량

### 1) 학습자의 지적 역량

#### (1) 지적 능력(지능)

개인의 인지적 역량에서 가장 핵심적으로 파악될 수 있는 것은 지적 능력(지능, intelligence)이다. 지능은 "한 개인이 문제에 대해 합리적으로 사고하고 해결하는 인지적인 능력과 학습 능력을 포함하는 총체적인 능력"(심리학용어사전)으로 정의되며, 앞 절에서 기술한 핵심역량의 구성요소 중 인지적 기술(cognitive skill)의 성격도 일부 포함한다고 볼 수 있다. 지적 능력에 대한 정의는 수없이 많지만, 대체적으로 ① 추상적인 것(아이디어, 상징, 관계, 개념, 원리)을 취급하는 능력, ② 새로운 사태를 취급하는 문제해결 능력, ③ 상징을 포함하는 추상적인 것을 학습하고 사용하는 학습 능력 등이 지능에 포함된다(Gaga, & Berliner, 1987, p. 52).

#### ① 지능의 구성요소

지능의 구성요소에 대한 논의는 초기에 심리측정학이 발달하면서, 검사나 관찰에 의해 객관적으로 확인되고 측정되는 결과들을 바탕으로 이루어졌다. 스피어먼(Spearman, 1904)은 지능을 인지적 과제를 해결하는 데 필요한 능력으로 간주하고, 이때 필수적으로 관여되는 요인을 일반요인(general factor, g요인)이라고 정의하였다. 이외에 특정한 과제(수학 문제, 독해 문제)를 해결하는 데 필요한 능력 요인인 특수요인(specific factor, s요인)이 존재하는데, 결국 g요인이 '일반적인 지적 능력'을 나타내므로, 지능을 하나로 측정할 수 있다는 관점을 제공한 바 있다. 따라서 최근까지 사용되고 있는 대부분의 지능검사는 지능을 하나의 수치로 나타내는 경향이 있다.

스피어먼 이후 지능의 구성요소에 대한 논의에서 지능이 하나의 능력이 아니라 여러 가지 능력의 집합이라는 주장이 등장했는데, 대표적인 이론이 서스톤의 기본

정신 능력(primary mental abilities: PMA)이다. 서스톤(Thurstone, 1938)은 지능이 서로 독립적인 7개의 기본정신 능력인 언어이해, 수, 공간지각, 지각속도, 기억, 추리, 단어유창성으로 구성되어 있다고 주장하였다. 이러한 서스톤의 관점은 능력을 변별할 수 있는 근거를 제공하여, 지적 역량에 대하여 개인이 어떤 요인에는 강점이 있으면서 다른 요인에는 약점을 가질 수 있다는 가능성을 시사한다(황정규, 2010).

카텔(Cattell, 1943)은 44가지 지능검사가 측정하는 능력 요소들을 검토하여 유동적 지능(fluid intelligence)과 결정적 지능(crystallized intelligence)의 두 가지 요인 구조를 주장했다. 유동적 지능이란 습득된 지식과 상관없이 새로운 상황에서 문제를 해결하고 논리적으로 생각하는 능력으로, 보다 선천적이고 유전적으로 결정되는 능력이라고 할 수 있다. 결정적 지능은 기술ㆍ지식ㆍ경험을 활용하는 능력으로, 선천적으로 결정되기보다는 교육이나 경험을 통해 습득된 능력이며 언어나 상식을 통해 확인될 수 있다. 또 자신의 지식을 넓혀 나가는 노력을 계속 한다면 나이가 들어도 계속 증가한다.

이후 길퍼드(Guilford, 1959)는 지능의 구조에 대해 가장 포괄적인 모형을 제안했다. 그는 지적 능력을 구성하는 요인을 내용(contents) 차원, 조작(operations) 차원, 산출(products) 차원의 세 가지 차원으로 구성된 모형으로 제시했는데, 내용 차원에는 시각적(영상적)ㆍ상징적(수, 기호)ㆍ의미적ㆍ행동적(타인의 감정과 행동) 요소가, 조작 차원에는 인지ㆍ기억ㆍ확산적 사고ㆍ수렴적 사고ㆍ평가 요소가, 산출 차원에는 단위ㆍ유목ㆍ관계ㆍ체제ㆍ변환ㆍ함의의 요소가 포함되어 총 $4 \times 5 \times 6 = 120$개의 요인이 존재한다고 보았다.

### ② 현대적 관점의 지능 요소

스턴버그(Sternberg, 1988)는 지능의 근원적인 질문(무엇을 알 수 있고, 무엇을 할 수 있는가?)에 관심을 두고, 지능의 삼위 이론(triarchic theory)을 제안했다. 특히, 스턴버그는 성공지능(successful intelligence)의 개념을 제시하며, 이를 "자신의 목적과 사회의 목적을 달성하기 위해 적합한 환경을 의도적으로 선택하거나 변형하고, 그 환경에 적응하는 능력"이라고 정의하였다.

삼위 이론 중 첫 번째 분석적 능력(analytical ability)은 구성적(인지적) 요인으로, 대부분의 정보처리를 다루며, 어휘ㆍ독해와 같은 하위검사로 측정되는 결정화 능력에 추상 유추와 이야기 완성과 같은 하위검사로 측정되는 유동적 능력을 더하여 완성된다. 두 번째 창의적 능력(creative ability)은 경험적 요인으로, 새로운 활동과 상황·문제를 다루는 능력과 고차원의 정보처리를 신속하게 자동화하는 능력을 포함한다. 마지막 실용적 능력(practical ability)은 현실 상황에 적응하거나 상황을 선택·변형하는 실용적 지능과 사회적 지능의 요인을 포함한다.

스턴버그와 더불어 최근 지능의 개념을 확장시키는 데 있어 큰 공헌을 한 사람으로는 가드너(Gardner, 1983)가 있다. 가드너는 기존의 문화가 지능을 너무 좁게 해석하고 있다고 전제하고, 일반지능과 같은 단일한 능력이 아니라 다수의 능력이 인간의 지능을 구성하고 있으며, 다수의 능력의 중요성은 각각 상대적이라고 주장하였다. 그는 지능을 보다 광범위하게, "문화 속에서 가치가 부여된 문제를 해결하거나 결과물을 창출하는 능력"이라고 정의하였다. 전통적인 IQ 개념은 학교 내에서 특별한 가치가 부여된 지식이나 기능에 초점이 맞추어져 있지만, 이러한 가드너의 정의는 학교교육에서 강조하는 영역보다 훨씬 넓은 범위에 걸쳐 있다. 즉, 음악적 지능, 신체-운동적 지능, 논리적-수학적 지능, 언어적 지능, 시각-공간적 지능, 대인관계적 지능, 그리고 자기이해 지능의 총 7개로 구성된 다중지능(multiple intelligence) 이론이다. 최근에는 여덟 번째 지능인 자연탐구 지능을 새롭게 목록에 추가하였고, 아홉 번째인 실존적 지능을 제시하기도 하였다.

### (2) 선행학습 능력

학업성취에서 선수학습 또는 선행학습의 수준은 지적 역량의 출발점으로서 매우 중요한 역할을 한다(Bloom, 1976). 이는 선수학습이 앞으로 습득해야 할 학습과제와 학습자를 연결해 주는 출발점이자 과제수행과 성취를 예측하는 주요인이기 때문이다. 보통 선수지식(prior knowledge), 즉 '수업을 받기 전에 가지고 있는 지식 기반'은 선수필수지식(prerequisite knowledge), 즉 수업 내용을 이해하는 데 필요한 기초 지식과, 총체적 지식(total knowledge), 즉 수업에 직간접적으로 관련되는 모든 지식을 포함한다.

대개 선행학습의 수준은 모든 교과목 학습의 기본이 되는 학업기초 능력과 교과목별 선행학습의 정도로 나눌 수 있다(황매향, 2008). 학업기초 능력이라는 것은 읽기·쓰기·말하기·셈하기 등 학업 수행을 위한 최소한의 능력으로 교과목의 종류와 관계없이 두루 필요한 능력이다. 한편, 학년별 교과교육과정의 최소 능력을 획득하였는가의 여부를 측정하는 교과목별 선행학습의 정도도 학습자의 이후 학업활동 성공 여부를 예측하는 중요한 요소다.

선행학습이 부족하면 만성적인 학습부진 상태로 이어지기 쉽고, 어느 한 과목에서의 부진은 시간이 지남에 따라 전반적인 성적 하락 등을 초래하기 때문에 주의를 기울여야 한다. 즉, 학년이 올라가도 학습에 필요한 최소한의 기본 능력이 저절로 형성되는 것은 아니며, 오히려 시간이 지날수록 이러한 능력이 부족하다는 것이 학업 전반에 걸쳐 심각한 문제가 될 수 있다.

학업기초 능력 또는 교과 선행학습 능력의 정도를 보다 객관적으로 파악하기 위해서는 표준화된 학업성취도 검사를 활용하는 것이 바람직하다(예: 교육과정평가원의 '기초학력진단검사'). 현재 교육과정에서 선수학습의 결손에 대한 진단이 빨리 내려지지 않으면 누적된 부진으로 인한 결과를 만회하기 어려우며, 학년이 올라갈수록 심화되는 부진을 방지하기 위해서도 학습자의 선행학습 수준을 정확히 이해해야 한다.

### (3) 학습 전략의 활용 능력

#### ① 인지 전략

인지 전략은 실제로 학습 과정에서 새로운 지식과 정보를 이해하고 기억하는 데 사용되는 전략이며, 종종 학습 전략(learning strategies)이라 불리기도 한다. 인지 전략 혹은 학습 전략의 활용 능력은 학습자의 중요한 지적 역량으로 간주될 수 있다. 지적 역량 중에는 학습에 의해 길러지는 역량뿐 아니라 이후의 학습을 위해 필요한 역량을 포함할 수 있는데, 이후의 학습을 위해 필요한 과정은 바로 기계적인 학습 과정이 아니라 유의미한 학습 과정이다. 기계적인 학습(rote learning)에서 학생들은 중요한 의미를 모른 채 교재를 무조건 반복하여 읽거나 외우려 하는 반면 유의미한 학습(meaningful learning)을 하는 학생들은 교재를 이해하여 정보를 장기기억에 보다 잘 저장하고 이후에 잘 인출될 수 있도록 한다. 기계적인 학습에 익숙한 학생들은 암기과목을 무조건 여러 번 읽고 외우려 한다거나, 수학공부를 할 때 같은 패턴과 비슷한 난이도의 수학 문제를 무조건 많이 풀려고 할 것이다. 유의미한 학습을 하

〈표 4-1〉 인지 전략의 예

| 인지 전략 | 예시 | 학습행동 |
|---|---|---|
| 시연(rehearsal) | "나는 주요 개념의 정의를 암기하기 위해 스터디 카드를 사용한다." | 교재의 문장 베껴 쓰기<br>노트 필기<br>문장에 밑줄 치기 |
| 정교화(elaboration) | "나는 새로운 개념을 내가 이미 알고 있는 것과 연결해 본다." | 요약하기<br>질문 만들어 답하기 |
| 조직화(organization) | "나는 글의 중심 생각과 그것에 대한 예시를 구분해서 읽는다." | 중심 생각만 추출<br>개요 만들기<br>도식화(mapping) |

출처: Dembo & Seli(2013).

는 학생들은 암기 내용을 자신이 알고 있는 것과 연결시키거나 실제 예를 들어 보거나, 조건에 따라 같은 것끼리 범주화를 시키려 할 것이며, 수학공부를 할 때에는 다른 패턴의 문제나 난이도를 섞은 다양한 문제를 풀어 보려 할 것이다. 대표적인 인지 전략에는 시연(암기), 정교화, 조직화가 있다.

첫 번째 시연은 암기(memorize)라고도 하며 정보를 반복하여 단기기억에 유지시키는 과정을 말한다. 어떤 사실을 기억하려 할 때에는, 분산연습(distributed practice)이 덩어리연습(massed practice)보다 유용하다(Kornell et al., 2010; Dembo & Seli, 2013에서 재인용). 분산연습이란 긴 내용을 암기할 때 부분 부분으로 쪼개어 짧은 시간 동안 자주 연습(회상)하는 것을 말하며, 덩어리연습이란 처음부터 끝까지 한꺼번에 긴 시간 동안 연습하는 것을 말한다(예시: 역사적 사실, 화학의 주기율표 등). 교과서 혹은 참고서를 베껴 쓰기, 교사의 말을 그대로 옮겨 적기, 단어 혹은 정의를 암송하기와 같은 시연의 방법들은, 대부분 정보 그 자체를 유지하는 데에 그치기 때문에 장기기억에 있는 다른 정보와의 연계가 이루어지지 못하고, 따라서 기억이 효과적으로 저장되기 어렵다.

두 번째 정교화 전략은 새로운 정보를 기존의 정보와 연관시키는 것이며, 보다 효과적으로 배운 내용을 저장하고 인출하는 데 도움이 된다. 정교화는 특히 이름이나 범주, 순서 혹은 항목을 회상하는 데 도움이 되는데, 기억술에서 흔히 사용하는 두음자 따서 외우기(acronym)나 핵심단어법(key-word method)이 이에 해당된다.

세 번째 조직화 전략은 정보를 위계화/범주화하여 재조직하는 것을 말한다. 학생들에게 목록을 그대로 암기하도록 하기보다는 그룹(범주)을 나누어 암기하도록 하는 것이 학습에 보다 도움이 되며(Bower, Clark, Lesgold, & Winzenz, 1969), 마인드맵을 활용한 노트 정리법 등이 이에 속한다.

② 초인지 전략

앞 절에서도 설명한 바와 같이 핵심역량의 틀을 제공하는 근거는 반성적 사고로, 수행의 과정에서 자신이 무엇을 알고 있고, 어떻게 생각하고 있는지에 대한 인식의 정도가 이후 수행의 결과나 수준을 결정한다. 이는 초인지적 사고와도 일맥상통하는데, 자신의 사고를 스스로 점검하고 반성할 수 있게 해 주기 때문에 이후의 학습 과정과 결과에 큰 영향을 미친다. 사회과목의 학습을 예로 들면 역사적으로 중요한 사실을 기억할 때 어떤 부분을 특히 기억해야 하는지, 이와 같은 정보가 잘 저장될지 아니면 망각될지, 그리고 어떤 종류의 전략을 활용해야 할지 등에 관한 지식이 이에 속한다.

학자에 따라서는 초인지적 지식과 초인지적 활동을 구분하기도 하는데(Flavell, 1979; Ferrari & Sternberg, 1998), 사실적 지식을 점검(알고 있는 사실과 모르고 있는 사실을 구분)하는 것이 전자라면 스스로의 사고를 점검하고, 문제해결을 위해 다양한 전략을 의식적으로 사용하는 것이 후자에 속한다. 또 초인지가 인지에 대한 지식과 인지에 대한 통제의 두 영역으로 구성된다고 하는 학자(Garofalo & Lester, 1985)도 있다. 전자는 학습이나 문제해결에서 어떤 전략이 효과적인가를 판단 및 선택하는 데 관여하고, 후자는 선택된 전략의 결과를 확인, 계획, 평가하는 등의 과정에 관여한다고 본다. 초인지를 통해 학생들은 자신이 배우고 있는 내용을 어떻게 사고하고 있는지를 이해할 수 있고, 배우는 과정을 조정할 수도 있다. 학습 과정을 조정할 수 있다는 것은 학습과 문제해결에 좀 더 효율적인 전략을 투입할 수 있음을 의미한다.

## 2) 학습자의 정의적 역량

정의적 특성은 일반적으로 '인간이 가지고 있는 전형적인 감정과 정서의 표현방식을 나타내는 특성이나 질(Anderson & Bourke, 2000)', '경험의 감정적 · 정서적 측면', '태도, 흥미, 가치를 포함한 비-인지적 특성(Popham, 1988)' 등으로 이해된다. 정의적 역량은 감정과 정서를 포함하기 때문에 인지적 역량과는 구분되고, 이러한 감정이나 정서는 일시적인 혹은 순간적인 기분이나 감정과는 다르기 때문에 어느 정도 전형적이고 일관적이며 안정된 특성을 지닌다. 이는 구체적인 대상, 활동, 경험 등과 관련되어 있으므로 정의적 역량이란 역량이 발휘되는 특정 맥락에서 나타나는 일반적인 태도, 감정 및 정서를 나타낸다고 볼 수 있다.

학업발달에서 중요하게 다루어져야 하는 개인의 정의적 역량의 종류는 수없이 많지만, 이하에서는 특히 연구가 활발하게 이루어져 왔고, 학업발달을 위한 생활지도에 큰 영향을 주는 자기개념, 흥미, 목표 성향 등을 중심으로 논의하기로 한다.

### (1) 자아개념(자기개념)

자기개념은 "개인이 자신에 대해 알고 있고 믿고 있는 총체적인 지식"으로 정의된다. 밴듀라(Bandura, 1986)는 자기도식(self-schema)나 자기참조사고(self-referent thought)와 관련지어 이들 자기와 관련된 신념들을 설명하였다. 자기도식은 자신의 능력·성격·흥미·가치에 대해 어떻게 인지하고 있는가를 나타내고, 자기참조사고는 자신의 지식이나 기술이 이후의 행동이나 과제수행과 어떻게 연결될 것인가에 대한 신념과 기대를 나타낸다.

스펜서와 스펜서(Spencer & Spencer, 1993)의 역량개념이나 DeSeCo의 핵심역량 프로젝트(OECD, 2002)에서도 자신에 대한 인식, 자기개념에 대해 중요한 역할을 부여하고 있다. 자기개념은 일반적으로 사람들이 자신에 대해 갖는 지각·감정·태도의 복합체(Hilgard, Atkinson, & Atkinson, 1979)이며, '나는 누구인가?'라는 질문에 대한 대답으로 구성되기 때문에, 때로는 자존감(self-esteem)과 자신감(self-confidence)을 포함하는 다차원적인 성격을 지니게 된다. 자존감은 자기 자신을 존중하고 수용하는 정도, 즉 자기가치감(self-worth)과도 일맥상통하며 자존감이 높은 사람은 낮은 사람보다 상대적으로 긍정적인 자기개념을 가지고 있다. 자신감은 특정 행동의 결과로 목표를 달성하고 과제를 수행할 수 있다는 신념을 의미하기 때문에, 때로는 지각된 유능감(perceived competence)의 개념과 일치한다.

자기개념은 구체적인 차원에서 일반적인 차원으로 발달하게 된다. 이는 위계적 구조를 나타내기도 하는데, 일반적인 자기개념은 자기와 관련된 모든 영역에 대한 신념과 지각을 포함하기 때문에 안정적이고 쉽게 변하지 않는다. 반면 구체적인 자기개념은 구체적인 영역에서 유사경험이 반복되면서 형성되는 자기개념으로, 해당 영역에 대한 구체적인 경험이 반복되면서 결정되는 경향이 있다. 가령 학문적 자기개념, 사회적 자기개념, 신체적 자기개념은 일반적인 자기개념보다 하위에 속하지만 학문적 자기개념 안에서도 수학에 대한 자기개념, 국어에 대한 자기개념은 상대적으로 하위에 속하게 된다. 하위에 속하는 자기개념일수록 구체적 상황이 변함에 따라 다른 양상을 띨 수 있고 덜 안정적이다.

　자기개념은 개인이 자신에 대한 여러 가지 외적인 정보를 얻어서 일반적인 '자아상'을 만들어 가면서 형성되기 때문에, 학생들에게 특히 중요한 사람들인 부모, 선생님, 친구들의 상호작용을 통해 변하는 경우가 많다. 주변인들의 비교나 평가에 의해 형성된 자신의 능력에 대한 일반적인 신념은 자기개념을 형성하며, 특정한 과목의 학습이나 과제 성공을 위한 행동을 '조직하고 실행'할 수 있는 능력인 자기효능감(self-efficacy)과는 구별된다. 가령 과학을 남들보다 잘한다고 생각할 경우 과학에 대한 자기개념이 높다고 할 수 있으나, 이는 상대적인 비교나 평가에 의해 영향을 받을 수 있다. 또 같은 반 학생들이 모두 과학시험을 잘 보았는데 나는 그렇지 못한 경우나, 과학 선생님이 나보다 다른 학생에게 과학적 소질이 있다고 칭찬하는 것을 들었을 경우 자신이 가진 과학적 능력에 대한 일반적인 믿음의 정도(과학적 자기개념)는 낮아질 수 있다.

　이에 비해 실제적으로 과학수업이나 숙제, 시험에 필요한 지식과 기술을 어느 정도 가지고 있는지, 그리고 그러한 활동을 위해 어떻게 지식과 기술을 이용할 것인지를 명확히 판단하는 것은 자기효능감에 가깝다. 따라서 가장 흔하게 자기효능감을 측정하는 방법은 학생들에게 과제를 주고 이 과제를 성공하기 위해 자신의 행동을 조절하고 실행하는 능력에 대해 스스로 평가하게 하는 것이다(Bong & Clark, 1999).

　자기개념의 중요한 역할은 어떤 행동에 대해 접근 혹은 회피하게 하는 힘을 가지는 것이다. 개인은 자기개념과 일치하는 방식으로 행동하려 하기 때문에, 신체적 자기개념이 높은 학생들은 신체활동(체육 시간, 야외활동, 스포츠)에 적극적으로 참여하고, 학문적 자기개념이 높은 학생은 학업활동(수업 시간, 숙제, 자율학습)에 집중하고 참여한다.

### (2) 흥미와 내재동기

일반적으로 흥미(interest)는 현상이나 사물, 활동에 대한 관심, 호기심, 즐거움을 포함하는 개념으로, 그 활동에 더 참여하게 하고 노력을 기울이게 한다. 특히, 학습자의 흥미는 내재동기와 많은 부분을 공유하며, 긍정적 학습동기인 효능감, 숙달목표, 자기조절 능력 등과 정적 관계를 맺고 있다. 특정 활동의 결과에 뒤따르는 보상을 위해서가 아니라 그 활동을 하는 과정 자체로 보상을 받게 되는 동기를 내재적 동기 혹은 내재동기(intrinsic motivation)라고 부른다. 반면 외재적 동기 혹은 외재동기(extrinsic motivation)는 활동으로 인해 받게 되는 칭찬이나 물질적 보상(돈, 칭찬 스티커), 사회적 인정 등에 기인하여 생기는 동기를 말한다.

과제에서 내재적으로 동기화된 학생들은 학습과제에 대해서 도전감과 흥미, 호기심과 즐거움을 가지고 있으며 학습의 결과보다는 과정에 관심이 많다. 따라서 보다 창의적인 문제해결력을 기르게 되며 이에 따라 학업성취도 높아지는 경향이 있다. 학년이 올라갈수록 스스로의 학습을 책임지는 자기주도적 학습습관이 중요해지는데, 이때 학습에 몰입하거나 학습을 끈기 있게 지속하는 내재동기가 큰 역할을 담당하게 된다.

내재동기와 외재동기는 양극단에서 상대적으로 발현되는 것이 아니라, 학생에게 개별적인 두 차원으로 존재한다(Deci & Ryan, 1985). 즉, 내재동기가 높다고 외재동기가 낮은 것은 아니며, 외재동기가 높다고 내재동기가 낮은 것도 아니다.

학습에 흥미를 가지고 있는 학생은 기본적으로 과제에 몰입하도록 동기화되어 있고, 따라서 흥미는 학습과제를 선택하고 노력을 기울이며 지속하게 하는 데 중요한 역할을 할 뿐 아니라 정서적 즐거움을 수반하기도 한다. 개인적 흥미(individual interest)란 교과목이나 학습주제에 주관적으로 느끼는 비교적 영속적이고 안정적인 관심과 선호도를 의미하는 반면, 상황적 흥미(situational interest)는 특정 주제를 다루거나 수업의 각종 활동에 참여하거나 새롭고 신기한 교재나 관련 자료를 이용함으로써 발생하는 즉각적이고 변화하기 쉬운 재미를 뜻한다(Hidi & Renninger, 2006).

[그림 4-3]에서 흥미의 발달 모형을 보면, 먼저 대상에 대한 관심이나 호기심, 지적 자극이 일어나는 단계의 재미로 인해 상황적 흥미가 발생하게 된다. 이때에는 학생들이 현재 가지고 있는 지식 혹은 신념과 일치하지 않거나, 놀랍거나 모순된 정보를 접하게 되는 상황에 놓일 경우가 많다(Lepper & Hodell, 1989). 사람들은 자신

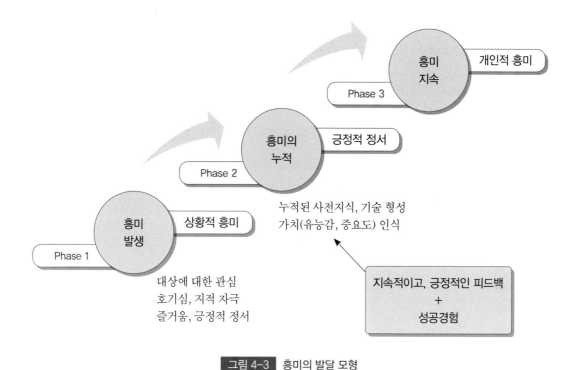

**그림 4-3** 흥미의 발달 모형

이 가진 인지 구조와 불일치성(incongruence)을 보이는 대상에 강한 호기심을 느끼게 되는데, 이는 그 불일치를 해결하기 위해 스스로 정보를 찾아보고 모순을 해결하고자 하기 때문이다. 그러나 불일치의 정도가 너무 클 때(기존에 가지고 있던 정보와 새로운 정보 간의 관계성을 쉽게 찾을 수 없을 때)에는 오히려 흥미를 잃는 경우가 많다. 따라서 어느 정도의 선행지식, 배경학습이 필요한데, 학생들에게 질문하는 것과 같은 흥미를 줄 수 있는 도입활동을 할 때에도 학생들이 적절한 배경지식이 없는 상태에서는 기존 정보와의 불일치성을 기대하기 어렵기 때문에 상황적 흥미를 유발하기 어렵다. 학생이 배우고자 하는 내용과 이미 알고 있는 내용이 적당한 불일치를 보일 때 이를 해결하기 위해 흥미를 가지게 될 확률이 가장 높다.

흥미가 발달하는 두 번째 단계에서는 상황적 흥미가 만족됨으로써 일어나는 긍정적 정서의 향상이 기대된다. 이때에는 대상에 대한 일시적 재미나 호기심이 충족되면서 앞서 말한 불일치를 해결하는 자신의 능력에 대해 효능감이나 지각된 통제감을 가지게 된다. 특히, 도전감 있는 적절한 과제가 계속 주어지면 자신이 통제할 수 있는 행동의 수행력이 높아짐에 따라 성공경험이 계속 누적되게 되고, 누적된 성

공경험이 바탕이 되어 대상에 대한 개인적 흥미가 쌓여 가게 된다. 이때 중요한 것
은 지속적이고 긍정적인 피드백이다. 수행 결과에 대한 구체적이고 긍정적인 피드
백은 긍정적 정서를 이끌게 되는데, 이것이 흥미의 다음 단계인 개인적 흥미의 단계
로 가기 위한 전제조건이 된다.

세 번째 단계에서는 대상에 대해 안정적인 관심이 지속되는 개인적 흥미가 발생
하게 되며, 이때에는 더 이상 상황적 흥미나 긍정적 정서의 도움 없이도 대상에 대
해 호기심과 도전감, 재미를 꾸준히 느끼게 된다. 수학과목에서 재미있는 활동이나
교사의 매력 등에 의해 일시적으로 생긴 재미(상황적 흥미)로 수학과목에 호기심을
갖게 되고, 수학 문제를 풀어 보고 여기에 교사나 또래들의 긍정적 피드백이 더해지
면 수학을 접할 때 즐거움을 느끼게 된다(긍정적 정서의 누적). 또 수학활동에 대한
성공경험이 누적되면서 유능감을 느끼게 되고 비로소 수학이라는 학문 자체에 개
인적인 흥미를 느끼게 된다.

### (3) 성취목표와 목표 설정

학습 과정에서 어떤 학생은 수업에서 어려운 내용을 다루더라도 완벽하게 이해
하려 하고, 자신의 실력을 더 쌓기 위해 끊임없이 노력한다. 이 학생들에게는 '어려
움을 극복하고, 어려운 목표를 성공적으로 달성하려 하고, 다른 사람보다 탁월해지
려는 욕망'이 존재하는데, 이를 머레이(Murray, 1938)는 성취욕구(achievement need)
라는 개념으로 설명하였다. 이러한 성취욕구는 변하지 않는 개인의 특질(trait)로 역
량의 내적 구조에 속하게 된다.

이어 매클러랜드(McClelland)는 이러한 성취욕구는 특정 상황에서 나타나는 정
서와 연합하여 성취동기(achievement motivation)를 일으킨다는 설명을 추가하였다
(McClelland, Atkinson, Clark, & Lowell, 1976). 학업 상황에서 학생들은 성공적인 결과
에 수반되는 칭찬 등에 따라오는 유쾌한 정서를 기억하고 다시 한번 더 성공하고자
노력한다. 반대로 실패의 결과에 따라오는 벌 등에서 유래된 불쾌한 정서 때문에 실
패에 대한 공포를 가지게 되면 실패를 가급적 회피하고자 하게 된다. 이어 앳킨슨
(Atkinson, 1980)은 매클러랜드의 성취동기 개념을 받아들이면서, 여기에 성공이냐
실패냐를 가늠하는 기대(expectancy)와 성공, 실패의 결과를 얼마나 가치롭게 여기
느냐(value)가 동시에 작용한다고 설명하였다.

예를 들면, 시험에서 100점을 받으려 노력하려 할 때 학생들은 100점 맞을 확률이 얼마나 되느냐(기대)와 100점이 그들에게 어느 정도 가치를 지니느냐(가치)를 동시에 고려한다. 이때 어떤 교사가 시험 문제를 쉽게 출제해서 모든 학생들이 100점을 받을 수 있도록 한다면, 학생들이 100점을 받을 수 있는 기대수준은 높아지지만, 모두가 100점을 받는 상황에서 100점의 가치는 결코 높지 않다. 이 경우 학생들은 100점을 받기 위해 노력하지 않게 되며, 학습동기는 낮아진다. 또 다른 경우 교사가 아주 어렵게 시험 문제를 출제해서 거의 모든 학생들의 점수대가 낮을 것으로 예상되면, 100점의 가치는 아주 높지만 100점을 받기 위한 기대는 거의 할 수 없게 되므로, 이 경우에도 높은 학습동기를 기대하기는 어렵다.

성취 결과에 대한 욕구나 목표에 대한 연구와 함께, 목표 자체의 설정과 수준의 결정이 학업발달에 큰 영향을 미치게 된다. 로크(Locke, 1967)는 인간이 본래 유목적적으로 행동하기 때문에 행동 자체도 특정한 목표나 의도(intention)에 의해 결정되는 것이라고 보았다. 목표는 성취하기 위해 존재하기 때문에 그 행동을 하는 이유가, 즉 목표가 된다. 목표 자체가 행동을 유발하는 동기가 되는 것이다(Locke, Shaw, Saari, & Latham, 1981). 즉, 1등을 하겠다는 목표는 그 목표를 달성하기 위한 행동(공부, 숙제, 과외활동)을 유발하게 한다. 즉, 목표에 집중하고 활동의 방향이 정해지면, 그 목표를 달성하기 위해 에너지와 자원을 투자하고 각종 노력을 기울이게 된다. 목표를 가짐으로써 그 목표의 최종 결과에 도달하기 위해 자신의 행동을 모니터링하고 평가하며 그 결과를 얻기 위해 전략을 동원하고, 부적절하거나 부족한 전략을 수정하거나 보완하기 위해 외적ㆍ내적 피드백을 사용하게 한다(Brophy, 2004).

목표의 설정뿐 아니라 목표의 내용 또한 학업발달에 중요하다. 로크와 레이섬(Locke & Latham, 1990)은 목표의 내용에 있어 구체성(specificity)과 난이도(difficulty)의 특성을 설명하고 있다. 목표의 구체성이란 목표가 어느 정도로 명확한지를 말하는 것으로, 학습 상황에서 학생들이 흔히 갖게 되는 목표, 즉 "기말고사에 최선을 다 한다.", "다가오는 시험을 더 잘 볼 것이다.", "공부를 열심히 하겠다."와 같은 목표는 구체성이 떨어지는 것으로 모호하기 때문에 학생들이 실제로 얼마만큼의 노력과 시간을 어떤 방식으로 투자해야 할 것인가에 대한 정보를 제공하지 못한다. 따라서 실제 목표 달성 수준이 낮아지게 되며, 목표를 달성하기 위해 기울이는 노력의 효과성도 현저히 떨어지게 된다.

목표의 난이도에 대한 연구 결과는 어려운 목표일수록 수행수준이 높아지게 된다는 일관적인 결론을 내리고 있다(Locke et al., 1981). 목표가 너무 쉽거나 달성수준이 낮은 경우보다는 도전적이고 어려운 수준의 목표가 최종 성취의 수준을 높일 가능성이 높다. 대개 학생들은 쉬운 목표(쪽지시험에서 80점 받기)보다는 어려운 목표(기말고사에서 100점 받기)를 설정했을 때 노력을 더 기울이게 되며, 기울인 노력이나 투자한 인지 전략만큼 수행수준이 높아지게 된다. 그러나 실제 학생들의 경우 무조건 높은 목표를 설정(전교 1등, 기말고사에서 올백 맞기)한다고 해서 이와 같은 목표를 반드시 달성할 수 있다는 것은 아니다. 오히려 목표 달성에 적절한 능력을 가지고 있을 때 그리고 그 목표에 대해 반드시 달성해야 한다는 긍정적·수용적 태도를 가지고 있을 때에만 높게 설정한 목표가 효과를 발휘할 수 있다(Latham & Locke, 1991).

로크와 레이섬은 목표 내용을 구체성과 난이도의 측면에서 살펴보았지만, 내용 자체의 성격이 내적(intrinsic)이나 외적(extrinsic)이냐에 따른 구분도 가능하다. 퍼드(Ford, 1992)가 제시한 동기체계 이론에서의 목표 내용에 따르면 내적인 목표는 건강, 개인적 성장, 내적인 만족, 공동체나 사회에 헌신 등과 같은 그 자체로 가치를 지니는 목표이고, 외적인 목표는 부, 명성 등과 같은 개인-외적인 지향을 나타내는 목표이다(Vansteenkiste, Lens, & Deci, 2006). 외적 목표에 집착하는 사람들은 자연스럽게 타인과의 비교를 통해 사회적 승인을 얻고자 하거나, 외부 사람들이 자기의 가치를 인정하느냐 마느냐를 신경 쓰게 된다. 따라서 외적 목표를 추구하는 사람의 경우 스스로 만족감이나 안녕감을 느끼기 어렵다(Kasser & Ryan, 1996). 특히, 삶의 목표가 외적 목표(예: 돈 많이 벌기)에 치중되어 있는 사람들의 경우 내적 목표에 집중하고 있는 사람들보다 높은 불안, 낮은 자존감, 경쟁적 행동 등과 같은 부정적인 행동을 더 보이고 있는 것으로 나타났다(Vansteenkiste et al., 2006).

특히, 학업 상황에서 서로 다른 목표 내용이 다른 종류의 결과를 초래할 수 있음이 최근 연구 결과(Timmermans, Vansteenkiste, & Lens, 2004) 나타났다. 연구자들은 학생들의 학업적 포부에 비추어 내적 목표와 외적 목표의 정도를 측정하였다. 즉, 외적 목표(부, 명성, 이미지)와 내적 목표(소속감, 성장, 공동체 헌신)의 중요성 정도를 평정하게 했을 때, 외적 목표에 치중했던 학생들일수록 이후에 부적응적 학교생활을 할 확률이 높아진다고 하였다. 이는 학생들이 가지는 목표의 내용이 비록 학습

과정에 직접적인 관련이 없는 일반적인 내용을 다루는 것이라 할지라도 그 성격(외적 대내적)에 따라 학습 결과를 직접적으로 예측할 수 있음을 보여 준다.


## 3. 개인역량 발달을 위한 생활지도

학업발달을 위한 개인역량을 증진시키기 위해서는 생활지도의 여러 측면에서 조력이 필요하다. 생활지도는 학생들이 삶에서 직면하는 문제를 스스로 해결하고 극복할 수 있도록 지원하는 과정이 주 업무이므로 교사나 학부모, 교육전문가들은 학생들의 역량 발달을 위한 체계를 마련하고 순조로운 성장을 위한 분위기를 조성할 필요가 있다.

무엇보다 미래 사회는 글로벌화, 다원화, 정보통신 기술 첨단화 등으로 역량 발달을 위한 지원은 전통적인 학교교육 중심으로만 제공된다기보다는, 가정 및 지역사회의 협력을 필요로 한다. 또한 평생학습자로서 자기주도적으로 스스로의 학습역량을 키워 갈 수 있도록 학생 스스로의 자율적 노력도 요구된다. 앞 절에서 핵심역량으로 간주되었던 자율성 덕목은 특히 학업성취와 대학 입시라는 한 가지 목표를 향해서만 집중하고 있는 한국의 학생들에게 스스로 선택하고 결정하기 위한 능력을 키우게 하기 위해서라도 더욱 필요한 역량이며, 생활지도의 각 국면에서 자율성을 함양할 수 있도록 조력해야 한다. 이를테면 학생들이 자율적으로 결정할 수 있는 학습풍토를 조성하되, 이는 학생들의 공부 방법, 내용, 시간에 대해 서로 의견을 나눌 수 있는 교실환경이나 학생들의 의견을 수용하고 스스로의 선택과 결정을 지지하는 교사들의 태도가 필요하다.


### 1) 지적 역량 개발

지적 역량을 구성하는 핵심요소인 지능은 유전적으로 타고나기도 하지만 지능의 가소성(plasticity)을 염두에 둔다면 적절한 생리적 · 물리적 환경과 함께 개인을 둘러싼 가정환경의 역할을 간과할 수 없다. 지능에 영향을 미치는 가정환경은 사회계층에 기초한 지위환경과 아동과 부모 사이에 이루어지는 상호작용에 기초한 과정환경으로 구분된다. 연구에 의하면 부모의 사회경제적 지위와 아동의 지능 사이에는 대체로 +.30~.35 수준의 상관이 있고, 가정의 과정환경 변인과 지능과의 상관은 약 .76에 달해, 과정환경이 지위환경과 지능과의 상관에 비해 훨씬 더 높은 것으로 나타났다(황정규, 2010). 이러한 과정환경 변인에는 성취동기에 대한 부모의 격려(아동에 대한 지적 기대, 아동에 대한 지적 포부, 아동의 지적 발달에 관한 지식의 정도, 지적 발달에 대한 보상의 성질), 언어 발달을 위한 격려(다양한 장면에서의 언어 사용에 대한 강조, 어휘를 늘리기 위한 기회의 제공, 언어 사용의 잘못을 교정하는 것에 대한 강조, 활용하는 언어 모델의 질), 일반학습을 위한 준비(가정에서 학습할 수 있는 기회의 제공, 가정 밖에서 학습할 수 있는 기회의 제공, 학용품 및 학습에 필요한 물건을 사용하도록 하는 기회와 격려, 도서, 정기간행물, 도서관 시설을 이용할 기회와 격려, 다양한 장면에서 학습을 촉진시키기 위해 제공하는 도움의 성질과 정도) 등이 포함된다.

가정에서의 과정환경 변인 못지않게 학교의 교수-학습 과정에서 교사가 지적 역량 계발에 관여할 수 있어야 한다. 예를 들면, 초인지나 인지 전략의 사용 여부가 실제 교육과정에 포함되어 있지 않아도, 수업 시간에 교사에 의한 모델링이나 관찰학습에 의해 학생들에게 전달되는 경우가 많다(Bandura, 1986). 질문하기, 요약하기, 조직화하기 등의 전략을 실제로 사용하는 방법을 학생들에게 내재화할 수 있다고 하는 인지적 도제(cognitive apprenticeship) 이론에 따르면 적절하고 효과적인 인지 전략을 길러 주기 위한 모델링 · 코칭 · 비계화 · 명료화 · 반성 · 탐색 등의 방법이 가능하다는 연구 결과가 있다(Collins, Brown, & Holum, 1991).

## 2) 정의적 역량 개발

핵심역량의 구성요소로 확인된 자기개념, 흥미, 목표 등의 정의적 역량의 강화를 위해서는, 특히 학생들이 가장 많은 시간을 보내는 학교현장 및 교실환경이 함께 변화해야 한다. 학생들의 심리 과정에 좀 더 관심을 두고, 학습자의 발달수준, 적성 및 개인차에 주목하여 자율적인 교육과정과 융통성 있는 수업설계가 이루어져야 할 것이다. 특히, 학습과제나 활동에 대한 호기심, 재미는 이후의 흥미와 내재동기로 이어지는 긍정적 학습동기의 근간이 되므로, 초등학교에서 중 · 고등학교로 갈수록 상황적 흥미에서 개인적 흥미로 이어지는 연계성을 강조할 필요가 있다. 실험, 실습, 각종 인터넷 사이트 등을 통해 얻어진 다양한 자료와 실생활과의 연계활동을 통해서 흥미가 발생할 수 있음을 염두에 두어 교실학습 외에도 다양한 학습 외 활동과 체험활동을 통해 정의적 역량이 길러질 수 있는 기반을 마련해야 할 것이다.

그리고 어릴 때부터 개인적 관심사를 가질 수 있도록 여러 방면에서 지지해 주고 이를 통해 남과는 다른 개인적인 목표 설정과 이를 달성하기 위한 구체적인 계획과 실천을 격려하여, 점진적이고 단계적인 목표를 달성·성취함으로써 다양한 성공경험을 갖게 할 필요가 있다. 다양한 성공경험은 그 자체로 바로 긍정적인 자기개념의 원천이 되므로, 이를 위해서도 개별적인 프로젝트 과제나 개인연구(independent study) 과제를 제공하여 학생들이 남과의 비교보다는 스스로의 목표와 진도에 맞추어 학습해 나갈 수 있도록 조력해야 한다. 무엇보다 학습 과정이나 결과 전반에 걸쳐 교사와 부모의 정서적인 지지, 긍정적인 피드백, 칭찬, 정보를 담은 조언 등이 주어지는 것이 긍정적인 자기개념 형성에 큰 도움이 될 수 있다.

또한 상대평가라는 시험제도에 의해서 개인적 성장의 가치가 상대적으로 위축되고 있는 현실을 극복하기 위해서라도, 학생의 특성과 정의적 역량 수준에 맞는 집단편성이나 양질의 수준별 수업이 이루어질 필요가 있다. 이는 이질적인 집단 내에서 효과적으로 상호작용할 수 있는 핵심역량을 개발하기 위해서 더욱 필요한 전략으로 간주된다. 학생들의 다양한 학습경험 외에도, 다양한 문제해결 과정에서 협력과제를 통해서 집단창의성을 발휘할 수 있는 기회를 제공할 수 있다는 점에서 수준별 집단활동의 효과를 기대할 수 있다.

## 참고문헌

소경희(2007). 학교교육의 맥락에서 본 역량(competency)의 의미와 교육과정적 함의. **교육과정연구**, 25(3), 1-21.

이광우, 전제철, 허경철, 홍원표(2009). 미래 한국인의 핵심역량 증진을 위한 초·중등교육 교육과정 설계 방안 연구. 한국교육과정평가원 연구보고 RRC 2009-10-1.

한국교육과정평가원(2012). 미래사회 대비 핵심역량 함양을 위한 국가 교육과정 구상. 한국교육과정평가원 연구보고 RRC 2012-4.

황매향(2008). **학업상담**. 서울: 학지사.

황정규(2010). 인간의 지능. 서울: 학지사.

Anderson, L. M., & Bourke, S. F. (2000). *Assessing affective characteristics in the schools* (2nd ed.). N.Y. & London: Routledge.

Atkinson, J. (1980). Motivational effects on so-called tests of ability and educational achievement. In L. J. Fyans. Jr. (Ed.), *Achievement motivation*. New York: Plenum.

Bandura, A. (1986). *Social foundations of thought and action*. New York: Englewood Cliffs.

Berman, J. A. (1997). *Competence-based employment interviewing*. Westport, CN: Quorum Books.

Bloom, B. S. (1976). *Human characteristics and school learning*. New York: McGraw-Hill.

Bong, M., & Clark, R. (1999). Comparison between self-concept and self-efficacy in academic motivation research. *Educational Psychologist, 34,* 139-153.

Bower, G. H., Clark, M. C., Lesgold, A. M., & Winzenz, D. (1969). Hierarchical retrieval schemes in recall of categorized word lists. *Journal of Verbal Learning and Verbal Behavior, 8*(3), 323-343.

Boyatzis, R. E. (1982). *The competent manager: A model for effective performance*. New York: John Wiley.

Brophy, J. (2004). *Motivating students to learn* (2nd ed.). Mahwah, NJ: Lawrence Erlbaum.

Cattell, R. B. (1943). The measurement of adult intelligence. *Psychological Bulletin, 40*(3), 153.

Collin, A. (1989). Manager's competence, rhetoric, reality and research, *Personnel Review, 18*(6), 20-35.

Collins, A., Brown, J. S., & Holum, A. (1991). Cognitive apprenticeship: Making thinking visible. *American Educator, 6*(11), 38-46.

Deci, E., & Ryan, R. (1985). *Intrinsic motivation and self-determination in human behavior*. New York: Plenum.

Dembo, M. H., & Seli, H. (2013). *Motivation and key strategies for college success: A focus on self-regulated learning* (4th ed.). New York: Routledge.

Ferrari, M., & Sternberg, R. J. (1998). The development of mental abilities and styles. *Handbook of child psychology: Child psychology and practice,* pp. 899-946.

Flavell, J. (1979). Metacognition and cognitive monitoring: A new area of cognitive developmental inquiry. *American Psychologist, 34*, 906–911.

Ford, M. (1992). *Motivating humans: Goals, emotions, and personal agency beliefs.* Newbury Park, CA: Sage.

Gaga, N. L., & Berliner, D. C. (1987). *Educational psychology.* Hopewell, NJ: Houghton.

Gardner, H. (1983). *Frames of mind: the theory of multiple intelligence.* New York: Basic Books.

Garofalo, J., & Lester, F. K., Jr. (1985). Metacognition, cognitive monitoring, and mathematical performance. *Journal for research in mathematics education, 16*(3), 163–176.

Guilford, J. P. (1959). Three faces of intellect. *American psychologist, 14*(8), 469.

Guion, R. M. (1991). Personnel assessment, selection, and placement. In M. D. Dunnett & L. M. Hough (Eds.). *Handbook of industrial and organizational psychology* (p. 335). Palo Alto, CA: Consulting Psychology.

Hidi, S., & Renninger, K. A. (2006). The four-phase model of interest development. *Educational Psychologist, 41*(2), 111–127.

Hilgard, E., Atkinson, E., & Atkinson, R. L. (1979). *Introduction to psychology* (7th ed.). New York: Harcourt.

Hyland, T. (1993). Competence, knowledge and education. *Journal of Philosophy and Education, 27*(1), 57–68.

Kasser, T., & Ryan, R. M. (1996). Further examining the American dream: Differential correlates of intrinsic and extrinsic coals. *Personality and Social Psychology Bulletin, 22*, 280–287.

Latham, G. P., & Locke, E. A. (1991). Self-regulation through goal setting. *Organizational Behavior and Human Decision Processes, 50*(2), 212–247.

Lepper, M. R., & Hodell, M. (1989). Intrinsic motivation in the classroom. *Research on motivation in education, 3*, 73–105.

Locke, E. A. (1967). Relationship of goal level to performance level. *Psychological Reports, 20*, 1068.

Locke, E. A., & Latham, G. P. (1990). *A theory of goal setting & task performance.* New York: Prentice-Hall, Inc.

Locke, E. A., Shaw, K. N., Saari, L. M., & Latham, G. P. (1981). Goal setting and task performance: 1969-1980. *Psychological Bulletin, 90*(1), 125.

McClelland, D. C. (1985). How motives, skills, and values determine what people do.

*American Psychologist, 40,* 812-825.

McClleland, D. C., Atkinson, J. W., Clark, R. A., & Lowell, E. L. (1976). *The achievement motive.* Oxford, England: Irvington.

Murray, H. A. (1938). *Explorations in personality.* New York: Oxford University Press.

NIC(2008). *Global Trend 2025: A Transformed World.* Washington, DC: National Intelligence Council.

OECD(2002). *Definition and selection of competencies (DeSeCo): Theoretical and conceptual foundations-Strategy paper.* Paris: OECD Press.

OECD(2005). *The definition and selection of key competencies: Executive summary.* Paris: OECD Press.

Popham, W. C. (1988). *Educational evaluation* (2nd ed.). Englewood Clifffs, NJ: Prentice Hall.

Prahalad, C. K., & Hamel, G. (1990). The core competencies of the corporation. *Harvard Business Review, 68*(3), 79-93.

Reagan, P. M. (1994). Transform organizations using competency development, *Journal of Compensation and Benefits, 95*(5), 25-34.

Rychen, D. (2003). *Investing in competencies-But which competencies for what? A contribution to the ANCLI/AEA conference on assessment challenges for democratic society.* Paper presented at the ANCLI Conference. Lyon, November 2003.

Spearman, C. (1904). "General Intelligence" Objectively Determined and Measured. *American Journal of Psychology, 15,* 201-292.

Spencer, L., & Spencer, S. (1993). *Competence at work: Models for superior performance.* New York: Wiley & Sons.

Sternberg, R. J. (1988). *The triarchic mind.* New York: Viking Penguin.

Thurstone, L. (1938). *Primary mental abilities.* Chicago: University of Chicago Press.

Timmermans, T., Vansteenkiste, M., & Lens, W. (2004). *Does extrinsic values induction result in higher performance and persistence among extrinsically oriented individuals? A test of the self-determination theory versus the match hypothesis.* Internal Research Report. University of Leuven.

Vansteenkiste, M., Lens, W., & Deci, E. L. (2006). Intrinsic versus extrinsic goal contents in self-determination theory: Another look at the quality of academic motivation. *Educational psychologist, 41*(1), 19-31.

제5장 **학업 문제와 재능 계발 지도**

이 장에서는 교사가 학생 지도 과정에서 만나게 되는 학생들의 학업 및 재능 계발과 관련된 생활지도 내용과 방법을 다룬다. 학업은 시간과 노력의 투자, 공부 기술 활용 등 재능 발현을 위한 구체적인 노력의 과정이라면, 재능 계발은 학업발달을 포함할 뿐만 아니라 흥미의 발견과 발전, 자기 특성에 대한 이해, 동기부여와 목표 수립 등 인간 능력 계발에 관한 보다 다양한 주제들을 포괄한다. 따라서 이 장에서는 먼저 학생들의 학업 및 재능 계발과 관련한 주요 호소문제들을 검토한다. 또한, 학생들의 흥미와 재능의 발견을 돕기 위해 교사들이 생활지도 과정에서 활용할 수 있는 심리검사, 교과 성적 정보, 비교과활동 정보에 대해 살펴본다. 그리고 오랜 시간과 노력이 필요한 학업 및 재능 과정에서의 지속인 학습동기 관리 방법을 검토하고 학생들의 학업수행 과정 중에 심심치 않게 발생하는 시험불안 문제에 대해서도 다룬다. 더불어 교사들이 학생들의 학업 및 재능 계발 과정을 지도할 때 효과적으로 활용할 수 있는 생활지도 방법들로 시험불안 지도 및 상담, 미루기 행동 지도 등에 관한 구체적인 생활지도 방법들에 대해서도 살펴본다.

학교생활을 하면서 학생들이 호소하는 주요한 고민 중 하나는 아마도 공부 문제일 것이다. 우등생과 열등생을 막론하고 공부에 관한 고민은 모든 학생이 어려움을 호소하는 주요한 생활지도상의 문제다. 특히, 성적에 대한 지나친 집착은 종종 시험부정행위, 시험불안, 우울, 성적과 관련된 관계 갈등 등 다양한 문제를 야기한다. 이러한 학습 관련 문제는 학생들에 대한 생활지도 업무를 담당하는 교사의 입장에서 상당히 어려운 과제로, 교사는 숙련된 생활지도 역량을 갖춤으로써 이러한 문제에 효과적으로 대처해야 한다. 또한 학업발달과 재능 계발은 청소년기의 학생들에게 중요한 발달과업이다. 학생들은 자신의 흥미 영역을 발견할 수 있어야 하고, 흥미가 재능으로 발전하여 잠재력이 발현될 수 있도록 학업에 노력을 기울일 줄 알아야 한다. 교사는 학생들이 재능 계발과 학업발달 과정을 효과적으로 수행할 수 있도록 목표, 동기, 행동 관리 등에 관한 생활지도 역량을 개발할 필요가 있다. 이 장에서는 교사가 학생지도 과정에서 마주하게 되는 주요한 학업 및 재능 계발과 관련된 생활지도의 내용들을 다룰 것이다. 또한 교사들이 학생들의 학업 및 재능 계발 과정을 지도할 때 효과적으로 활용할 수 있는 생활지도 방법들을 제안할 것이다.

## 1. 학업 문제와 재능 계발에 관한 생활지도 내용

학업은 청소년기 주요한 발달과업이다. 특히, 교육열이 높은 우리나라의 가족문화는 성적에 대한 부모들의 지나친 기대와 압력으로 인한 부담감, 타인과의 성적 비교에 따른 열등감과 수치심 등이 청소년의 여러 가지 심리적 어려움을 가중시킨다. 그리고 청소년들의 일상생활이 주로 또래들과 협력과 경쟁을 함께 하는 학교에서 이루어진다는 점을 고려해 보면, 학생들에게 학업은 능력 계발, 심리적 건강, 대인관계 등 생활 전반에 영향을 미치는 주제다. 그러므로 청소년기 학생들의 학업 문제는 능력 계발의 이슈일 뿐만 아니라 청소년의 다양한 심리, 가족, 대인관계, 진로 등의 문제와도 긴밀하게 관련된 핵심적인 생활지도 영역이다.

## 1) 학업 및 재능 계발과 관련된 주요 호소 문제

학생들의 학업 문제를 이해하기 위해서는 얼마나 많은 학업 문제가 있는지에 대한 개괄적인 이해가 우선 필요하다. 학업 문제와 관련하여 우리나라 청소년들은 다음과 같은 다양한 내용의 학업 고민들을 호소한다(김창대, 이명우, 1995; 황매향, 2009).

① 시험시간이 가까워지면 불안이 심해져요.
② 성적이 떨어져서 스트레스가 생겨요.
③ 성적에 대한 집착이 심해요.
④ 공부하기에 능력이 부족해요.
⑤ 공부를 해야 하는 건 아는데, 열심히 할 의욕이 없어요.
⑥ 공부 자체를 왜 해야 하는지 모르겠어요.
⑦ 노력을 했는데도 성적이 오르지 않아요.
⑧ 공부할 때 집중이 안 돼요.
⑨ 어떤 공부방법이 좋을지 모르겠어요.
⑩ 공부습관이 형성되지 않아서 공부를 오래하지 못해요.
⑪ 공부해야 할 것을 미루고 자꾸 놀게 돼요.
⑫ 성적 때문에 친구/부모님과 관계가 어려워요.

한편 재능 계발과 관련된 문제는 학업 문제와 긴밀하게 연결되어 있으면서도 구분되는데, 그 이유는 다음과 같다. 학업이 시간과 노력의 투자, 공부 기술 활용 등 재능을 발현하기 위한 구체적인 노력의 과정에 초점을 둘 수 있다면, 재능 계발은 학업발달을 포함할 뿐만 아니라 흥미의 발견과 발전, 자기 특성에 대한 이해, 동기 부여와 목표 수립 등 인간 능력 계발에 관한 보다 다양한 주제들을 포괄한다.

앞에서 서술한 학업 관련 호소 문제와 중첩되지 않는 재능 계발과 관련된 학생들의 호소 문제를 나열해 보면 다음과 같다.

① 학교생활이 재미가 없어요.

② 제가 딱히 뭘 잘하는지 모르겠어요.

③ 좋아하는 분야는 있지만, 남보다 잘할 자신은 없어요.

④ 잘하는 분야가 있지만, 그걸 좋아하지는 않아요.

⑤ 좋아하고 잘하는 분야가 있지만, 이게 직업이 되면 지겨워질 것 같아요.

⑥ 좋아하는 분야가 있지만, 최고가 되는 과정은 너무 힘들어요.

⑦ 하고 싶은 분야가 있지만, 집안 형편 때문에 경제적 지원을 받기 어려워요.

⑧ 하고 싶은 분야가 있지만, 부모님이 반대해요.

제시된 호소 문제를 중심으로 학업발달 및 재능 계발 이슈들을 개념화해 보면 다음과 같다. 학업 문제들은 학업 관련 정서 문제, 학업동기와 목표, 공부방법과 학습기술, 공부 관련 관계 갈등, 시간 및 정신 에너지 관리 등으로 정리할 수 있고, 재능 계발과 관련된 문제들은 흥미와 재능의 미분화, 흥미와 재능의 불일치, 재능 계발 과정의 역경, 직업 가치관, 재능 계발과 환경과의 갈등 등으로 주제화할 수 있다. 이어지는 내용에서는 이 호소 문제들을 포함하여 교사들이 학교 현장에서 수행해야 할 생활지도의 내용을 구체적으로 다루어 보겠다.

## 2) 흥미와 재능의 발견

청소년기의 발달과업 중 자신의 미래 진로 목표를 설정하고 이의 실현을 위한 능력개발을 하는 것은 매우 중요하다. 그러나 과학기술과 사회 시스템이 급변하는 4차 산업혁명 시대에 현재 10대인 학생들이 최소한 10년 혹은 20년 후의 미래 직업 세계를 구체적으로 전망하기란 매우 어렵다. 이러한 상황에서 청소년들이 특정한 직업을 선택하는 것보다 더욱 중요한 발달과업은 자신의 흥미와 적성을 발견하는 일이다. 뭔가 재미를 느끼는 분야를 만나게 되면 이에 대하여 더 많은 정보를 찾아 동아리 · 교육 프로그램 등 흥미 분야의 여러 교내외 활동에 참여하게 되고, 그러한 과정을 통해 해당 분야에 대한 능력이 발달하고 자기효능감이 높아지며, 높아진 자기효능감으로 인해 그 분야에 대한 흥미가 더욱 깊어지고 스스로 그 분야에 대한 열정이 강화된다. 이러한 흥미-능력-열정-몰입의 선순환 과정을 통해 재능 계발은 더욱 심화된다. 학생들이 자신의 흥미와 재능의 단초를 발견할 수 있도록 교사가 생활지도 과정에서 활용할 수 있는 방법들은 다음과 같다.

### (1) 심리검사의 활용

다중지능검사, 직업흥미검사, 적성검사, 지능검사 등은 학생 개인의 적성 · 흥미 · 재능 등을 파악하는 데 유용한 정보를 제공한다. 다중지능검사는 가드너(Howard Gardner)의 다중지능 이론(Multiple Intelligence Theory)에 근거하여 논리수학지능, 언어지능, 공간지능, 관찰지능, 음악지능, 대내지능, 대인지능, 신체운동지능 등 8개 영역(최근에는 실존지능을 포함하여 9개 영역)의 지능을 측정한다. 직업흥미검사는 스트롱(Edward K. Strong)의 직업성격 이론을 바탕으로 사회성이 높은 분야(사회형), 논리적 · 분석적 · 탐구적 성격과 관련된 분야(탐구형), 타인을 설득하거나 주도적으로 경영을 하는 분야(설득형/기업형), 성실하게 기존의 룰에 따라 사무 업무를 처리하는 분야(사무형), 독창적이고 자유롭게 자신의 아이디어를 펼치는 분야(예술형), 사람보다는 기계를 다루거나 야외에서 직접 체험하는 분야(현실형) 등 개인의 성격 특성에 어떠한 직업 분야가 적합할지에 대하여 알려 준다. 적성검사나 지능검사는 대개 자기보고검사가 아닌 수행검사로 이루어져서 공간지각 능력, 언어이해력, 집중력, 수리 능력 등 각 능력 영역에서의 현재 수준에 대한 정보를 제공함으로써 흥미와는 구분되는 특정 능력에 대한 개인 특성을 알려 준다. 이러한 심리검사 정보는 학생의 교과 · 비교과 활동 정보와 함께 학생의 향후 재능의 발전 가능성을 예측하는 데 중요한 자료로 활용할 수 있다.

### (2) 교과 성적 정보

학생의 교과 성적은 학생의 학업발달 및 특성을 파악하는 데 매우 유용한 정보를 제공한다. 교과 성적은 해당 과목에 대한 학생의 학업성취도 결과로서 그 과목과 관련된 학생의 지적 능력과 학업효능감뿐만 아니라, 해당 수업에서의 성실성 수준, 학생의 수업에 대한 흥미와 열의 정도까지 유추할 수 있게 해 준다. 교과 성적 정보는 특정 교과목에 대한 학생의 지적 능력, 효능감, 흥미, 노력 정도에 대한 복합적인 정보를 담고 있기에 특정 분야에 대한 학생의 재능 발달 가능성을 상당히 강력하게 예언한다. 한편, 효능감과 흥미는 주관적인 심리적 현상이기 때문에 어떤 학생이 특정 과목의 실제 성적이 다른 학생들보다 높음에도 불구하고 그 과목에 대한 스스로의 학업효능감이 낮을 수도 있고, 또는 성적이 낮아도 해당 과목에 대한 흥미가 높은 경우도 있다. 따라서 교과 성적 정보를 통해 재능의 발달 가능성을 보다 포괄적으로 이해하기 위해서는 어느 한 시점에서의 교과 성적만이 아니라 이전 학령기에서의 교과 성적에 관한 누적 정보를 함께 고려하는 일이 필요하다. 현재 학년에 특정 과목에 대한 성적이 낮다고 하더라도 이전 학년에서는 해당 과목에 대한 성적이 좋았다면, 이번 학년에 성적이 하락하게 된 이유를 찾아내어 학업발달 과정에서의 애로사항과 발달 저해 요소를 교정함으로써 학업과 재능의 발달을 촉진할 수 있다.

### (3) 비교과활동 정보

수업 시간에 이루어지는 교과활동 외에 자율활동, 특기적성 활동이나 개인 취미활동 등은 학생의 흥미와 재능에 관한 풍부한 추가 정보를 제공할 수 있다. 초·중·고 각급 학교 현장에서 이루어지는 자율활동과 특기적성 활동은 학생들의 특정한 관심을 반영한 보다 깊이 있는 재능 계발의 기회라고 할 수 있다. 천체·로봇·실험·문학·방송·토론·운동·악기 등의 동아리 활동을 통해 학생들은 학교 정규 수업에서는 깊이 있게 다루기 어려운 특정 분야에 대한 재능 계발에 시간과 노력을 기울인다. 특히, 동아리 활동은 재능 계발을 위한 인지적 역량 개발뿐만 아니라 사회적 역량 개발의 기회를 제공할 수 있다. 학생들은 비슷한 관심을 공유하는 또래들과의 상호작용을 통해 학교 교실에서는 발견할 수 없었던, 자신과 '대화가 통하는' 또래 친구들을 사귀게 된다. 비슷한 관심사를 공유하는 또래 친구들과 함께하면서 동아리에 대한 소속감과 일체감을 촉진하게 되고, 해당 분야의 재능 계발 활동에 더 많은 열정을 쏟는 등 학생은 그 분야에 대한 정체감을 발달시켜 간다.

한편, 학생들의 재능 계발을 촉진하는 생활지도 활동에는 학교에서 이루어지는 특기적성 활동 외에 학교 밖 특기적성 활동도 중요하게 고려할 필요가 있다. 학생들이 교과활동 시간 외에 추가적으로 시간을 투자한다는 것은 그만큼 그 활동에 열의와 관심을 가지고 노력을 기울임을 의미한다. 특히, 외부 기관에서 선발·운영하는 교육 프로그램 중에서는 생활기록부 기록이 인정되지 않거나 상당한 시간과 노력의 투자가 필요한 경우가 많다. 그럼에도 불구하고 학생이 그러한 교육 프로그램 활동에 시간을 투자한다면 그만큼 그 활동에 대한 열의가 높음을 의미한다. 따라서 학생의 재능 계발 지도활동을 수행할 때 교내외 다양한 비교과활동에 대한 정보도 포괄적으로 이해해야 할 필요가 있다.

## 3) 학습동기 관리

학업과 재능의 발달 과정은 장기적인 시간과 노력이 필요하다. 흥미와 관심은 재능 발달의 첫걸음으로 이끄는 데는 유용하지만, 어떤 분야에 대한 단기적인 흥미와 관심이 생겨났다고 해서 그것이 해당 분야의 재능 연마를 위한 학습동기로 자동적으로 연결되는 것은 아니다. 재능이 일정 수준 이상으로 발달하기 위해서는 상당한 수준의 장기적인 노력이 필요하다. 따라서 학업발달 및 재능 계발 과정에서 학습동기가 꾸준히 지속될 수 있도록 동기 관리에 관한 생활지도가 필요하다.

### (1) 학습무동기

학습동기는 학생이 공부를 시작하게 하고 그것이 특정한 방향으로 나아가게 하며 또한 공부를 계속 하도록 강화하는 심리적 힘을 의미한다(황매향, 2008). 학생들 중에는 학습동기 수준이 매우 높은 학생이 있는 반면, 책상 앞에 앉았다가도 금방 지루해져서 공부를 지속하지 못하는 학생이 있기도 하고, 심지어는 공부를 왜 해야 하는지 전혀 의미를 못 찾는 학생들도 존재한다. 학습무동기란 학습에 대한 동기가 결여된 현상을 의미하고 학습무동기의 원인으로 학습자가 기질적으로 인내력이 약해서 학습 과정에서 만나게 되는 작은 좌절도 견디지 못하는 경우, 사회적 민감성이 높아서 당면한 학습과제에 몰두하기보다는 또래와의 사교에 몰두하는 경우, 자극 추구 성향이 높아서 조용히 과제에 몰입해야 하는 학습 상황에서 쉽게 주의가 분산되는 경우를 들 수 있다(김동일, 신을진, 이명경, 김형수, 2011). 또 학습활동으로 유인할 만한 강화물이 부적절하여 학습동기를 촉발하지 못하는 데 원인이 있기도 하다. 학습무동기 상태를 탈피해서 학습동기화된 상태로 유도하기 위해서는 학습자의 특성에 알맞은 적절한 강화물과 스스로 내적 동기가 성장할 수 있도록 균형 있는 동기 관리 지도가 필요하다.

### (2) 내재적 · 외재적 동기의 활용

학습활동에 대한 동기적 힘은 외부 또는 학습자의 내부로부터 발생할 수 있다.

내재적 동기(intrinsic motivation)는 학습하는 행위 자체에 대한 성공감과 만족감 등과 같이 학습자 스스로의 욕구에 의한 유발되는 동기를 의미하고, 외재적 동기 (extrinsic motivation)는 학습활동 자체보다는 학습에 참여하게 되면 얻게 되는 이득과 같이 학습자의 외부로부터 강화되는 동기를 의미한다(Ryan & Deci, 2000). 학생의 개인적 특성과 학습에 대한 최초의 흥미 수준에 따라 학습동기를 촉진하기 위한 생활지도 방법은 달라질 수 있다. 학습에 대한 내재적 동기가 있는 학생에게는 자부심, 성공감 등 내재적 보상을 제공함으로써 더 깊은 학습동기가 성장하고 자기주도적 학습역량을 더욱 발달할 수 있도록 도와야 한다. 한편, 아직 학습에 대한 내재적 동기가 없는 학생에게는 상장, 용돈과 같은 외적 강화물이 효과적일 수 있다. 외적 강화물을 통해 단기적으로 학습활동에 참여하도록 이끄는 동시에 칭찬과 자부심의 비중을 점점 높임으로써 학습에 대한 내재적 동기가 자리 잡을 수 있도록 지도하는 것이 장기적인 측면에서 학습동기가 성장하게 하는 데 도움이 된다.

## 4) 시험불안

시험불안(test anxiety)은 시험이라는 특정한 상황에서 실패를 예상하는 인지적 경향 및 그와 관련된 신체적·정서적 현상을 포괄하는 개념이다(교육심리학 용어사전, 2000). 시험불안에는 시험의 종류나 상황에 관계없이 모든 시험 상황에서 느끼는 불안을 의미하는 특성불안(trait anxiety)적인 요소와 특정한 과목이나 특정 평가 상황에 한정해서 나타나는 상태불안(state anxiety)적인 요소로 나눌 수 있다.

### (1) 시험불안의 주요 증상

시험불안으로 인한 신체 및 정서적인 현상으로 시험 상황에서 근육이 긴장하고 심장박동이 빨라지는 등 신체 각성 증상과 소화장애, 지나친 초조감이나 극심한 공황상태 등이 나타날 수 있다. 또 인지적 특성으로는 시험의 결과가 나쁠 것으로 예상하고, 다른 사람과 자신을 비교하고, 시험에 대해 준비가 부족하거나 자신이 열등한 부분을 끊임없이 생각하는 특성이 있다.

### (2) 시험불안의 발생 원인

시험불안의 발생 원인으로 고전적 조건형성 모델과 인지 모델로 설명할 수 있다. 고전적 조건형성 모델에 따르면, 시험 상황에서 꾸중으로 인한 부정적인 정서나 현기증, 복통 등 신체 증상을 동시에 경험하게 되면 시험 상황이라는 자극과 정서 및 신체 반응이 결합함으로써 이후에는 시험 상황이 되면 자동적으로 부정적 정서와 불쾌한 신체 반응이 유발된다는 것이다. 고전적 조건형성으로 설명될 수 있는 시험불안 증상은 시험 상황에서 부정적인 정서/신체 반응을 그것을 상쇄하는 긍정적 경험으로 대체함으로써 자동적인 정서 및 신체 반응을 탈학습하도록 돕는다. 예를 들어, 시험 직전에 즐거운 음악을 듣거나 좋은 향기를 맡음으로써 시험 상황에서 유발된 부정적 정서 및 신체 각성 반응을 무력화할 수 있다.

시험불안에 대한 인지 모델은 시험불안의 발생 원인을 다음과 같이 설명한다. 스스로 자기 능력이 다른 사람에 비해 열등하다고 평가절하하고, 시험의 실패를 예상하게 되면, 학습자는 시험 상황을 더욱 위협적으로 지각하게 된다. 그리고 자신에 대한 부정적인 내적 대화를 통해 시험에 대한 걱정은 더 활성화된다. 결국 과도한 긴장감은 시험 상황에서 학습자를 더욱 위축시킨다. 학습자가 시험 상황에서 당면한 과제들을 해결하기 위해서는 많은 정신 에너지가 필요한데, 시험불안으로 인한 정서적 긴장감과 부정적 걱정은 학습자의 효과적인 인지 과정을 방해하고 집중력을 저하시켜서 결국 시험 성과에 부정적인 결과를 초래한다. 시험불안으로 인한 부정적인 시험 성과는 다시 학습자의 부정적인 자기평가와 실패 예상을 강화하고 시험불안을 더 악화시킨다.

## 2. 학업 문제의 해결과 재능 계발을 조력하기 위한 생활지도 방법

### 1) 시험불안 지도

#### (1) 시험불안의 평가

학생이 호소하는 시험불안의 수준과 발생 양상을 확인하는 평가 작업은 시험불안에 대한 생활지도 계획을 수립하기 위해 필요하다. 앞서 서술했듯이, 불안은 상태

불안과 특성불안으로 구분하는데(Spielberger, 1972), 특성 수준의 시험불안을 측정하는 도구로 국내에서는 다음과 같은 척도들이 개발되었다.

**〈표 5-1〉 국내 제작된 시험불안척도**

| 국내 저자 및 개발 연도 | 원저자 및 개발 연도 | 검사 명 | 하위요인 | 국내검사 문항 수 |
|---|---|---|---|---|
| 김문주(1991) | Spielberger (1980) | Test Anxiety Inventory (TAI) 한국판 | 걱정, 정서성 | 20개 |
| 조용래(2008) | Benson & Bandalos(1992) | Revised Test Anxiety Scale(RTA) 한국판 | 긴장, 걱정, 신체 증상, 시험방해 사고 | 20개 |
| 박병기, 임신일, 김어진(2008) | 해당 없음 | Anxiety Responses in Testing Scale(ARTS) | 인지(염려, 혼란), 정의(소심, 회피), 신체(생리, 행동) | 48개 |

다음의 면담 질문은 시험불안의 수준에 대한 정보뿐만 아니라, 시험불안이 주로 발생하는 상황과 시기, 시험불안의 주요 증상, 시험불안 극복 노력 등에 대한 구체적인 정보를 수집하는 데 도움이 된다.

- 시험불안 증상이 구체적으로 어떠한가?
- 언제부터 시험불안 증상이 나타나기 시작했는가?
- 시험불안이 느껴질 때 머릿속에서는 어떤 생각이 떠오르는가?
- 시험불안이 심해지는 특정 과목이나 상황이 있는가?
- 시험불안이 시험을 볼 때만 발생하는가, 아니면 준비 단계에도 나타나는가?
- 시험불안에 대해 가족이나 친구 등 주변에서의 반응은 어떠한가?
- 시험불안을 이겨내기 위해 지금까지 어떠한 방법을 사용해 봤는가?
- 시험공부를 할 때 자주 드는 생각은 무엇인가?

## (2) 시험불안 상담 방법

시험불안을 호소하는 학생을 대상으로 한 상담은 다음과 같은 단계로 진행할 수 있다.

- 상담관계 형성 단계: 상담을 시작하는 첫 단계로 이때에 교사는 학생의 시험불안 고통을 공감적으로 이해하고 학생이 겪는 시험불안을 대화나 신체표현을 통해 표현할 수 있도록 촉진한다. 교사의 경청과 공감은 학생이 시험불안 증상을 회피하지 않고 적극적으로 다룰 수 있는 용기를 북돋는다. 학생이 시험불안 증상을 억압하는 경우에는 시험불안에 대한 이차적인 불안이나 죄책감은 없는지 추가 탐색을 한다.

- 상담 구조화 단계: 교사의 생활지도 차원에서 이루어지는 상담은 전문상담자가 수행하는 상담과 같을 수는 없다. 시험불안의 어려움을 토로하는 것에 대해 교사로서 경청과 위로해 줄 수 있는 부분과 전문가의 도움을 통해 해결할 수 있는 부분을 구분할 필요가 있다. 교사로서의 상담자는 학생이 호소하는 시험불안의 문제 중 학업이나 교우관계와 관련해서 도와줄 수 있는 부분이 있는지 탐색하고, 전문적인 도움이 필요한 수준의 어려움에 대해서는 교내 전문상담교사에 연계함으로써 도움을 받을 수 있음을 학생에게 확인시켜 줄 필요가 있다.

- 시험불안의 증상과 관련 상황에 대한 정보 수집: 앞서 기술한 시험불안과 관련된 면담 질문을 통해 시험불안의 주요 증상, 시험불안의 발생 상황과 시기, 시험불안에 대한 가족 및 주변의 반응과 사회적 지지체계의 확인, 시험불안에 대한 학생의 대응 방법 등에 대한 정보를 수집하고, 필요한 경우 수집한 면담 내용을 교내 전문상담교사에게 전달할 필요가 있다.

- 상담목표의 설정과 상담 수행: 시험불안에 대한 상담목표는 주로 학생의 주요한 호소 문제와 심리 및 행동 상의 어려움에 따라 다음의 세 가지 방향으로 설정할 수 있다. 시험불안으로 인한 정서적 · 신체적 증상의 완화, 시험불안을 지속시키거나 가중시키는 부정적인 사고와 비합리적인 신념의 교정, 시험불안의 극복을 통해 효과적인 학업성취 행동 증가와 학업성취 목표의 달성이 그것이다. 이러한 상담목표는 구체적으로 설정해야 효과적이다. 또한 교사는 상담 수행 과정에서 상담의 목표 실현을 위한 구체적인 행동 계획들이 효과적으로 실행되었는지를 탐색해야 한다.

## 2) 시간관리 지도

학업과 재능 계발은 장기적인 노력이 필요한 과정이기 때문에 시간관리 능력은 학업발달과 재능의 실현을 위해 반드시 습득해야 하며, 생활지도에서 매우 중요하게 다루어야 하는 내용이다. 시간관리는 자기관리의 한 영역으로 자신의 삶을 관리하기 위해 한정된 시간자원을 효과적으로 조직하는 것을 의미한다(유성은, 2006).

### (1) 시간관리 역량의 요소

시간을 효과적으로 관리한다는 의미를 구체적으로 살펴보기 위해 시간관리 역량의 요소들을 탐색할 필요가 있다. 시간관리 역량은 목표 인식 능력, 우선순위 설정 능력, 미래 상황 예측 능력, 학습계획 수행 능력 등을 포함한다(유성은, 2006). 즉, 자신의 목표 달성을 위해 시간을 잘 관리하기 위해서는 자신이 현재 이루어야 하는 목표가 무엇인지를 명확하게 인식하는 능력이 필요하다. 어떠한 활동을 위해 시간을 배분해야 하는지, 그리고 그 활동에는 얼마나 많은 시간이 소요되는지를 합리적으로 추정해 낼 수 있어야 한다. 또한 개인이 달성하고자 희망하는 목표가 여럿일 때, 무엇이 중요하고 시급한지 우선순위를 설정할 수 있어야 한다. 시간은 모든 사람에게 공평하게 주어진 한정된 자원이고 희망하는 목표를 한정된 시간 내에 모두 달성하는 것은 불가능하기 때문에 덜 중요하고 덜 시급한 목표는 우선순위에서 배제하고 반드시 달성해야 하는 목표에 집중할 수 있어야 한다. 종종 지적 역량이 우수한 학생들 중에서도 중요하지 않은 목표에 매달리느라 정작 중요한 목표에 충분한 시간을 사용하지 못하는 경우가 있다. 따라서 합리적인 시간관리를 위해서는 적절한 목표에 정신에너지를 효율적으로 배분할 수 있어야 한다. 그리고 시간관리에는 미래 상황을 예측하는 능력이 포함된다. 목표 달성에 필요한 시간을 합리적으로 예측하기 위해서는 해당 목표를 달성하기 위한 중간 과정으로 구체적으로 어떠한 활동이 필요한지를 예측할 수 있어야 한다. 시간이 늘 모자란다고 호소하는 사람들은 종종 중간에 예상하지 못한 상황이 자주 발생한다고 호소한다. 이는 목표 달성 과정에서 필요한 다양한 상황들을 사전에 예측하지 못해 추가적으로 시간 비용이 소요되는 상황이 관리되지 않은 것이다. 결국 효과적인 시간 계획과 시간관리를 하지 못하고 있음을 의미한다. 마지막으로, 시간관리가 효과적으로 이루어지기 위해서는 목표 달성을 위해 수립한 학습계획을 제때 수행해 내는 능력이 필요하다. 이를 위해서는 학습계획을 수행하는 과정에서 학습자가 심리적 어려움을 이겨내고 학습몰입을 방해하는 여타 사회적 관계 등으로부터 스스로를 분리해서 해당 학습과제에 몰입하는 능력이 있어야 한다.

이상과 같은 시간관리 역량의 각 요소들은 목표 달성 과정에서 방해요인으로 인한 시간 손실을 최소화함으로써 학습자가 의도하는 목표와 계획을 실현할 수 있도록 돕는다.

### (2) 시간관리 평가

효과적인 시간관리를 위해서 다음의 시간관리 행동 측정도구의 활용을 추천한다. 〈표 5-2〉에 제시된 시간관리 행동 측정도구는 총 22개 문항으로 개발된 것으로 시간관리 행동에 관한 목표 설정, 시간관리 계획, 시간관리 순서, 시간관리 수행, 기록 습관, 시간관리 평가, 시간관리 만족 등 총 7개 하위요인을 종합적으로 평가한다(남경애, 2008). 학생들은 스스로 자신의 시간관리 행동을 검사하고 이를 채점함으로써 본인이 어떤 영역의 시간관리 역량이 부족한지를 자가점검해 볼 수 있다.

〈표 5-2〉 시간관리 행동 측정도구

1. 나는 오늘 할 일에 대한 계획을 미리 세운다.
2. 나는 일의 순서를 정해서 한다.
3. 나는 일을 시작하기 전에 필요한 시간이나 일할 방법 등을 생각해 본다.
4. 나는 스케줄을 보통 일주일 단위로 짠다.
5. 나는 내가 세운 계획대로 시간을 보낸다.
6. 나는 일이 계획대로 되지 않으면 검토해서 계획을 수정한다.
7. 대체적으로 나는 나 자신의 시간을 잘 관리하고 있다고 느낀다.
8. 나는 어떤 일을 하기 전에 먼저 계획을 세운다.
9. 나는 계획대로 하루 시간을 잘 보냈는지 평가해 본다.
10. 나는 인생의 장기적인 목표가 있다.
11. 나는 해야 할 일을 메모해 두는 습관이 있다.
12. 나는 자신의 발전을 위해서 시간을 투자한다.
13. 나는 어떤 일을 하기 전에 해야 할 일들에 대한 목록을 작성한다.
14. 나는 하루 일과에서 내가 꼭 해야만 하는 활동에 대해 계획을 세운다.

156

15. 나는 시간 낭비적인 일이나 활동들을 거의 하지 않는다.

16. 나는 한 학기 전체를 위한 목표를 세운다.

17. 나는 지금 내가 시간관리하는 방식에 만족한다.

18. 나는 중요한 숙제의 제출 마감 전날 밤에 대개 그것을 작성한다.

19. 나는 학업에 방해되는 일은 거의 하지 않는다.

20. 나는 일의 순서를 정해서 한다.

21. 나는 중요한 일정이 잡혀 있는 중요한 날들을 꼭 지킨다.

22. 나는 미래를 위한 목표를 차분히 하나씩 이루어 가고 있다.

23. 나는 시간관리를 위해 다이어리나 수첩을 활용한다.

출처: 남경애(2008).

참고: 위의 척도는 7개 하위요인으로 구성되어 있음

　　(목표 설정: 10, 16, 21번, 시간관리 계획: 1, 4, 8, 14번, 시간관리 순서: 2, 3, 13번, 시간관리 수행: 5, 12, 15, 18, 19, 20번, 기록 습관: 11, 22번, 시간관리 평가: 6, 9번, 시간관리 만족: 7, 17번)

## 3) 미루기 행동 및 생활관리 지도

효과적인 시간관리를 방해하는 주요한 문제행동으로 미루기 행동을 들 수 있다. 미루기 행동(procrastination)이란 과제물이나 계획 등 해야 할 일이나 하기로 계획한 일을 습관적으로 미루는 행동으로(Schouwenburg, Lay, Pychyl, & Ferrari, 2004), 학업 발달과 재능 계발을 방해하는 핵심적인 문제행동이라는 점에서 적극적인 생활지도가 필요한 영역이다.

### (1) 미루기 행동 관련 심리 · 행동 변인

미루기 행동은 다양한 인지 · 정서 · 행동 문제와 관련이 깊다. 미루기 행위를 습관적으로 하는 사람들은 학업과제를 지루하거나 어렵다고 인식하고, 실패에 대한 두려움이 많고 자신이 능력이 없다고 생각하는 경향이 있다. 이들은 자신이 노력하지 않고 과업을 자주 미루는 것에 대해 습관적으로 자책하는 등 죄책감이 높고 정서적으로 불안하고 우울한 경향이 있다. 또한 공부습관이 형성되어 있지 않아 책상 앞에 어렵게 앉게 되더라도 오랫동안 의자에 앉아 있지 못하며, 공부에 몰입하지 못한다. 휴대전화 메시지를 확인하거나 멍하니 딴 생각을 하는 등 주의집중력이 떨어지고 공부를 막상 하려고 해도 공부 계획을 체계적으로 수립하지 못하고 학습한 내용을 효과적으로 조직하는 인지 기술도 결여된 경우가 흔하다. 그래서 자신의 삶에 대한 통제감이 낮고 전반적으로 자신에 대한 효능감과 자신감이 낮은 경향이 있다.

### (2) 미루기 행동 유형

학자들은 미루기 행위자(procrastinator)들은 과제를 미루는 원인에 따라 몇 가지 유형으로 구분된다고 보았다(Schouwenburg et al., 2004). 첫 번째 유형인 완벽주의형 미루기 행위자들은 달성하고자 하는 목표는 있으되, 이를 성취하기 위한 합리적이고 실천 가능한 계획이 부실하다. 이들은 세부적인 과제에 과도한 시간을 사용함으로써 과제 달성에 필요한 활동의 우선순위를 정하는 데 어려움을 자주 느끼고, 정작 시급하게 수행해야 하는 일은 미루기를 반복한다. 이들은 자기의 현재 성취 수준에 만족하지 못하고 자기의 능력에 대한 의심이 많다. 다른 사람이 자신에게 거는 높은 기대에 부응해야 한다고 생각하는 경향이 높을수록 타인의 평가에 예민하고 자신의 현재 성취 수준에 대한 자부심이 부족하다. 이러한 경향이 높을수록 실패에 대한 두려움이 높고 이는 과제에 대한 회피행동을 더욱 부추긴다. 두 번째 유형인 낙관주의형 미루기 행위자들은 전혀 다른 이유로 인해 과제를 회피한다. 이들은 지루함과 단조로움을 견디지 못하고 자극을 추구하는 경향이 높다. 또한 미래에 닥칠 문제를 예상하거나 장기적인 계획을 구체적으로 구상하는 능력이 부족하고 막연하게 잘되겠지 하는 근거 없는 장밋빛 기대를 가지고 순간의 즐거움에 집중하고자 한다. 따라서 진지하고 심각해지는 상황을 회피하려고 하고 좌절에 대한 내성이 취약하여 어려운 과제를 만났을 때 쉽게 포기하거나 미루려고 한다. 세 번째 유형인 대인관계 지향형 미루기 행위자들은 일상생활에서 과업의 달성보다는 대인관계를 중시한다. 이들은 주로 타인에게 호감을 사려고 애를 쓰며, 자신이 해야 하는 일보다는 다른 사람이 자신에게 요구하는 일을 해결하는 데 집중하는 경향이 높다. 타인에 대한 인정의 욕구가 높기 때문에 타인의 요구를 거절하지 못하고, 우선순위에 따라 시간을 계획성 있게 사용하지 못하며, 자신이 해야 할 과제들이 후순위로 밀려나는 경우가 잦다. 네 번째 유형인 비관주의 미루기 행위자들은 '나는 제대로 하는 게 없어.'와 같이 스스로에 대한 부정적인 생각이 강하고 자기의 능력에 대해서도 평가절하하는 경향이 높다. 이들의 스스로에 대한 무능감과 그로 인한 수치심은 자기 미래에 대한 기대를 더욱 낮추는 요인으로 작용한다. 미래에 대한 부정적인 전망과 낮은 포부는 자신의 능력 계발을 위한 동기를 약화시키고 미래를 위한 구체적인 설계나 자기관리의 필요성을 느끼지 못하게 한다. 이러한 악순환으로 인해 이들의 시간관리 능력은 더욱 약화되고 과제 미루기 행동이 습관적으로 발생하게 된다.

### (3) 미루기 행동에 대한 생활지도 방법

학생들의 습관적인 미루기 행동은 다음의 학생지도 전략을 통해 교정될 수 있다.

#### ① 합리적 정서행동치료(REBT)의 적용

합리적 정서행동치료 기법에 따르면 문제행동이나 부정적인 정서는 사건에 대한 비합리적인 신념에 의해 유발·강화된다. '나는 성공해야만 해. 잘 해 내지 못한다면 낙오자야.'라는 비합리적인 신념을 가진 사람은 어떤 과제를 해야만 하는 상황에서 실패를 치명적인 결과로 인식하여 과제 수행 상황에서 과도하게 긴장하게 된다. '나는 ~해야만 한다'는 생각은 실패에 대한 두려움과 그로 인한 과제 회피행동을 강화하게 되고, 학업과제에 대한 미루기 행동은 더욱 반복적으로 일어나게 된다. 이러한 반복적인 인지–정서–행동의 패턴은 자신의 능력에 대한 불신과 무능감을 더욱 가중시키고, 학업동기의 성장을 더욱 방해한다.

따라서 다음의 예와 같이 합리적 정서행동치료 기법을 통해 미루기 행동을 유발하는 비합리적 신념을 합리적 신념으로 바꿈으로써 미루기 행동을 교정할 수 있다.

| 비합리적 신념 | 유발된 정서 및 행동 | | 합리적 신념 | 교정된 정서 및 행동 |
|---|---|---|---|---|
| 나는 성공해야만 해. 잘 해 내지 못한다면 낙오자야. | 실패에 대한 두려움, 과제 회피행동 | ⇨ | 지금 당장 잘하지 못할 수 있어. 하지만 노력하다 보면 언젠가는 성공할 거야. | 두려움 경감, 과제 회피행동 감소 |

이 예와 같이 '나는 성공해야만 해. 잘 해 내지 못한다면 낙오자야.'와 같은 비합리적인 신념은 '지금 당장 잘하지 못할 수 있어. 하지만 노력하다 보면 언젠가는 성공할 거야.'와 같이 보다 합리적인 신념으로 교정한다. 이전의 경직된 생각이 보다 유연한 형태로 교정되면, 지금 당장 성공하지 못하고 실패를 경험한다고 해도 학습자는 이것을 치명적인 실패로 받아들이기보다는 이후의 노력 여하에 따라 얼마든

지 만회할 수 있는 것으로 받아들이고, 실패에 대한 두려움에서 자유로워질 수 있다. 따라서 학습자는 실패의 두려움을 초래했던 과제를 회피하기보다는 이후의 성공 가능성을 높일 수 있는 과제 접근행동을 계속 유지하게 된다.

② 자기관리 방법의 적용

미루기 행동의 원인이 주로 실패에 대한 낮은 내성, 수치심과 자기감 상실, 불확실성에 대한 낮은 인내력, 상황 통제에 대한 강박적 집착 등이라는 점을 고려해 볼 때, 실패에 대한 두려움을 극복하고 학습자의 목표 · 감정 · 행동 통제력을 강화하기 위해 다음과 같은 자기관리 방법을 적용하는 것도 유용하다.

---

△ 목표 관리

　- 목표과업은 도전적이지만 달성 가능한 수준으로 설정한다.

　- 목표과업을 되도록 구체적이며 작은 단위로 작게 나눈다.

　- 각 단위의 목표과업을 이행하기 위한 구체적인 계획을 세운다.

△ 자신감 관리

　- 자신의 노력을 칭찬하는 혼잣말을 반복적으로 되뇐다.

　- 실패에 대한 불안이 느껴질 때 이러한 감정을 정상화하는 혼잣말을 되뇐다.

　　(예: 불안해도 괜찮아. 포기하지만 않으면 돼.)

△ 행동 관리

　- 자기 행동의 모델을 설정하고, 모델의 행동을 상상한다.

　　(예: 이 상황에서 그 형이라면 이렇게 했겠지?)

　- 자신의 행동을 주기적으로 모니터한다.

## 참고문헌

김동일, 신을진, 이명경, 김형수(2011). 학습상담. 서울: 학지사.

김문주(1991). 우리나라 학생들의 시험불안진단을 위한 도구 개발과정. 소아청소년정신의학, 2, 32-42.

김창대, 이명우(1995). 청소년 문제유형 분류체계 II: 호소문제 및 문제환경의 분류. 청소년상담연구(총서). 한국청소년상담원.

남경애(2008). 청소년의 시간관리행동과 학업성취도, 생활만족도에 관한 연구: 학교 특성별 비교를 중심으로. 성신여자대학교 대학원 석사학위논문.

박병기, 임신일, 김어진(2008). 시험불안의 재개념화에 의한 척도개발 및 요인구조 탐색. 교육심리연구, 22(1), 87-109.

유성은(2006). 시간관리와 자아실현. 서울: 중앙경제평론사.

조용래(2008). 시험불안에서 상위인지의 역할: 우울수준, 실수에 대한 완벽주의적 염려, 학습기술 및 학업적 자기 효능감의 영향을 넘어서. 한국심리학회지: 임상, 27, 709-727.

조용래(2011). 한국판 개정된 시험불안척도에 대한 확인적 요인분석: 대학생들을 대상으로. 인지행동치료, 11(1), 99-109.

한국교육심리학회 편(2000). 교육심리학 용어사전. 서울: 학지사.

황매향(2008). 학업상담. 서울: 학지사.

황매향(2009). 학교상담: 학업문제 유형분류의 탐색. 상담학연구, 10(1), 561-581.


Benson, J., & Bandalos, D. (1992). Second-order confirmatory factor analysis of the Reactions to Tests Scale with cross-validation. *Multivariate Behavioral Research, 27,* 459-487.

Ryan, R. M., & Deci, E. I. (2000). Intrinsic and extrinsic motivations: Classic definitions and new directions. *Contemporary Educational Psychology, 25,* 54-67.

Schouwenburg, H. C., Lay, C. H., Pychyl, T. A., & Ferrari, J. R. (2015). 학업 미루기 행동 상담: 이해와 개입[*Counseling the Procrastinator in Academic Settings.*] (김동일 역). 서울: 학지사. (원전은 2004년에 출판)

Spielberger, C. D. (1972). *Anxiety: Current trends in theory and research: I.* New York, N.Y.: Academic Press.

Spielberger, C. D. (1980). *Test Anxiety Inventory. Preliminary professional manual.* Palo Alto, CA: Consulting Psychologists Press.

제6장 **학교생활의 상담과 지도**

이 장에서는 학교상담 분야에서 중심 역할을 수행하는 학교상담자(예: 전문상담교사 및 전문상담사)뿐만 아니라 교사가 학생을 이해하고 전인적 인격체로 성장할 수 있도록 학교 차원에서 개입하는 생활지도 방안에 대해 크게 세 가지 측면에서 학습한다. 첫째, 학생의 문제행동에 대한 예방 상담학적 관점에서 학생들의 긍정적 행동을 지원하는 개입 접근을 살펴보고, 둘째, 이러한 접근을 바탕으로 학생의 인성 및 사회성 발달에 영향을 미치는 다양한 요인들을 평가하는 방법과 심리검사 도구에 대해 학습한다. 끝으로, 문제행동의 수준에 따라 학생을 개입하는 상담활동에 대해 단기 개인 상담과 위기 대응 전략, 그리고 집단지도에 대해 살펴보기로 한다.

다음의 예는 학교에서 학생들이 찾아와 상담을 할 때 호소하는 내용들이다. 여러분이 교사라면 각 학생을 지도하기 위해 어떻게 할지 한번 생각해 보자.

> A: 선생님, 저는 ○○친구와 만나면 아무 할 말이 없어요. 왜 일까요?
>
> B: 선생님, 저는 ○○를 보면 이유 없이 짜증나요. 걔 진짜 싫어요. 같은 반인 게 너무 싫어요. 걔가 없어지면 속편하겠는데……. 그러니까 자리 바꿔 주세요.
>
> C: 내가 급식 당번으로 먼저 밥을 받아야 하는데 그 새끼가 새치기를 했으니까……. 화나서 침을 뱉었어요. 그 새끼가 먼저 잘못했는데 왜 나한테만 난리예요?

예에서 볼 수 있듯이, 이 학생들은 다른 사람들과의 관계에서 자신이 경험하는 것이 무엇인지에 대해 자신이 어찌하여 말을 하지 않게 되는지, 친구가 왜 싫은지, 그리고 자신이 무엇을 잘못 행동했는지에 대한 자각이 없다. 그렇다고 교사인들 자신이 학생이 아닌데 100% 학생의 마음을 알 리 없다. 가장 손쉽게 대응할 수 있는 방법은 A의 경우, 그 상대를 교사가 안다면 "걔가 본래 말이 많잖니, 그래서 네가 말을 못하는 거겠지."라고 짐작하는 내용을 전달하거나, B의 경우는 "네가 좀 참으면 안 되겠니? 걔가 본래 반에서도 힘든 아이잖니?"라고 달래거나, C의 경우는 속에서 부글부글 거리다가 "네가 정말 뭘 잘못했는지 모르고 하는 소리니?"라고 야단을 치고 반성문을 쓰게 하는 지도를 할 수 있을 것이다. 이런 경우 학생들을 상담하고 지도해야 할 때, 여러분이라면 어떻게 할 수 있겠는가?

이 장의 목표는 이와 같은 질문에 스스로 답을 찾을 수 있도록 안내하는 데 있다. 즉, 앞의 예에서처럼 학교생활을 하면서 학생들이 경험하는 친구관계의 어려움이나 학교에서 기대하지 않는 문제행동들에 대해서 교사가 지혜롭게 대처하여 학생들이 스스로 자신의 느낌과 생각, 그리고 행동들에 대해서 이해하고 타인과 원만하게 지낼 수 있도록 보다 전문적으로 지도하는 방법으로서 학생평가 및 상담활동에 대해 살펴보고자 한다.

오늘날 학교교육은 학생들의 인성과 사회성 발달을 지원하기 위해서 교장 및 교사, 전문상담교사(전문상담사), 진로전담 교사, 교과목 담당 교사 그리고 학부모 등 학교 공동체 구성원들 모두가 학교에서 적응하기 어려운 학생들을 조기에 발견하여 이들이 낙오되지 않고 학교생활에 잘 적응할 수 있도록 학교 차원에서 조력해야 하는 책무성(Erford, 2011; Schmidt, 2014)이 더욱 강조되고 있다. 따라서 이 장에서는 학교상담의 중심 역할을 수행하는 학교상담자(예: 전문상담교사 및 전문상담사)뿐만 아니라 교사들이 앞과 같은 학생들을 이해하고 전인적 인격체로 성장할 수 있도록 학교 차원에서 개입하는 생활지도 방안에 대해 알아보고자 한다. 구체적으로 학교 문제행동에 대한 예방상담학적 관점에서 학생들의 긍정적 행동을 지원(Tobin & Sugai, 2005)하는 개입 접근(Positive Behavior Intervention Support: PBIS)을 바탕으로, 학생의 인성 및 사회성 발달에 영향을 미치는 다양한 요인들을 평가하는 방법과 도구 그리고 학생들을 개입하는 상담활동에 대해 살펴보고자 한다.

## 1. 문제행동에 대한 예방상담학적 관점

생활지도와 상담의 중요한 목적 중의 하나는 학교에서 발생하는 왕따나 학교폭력, 우울 · 자살, 학업 중단, 반항 · 공격 행동 등의 다양한 학교 문제에 대한 예방이다. 학교에서 이루어지는 생활지도와 상담은 크게 '예방적 개입'과 '반응적 개입'으로 구분하는데, 일반적으로 예방적 개입(preventive intervention)이란 1차 예방을 가정한다(Kim, 2011). 1차 예방이란 문제의 발생 자체를 사전에 막는 노력을 지칭하고, 2차 · 3차 예방은 문제가 발생한 다음 문제의 악화, 심화, 확산을 막는 것을 의미하기 때문에 2차 · 3차 예방은 예방보다는 치료로 볼 수 있기 때문이다(Romano & Hage, 2000). 그러나 2차 · 3차 예방 노력들이 문제행동의 재발과 악화를 방지할 수 있다면 예방으로 보아야 할 것이다. 마치 소 한 마리를 잃었지만 외양간을 잘 고치면 더 이상 소를 잃지 않을 수 있는 것과 같다. 학교에서 집단 따돌림과 폭력의 문제가 발생하였을 때, 그 피해가 더 커지기 전 적절한 개입을 조기에 시작하여 큰 피해를 막는 노력이 2차 예방이라 하겠다(Kim, 2011). 이를 테면, 사회적으로 큰 파장을 일으킨 학교폭력 피해자인 어느 중학생의 자살 사건은 1차 예방이 실패했더라도, 2차 예방을 위한 개입이 바로 이루어졌다면 스스로 목숨을 끊는 피해를 막을 수 있었던 사례다. 나아가 3차 예방은 문제가 심각한 상태에 이르렀지만 정서 · 행동 장애에까지 도달하기 전에 개입을 시도함으로써 가급적 건강한 상태 혹은 독립적인 생활이 가능하도록 재활시키는 노력을 말한다. 앞의 예시 C학생의 경우, 반사회성 인격장애로 발전하기 전에 적절한 3차 예방 개입이 시급하다고 볼 수 있다.

한편, 반응적 개입(reactive intervention)이란 학교 수준에서 학생들의 문제행동을 사전에 교정하고 예방하는 적극적인 개입보다는 문제가 발생하면 문제를 일으킨 학생들에 대한 훈육과 처벌 위주의 개입 방안을 말한다. 우리나라 학교에서 이루어지고 있는 학생에 대한 생활지도는 이론적으로는 앞서 설명한 예방적 개입으로 접근하고 있지만, 현실적으로는 처벌 중심의 반응적 개입을 통해 빠르게 문제를 해결하는 방향으로 나타나고 있다. 그러나 이러한 반응적 개입이 필요할 때도 있지만 학교는 모든 학생이 건강하게 성장하고 발달할 수 있도록 관심을 갖고 문제행동에 따라 다양하게 개입하는 예방적 방안에 대한 노력을 기울여야 한다. 예방 상담학적 관점에서 이러한 학교 문제행동에 대해 개입하는 학교상담 모형과 긍정적 행동 개입 지원에 대해 간략하게 설명하고, 이에 기초한 학생평가 활동과 상담활동에 대해 살펴보고자 한다.

## 1) 학교상담 모형

학생들의 학업, 인성, 그리고 사회성 발달을 촉진하고 학생의 문제행동을 지도하기 위한 접근으로서 미국 학교상담학회에서 제안된 종합적 학교상담 모형(American School Counseling Association: ASCA, 2003)의 구성 요소들을 살펴보면 다음과 같다.

첫째, 생활 지도를 위한 교과과정, 둘째, 개별 학생지도를 위한 계획(예: 학업적인 성장과 발달을 위한 계획과 감독, 교육 및 진로 계획), 셋째, 상담 서비스(예: 개인상담 및 집단상담, 위기 개입, 전문기관에의 의뢰, 자문), 넷째, 체계적 지원(예: 포괄적인 생활지도 프로그램의 실행, 전문적 팀 구성, 프로그램 관리 및 평가)의 네 가지로 압축하여 설명할 수가 있다. 우리나라의 구체적인 학교상담 모형은 현재까지 명시화된 것은 없으나, 학교상담의 제도로서 현재 구축되고 있는 위(Wee) 프로젝트는 다음에 설명하는 긍정적 행동 개입 지원 접근의 형태로 이루어지고 있어 이에 대해 좀 더 자세하게 살펴보기로 한다. 「위(Wee) 프로젝트 사업관리 운영에 관한 규정」(교육부훈령 제108호) 제4조와 제5조에 의하면, 학교 단위에서 학교상담실(Wee Class)과 교육지원청 단위에 학교상담지원센터(Wee center)를 설치하여 학교 내 부적응 학생의 예방과 조기 발견 및 상담 지원 등을 하고 있다.

## 2) 긍정적 행동 개입 지원

긍정적 행동 지원(PBS)은 본래 특수교육 분야에서 시작되었지만 오늘날 행동 관리 및 훈육에 대한 학교 차원의 접근 방법으로 적용되고 있다(Sugai & Horner, 2006; Tobin, & Sugai, 2005). 학교에서는 긍정적 행동 개입 지원(Positive Behavior Intervention Support: PBIS)이라는 명칭으로 확장되어 미국의 학교상담 제도 내에서 폭넓게 받아들여지는 종합적인 학교상담 프로그램 중 하나이다. 이러한 긍정적 행동 개입 지원(PBIS)은 최근 우리나라의 각 시·도교육청의 상담과 생활지도가 지향하는 학교 공동체 협력 방안으로서 적용하기에 적합한 생활지도 프로그램이라 볼 수 있다.

긍정적 행동 개입 지원(PBIS)은 학생의 발달에 영향을 미치는 다양한 요인들을 체계적으로 접근하는 개입으로서 전체 학생을 대상으로 바람직하지 못하고 비생산적인 행동들을 확인하고 다루면서 동시에 바람직한 행동을 강화하는 접근이다. 심각한 문제행동에서부터 자리이탈, 부적절한 언어 사용 등의 일반적인 문제행동뿐 아니라, 학교에서의 안전, 각 시설과 교실의 적절한 활용, 인간 존중, 그리고 긍정적인 학교 분위기와 환경 조성에 이르기까지 그 효과성이 확인되고 있다(김미선, 송준만, 2006). 긍정적 행동 개입 지원(PBIS)은 학급 수준, 학교 수준 그리고 지역교육청과 같이 보다 넓은 환경적 맥락 수준에서 증거 기반 행동 기술들을 적용하는 것을 강조하고 있다. 구체적인 특징을 살펴보면, ① 예방, ② 이론에 근거한 증거-기반 실제, ③ 체계적 접근의 실행이라는 세 가지로 설명할 수가 있다(Sugai & Horner, 2006).

### (1) 예방

긍정적 행동 개입 지원(PBIS)은 1차, 2차, 3차의 세 가지 위험 수준 중 하나에서 학생의 행동을 확인하고 평가한다. 학교는 세 가지 위험 수준에 따라 생활지도 및 상담을 계획하고 실행하며 이 접근에서 학교상담자는 다양한 학교 구성원 간의 협력과 조정 역할을 수행하게 된다.

1차 수준에서 학교 차원의 개입들은 모든 학생을 대상으로 심리적·사회적·신체적 건강을 향상시키는 지식과 태도, 행동을 강화하는 것이다. 활용할 수 있는 전략들은 효과적인 교수기법과 검증된 교과과정을 통해 인성 및 진로 교육을 실시하거나 학교 수준에서 품격 있는 인성을 지닌 학생 되기 운동과 같은 학급 풍토 및 학교 분위기를 개선하는 환경적 체계의 변화를 시도할 수 있다. 사전 교정과 예방적 방법(예: 생활 기술, 학교폭력 대응 방안), 긍정적 행동 강화, 그리고 긍정적이고 바람 직한 행동을 가르치기 위한 학급 생활지도(예: 효과적인 의사소통 방법, 나도 좋고 남도 좋은 행동 목록 찾기)를 포함하는 특별한 전략을 활용한다. 2차 예방 전략들은 1차 예 방 개입에 눈에 띄게 반응하지 않는 학생들을 대상으로(전체 학생 중 약 15%), 문제행 동의 영향을 감소시키는 개입이다. 이러한 학생들은 문제행동을 보이거나 학교생 활 적응에 어려움을 겪을 수 있지만, 개별적인 주의를 필요로 하지 않는 경우에 해 당된다(예시 B). 2차 수준의 개입 전략들의 대표적인 예는 소집단 지도와 상담 접근 들로, 학교는 학업 지지 집단, 사회적 기술 훈련 집단, 친목 동아리 그리고 자기-관 리 집단과 같은 전략들을 활용할 수가 있다. 예를 들어, 지각을 자주 하는 학생들을 대상으로 자기-관리 집단을 운영한다거나 학업동기가 부족한 학생들을 대상으로 하여 선배 학생들과 함께 하는 멘토링 프로그램 등이 이에 해당되는 개입들이다. 끝 으로, 전체 학생 중 대략 5% 이내의 적은 수의 학생들을 위해 3차 개입이 요구될 수 있다. 3차 예방을 위한 전략들은 학교에서 지속적으로 문제행동을 보여 주는 학생 들에게 적절하다. 3차 예방 전략들은 집중적이고 개별화된 개입으로 부가적인 평가

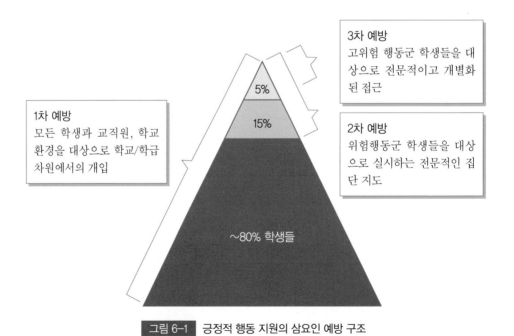

**그림 6-1** 긍정적 행동 지원의 삼요인 예방 구조

출처: Sugai & Horner(2006).

와 개별 학습, 가족 구성원과 친구들을 포함하는 특수한 개입법과 행동 개입 계획을 포함할 수 있다. 한 예로 우리나라에서는 학생들의 정서행동 문제를 해결하기 위해서 정서행동 관심군 대상의 학생들을 조기에 선별하여 위(Wee)센터 상담소나 지역의 정신건강 증진센터와 연계하여 고위험 학생들을 대상으로 전문적 상담 개입을 실시하거나, 각 시·도교육청 산하에 설립된 위(Wee)스쿨에서는 학교폭력 가해 학생들을 대상으로 집중적인 상담과 교육을 제공함으로써 3차 예방을 위한 노력을 하고 있다.

### (2) 이론에 근거한 증거-기반 실제

효과적이고 효율적인 생활지도 및 상담 실제에 대한 보다 더 많은 증거들을 확보하고자 하는 연구의 노력은 그 증거가 정책과 실제에 반영된다면, 결과적으로 잠재적인 서비스 대상자들에게 유익한 일이 된다. 이러한 증거-기반 실제의 출현은 학교 교육에서도 새로운 프로그램과 정책이 과연 얼마나 학생들에게 교육이 목표로 하는 효과성을 가져오는지에 대한 증거-기반 실제를 촉구하고 있다(서울대학교 특수교육연구소, 2012; Whiston, 2007). 이러한 맥락에서 긍정적 행동 개입 지원(PBIS)은 이론적으로도 훌륭하고 경험적으로 타당화된 실제를 적용하는 것을 강조한다. 어떠한 생활지도와 상담 실제를 적용해야 할지에 대해 결정을 하려 할 때, 〈표 6-1〉에 제시한 네 가지 평가 질문(Sugai & Horner, 2006)을 활용할 수 있다.

〈표 6-1〉 증거-기반 실제를 결정하기 위한 평가 질문

| 평가 질문 | 설명 |
| --- | --- |
| 1. 개입의 실제가 효과적인가? | 성취될 바람직한 효과나 성과의 가능성 |
| 2. 개입의 실제는 효율적인가? | 채택할 경우 드는 비용과 장점 |
| 3. 개입의 실제는 적절한가? | 개입의 실제가 사용되는 환경이나 문화 그리고 개인 특성에 적합한지에 관한 맥락적 고려 |
| 4. 그 실제는 지속 가능한가? | 지속적으로 개입의 실제를 적용하기 위해 필요한 자원에 대한 고려 |

### (3) 체계적 접근의 실행

긍정적 행동 개입 지원(PBIS)의 체계적인 실행은 네 가지 구성 요소로 살펴볼 수가 있다. 첫째, 하나의 조직인 학교는 교사와 학부모 그리고 학생들이 인정하는 측정 가능하고 성취 가능한 장기간 성과를 확립한다. 둘째, 학교는 믿을 만하고 경험적으로 검증 가능하고 교육적으로 관련된 증거에 의해 지지되는 생활지도 및 상담의 실제를 확인한다. 셋째, 객관적인 정보와 연구 자료에 기초하여 적용한 생활지도의 실제가 얼마나 적합한지를 입증하고 개입의 효과성, 효율성, 적절성을 평가한다. 끝으로, 정확하고 지속 가능한 긍정적 행동 개입 지원(PBIS)을 실행하기 위해 학교는 교직원, 예산, 담당자의 훈련과 같은 체계 지원을 확립해야 한다.

지금까지 학교 문제행동에 대한 생활지도 및 상담의 개입으로서 긍정적 행동 개입 지원(PBIS)에 대해 알아보았다. 최근 우리나라는 「대한민국헌법」에 따른 인간으로서의 존엄과 가치를 보장하고 「교육기본법」에 따른 교육이념을 바탕으로 건전하고 올바른 인성을 갖춘 국민을 육성하여 국가 사회의 발전에 이바지할 것을 목적으로 하는 「인성교육진흥법」(법률 제13004호, 2015. 1. 20.)을 제정·시행하고 있다. 학교 차원에서 의무적으로 인성교육을 실시해야 하는 현 시점에서 3차원적 예방 접근인 학생들의 긍정적 행동 개입 지원(PBIS) 프로그램은 개별 학생, 학급 수준, 학교 전체와 지역사회와의 연계를 통한 체계적 수준에서 인성교육의 실행을 가능하게 하는 효과적인 생활지도·상담 개입이 될 수 있다.

## 2. 평가활동

긍정적 행동 개입 지원(PBIS) 접근에 기초하여 전체 학생과 위험행동을 보이는 학생, 고위험 학생들에게 적합한 생활지도·상담 개입을 실행하기 위해서는 평가활동이 필수적이다. 이를 위해 학교는 학생들의 욕구, 흥미, 지적인 기능, 성격, 대인관계, 학업성취 등 학생들의 생활 전반을 이해하기 위해 다양한 평가 도구를 활용하여 평가활동을 실시한다. 학생들의 인성 및 사회성 발달을 조력하기 위해서는 학생들이 현재 어떠한 상태인지를 정확하게 이해하는 것이 우선되어야 한다. 자신에게 주어진 환경에 최적으로 적응하는 학생들도 있지만, 서두에 제시된 예시 중 C학생처럼 학교에서 적응하지 못하고 자신의 권리가 침해되면 바로 복수하고, 도덕적 행동을 무시하는 학생이 학교에 있다면 주변 학생들과 교사 그리고 학교 전체가 곤란해지기도 한다. 게다가 C학생 자신은 학교에서 낙오될 가능성이 높아 미래의 건강한 성인기 삶을 담보할 수가 없다. 다음에서는 이러한 학생 이해를 위한 목적으로 학교에서 실시하는 학생평가 및 환경평가 과정을 간략하게 살펴보고자 한다.

## 1) 학생평가

학교는 학생과 부모 그리고 교사들을 위한 교육 프로그램이나 교육과정을 편성할 때 그리고 학생들의 교우관계 및 인간관계 문제, 학업 문제, 이성 문제, 성격 문제, 진로탐색과 같은 발달과업상의 문제에 대한 생활지도 개입을 결정하고자 할 때, 정확한 자료를 수집하고 다양한 종류의 평가 도구를 활용하여 학생들을 평가할 필요가 있다. 이러한 평가는 표준화된 검사(지능·흥미·성격 검사 등), 행동평정척도 그리고 관찰 및 면담과 같은 비표준화된 절차의 사용을 포함한다. 자세한 평가 도구와 절차에 관해 설명하기에 앞서, 평가활동 절차에서 사용되는 용어들을 살펴봄으로써 학교상담자, 교사, 교직원들은 학생평가와 관련하여 각자 자신의 적합한 역할을 취할 수가 있다(Schumidt, 2014). 〈표 6-2〉에서 볼 수 있듯 평가(appraisal/evaluation), 사정(assessment), 해석(interpretation), 진단(diagnosis)의 설명과 각 평가 절차에 관여할 수 있는 주요 인력 구성원들을 제시하였다. 학생이 정서, 행동, 지능의 측면에서 장애에 대한 진단 가능성이 높은 학생이라면, 학교상담자는 외부 전문기관에 의뢰하여 정확한 진단을 받을 수 있도록 안내해야 한다. 장 앞에서 제시한 예시의 C학생(품행장애)은 전문기관에 의뢰하여 정확한 진단을 받을 수 있도록 지도해야 하는 대상일 것이다. 학교상담자들은 일반 교사와는 달리, C학생과 같은 학생들을 조력하기 위해 정신건강 관련 전문가들과의 소통과 협력이 요구되기 때문에 정서 행동 장애와 같은 진단체계에 대한 지식이 요구된다. 이에 대해서는 『정신질환의 진단 및 통계 편람』-제5판(Diagnostic and Statistical Manual of Mental Disorders: DSM-5)에 대한 전문 서적을 참고하기 바란다.

우리나라의 경우, 학교 수준에서 적용되는 종합적인 생활지도 및 상담의 구체적

〈표 6-2〉 평가활동과 담당 인력

| 평가활동 | 설명 | 담당 인력 |
|---|---|---|
| 평가(appraisal) | • 학생들의 특성, 능력, 관심사를 측정하는 과정과 그러한 측정 결과에 근거한 전문적인 판단을 내리는 과정<br>• 다양한 출처로부터 자료를 수집하고, 의견을 형성하고 교육/진로 문제에 대한 결정에 있어서 지침이 되는 결론을 도출하는 과정 | 학교상담자 |
| 사정(assessment)* | • 학생평가를 위해 자료를 수집하기 위한 측정 도구와 절차들로 구성<br>• 교육적 검사, 심리적 평가, 흥미 검사, 면담, 관찰을 통해 자료를 수집하는 활동 | 학교상담자 > 교사 > 기타 학교 교직원 |
| 해석(interpretation) | • 다양한 검사 결과, 관찰 및 면담을 통해 수집된 정보들을 설명하고 의미를 부여하는 일련의 과정<br>• 전문가의 소견 | 학교상담자 |
| 진단(diagnosis) | • 문제행동의 원인과 결과에 관한 최상의 추론 혹은 최상의 판단을 내리기 위해 실시한 심리 평가 결과를 구체적으로 확인하고 분류하고 범주화하는 과정 | 전문기관에 의뢰 |

*표준화검사의 경우는 훈련 받은 학교 상담자가 진행해야 함

인 모형이 구축되어 가는 과정에 있지만 앞서 살펴본 1차 예방의 차원에서 모든 학생들을 대상으로 평가를 하는 경우는, 아직 기초학력 진단검사(중 3년, 고 2년)와 정서 행동 관심군 선별검사(초 1, 4년, 중 1년, 고 1년)만이 전국 수준으로 실시되고 있다. 물론 각 학교장의 재량에 따라 진로적성 탐색검사, 성격검사 등의 표준화된 검사를 학교 전체 학생들을 대상으로 실시하고 있지만 심리검사 결과에 대한 해석 활동의 경우, 전체 학생들을 대상으로 진행하는 학교는 극히 드물다. 그러나 검사 결과에서 관심군 대상으로 선별된 학생의 경우에는 부모의 동의 후, 2차·3차 상담기관에 의뢰하여 보다 전문적인 상담 서비스와 연계하는 체계가 구축되고 있다. 또한 개별 학생들이 관심을 갖는 경우, 각 학교에 배치된 전문상담교사나 전문상담사에게 개인 해석 상담을 안내하고 있어 학생들의 인성 및 사회성 발달을 조력하는 생활지도·상담의 체계가 과거에 비해 크게 발전하고 있다. 다음에서는 생활지도·상담에서 사용하는 평가 방법과 도구 및 절차에 대해서 간략하게 설명하고자 한다.

### (1) 표준화검사

표준화검사란 "특정한 행동에 대한 자료를 수집하는 데 있어서 동일한 절차에 의해서 측정함으로써 행동의 전체 집단을 미루어 짐작하고 그것을 기초로 하여 두 사람 이상의 행동을 비교하는 체계적인 절차"라고 정의할 수 있다. 우리나라에서 가장 잘 알려진 표준화검사의 대표적인 예는 대학수학능력시험일 것이다. 누구에게나 동일한 시간 내에 같은 절차에 의해서 실시되고 다른 학생의 점수와 상대적으로 비교할 수 있게 된다. 즉, 교사가 임의로 만들어서 실시하는 시험과는 달리, 누가 사용하더라도 평가의 실시, 채점 및 결과의 해석이 동일하도록 모든 절차와 방법을 일정하게 만들어 놓은 검사다. 학업 이외의 표준화검사라면 아마도 대다수 많은 학교에서 실시하는 흥미검사나 성격검사를 그 예로 들 수 있을 것이다.

### ① 규준

각 검사 시행에 따른 점수와 특정 검사를 받은 학생 상호 간의 비교가 가능한 표준화검사는 비교의 기준이 되는 규준(norms)을 사용한다. 표준화된 검사는 대표집단을 대상으로 개발되고 실시되기 때문에 규준은 그 대표집단 안의 특정 집단의 평균 점수가 된다. 예를 들어, 아동·청소년용 웩슬러 지능검사에서 측정된 지능지수는 만 6세 0개월~16세 11개월에 해당되는 대표집단인 규준점수와 비교해 지적인 능력에 대한 상대적 위치를 파악할 수 있게 된다. 이를테면, 10세 아동이 30문항 중 평균적으로 15개를 맞추면 10세의 규준은 15개가 원점수가 되는 원리다. 점수를 보고할 때 표준화된 검사는 앞서의 예에서처럼 나이를 사용하거나 다르게는 학년 규준을 사용할 수도 있다.

### ② 표준점수

이렇게 특정 행동에 대해 표준화된 방식으로 측정할 경우, 상대적 비교를 할 수 있도록 표준화검사 점수로 전환하게 되는데 표준화된 검사 점수는 정상분포 이론에 의해서 계산된다. 생활지도와 상담에서 활용하는 표준화검사들이 보고하는 점수들은 주로 백분위 점수와 표준점수 그리고 T점수를 사용하는데 대중들에게 잘 알려진 수능시험도 백분위 점수와 표준점수 두 가지를 사용하여 보고한다. 백분위 점수란 특정 원점수 아래에 있는 학생들의 백분율이 얼마인가를 보여 주기 때문에 대표 표본 안에 학생들의 상대적인 위치를 알 수 있다. 예를 들어, 앞서 지능검사의 예에서 14세 학생의 백분위 점수 98.2이라면, 14세 표본 집단 안에서 98.2%의 학생들이 더 낮은 점수를 얻었다는 것을 의미한다. 반대로 말하면, 상위 1.8%에 해당되는 높은 점수를 받았음을 알 수 있다. 그러나 백분위 점수는 상대적 비교만 가능할 뿐, 얼마나 많은 항목이 그 검사에 제시되어 있고 얼마나 정확한 답을 맞혔는지 알 수가 없기 때문에 교사나 상담자는 백분위 점수의 기능에 대해 잘 파악하고 학생들에게 해석을 제공해야 한다. 한편, 표준편차 점수란 해당 학생의 점수가 그 집단의 평균점수로부터 얼마나 떨어져 있는지를 알려 준다. 즉, 표준점수는 평균점수로부터 표준편차의 개념을 사용하여 학생의 점수를 보고한다. 예를 들어, 웩슬러 지능검사는 평균 100, 표준편차 15점을 기준으로 표준화한 점수이기 때문에, 만약 전체 지능지수가 115점으로 산출되었다면, 해당 학생은 14세의 규준집단이 평균 100일 때 평균보다 1 표준편차 위에 있는 점수이며, 반대로 85점은 1 표준편차 아래에 있는 점수다. 즉, ±1의 표준편차는 약 표본 집단의 68%에 해당되는 점수(85~115점)이다. 지면상 정산분포곡선에 대해 설명은 생략하고자 한다. 끝으로 T점수는 성격검사에서 많이 활용되는 표준점수인데 평균 50, 표준편차 10으로 전환한 점수이다. 다면적 인성검사(Minnesota Multiphasic Personality Inventory: MMPI), 기질-성격검사(Temperament-Character Inventory: TCI), 흥미검사 등이 T점수를 활용하여 규준에 비교한 상대적 위치에 따라 성격 특성이나 흥미 유형 간 점수의 선호도를 보고한다.

### ③ 표준화검사의 선택과 실시

이러한 표준화검사를 선택하고 실시하기 위해 전문상담교사나 생활지도 부장은 다음과 같은 사항에 대해 세심한 주의를 기울일 필요가 있다. 첫째, 검사를 선택할 때에는 각 학교에서 추구하는 생활지도의 방침에 기초하여 전체 학생들에게 자신의 이해와 발달을 촉진하게 하고자 하는 목적에 부합하는 표준화된 검사를 선택해야 한다. 생활지도와 상담에서 활용하는 표준화검사의 선택과 사용은 교사라면 누구든 할 수 있는 일이 아니라, 이에 대한 훈련을 받은 전문상담교사의 추천을 받아 진행되어야 한다. 둘째, 검사의 실시 조건을 고려해야 한다. 만약 전체 학생들을 대상으로 정신건강을 증진시키기 위한 검사의 목적을 갖고 다면적 인성검사(청소년용의 경우, 478문항)를 실시한다고 할 경우에, 전교생이 50명 내외인 외진 지역의 학교라 한다면 가능할지 모르지만 1,000명 이상의 대규모 학교에서는 많은 문항 수를 지닌 검사를 실시하는 것은 불가능하다. 셋째, 타당도와 신뢰도를 고려해야 한다. 타당도는 재야 할 것을 재는 것이고 신뢰도는 측정한 결과를 믿을 수 있는가에 대한 답을 제공하는 것을 의미한다. 예를 들어, 성격 5요인 검사가 있어서 학생들의 성격 특성을 측정하고자 하는데 실제로 성격을 5요인이 아니라 3요인으로 측정하는 것이라면 그것은 성격 5요인 검사가 아니라 3요인 검사가 되는 것이므로 타당하지 못한 검사다. 반면에 검사도구의 신뢰도는 보통 검사-재검사 간 상관 값이나 문항 간 내적 일치도인 크론바 알파 계수를 통해 확인할 수 있다. 넷째, 표준화검사의 실시와 해석을 할 때에는 표준화검사 개발자가 제시한 지침대로 동일한 절차로 진행해야 하며, 특히 검사 결과에 대한 해석을 실시할 때에도 앞서 설명한 표준화 점수의 의미를 잘 파악하여 정확한 정보를 제공하는 것이 중요하다. 학교상담에서 심리검사 활용의 효과에 관한 연구 결과(Whiston, 2007)에 의하면, 심리검사 결과에 대한 해석 상담이 함께 제공되었을 때 가장 효과가 있는 것으로 나타났다. 따라서 일회성의 심리검사를 실시하고 해석 활동을 하지 않는 생활지도의 형태는 지양해야 할 것이다. 학교 상황을 고려한다면 집단 지도의 형식을 활용하여 실시한 표준화 심리검사의 목적과 검사 결과가 갖는 의미에 대한 정보를 제공하되, 개인적으로 관심이 있는 학생과 좀 더 심화된 해석이 요구되는 학생들을 발굴하여 개인 해석 상담을 제공해야 한다. 이러한 생활지도를 학교에서 수행할 수 있으려면 전문상담교사가 중심이 되어 교사들에게 심리검사에 대한 정확한 지식과 정보를 제공하여 교사들이 학급에서 집단 지도를 실시할 수 있도록 조력해야 하고 교사는 개인적으로 좀 더 심화된 상담이 요구되는 개별 학생들을 확인하여 전문상담자에게 의뢰할 필요가 있다.

④ 표준화검사의 종류

학교 현장에서 활용 가능한 표준화검사 도구들은 매우 다양하다. 학생들의 인성 및 사회성 발달을 촉진할 목적으로 사용할 수 있는 도구들은 성격 및 정신건강, 학업 관련 검사 그리고 진로발달의 이해를 높일 수 있는 검사들이다. 진로발달 관련 검사에 대해서는 제8장에서 자세히 다룬다. 이 장에서는 최근에 학교 현장에서 활용하거나 활용 가능한 검사들을 간략하게 〈표 6-3〉에 제시하고, 이에 대한 자세한 설명은 생략하지만 상담에서 심리검사의 활용에 관한 참고문헌을 참고하기 바란다.

**〈표 6-3〉 평가 영역에 따른 표준화검사의 종류**

| 평가 영역 | 표준화검사 종류의 예 |
|---|---|
| 성격/정서행동 | • 기질-성격검사(JTCI 7-11 아동용): 실시 대상(초등학생), 검사 문항(86문항), 5점 척도, 소요시간(10~15분), 양육자 보고식<br>• 기질-성격검사(TCI 12-18 청소년용: 실시 대상(중·고등학생), 검사 문항(82문항), 4점 척도, 소요시간(10~15분), 자기보고식<br>• 청소년 정서·행동 선별검사 2판(AMPQ-II):「교육기본법」,「학교보건법」,「학교폭력예방 및 대책에 관한 법률」, 학생건강검사규칙을 근거로, 전국 초 1~4학년, 중 1학년, 고 1학년 학생 대상으로 정서행동 관심군 학생 선별을 위해 실시함 |
| 학습 문제 | • 기초학습기능 수행평가: 읽기검사(BASA): 초 1학년~초 3학년까지 학습 부진 및 학습장애의 진단용 검사<br>• 국가 수준 학업성취도 평가: 중 3학년, 고 2학년 대상으로 매년 6월 넷째 주 화요일 국어, 수학, 영어 과목에 대해 기초 학력을 진단함 |
| 흥미/진로/적성 탐색 | • 직업선호도검사(청소년용): 고용노동부가 무료로 제공하는 직업 흥미에 대해 탐색할 수 있는 검사로 현실형, 예술형, 사회형, 기업형, 관습형에 대한 선호도를 탐색할 수 있음 |

주. JTCI: Junior Temperament-Character Inventory; AMPQ: Adolescent Mental Health and Problem-behavior Questionnaire; BASA: Basic Academic Skills Assessemnt-Reading.

### (2) 질문지

교사나 상담자는 학생들의 학업성취와 성공적인 학교생활을 하는 데 방해 요인을 탐색하기 위해 표준화된 검사 이외에 표준화 절차를 거치지 않은 다양한 질문지를 사용할 수가 있다. 질문지를 선택할 때에는 교사나 상담자가 학생들의 발달과 성장을 촉진하기 위해 필요한 질문지를 선정하되, 개발된 질문지의 활용 목적과 이론적 근거에 대해 분명하게 숙지한 후에 사용해야 한다. 다양한 심리척도에 대해서는 국내에서 개발된 심리척도들을 모아 놓은 핸드북을 참조하기를 권한다. 〈표 6-4〉는 앞서 살펴본 긍정적 행동 개입 지원(PBIS) 프로그램을 중·고등학교의 학급 단위에서 실시하고자 할 때, 학급 학생들 중에 정서적·사회적 발달에서 어려움을 겪는 학생들을 관찰과 면담을 통해 평정할 수 있는 질문지의 예이다.

〈표 6-4〉 학급 단위 생활지도를 위한 학생평가 질문지

※ 다음은 학생들의 건강한 성장과 발달을 지원하기 위해 2차, 3차의 예방 개입이 필요한 발달 영역을 살펴보기 위한 질문지입니다. 각 문항에 대해 각 학생이 필요한 영역에 대해 전혀 요구되지 않으면 1점, 매우 요구되면 5점으로 평정하기 바랍니다.

학생:  학년  반  이름  교사:

| 항목 | 1 – 2 – 3 – 4 – 5 |
|---|---|
| 1) 상대방 존중, 비폭력 태도 | 전혀 요구되지 않는다 ·················· 매우 요구된다 |
| 2) 사회적 및 관계 기술 | 전혀 요구되지 않는다 ·················· 매우 요구된다 |
| 3) 감정 조절 | 전혀 요구되지 않는다 ·················· 매우 요구된다 |
| 4) 자기통제 | 전혀 요구되지 않는다 ·················· 매우 요구된다 |
| 5) 자기존중감, 자기 이해 및 수용 | 전혀 요구되지 않는다 ·················· 매우 요구된다 |
| 6) 친구관계 | 전혀 요구되지 않는다 ·················· 매우 요구된다 |
| 7) 집단 괴롭힘 | 전혀 요구되지 않는다 ·················· 매우 요구된다 |
| 8) 갈등 해결 | 전혀 요구되지 않는다 ·················· 매우 요구된다 |
| 9) 스트레스 관리 | 전혀 요구되지 않는다 ·················· 매우 요구된다 |
| 10) 학업성취 | 전혀 요구되지 않는다 ·················· 매우 요구된다 |
| 11) 조직화 학습 기술 | 전혀 요구되지 않는다 ·················· 매우 요구된다 |
| 12) 진로 의식 및 탐색 | 전혀 요구되지 않는다 ·················· 매우 요구된다 |
| 13) 부모님 이혼 | 전혀 요구되지 않는다 ·················· 매우 요구된다 |
| 14) 상실 및 슬픔 | 전혀 요구되지 않는다 ·················· 매우 요구된다 |
| 15) 정신건강 | 전혀 요구되지 않는다 ·················· 매우 요구된다 |
| 16) 부모 지원 | 전혀 요구되지 않는다 ·················· 매우 요구된다 |

### (3) 관찰과 면담

학교에서 교사들이 학생들을 이해하기 위해 표준화검사와 질문지 이외에 자주 사용하는 방법은 관찰과 면담이다. 관찰을 통해 학생에 대한 태도나 행동, 친구관계, 성향 등에 대한 자료를 수집할 때 관찰자 지각의 편파가 작용할 수 있기 때문에 교사, 학부모 그리고 상담자들은 자신이 관찰한 내용이 정확하지 않을 수 있다는 것을 주지할 필요가 있다. 학생평가에 있어 관찰은 교사, 부모, 상담자에 의해 끊임없이 학생의 행동, 상호작용, 반응들을 개별적으로 그리고 집단 속에서 이루어진다. 학생평가에서 관찰하기 위해 사용할 수 있는 도구들로는 일화기록, 행동 평정 척도,

〈표 6-5〉 관찰을 위한 평가 도구

| 도구 | 설명 | 주의 사항 |
|---|---|---|
| 일화 기록 | 교사, 부모, 상담자들이 특정한 학생의 행동을 특정 상황 동안 관찰하여 기록하는 것을 말함 | • 유의미한 사건들과 관찰 내용들이 발생하는 대로 즉시 작성하거나 가능한 빠른 시간 안에 기록하도록 요청해야 함 |
| 평정 척도 | 관찰하고자 하는 행동이나 특성의 정도나 빈도를 표시할 수 있도록 구성한 구조화된 양식 | • 척도의 목적을 분명하게 밝히고, 직접적으로 관찰 가능한 성격 특성이나 행동을 평정할 수 있는 항목들을 기록함<br>• 몇 점 척도로 할 것인지 결정 |
| 빈도 측정 | 특정 문제행동이 발생하는 빈도를 측정하여 기록함으로써 문제행동에 대한 평가를 하는 방법 | • 명료하게 규정되지 못한 행동들을 관찰할 때 유용하지만 문제행동이 나타나는 시간대에 측정하는 것이 요구됨 |
| 시간 간격 및 시간 측정 | 관찰 기간의 길이를 결정하여 동일한 시간 간격으로 나누어 문제행동을 평가하는 기법(예: 오전 9시부터 12시까지 30분 간격) | • 각기 다르게 시간 표집을 하여 관찰하는 것이 요구됨 |

관찰자의 점검표, 빈도 측정, 시간 간격 및 시간 측정 등이 있다. 이에 대한 간략한 내용은 〈표 6-5〉에 제시하였다. 학생의 발달적 욕구를 종합적으로 평가하기 위해서 학생, 부모, 학생을 아는 교사들과의 면담은 필수적이다. 과거 그 학생을 가르쳤던 교사나 전년도 담임교사, 학생과 부모, 학생과 개인상담을 했던 전문상담교사나 기타 학생에 대한 정보를 제공할 수 있는 전문가들과의 면담을 통해서 학생에 대한 심층적인 정보를 수집할 수가 있다.

## 2) 환경평가

이 장 서두에서 살펴본 긍정적 행동 개입 지원(PBIS)의 접근을 바탕으로 3차원적 예방을 목적으로 학교생활의 지도와 상담을 수행하기 위해서는 학생의 발달에 영향을 주는 환경 요인을 평가하는 것은 학생을 평가하는 활동만큼 중요하다. 학생 개인이 속한 환경은 가족, 학교 전체 분위기와 학교 내에서 또래 집단이다. 학교 분위기와 학교 풍토가 학생들에 대한 훈육과 긍정적인 행동을 강화하는 종합적인 학

**〈표 6-6〉 학교 풍토 평가지**

※ 다음 문항은 우리의 학교를 평가하기 위한 것입니다. 문항을 보고 여러분의 반응을 표시하세요.

| 문항 | 예 ········· 아니요 ········· 때때로 |
| --- | --- |
| 1) 학교에서 사람들은 다정한가요? | 예 ········· 아니요 ········· 때때로 |
| 2) 선생님들은 여러분의 이야기를 경청하나요? | 예 ········· 아니요 ········· 때때로 |
| 3) 학교의 규칙은 모두에게 공평한가요? | 예 ········· 아니요 ········· 때때로 |
| 4) 상담 교사는 도움을 부탁하기에 좋은 분인가요? | 예 ········· 아니요 ········· 때때로 |
| 5) 교실에서 여러분은 학습을 하고 있나요? | 예 ········· 아니요 ········· 때때로 |

출처: Schmidt(2014).

교상담 프로그램을 지향한다면, 그렇지 않은 학교에 비해 학생들의 문제행동은 줄어들 수밖에 없다. 따라서 학교장이나 교사, 상담자는 학생들의 건강한 발달을 위해 자신이 속한 학교의 분위기를 평가하여 학교 단위 자체가 건강한 환경으로 개선될 수 있도록 노력해야 한다. 학교 풍토 평가(Schmidt, 2014) 질문지의 일부를 〈표 6-6〉에 제시하였다.

한편, 면담을 통해 학생들에게 자신이 사귀는 친구관계와 또래 집단에 대해 살펴보게 함으로써 학생들의 자기인식을 높일 수 있다. 학생들은 또래의 행동, 목표, 학교에 대한 태도를 평가하면서 친구관계가 자신의 목표나 행동 그리고 신념에 어떻게 영향을 미쳤는지 살펴봄으로써 자신에 대해 성찰할 수 있게 된다. 끝으로, 학생들의 개인적인 발달에 가장 많은 영향을 미치는 환경은 바로 가족이다. 가족은 학생 개인이 통제할 수 없는 환경이기 때문에 학교에서 요구하는 목표를 성취하는 데 방해가 되는 요인이 될 수 있다. 이 책 제12장에서 자세히 살펴볼 수 있다.

지금까지 학생들의 현재 상태를 파악하고 이해하기 위한 평가활동에 대해서 살펴보았다. 다음에서는 긍정적 행동을 강화하는 3차원적 예방 접근에 기초하여 2, 3차 수준에서 개입이 필요한 학생들을 위해 교사와 상담자가 제공할 수 있는 상담활동에 대해 살펴보고자 한다.

## 3. 상담활동

우리나라의 학교상담 제도가 발전하면서 학교에서 이루어지는 상담활동은 교사들이 수행하던 면담에서 보다 전문적인 학교상담자의 상담활동으로 확장되었다. 상담에 대해 많은 학자들이 정의를 내리고 있지만 이 장에서는 학교라는 장면에서 기능하는 상담활동에 국한하고자 한다.

학교에서 이루어지는 상담이란 학생과 부모 또는 교사들이 자기 자신에 대해 자각하고 어떻게 개인적인 특성과 인간의 잠재력 그리고 행동들이 타인과의 관계에 영향을 미치는지 이해할 수 있도록 조력함으로써 최적의 발달 전략을 계획하고 현안의 문제들을 해결할 수 있도록 돕는 과정이다(Schmidt, 2014). 흔히 상담이라고 하면 상담자(교사, 전문상담교사, 전문상담사)와 내담자(상담을 받고자 하는 사람, 학생) 그리고 그 둘 간의 관계에서 이루어지는 대화를 통해 내담자가 자신이 해결하고자 하는 삶에서 겪는 다양한 문제나 심리적 고통에서 벗어날 수 있도록 상담자가 조력하는 과정으로 설명한다. 상담활동은 학생만을 위한 것이 아니라 학교 공동체 구성원 모두가 건강하게 자신의 마음을 살피며 살아갈 수 있도록 하는 데 도움을 필요로 하는 구성원 누구나 상담을 받을 수 있다.

비록 전문상담교사와 같은 학교상담자들에 의해서 상담활동이 진행되더라도 교사들은 직무로서 어쩔 수 없이 앞의 예시처럼, 학생 상담을 진행해야 하는 경우가 많다. 학교상담자들처럼 전문적인 훈련을 받아 상담을 수행하지는 못하더라도 기본적인 상담 과정에 대해 숙지하고 이를 적용하려는 노력을 기울이는 교사라면, 학생 면담의 과정에서 보다 효과적인 상담으로 진전시킬 수 있다. 여기서는 상담활동에 대해 교사들이 수행할 수 있는 생활지도의 방안으로서 학교 상황을 고려한 단기상담과 위기 대응 전략 그리고 집단 지도에 대해 간략히 소개하고자 한다.

### 1) 단기 개인상담

단기상담은 한 가지 발달상의 문제나 몇 회기 내로 비교적 짧은 기간에 상담의 목표를 성취할 수 있는 상담으로 시간 압박이 높은 학교라는 공간에서 가치가 있는 상담 방법이다(Schmidt, 2014). 학교에서 단기상담의 적용 효과는 여러 연구자들에 의해서 보고되고 있고 다양한 이론적 접근과 함께 적용할 수 있다(박순득, 천성문, 2009; Skalare, 2005). 그러나 단기간에 진행하는 상담이더라도 기본적인 상담의 원리를 바탕으로 적절한 상담 대화의 방법으로 진행되어야 한다.

### (1) 학생상담의 기본 원리

교사로서 학생들을 상담할 때 반드시 알아야 하는 상담의 기본 원리는 로저스(Carl Rogers)가 제시한 촉진적 관계 형성을 위한 조건 세 가지로 설명할 수 있다(Rogers, 1951). 관계 형성을 위해 학생에 대한 공감적 이해의 태도와 무조건적 존중, 그리고 진실한 태도가 요구된다. 제시한 바 있는 예시 C학생과 같은 학생과 상담을 할 경우, 대부분의 사람들은 이런 학생을 수용하고 이해하는 것이 쉽지 않다. 그럼에도 불구하고 상담자는 저마다 그 개인의 입장에서는 그럴 만한 이유가 있다는 것을 이해하려는 노력인 공감적 이해를 해야 한다. 또 문제행동을 지속적으로 한다고 해서 문제아로 낙인찍어 바라보는 태도가 아니라 무엇일지 모르지만 상처받은 인간 존재로서 고통을 겪고 있는 보살핌이 필요한 학생으로 무조건적으로 존중해야 한다. 학생에 대한 존중과 관련되는 진실성이란 학생을 염려하는 마음을 갖는 척하는 것이 아니라 학생에 대해 있는 그대로 보려는 진정한 태도이며 말하고 행동하는 것이 일치된 상담자의 태도라 할 수 있다.

### (2) 상담 대화의 기법

상담 대화의 기법은 전문상담자가 되기 위해 꾸준히 훈련받고 연습해야 하는 부분이다. 필자가 교사들을 대상으로 주의집중과 경청, 재진술과 감정 반영, 그리고 질문기법의 연습을 15시간 내외로 상담자-내담자 역할 연습을 통해 훈련해 보면, 비록 짧은 시간이더라도 내담자를 대하는 언어 반응에서 큰 향상이 있는 것을 경험적으로 관찰해 오고 있다. 상담에서 요구되는 대화의 기법은 첫째, 주의집중과 경청이다. 누군가와 대화를 할 때 상대방에게 자신의 주의를 집중하는 것은 상대방에게 제공할 수 있는 최고의 선물이라 할 수 있다. 학생들에게 그런 선물을 주고자 하는 마음으로 자신의 주의를 학생에게 집중하여 잘 들어 준다면, 학생은 그 자체로 감동과 사랑을 받는다고 느껴 자신의 마음을 열고 자신의 내면을 탐색할 수 있게 된다. 공자께서 '말하는 것은 3년이면 배우지만, 잘 들을 줄 아는 경청의 기술은 60년이 걸린다.' 하여 이순(耳順)이라 하였던 것처럼, 학생의 말을 들을 때에는 학생과 함께하는 마음으로 학생의 입장에서 잘 들을 수 있어야 한다. 둘째, 재진술과 감정 반영은 상담자가 수행하는 거울의 역할과 관련된다. 내담자가 보고, 듣고, 느끼고 생각한 것을 상담자가 다시 전달해 주는 방법이다. 재진술은 주로 학생이 말한 내용을 좀 더 간략하게 상담자의 말로 전달해 줌으로써 학생의 이야기를 잘 듣고 있다는 것을 전달함과 동시에 잘 이해하고 있는지를 명료화할 수 있다. 반면, 감정 반영은 내담자가 말한 느낌에 대해 상담자가 전달함으로써 내담자의 감정을 좀 더 탐색하게 함으로써 자신의 내면을 이해할 수 있도록 하는 방법이다. 셋째, 질문하기는 상담에서 매우 중요한 대화의 방법이다. 우리가 사용하는 언어는 불완전하여 사람들마다 사용하는 똑같은 단어라도 같은 의미로 부호화되지 않는다는 사실을 전제하여 항상 그 말을 하고 있는 사람에게 물어서 정확한 의미가 무엇인지 탐색해야 내담자의 진짜 경험적 구조를 탐색할 수 있다. '사람들은 믿을 수가 없어요. 그래서 저는 혼자 하는 게 편해요.'라고 학생이 말하면 대부분 그렇구나 하고 넘어가는 경우가 많지만 상담에서는 '그 사람들이 누구인가요? 언제부터 그런 태도를 지니게 되었나요?' 등 학생이 과거 경험에 의해 또는 미래의 불안으로 개념화한 내용이 자신에게 어떤 방식으로 영향을 주는지 탐색하고자 할 때 사용할 수 있는 중요한 대화의 기법이다. 이 밖에도 해석, 직면, 정보 제공 및 조언 등의 상담 대화의 기법이 있다. 관심 있는 독자들은 상담 기법에 관한 참고도서를 살펴보길 바란다.

### (3) 단기상담의 4단계 모델(Lopez, 1985)

상담의 기본 원리와 대화의 방법을 활용하여 1단계에서는 무엇이 변화하기를 원하는지 학생에게 구체적인 어휘를 사용해 기술하게 한다. 이 단계에서 교사나 상담자는 학생의 발달을 저해하는 학생의 관심사와 걱정 또는 행동들을 탐색한다. 2단계에서는 학생이 제기한 문제와 관련해서 이미 했던 것을 점검한다. 과거에 성공적으로 문제를 해결했던 시도들을 살펴보게 함으로써 학생들에게 스스로 문제를 해결할 수 있는 능력에 대해 격려하고 현안의 문제를 해결할 수 있는 대안을 찾도록 조력하는 단계이다. 3단계는 목표를 명확하게 확인하는 단계이다. 교사나 상담자는 학생들의 변화를 확인할 수 있도록 있도록 측정 가능한 목표를 분명하게 설정할

〈표 6-7〉 단기상담의 4단계 모델

| 단계 | 교사나 상담자 진술의 예 |
|---|---|
| 1. 무엇이 변화되기를 원하는지 학생들에게 구체적인 용어를 사용해 기술하게 하라. | • 구체적인 예를 들어 설명해 주세요.<br>• 그 문제가 현재의 삶에 어떻게 영향을 주나요?<br>• 그것이 왜 지금 문제가 되나요?<br>• 자기 문제에 대해서 어떻게 생각하나요?<br>• 당신이 진정으로 바라는 것은 무엇인가요?<br>• 당신이 바라는 결과는 무엇인가요? |
| 2. 학생들이 문제와 관련해서 이미 했던 것을 점검하라. | • 이와 유사한 문제를 경험한 적이 있나요?<br>• 그러한 문제를 해결하기 위해 그 당시 어떤 노력을 했나요?<br>• 그러한 시도가 얼마나 유용했나요?<br>• 어떻게 그러한 시도가 성공적이었나요? |
| 3. 목표를 명확하게 확인하라. | • 당신의 문제가 해결되었다면 구체적으로 어떤 변화가 일어날 것 같나요?<br>• 당신의 문제가 해결되었다면 무엇을 보고 해결된 것을 알 수 있나요? |
| 4. 전략을 개발하고 실행하라. | • 원하는 바를 이루기 위해 친구관계에서 당신이 새롭게 개발해야 할 대인관계 기술이 있다면 어떤 것이 있나요?<br>• 친구에게 화를 버럭 내는 행동과 다르게 할 수 있는 대안적인 행동은 어떤 것이 있나요? |

필요가 있다. 끝으로, 전략을 개발하고 실행하는 4단계이다. 학생이 확인한 목표를 성취하기 위해 대인관계 기술이나 감정 조절과 같은 합리적인 전략들을 개발하고 실천함으로써 제기한 발달적 문제들을 해결하고 스스로 자신의 삶을 통제하려는 자신감과 주도성을 향상시킬 수 있도록 한다. 각 단계별로 교사나 상담자가 적용할 수 있는 구체적인 진술의 예시를 〈표 6-7〉에 제시하였다.

## 2) 위기 대응 전략

학교 장면에서 위기는 위험의 정도와 위기의 수준을 결정하기 위한 평가를 포함하는 즉각적인 중재를 필요로 한다(Schmidt, 2014). 학생들이 경험하는 위기의 유형은 이차 성징과 같은 생물학적 변화로 인한 위기, 부모의 이혼이나 사망·학대·가정폭력·이사와 같은 환경적 위기, 예측할 수 없는 자연재해와 성폭력이나 강도 사건과 같은 사고로 인해 발생하는 우연적 위기의 유형이 있다(강진령, 2015). 그러나 특정한 위기 유형에 해당되지는 않지만 학생들이 경험하는 학교폭력 피해나 정서적 문제로 인한 자살 사고 등도 위기 상황으로서 적절한 위기상담이 필요하다. 교사들이 지도해야 할 학생 중에 위와 같은 위기 상황에 처해 있는 경우에는 즉각적으로 교육적 중재가 요구되며, 2차·3차 예방 개입을 통해 전문적인 상담기관에 의뢰하여 위기에 대응할 수 있도록 한다. 위기상담 동안 가장 중요한 초점은 학생의 안정과 복지이기 때문에 학교 차원에서 위기 대응 팀을 편성하여 운영하는 것이 적절할 수 있다. 학교상담자는 위기상담에서 중심 역할을 수행하면서 팀을 구성하여 다양한 전문가들과 협력하여 학생과 교사들을 지지하는 역할을 수행한다.

### 3) 집단지도

학교에서 이루어지는 집단지도는 세 가지 의미로 나누어 살펴볼 수 있다. 넓은 의미의 집단지도는 학교에서 이루어지는 모든 활동 중에서 개인적인 지도활동과 상대되는 의미의 집단지도를 말하고 중간 의미의 집단지도는 집단적인 학습지도 부분을 제외한 영역의 집단지도, 즉 집단적인 생활지도를 말한다. 반면에 좁은 의미의 집단지도는 집단상담과 대비하여 집단상담보다 지적이고 과업 중심적이며 단기적, 구조화된 교육 훈련 중심의 집단적 생활지도를 의미한다(김계현, 김동일, 김봉환, 김창대, 김혜숙, 남상인, 천성문, 2009). 좁은 의미의 집단지도와 집단상담을 비교한다면, 집단지도는 지적인 측면, 과업지향적인 측면에 초점을 두는 반면, 집단상담은 정서적 측면, 과정 중심적인 경향이 특징이다. 즉, 단기적이고 정상적으로 기능하는 학생들의 발달적 문제를 다루고 집단지도보다는 정서적·과정 중심적인 방법이라 할 수 있다.

여기에서는 좁은 의미의 집단지도로서 긍정적 행동 개입 지원(PBIS)의 3차원 예방 구조에 따른 집단의 유형을 간략히 살펴보고 교사가 학급 단위에서 실시할 수 있는 생활지도의 방안으로서 집단지도의 운영 시 고려해야 할 사항에 대해 설명하고 이 장을 마치고자 한다.

## (1) 집단의 유형

긍정적 행동 개입 지원(PBIS)의 접근에 기초해 볼 때, 집단의 유형은 전체 학생을 위한 심리교육 집단과 2차 예방 개입을 필요로 하는 학생들을 대상으로 실시할 수 있는 집단지도, 그리고 소수이지만 심각한 문제행동을 보이는 학생들을 위한 집단 상담의 유형이 있다. 이에 대해 간략히 정리한 내용을 〈표 6-8〉에 제시하였다.

**〈표 6-8〉 3차원 예방구조에 따른 집단 개입의 비교: 심리교육 집단, 집단지도, 집단상담**

| 1차 예방 개입: 전체 학생 | 2차 예방 개입: 15% 학생 | 3차 예방 개입: 5% 학생 |
|---|---|---|
| 심리교육 집단: 교육에 초점 | 집단지도: 과업지향 | 집단상담 |
| • 공부기술<br>• 시간관리<br>• 성교육<br>• 집단 괴롭힘/학교폭력 예방교육<br>• 상급학교 진학지도<br>• 부모 대상 자녀양육기술 | • 학업지지 집단<br>• 사회적 기술 훈련 집단<br>• 자기-관리 집단<br>• 학업동기 향상 멘토링 집단 | • 분노관리<br>• 집단 괴롭힘/학교폭력<br>• 우울, 자살 생각<br>• 음주, 흡연<br>• 임신, 미혼모<br>• 이혼, 재혼가정 |

## (2) 집단지도의 운영을 위한 고려사항

〈표 6-8〉에서 살펴볼 수 있듯이, 교사가 학생들에게 실시할 수 있는 지도는 심리교육 집단과 과업지향의 집단지도이다. 집단지도는 학생들의 발달에 영향을 미치는 주제들에 대해 또래들의 지각을 공유하고 자신의 지각을 타인과 비교할 수 있다는 점에서 집단 구성원들의 성장과 발달에 보다 긍정적인 효과가 있다. 구체적으로 학생들은 좀 더 안전하고 위협적이지 않은 소집단 안에서 자신들의 문제를 나누고 새로운 행동을 연습할 수 있는 사회적 지지의 장소로 집단을 활용할 수가 있다. 둘째, 집단에서 문제를 나눔으로써 공통적인 주제와 다른 친구들이 가지고 있는 생각을 확인하고 배움으로써 서로를 수용하고 지지하는 친밀한 관계를 형성할 수 있다. 셋째, 집단을 통해 학생들은 타인을 배려하는 기본적인 태도인 주의를 집중하고 경청하는 기술을 학습할 수가 있다. 넷째, 교사가 학생의 비효율적인 대처 행동에 대해 지적하고 교정을 요구하는 것보다 '또래 압력'을 통해 학생 스스로 자신의 행동, 목표 그리고 발달과 성장을 방해하는 태도에 대해 성찰할 수 있는 기회를 만들 수 있다. 끝으로, 시간과 비용의 측면에서 개인상담에 비해 효율적인 방법이다.

그러나 이러한 장점에도 불구하고 집단을 이끄는 리더의 역량에 따라서 집단지도의 효과는 달라지기 때문에, 집단을 이끌기 위해 교사는 리더십을 개발할 필요가 있다. 앞서 배운 상담의 기본 원리와 대화의 방법을 토대로, 집단 안에서 적극적인 경청, 적절한 질문, 그리고 집단의 구조화와 학생들 간의 의사소통을 지도할 수 있는 기술을 함양했을 때, 과업 지향의 집단지도를 성공적으로 운영할 수가 있다. 중·고등학생을 대상으로 진로, 학업, 그리고 사회성 개발을 위한 집단지도 프로그램들이 많이 개발되어 있기 때문에 구조화된 프로그램들이 얼마나 효과가 있었는지에 대해 증거-기반 실제의 원리에 따라 평가하여 선택하고 적용할 수가 있다. 집단을 운영할 때 실제적으로 고려해야 할 사항은 집단상담의 장소, 좌석 배정, 기간과 빈도, 집단의 규칙 등을 사전에 점검하고 계획해야 한다. 이에 대한 자세한 내용은 학교상담에 관한 참고문헌에서 확인할 수 있다.

## 참고문헌

강진령(2015). 학교상담과 생활지도. 서울: 학지사.

김계현, 김동일, 김봉환, 김창대, 김혜숙, 남상인, 천성문(2009). 학교상담과 생활지도(2판). 서울: 학지사.

김미선, 송준만(2006). 학교차원의 긍정적 행동지원이 초등학교 학생들의 문제행동과 학교 분위기에 미치는 영향. 특수교육학연구, 41(3), 207-227.

김영선, 최윤정 (2016). 마음챙김 명상에 기초한 인지치료(MBCT)가 정서·행동 관심군 고등학생의 우울 및 자살생각 감소에 미치는 효과 및 상담 성과. 열린교육연구, 24(2), 261-284.

박순득, 천성문(2009). 단기 학교 개인상담모형 개발과 적용. 상담학연구, 10(1), 501-516.

서울대학교 특수교육연구소(2012). 특수교육 연구의 실제: 증거기반 교육실천을 위한 주제와 방법론. 서울: 학지사.

American School Counselor Association (ASCA). (2003). *The ASCA national model: A framework for school counseling programs.* Alexandria, VA: Author.

Erford, B. T. (2011). Accountability: Evaluating programs, assessing needs, and determining outcomes. In B. T. Erford (Ed.), *Transforming the school counseling profession* (3rd ed., pp. 245-287). Upper Saddle River, NJ: Pearson.

Kim, K-H. (2011). Toward a science of preventive counseling, *Journal of Asia Pacific Counseling, 1*(1), 13-28.

Lopez, F. G. (1985). Brief therapy: A Model for early counselor training. *Counselor Education and Supervision, 34*, 307-316.

Rogers, C. (1951). *Client-centered therapy: Its current practices, implications and theory.* London: Constable.

Romano, J. L., & Hage, S. M. (2000). Prevention and counseling psychology: revitalizing commitments for the 21st century. *The Counseling Psychologist, 28*(6), 733-763.

Schmidt, J. J. (2014). *Counseling in schools: Comprehensive programs of Responsive services for all students* (6th ed.). NJ: Pearson.

Skalare, G. B. (2005). *Brief counseling that works: A solution-focused approach for School counselors and administrators* (2nd ed.). Thousand Oaks, CA: Corwin.

Sugai, G., & Horner, R. R. (2006). A Promising Approach for Expanding and Sustaining School-Wide Positive Behavior Support. *School Psychology Review, 35*(2), 245-259.

Tobin, T. J., & Sugai, G. (2005). Preventing problem behaviors: Primary, secondary, and tertiary level prevention interventions for young children. *Journal of Early & Intensive Behavior Intervention, 2*, 125-144.

Whiston, S. C. (2007). Outcomes research on school counseling interventions and programs. In B. T. Erford (Ed.), *Transforming the school counseling profession* (2nd ed.). NJ: Pearson.

제3부

# 직업과 직장생활의 지도

제3부에서는 직업과 직장생활에 관한 주제를 살펴보고 있다.

사람은 일을 통해서 꿈을 실현한다. 개인의 자아실현은 결국 직업을 매개로 하여 이루어지고, 나라 사랑이나 인류에 대한 봉사도 일을 통해서 구현된다.

직무역량과 경력 개발은 직업 발달의 핵심 개념이다. 제7장에서는 직업적 업무를 수행하는 능력으로서 직무역량의 이해와 생애의 전 단계에 걸쳐 이루어지는 경력의 개발을 이해하기 위한 기본적 사항들을 다루었다.

제8장에서는 진로의 선택과 결정이 이루어지는 과정에 대한 학문적 연구의 결과들을 종합적으로 살펴본 후에 최적의 선택과 결정을 위하여 생활지도가 무엇을 할 수 있는지를 설명하였다.

그리고 직장생활에서 사람들이 직면하는 개인적 문제들을 실제적으로 다루고 있는 것이 제9장이다. 현대사회에서 직장인들이 직면하는 문제를 몇 가지 유형으로 분류하여 설명하고 있다.

제7장 **직무역량과 경력 개발**

이 장에서는 직무역량과 경력 개발의 개념과 종류, 평가와 지도방법에 관하여 학습한다. 직무역량은 직무를 효과적으로 수행하여 탁월한 성과를 얻는 데 필요한 직원의 내재적 특징이다. 역량이란 높은 성과를 창출한 핵심 인재로부터 일관되게 관찰되는 행동 특성을 말하며, 지식, 기술, 태도, 가치의 상호작용에 의해 성공적인 결과를 이끌어 낸 행동이다. 직업기초 능력은 해당 직무를 수행을 위해 기본적으로 갖추어야 할 능력이다. 국가직무능력표준(NCS)은 직업교육 훈련을 받은 근로자가 산업체에서 수행하게 될 직무 내용과 직무 수준 그리고 성공적인 수행을 위해 실제적으로 필요한 능력을 산업계 주도로 체계적으로 분석하여 제공한다. 경력 개발은 한 개인의 경력 변화를 다루므로 생애주기에 걸쳐 변하는 다양한 역할을 조직화하도록 도와준다. 경력 개발을 지도하는 방법은 입사 전의 구직기술지도와 자격증취득지도, 재직 후의 조직적응과 직무능력향상지도 및 이직과 전직, 창업 등의 진로 변경 시의 지도, 그리고 실직자와 은퇴 후의 지도가 있다.

## 1. 직무역량

### 1) 직무역량의 개념

직무는 직책이나 직업상에서 책임을 지고 담당하여 맡은 사무를 뜻하고 역량은 어떤 일을 해 낼 수 있는 힘이다. 직무는 특정한 고용주를 위하여 개별 종사자들이 수행하거나 또는 수행해야 할 일련의 업무와 과업이므로 직무역량(job competency)은 직무를 효과적으로 수행하여 탁월한 성과를 얻는 데 필요한 종업원의 내재적 특징이다. 직무역량을 갖추기 위해서는 하고자 하는 직무를 상세히 파악하는 것이 요구된다. 직무 또는 직위의 내용을 한정하는 요소를 체계적으로 제시 또는 기술하는 것을 '직무분석(job analysis)'이라고 한다. 직무역량의 개념을 설명하기 위해서는 먼

〈표 7-1〉 역량의 다양한 정의

| 학자 | 역량의 정의 |
| --- | --- |
| 매클레랜드<br>(McClelland, 1973) | 업무성과와 관련한 광범위한 심리적 또는 행동적 특성 |
| 클램프(Klemp, 1980) | 탁월한 업무수행을 하거나 뛰어난 결과를 내는 사람의 특성 |
| 보이애치스(Boyatzis, 1982) | 특정 역할을 수행함에 있어 성공적인 결과를 가져오는 내재적 특성 |
| 맥러간(McLagan, 1982) | 직무나 역할 수행에서 뛰어난 성과와 관련한 개인의 능력 |
| 플레처(Fletcher, 1991) | 규정된 기준에 따라 직무활동을 수행하는 능력 |
| 코빈(Corbin, 1993) | 바람직한 목표나 성과를 달성하기 위해 알아야 하는 것과 할 수 있어야 하는 것을 포함하는 능력 |
| 뒤부아(Dubois, 1993) | 삶에서의 역할을 성공적으로 수행하도록 사용되거나 소유하고 있는 개인의 특성 |
| 스펜서와 스펜서<br>(Spencer & Spencer, 1993) | 직무나 상황에 따라 뛰어난 수행이나 준거 관련 효과와 연관된 개인의 특성 |
| 스트러블러와 베번<br>(Strebler & Bevans, 1996) | 업무 영역에서 새로운 상황에 지식과 기술을 전이하는 능력을 포함하는 광범위한 개념 |
| 십만(Schippmann, 1999) | 측정 가능하고, 업무와 관련되며, 개인의 행동적 특징에 기초한 특성 또는 능력 |

저 역량의 개념을 정의할 필요가 있다. 역량의 개념은 하버드 대학교의 심리학자 매클레랜드(McClelland, 1973)가 처음으로 제시하였다. 전통적인 의미의 지능검사보다는 개인이 수행하는 직무에서 실제로 성과로 나타나는 역량 평가가 더 의미 있다는 입장이다. 이후 역량에 관한 연구가 계속되면서 역량의 개념은 〈표 7-1〉과 같이 학자마다 다양하게 정의되었다.

핵심역량은 조직역량과 개인역량으로 구분된다. 조직역량은 어떤 조직의 제품과 서비스를 다른 경쟁자의 것과 구별해 주는, 그 조직이 지니고 있는 경쟁 우위 요소인 고유하고 독자적이며 궁극적인 능력을 말한다. 반면에 개인역량이란 구성원이 각자의 업무에 부여하는 지식, 기술, 태도의 집합체를 말한다. 즉, 역량이란 높은 성과를 창출한 핵심 인재로부터 일관되게 관찰되는 행동 특성을 말하며 지식, 기술, 태도, 가치의 상호작용에 의해 성공적인 결과를 이끌어 낸 행동을 말한다.

이홍민과 김종인(2003)은 핵심역량의 특성을 다음과 같이 여섯 가지로 정리하였다. 첫째, 업무의 수행 과정에서 나타나는 구체적인 행동이다. 능력은 일반적으로 지식, 기술, 지능, 성격 특성 등으로 생각하지만, 역량은 직무수행에서 나타나는 개인의 행동 특성을 중심으로 파악한다. 높은 성과를 얻기 위한 행동을 뒷받침하고 있는 것이 전문지식과 기술이며, 역량은 그 사람의 의욕과 근본적인 사고방식이 가미되어 발휘된 구체적인 행동을 의미한다. 둘째, 조직의 변화를 지원한다. 역량은 경영 환경의 변화에 따라 조직에서 최근 또는 미래에 필요한 역량을 규명하고, 중요성이 감소되고 있는 능력을 규명하여 배제시킨다. 셋째, 상황 대응적이다. 개인의 역량은 두 가지 요인, 즉 조직이 제시하는 업적 기준과 직무수행 환경에 따라 달라진다. 같은 조직 내에서도 역량 규명의 토대가 되는 행동은 다르게 인식되며, 동일한 역량 명이라 할지라도 직무마다 다르게 정의되고 발휘된다. 넷째, 성과에 초점을 맞춘다. 직무분석이 일의 절차나 단계, 구성 요소를 분석하는 데 초점을 둔다면, 핵심역량은 비즈니스 성과 증대에 초점을 둔다. 높은 성과 창출의 근거가 되는 행동 특성으로서 고성과자로부터 일관되게 관찰되는 성과 예측 요소이다. 따라서 직무마다 그 개수는 10개 이내의 소수로 인식된다. 그 개수가 20~30개로 많아진다면 이미 그것은 성과 예측 요소로서의 기능을 상실하였기 때문에 핵심역량이라고 할 수 없다. 다섯째, 개발이 가능하다. 교육 훈련, 코칭, 도전적 직무, 높은 목표 설정, 유익한 피드백 등에 의해 역량은 개발과 학습이 가능한 것이다. 다만, 개발 방법이 교육 훈련에만 국한된 것은 아니다. 역량은 개발이 쉬운 것과 어려운 것이 있으나 양자를 모두 개발하는 균형을 이루는 것이 중요하다. 여섯째, 관찰과 측정이 가능하다. 핵심역량은 행위 중심으로 기술되기 때문에 관찰이 가능하므로 타인들이 쉽게 평가하여 피드백을 제공하게 되며, 수행 목표를 구체화하고 시간에 따른 변화를 객관적으로 측정하는 데 도움을 준다. 따라서 이를 토대로 행동에 대한 반성과 수정이 쉬워진다. 이러한 핵심역량은 지속적으로 급격한 환경 변화에 대응하여 개발되고 육성되기 때문에 기업의 전략적 경영 목표를 달성하는 데 필수적으로 요구되는 것이라 할 수 있다.

우리나라 「자격기본법」에는 국가직무능력표준(National Competency Standards: NCS)에 직무의 범위·내용·수준과 직무수행에 필요한 지식·기술·소양, 그리고 평가의 기준과 방법, 그 밖에 직무수행에 필요한 사항 등을 포함하도록 규정하고 있다. 직업교육 훈련을 받은 근로자가 산업체에서 수행하게 될 직무 내용과 직무 수준, 그리고 성공적인 수행을 위해 실제적으로 필요한 능력을 산업계 주도로 체계적으로 분석하여 제시한 NCS는 현장의 직무 수요를 체계적으로 분석하여 '일-교육훈련-자격'을 잇는 연결고리로서 인적자원 개발을 위한 핵심 토대가 되고 있다. 이는 직업교육 훈련 및 자격 제도에 수요자인 산업계의 참여를 확대시킴으로써 공급자 중심에서 수요자 중심으로, 투입 중심에서 결과 중심으로 인재 개발의 패러다임이 변화하였음을 보여 준다. 기업은 NCS를 통해 원하는 인재가 갖추어야 할 직무능력을 체계적으로 평가할 수 있어서 적합한 인재를 선발하는 데 활용 가능하다. 취업준비생 등 구직자는 본인이 원하는 직업의 직무에 대한 정보를 제공받아 좋은 일자리를 찾고, 기업에서 수행할 직무를 사전에 숙지하여 직업능력을 함양할 수 있다. 이러한 기업과 국민 개인의 경쟁력 강화는 궁극적으로 국가경쟁력 향상에 기여할 것이다.

## 2) 직무역량의 종류

### (1) 직업기초 능력

직업기초 능력은 해당 직무를 수행을 위해 기본적으로 갖추어야 할 직업능력이다. 직무수행 능력을 최대로 발휘하기 위해 대부분의 산업 분야에서 공통적으로 요구되는 직업기초 능력은 〈표 7-2〉와 같이 10개 분야에 34개의 하위 영역으로 구성되어 있다.

**〈표 7-2〉 직업기초 능력의 개발 영역별 하위단위**

| 개발 영역 | 하위단위 |
|---|---|
| 의사소통 능력 | 문서이해 능력, 문서작성 능력, 경청 능력, 언어구사력, 기초외국어 능력 |
| 자원관리 능력 | 시간자원관리 능력, 예산관리 능력, 물적자원관리 능력, 인적자원관리 능력 |
| 문제해결 능력 | 사고력, 문제처리 능력 |
| 정보 능력 | 컴퓨터활용 능력, 정보처리 능력 |
| 조직이해 능력 | 국제감각 능력, 조직체제이해 능력, 경영이해 능력, 업무이해 능력 |
| 수리 능력 | 기초연산 능력, 기초통계 능력, 도표분석 능력, 도표작성 능력 |
| 자기개발 능력 | 자아인식 능력, 자기관리 능력, 경력 개발 능력 |
| 대인관계 능력 | 팀워크 능력, 리더십 능력, 갈등관리 능력, 협상 능력, 고객서비스 능력 |
| 기술 능력 | 기술이해 능력, 기술선택 능력, 기술적용 능력 |
| 직업윤리 | 근로윤리, 공동체윤리 |

그림 7-1    NCS 사이트

## (2) 직무수행 능력

앞서 설명했듯 NCS는 산업 부문별·수준별 직무를 수행하기 위해 요구되는 지식, 기술, 태도 등의 내용을 체계화한 것이다. NCS는 〈표 7-3〉과 같이 대분류 24개, 중분류 77개, 소분류 277개, 세분류 857개로 구성되어 있는데, 2016년 현재 897개가

〈표 7-3〉 NCS의 개발 분류체계

| 순번 | 대분류 | 중분류 | 소분류 | 세분류 |
|---|---|---|---|---|
| | 계 | 79 | 253 | 1,001 |
| 1 | 사업관리 | 1 | 2 | 5 |
| 2 | 경영, 회계, 사무 | 4 | 11 | 27 |
| 3 | 금융, 보험 | 2 | 9 | 36 |
| 4 | 교육, 자연과학, 사회과학 | 2 | 3 | 8 |
| 5 | 법률, 경찰, 소방, 교도, 국방 | 2 | 4 | 16 |
| 6 | 보건, 의료 | 1 | 2 | 11 |
| 7 | 사회복지, 종교 | 3 | 6 | 17 |
| 8 | 문화, 예술, 디자인, 방송 | 3 | 9 | 61 |
| 9 | 운전, 운송 | 4 | 8 | 31 |
| 10 | 영업, 판매 | 3 | 8 | 18 |
| 11 | 정비, 청소 | 2 | 3 | 6 |
| 12 | 이용, 숙박, 여행, 오락, 스포츠 | 4 | 12 | 46 |
| 13 | 음식서비스 | 1 | 3 | 10 |
| 14 | 건설 | 8 | 27 | 128 |
| 15 | 기계 | 11 | 33 | 134 |
| 16 | 재료 | 2 | 8 | 39 |
| 17 | 화학 | 4 | 12 | 40 |
| 18 | 섬유, 의복 | 2 | 7 | 24 |
| 19 | 전기, 전자 | 3 | 33 | 103 |
| 20 | 정보통신 | 3 | 15 | 88 |
| 21 | 식품가공 | 2 | 4 | 21 |
| 22 | 인쇄, 목재, 가구, 공예 | 2 | 4 | 25 |
| 23 | 환경, 에너지, 안전 | 6 | 18 | 55 |
| 24 | 농림, 어업 | 4 | 12 | 52 |

개발이 완료되었다.

### (3) 한국표준협회(KSA)의 6대 핵심역량

KSA의 균형 잡힌 인재가 되기 위한 육각형의 역량체계를 살펴보면, 지도와 조정의 하모니를 이루는 행위인 '관리'와 업무 현장에서 활용할 수 있는 수행지원도구인 '기술'로 나누어 볼 수 있다.

첫째, 관리는 개인관리, 전략관리, 조직관리로 구분된다. 개인관리는 기업가 정신에서부터 개인의 올바른 성장과 조직에서 조화로운 인재가 되기까지 자아정체감을 강화시킨다. 전략관리는 비즈 현장에서 무수히 반복되게 되는 버리거나 취하는 식의 의사결정, 비전과 사업목표와의 정합성을 이루는 합리적 선택의 역량을 지원한다. 조직관리는 조직의 목표와 비전을 달성하기 위해 구성원의 조직 몰입을 유도하고 변화 혁신의 조직 개발을 지원한다.

둘째, 기술은 소통기술, 성과기술, 업무기술로 나누어 볼 수 있다. 소통기술은 갈등을 최소화하고 건설적인 관계를 맺을 수 있는 다양한 소통기법을 지원한다. 성과기술은 효율과 효과성 성과에 영향을 미치는 요소들의 관리 성과 촉진의 다양한 기법을 습득한다. 업무기술은 업무를 체계적으로 수행할 수 있는 다양한 도구를 습득하여 업무수행의 기본을 다지는 다양한 기술을 익힌다.

## 3) 직무역량의 평가

직무역량의 평가는 역량의 하위요소의 행동지표들을 근거로 수준별로 평가하게 된다. 예를 들어, 같은 영업업무 내에서도 협상 대 설득력이라는 구체적인 역량을 숙련도에 구분할 수 있다. 보통 1단계 수준인 주니어급이 현재 시스템을 이해하고 정보를 제공할 수 있는 간단한 업무를 담당할 수 있다면 5단계 수준인 마스터급은 새로운 시스템과 정보를 통합하고 차별화하며 새로운 시스템을 창출할 수 있는 업무를 수행할 수 있다. 직무별로 실제 다룰 수 있는 업무의 권한과 책임에 따라 요구되는 역량의 수준도 각각 변화하기 때문에 직원들의 역량도 이를 토대로 평가하게 된다.

기업체의 채용에서도 NCS에 기반을 둔 직무역량을 평가에 반영하기 위해 선발의

## 역량 진단도구

| 협상/설득력 | | 사내/외 관련자에 대한 의견 제시, 설득, 교섭을 통하여 타인에게 자신의 의견을 적극적으로 함으로써, 타인의 의사결정이나 업무에 자신의 의견과 주장을 반영시키는 역량 | 해당 란에 ☑체크 판단 불능 |

| 구분 | 행동 특성 | Behavioral Examples of '협상/설득력' | |
|------|----------|-------------------------------------|---|
| Level 1 (Junior) | 현재의 시스템과 정보에 대한 이해/수행 | −사전에 자신의 의견이나 논리 없이 회사의 정책/방침을 일방적으로 전달한다.<br>−상대방의 논점/요지를 피상적으로 파악하고 이에 대응한다.<br>−회사의 정책/방침에 근거한 관련 자료만을 제시한다. | |
| Level 2 | 〃 | −사실적, 논리적으로 상대방을 설득하나 상대방의 입장에 대한 고려와 배려는 다소 미흡하다.<br>− 여러 가지 대안의 제시보다는 자신이 설정한 한 가지 대안을 주장한다. | |
| Level 3 (Senior) | 현재 이 시스템과 정보에 대한 해석/응용/확장 | −상대방의 니즈와 논점을 사전에 파악하고 분석/정보에 근거하여 이에 대한 대응 논리와 관련 자료를 개발한다.<br>−자신과 상대방의 의견을 비교 분석하고 유리한 정보를 체계화하여 자신감과 일관성으로 회사의 입장을 설명한다.<br>−자료들을 수집해서 사실에 입각한 주장을 한다.<br>−필요시 상호 의견을 절충하고 타협한다. | |
| Level 4 | 〃 | −상대를 위협하지 않는, 믿을 수 있는 방식으로 분명히, 그리고 간결하게 말한다.<br>−친밀감을 신속하게 형성하여 상대방이 자신의 관심사가 우선적으로 수용되고 있다는 느낌이 들도록 한다.<br>−지지하고 수용될 수 있는 여러 선택안들을 마련, 제시한다. | |
| Level 5 (Master) | 새로운 시스템과 정보의 통합/차별화/창조 | −정기적인 접촉을 통하여 친밀한 관계를 유지하고 상대방의 니즈와 관심을 사전에 파악하고 이에 대해 객관적 설득/협상 자료를 개발/제시한다.<br>−종합적 안목에서 서로 윈윈할 수 있는 발전적 대안을 개발/제시하고 파트너십을 형성/발전시킨다.<br>−지속적이고 긴밀한 커뮤니케이션을 통해 상대방이 자신을 최우선 협상 대상자로 인정케 한다. | |

그림 7-2    역량 진단도구의 예

기준이 변화하고 있다. 과거에는 일반입사지원서 형식의 서류를 검토하여 인성·적성 검사, 필기시험, 인성면접의 순으로 채용이 이루어졌다면 현재에는 직업기초 능력과 직무수행 능력을 기반으로 한 역량 기반 지원서류를 토대로 직업기초 능력과 직무수행 능력을 평가하기 위한 필기시험 및 역량면접으로 선발의 전형이 바뀌고 있는 추세다. NCS 기반 채용은 직무수행과 유관한 스펙을 요구하며 특히 자기소개서에는 지원 직무와 관련된 능력 요소나 관련 경험 등을 기술해야 한다. 면접도 전통적인 준비에서 벗어나 지원 직무와 관련된 역량이나 다양한 경험을 실증하고 문제해결 능력을 보여 줄 수 있는 직무역량면접 위주로 전환되고 있다. NCS에 기반을 둔 면접평가는 직무수행 능력 기반 필기시험과 동일하나 면접평가임을 감안하여 지원자의 직무능력을 심층적으로 평가할 수 있도록 경험면접, 상황면접, PT면접 등 다양한 기법으로 개발되어 적용된다.

## 4) 직무역량 지도방법

### (1) 직업기초 능력 개발 지도방법

해당 직무를 수행을 위해 기본적으로 갖추어야 할 열 가지 직업기초 능력에 관한 훈련 지도안은 NCS에 교수자용 매뉴얼과 학습자용 워크북이 탑재되어 있다. 교육 대상자에게는 학습자용 워크북이 제공되고, 효과적인 교육을 하기 위한 교수자용 매뉴얼이 모듈별로 자세히 정리되어 효과적으로 지도할 수 있다. 각 기초 능력별 갖추어야 할 내용들을 행동 용어로 기술하여 교육 수료 이후에는 목표 달성의 수준을 평가할 수 있게 되어 있다. 이를 바탕으로 다양한 교수 방법을 통해 훈련을 할 수 있다. 각 영역별 교수 방법은 강의식과 같은 직접교수 방법보다는 학습자들의 경험을 통해 자신을 발견하고 계획을 수립할 수 있도록 하였다. 즉, 문제 중심 학습, 프로젝트 학습, 역할극, 프로그램 학습, 시뮬레이션 학습, 신문 활용 교육, 이러닝 등을 골고루 활용하고 있다. 학습자의 성취 수준은 서술형의 시험을 치르거나, 관찰 혹은 체크리스트, 구술시험 및 면접, 포트폴리오 등으로 실시할 수 있다. 또한 열 가지 직업기초 능력별 학습평가는 학습활동이 이루어지는 시점을 기준으로 사전평가, 학습성취도 평가, 사후평가로 구분된다.

### (2) 직업능력개발제도 활용

우리나라의 직업능력 개발을 위한 지원 시스템은 다양하다. 이 중 몇 가지를 살펴보면 다음과 같다. 첫째, 고용 디딤돌 훈련으로, 대기업, 공공기관이 주도하여 우수한 자체 훈련시설 또는 프로그램을 활용하여 고품질의 직업훈련 실시 후 취업 및 창업을 지원하는 제도이다. 둘째, 실업자를 위한 내일배움카드제다. 고용노동부에서는 「근로자직업능력 개발법」과 「고용보험법」에 따라 실업자, 자영업자 등의 자율적인 직업능력 개발을 지원하기 위하여 내일배움카드제를 실시하고 있는데, 이를 통해 직업능력개발훈련에 참여 시 일정금액의 훈련비를 지원하고 직업능력개발 관련 훈련이력을 종합적으로 관리할 수 있다. 셋째, 국가기간전략사업직종 훈련이 있다. 국가기간산업이나 국가전략산업 중에서 인력 부족 직종에 대한 지원과 기능인력 및 전문·기술 인력을 양성하기 위한 제도이다. 넷째, 근로자 직무능력 향상을 위한 지원금제도가 있다. 우선지원 대상 중소기업 근로자, 고용보험 임의가입 자영업자 및 비정규직 근로자 등이 직무능력 향상을 위하여 자율적으로 직업능력개발훈련에 참여하는 경우 고용노동부에서 훈련비용의 일부를 지원해 주는 제도이다. 다섯째, 근로자 직업능력개발훈련제도가 있다. 신청할 수 있는 대상은 고용보험에 가입한 기간제 근무자, 파견 근무자, 단시간 근로자, 일용직 근로자, 50세 이상(대규모 기업) 근로자, 이직 예정자, 3년간 훈련이력이 없는 자, 무급휴직자, 휴업자, 우선지원 대상 기업 근로자, 자영업자 등이다. 근로자직업능력개발훈련카드를 신청하고 발급받아서 고용노동부 장관의 인정을 받은 훈련과정을 수강하는 경우 훈련비의 일부를 지원해 준다. 여섯째, 일-학습병행제이다. 산업현장에서 요구하는 실무형 인재를 기르기 위해 기업이 취업을 원하는 청년 등을 학습근로자로 채용하여 기업 현장, 또는 학교 등의 교육기관에서 장기간의 체계적인 교육을 제공한다. 교육훈련을 마친 자의 역량을 국가, 또는 해당 산업계가 평가하여 자격을 인정한다.

또한 청년층을 위한 직업능력개발제도는 다음과 같다. 첫째, 청년인턴제이다. 미취업 청년에게 중소기업의 인턴십 과정을 통해 정규직으로의 취업 가능성을 제고하고 기업에게는 인건비 일부를 최대 1년간 지원하는 사업이다. 둘째, 청년취업아카데미를 들 수 있다. 기업 또는 사업주 단체가 직접 산업현장에서 필요한 직업능력 및 인력 등을 반영하고 청년 미취업자에게 대학과 일반 고교 등과 협력하여 연수과정 또는 창조적 역량 인재 과정을 실시한 후 취업 또는 창직·창업 활동 등과 연계하는 사업이다. 셋째, 스펙초월 멘토스쿨이 있다. 이는 만 34세까지의 청년을 대상으로 해당 분야를 대표하는 멘토들이 현장 맞춤형 멘토링을 거쳐 취업으로 연계하는 프로그램이다. 넷째, 취업성공 패키지이다. 이는 일정 소득 수준 이하의 저소득층의 취업 지원을 목적으로 하는 통합적인 취업지원제도이다. 다섯째, 한국폴리텍대학이 있다. 다기능기술자(2년제 학위) 과정, 기능사(국비직업훈련) 과정, 기능장(국비직업훈련) 과정, 학위전공(공학사) 과정을 개설하여 직업교육을 실시한다.

## 2. 경력 개발

### 1) 경력 개발의 개념

전통적으로 경력은 한 조직에서의 승진 경로, 전문성, 안정성의 세 관점에서 규정되어 왔다. 그러나 현대의 직업세계가 빠른 속도로 변화하고 불확실성과 예측불가능성을 가지게 되면서 경력에 대한 기존의 정의가 포괄하지 못하는 부분들이 생겨나게 되었다. 이에 따라 기존의 정의를 포괄하면서도 직업세계의 새로운 경향을 충족시키기 위해, 경력은 일생에 걸쳐 지속되는 개인의 일과 관련된 경험으로 그 정의가 확대되고 있다. 일과 관련된 경험은 직위, 직무와 관련된 의무나 활동, 일과 관련된 사건의 주관적인 해석도 포함하는 광범위한 의미이다. 또 전문직이 아니더라도 누구든지 일과 관련된 활동을 하고 있으면 경력을 추구하는 것이므로 보다 넓은 대상을 포괄한다(Greenhaus et al., 2000).

한 개인의 경력 변화를 다루는 경력 개발(career development)은 크게 두 가지 관점에서 정의된다. 먼저, 슈퍼(Super)는 경력 개발이 자기개념의 발달이라고 하였다. 자기개념은 개인이 자신에 대해, 그리고 상황에 대해 어떻게 지각하느냐와 연관된다. 사회화되는 과정에서 발달하는 자기개념은 생애주기에 걸쳐 변하는 다양한 역할을 조직화하도록 도와준다. 다른 관점에서는 경력 개발을 개인이 보다 효과적인 경력 결정을 내릴 수 있도록 하거나 개인의 경력 개발을 확장하기 위한 개입이나 적용으로 설명한다. 이렇듯 경력 개발은 개념적으로 일생 동안에 걸쳐 일어나는 경력 행동의 발달로 설명하는 이론들과 경력 행동이 어떤 특별한 개입에 의해 변화되는 것을 설명하는 이론들로 구분된다(양진영, 2005).

### 2) 경력 개발의 단계

#### (1) 슈퍼의 경력 개발 단계

슈퍼(Super, 1957)는 사람들이 전 생애에 걸쳐 자신의 능력과 흥미를 개발해 가면서 자아개념을 발달시켜 가는 경력 개발의 과정이 단계를 거쳐 이루어진다고 보았다. 즉, 개인의 경력 개발은 자아개념을 발달시키고 이를 현실의 상황에 맞추어 나가는 생애의 단계별 연속 과정이다. 슈퍼는 성장기(growth stage: 0~14세), 탐색기(exploratory stage: 15~24세), 확립기(establishment stage: 25~44세), 유지기(maintenance stage: 45~64세), 쇠퇴기(decline stage: 65세 이상)로 구성된 경력 개발의 5단계를 제안하였다. 첫째, 성장기는 가족과 학교의 중요한 인물들과의 동일시 과정을 통해 자아개념이 발달되는 시기이다. 이 성장 단계는 다시 욕구에 따라 움직이며 역할 연기를 수행하는 4~10세의 환상기, 좋고 싫음이 행동의 기준이 되고 흥미가 진로목표 설정에 중요 요인이 되는 11~12세의 흥미기, 그리고 능력에 더 높은 비중을 두고 진로를 선택하려 하는 13~14세 사이의 능력기로 나뉜다. 둘째, 탐색기는 학교생활, 여가활동 및 시간제 일을 통해 자기를 검증하고 직업탐색이 이루어진다. 탐색기는 다시 잠정적 진로 선택이 이루어지는 15~17세의 잠정기, 노동시장 진입을 위한 교육 및 훈련을 받고 진로탐색 시 현실적인 요인들을 중시하기 시작하면서 자아개념이 직업적 자아개념으로 전환되는 시기인 18~21세의 전환기, 직업을 선택하여 일을 하기 시작하며 직업의 자신과의 적합성을 끊임없이 시험해 보는 22~24세의 시도기로 구분된다. 셋째, 확립기에는 적절한 직업 분야를 발견해서 그곳에서 안정적인 자리를 잡으려는 노력이 이루어진다. 확립기는 선택한 직업이 적합하지 않을 경우 경력 변화를 시도하는 25~30세 사이의 시도기와 진로 유형이 분명해져서 안정되는 시기로 직업세계에서 안정과 만족감, 소속감, 지위 등을 굳히기 위해 노력하는 시기인 31~44세의 안정기로 나누어진다. 넷째, 유지기는 정해진 직업에서 자신의 위치가 확고해지며, 안정된 삶을 계속 유지하는 단계이다. 다섯째, 쇠퇴기는 신체적·정신적 기능이 쇠퇴하고 업무에서 은퇴하는 단계로서 새로운 역할이 요구되는 시기이다. 쇠퇴 단계는 다시 직장에서 공식적으로 은퇴하여 시간제 일에 참여하는 65~70세 사이의 감속기와, 직장에서의 은퇴와 함께 생에 대한 정리를 하는 71세 이상의 은퇴기로 구분된다.

슈퍼는 이러한 단계를 통해 생애발달주기에는 커다란 흐름의 변화가 이어지는 대순환과 발달 단계마다 다시 반복적으로 이루어지는 소순환이 공존하게 된다고 주장함으로써 보다 역동적인 진로발달의 관점을 채택하였다. 또한 인간을 생애 단계의 변화에 따라 기본적으로 여섯 가지의 역할을 수행해 나가는 존재로 보았다. 여섯 가지 역할은 아이, 학생, 여가활동자, 시민, 직장인, 가정생활자 등이다. 또한 사회 경제적 결정요소가 어떻게 경력 발달에 영향을 미치는지를 구체화하기 위해 진로아치문 모형을 사용하였다. 슈퍼의 이론은 직업과 관련된 개인의 생애 단계별 발달 과정을 매우 체계적으로 제시하고 있는 것으로 평가되고 있다. 또한 슈퍼의 이론을 통해 개인의 생애 단계별 발달 과정과 개인의 경력 개발은 서로 일관성을 가질 필요가 있다는 사실을 확인할 수 있다.

### (2) 홀의 경력 개발 단계

홀(Hall, 1971)은 개인이 조직에서 경력 성공을 심리적으로 느끼는 과정을 이론으로 설명하였다. 구체적으로 개인에게 도전적 직무를 주고 업무수행의 자율성을 부여하면 목표에 대해 몰입하게 된다. 이것이 스스로의 노력과 함께 상사로부터 적절한 지원과 피드백이 주어질 때 목표 달성으로 이어진다. 이때 상사의 적시의 피드백과 함께 개인은 심리적 성공감을 경험하게 된다. 그 결과는 개인의 자긍심과 직무만족의 향상, 직무 몰입, 그리고 모티베이션으로 연결되고 다시 도전적 직무가 주어지면 목표에 대한 몰입으로 연결되어 심리적 성공의 선순환이 계속된다는 것이다. 이러한 홀의 모형은 개인 경력이 어떻게 시작되느냐에 따라 경력 개발에 개인별 차이가 크다는 것을 시사한다. 또한 조직의 핵심 인재를 육성할 때 개인의 능력과 열망 수준에 따라 업무의 수준을 차별화시켜 능력 있는 사원을 계속적으로 개발하여 육성시킬 필요가 있다는 것을 나타낸다.

홀(1976)은 경력 단계를 연령에 따라 탐색 단계(25세 이하), 정착 및 전진 단계(25~45세), 유지 단계(40대 중반 이후), 쇠퇴 단계(65세 이후)로 구분하였다. 특히, 중년 위기의 개념을 도입하여 조직생활에서도 업무기여도에 대한 순환기를 예상할 수 있게 하였다. 조직의 경력 개발제도에 이 시기의 중요성을 부각시킴으로써 효과적인 인적자원 관리를 할 수 있는 방향을 제시하는 기여를 하였다. 또한 홀(1993)은 기술의 가속화 추세와 함께 기술혁신의 주기가 짧아지는 점에 기안한 새로운 경력 단계 모형을 제시하였다. 개인의 경력 단계는 자연연령이 아니라 분야별로 3~5년에 걸쳐 탐색, 시도, 확립, 숙달, 탐색으로 이어지는 경력 단계가 존재함을 보여 주고 있다. 전문성을 기르기 위해서는 사전에 전문지식을 중심으로 핵심역량을 가지면서도 다양한 분야로 경험을 확대하여 시장에서의 가치, 즉 경력 탄력성을 계속 유지하는 것이 중요하다.

### (3) 그린하우스 등의 경력 개발 단계

그린하우스 등(Greenhaus et al., 2000)은 레빈슨(Levinson, 1978)의 생애발달 모형을 토대로 경력 개발의 5단계 모형을 제시하였다. 1단계는 직업 선택 단계(0~25세)이다. 개인이 자신에게 적합한 직업상을 형성하고 여러 가능한 직업의 특성을 탐색하며 적어도 잠정적으로나마 직업을 선택하고 그 선택을 실행하는 데 필요한 교육이나 훈련을 받는 것이다. 이를 성취하기 위해서는 자신의 재능, 흥미, 가치, 바람직한 라이프스타일뿐 아니라 자신이 생각하는 직업 분야에서 요구되는 사항, 가능성, 보상 등에 관한 충분한 통찰력이 필요하다. 2단계는 조직 입사 단계(18~25세)이다. 자신이 선택한 경력 분야의 직무와 조직을 선택하는 것이 주요 과제다. 이 단계에서의 바람직한 결과는 자신의 경력 가치를 충족시키고 자신의 재능을 발휘할 수 있는 직무 및 조직을 선택하는 것이다. 3단계는 경력 초기 단계(25~40세)이다. 이 단계의 첫 과제는 직무와 조직에 대해 배워 조직에 크게 기여하는 사람으로 인정받음으로써 자신의 경력과 조직에서의 자신의 자리를 확고히 하는 것이다. 이러한 적응을 바탕으로 조직 내에서 위로 올라가는 것을 지향하는 시기이기도 하다. 4단계는 경력 중기 단계(40~55세)이며, 이 단계는 성인 초기와 중기를 연결하는 가교의 역할을 하는 인생 중반의 변화에 의해 촉진된다. 이때 사람들은 자신의 경력 초기를 지배했던 인생 구조를 재평가하고, 경력 목표를 성인 중기에 적합하도록 수정한다. 5단계는 경력 말기 단계(55세~퇴직)이다. 이 단계의 주요 과제는 두 가지다. 첫 번째 과제는 개인은 조직의 생산적인 기여자로 남아 있어야 함과 동시에 자신의 가치를 유지하는 것이며, 두 번째 과제는 은퇴시기를 예측하고 이에 대한 효과적인 계획을 세우는 것이다. 효과적인 계획을 통한 대비는 일을 그만두었을 때 크게 낙담하지 않게 하며 은퇴 후의 생활을 의미 있고 만족스럽게 만들 수 있다.

## 3) 경력 개발 지도 방법

### (1) 입사 전 단계

한 개인에 있어서 경력 개발의 목표는 자신이 선호하는 작업환경과 일치하는 직무를 할 수 있는 기회를 얻는 것이다. 이를 위해 개인이 할 수 있는 과제에 관해서 그린하우스 등(2000)은 자기이해와 조직의 파악이 중요함을 강조하였다. 효과적인 경력 개발은 자기이해에서부터 출발한다. 스스로가 원하는 것을 알아야 자신이 원하는 것을 제공해 줄 수 있는 직무 및 조직을 선택할 수 있다. 자기 이해를 위해서 주로 개인의 가치, 흥미, 성격, 적성 등을 점검하는데, 한국고용정보원은 워크넷 사이트에서 각 항목에 해당하는 심리검사들을 탑재하여 무료로 이용할 수 있도록 하였다. 다음으로 자신이 지원하는 조직에 대해 파악하는 것은 고유한 특성과 선호를 가지고 있는 개인이 성공적으로 취업하고 적응하는 데 필수적인 과정이다. 구체적으로 이 단계는 직무분석과 기업 분석으로 세분화될 수 있다. 직무분석은 본인이 관심을 가지고 있는 직무에 대한 구체적인 분석과 이에 따르는 필요 역량에 대해 알아보는 것이다. 직무 관련 정보를 얻는 방법은 지원 회사 홈페이지, NCS, 잡이룸과 같은 직무분석 관련 정보 제공 홈페이지, 인적 네트워킹, 대학의 취업 관련 부서, 워크넷, 잡코리아, 사람인 등과 같은 취업포털 사이트이다. 기업 분석은 같은 직무라 하더라도 지원하는 기업의 업종, 처해 있는 상황, 역사, 조직 문화 등에 따라 달라지기 때문에 지원하는 기업을 개별적으로 분석해 보는 것으로 매우 중요하다. 그린하우스 등(2000)이 제시한 기업 분석을 위해서 구체적으로 알아보아야 하는 항목들은 〈표 7-4〉와 같다. 기업에 대한 정보를 얻을 수 있는 대표적인 홈페이지로는 금융감독원 전자공시시스템 사이트, 중소기업현황정보시스템 사이트, 잡코리아, 사람인 등이 있다.

**〈표 7-4〉 기업 분석을 위해 파악해야 할 정보 유형**

| | |
|---|---|
| • 조직에서 실시하는 사업 유형 | • 조직의 미래 경영계획 |
| • 조직의 크기 | • 조직의 본부 및 주요 공장 위치 |
| • 조직의 구조 | • 훈련 및 개발 기회 |
| • 조직의 사업 전망 | • 승진 정책 |
| • 조직의 재무상태 | |

① 구직기술지도

구직기술지도는 크게 이력서의 작성, 자기소개서의 작성, 면접응대 기법 등이 포함된다.

이력서 및 자기소개서 등 구직서류는 인사담당자가 입사 지원자를 만나기 전에 먼저 지원자를 종합적으로 평가하는 데 근거가 되는 문서다. 지원자의 입장에서는 자신이 지원하는 회사와 직무에 적합한 인재임을 다각적으로 보여 줄 수 있는 마케팅 도구라 할 수 있다. 구직서류는 분량의 제한이 있기 때문에 지원자와 관련된 모든 내용을 두서없이 작성해서는 안 된다. 작성의 기준이 되는 것이 직무 및 조직과의 적합성이다. 따라서 개인 정보에 대한 선택과 집중이 매우 중요하다. 자기이해, 직무분석 및 기업 분석을 통해 얻은 정보를 통해 지원자는 지원하는 직무 및 조직이 지원자에게 원하는 역량 및 개인 특성을 파악할 수 있게 된다. 또 자신에 대한 심도 깊은 이해를 통해 자신이 보유하고 있는 역량과 특성, 장단점, 본인이 원하는 작업 환경의 특성들을 파악하게 된다. 지원자와 기업이 원하는 바를 종합하여 공통 요소를 도출하여 그 공통 요소를 구직서류의 핵심 주제로 정한 다음 작성해야 한다. 특히, 최근에는 구직서류의 디자인 및 편집이 매우 중요시 되는 추세이기 때문에 출력 용지, 글자 폰트, 전체적인 편집양식에서 세련되고 고급스러운 인상을 줄 수 있는 선택을 하여야 한다.

세부적으로는 먼저, 이력서의 사진은 정장을 착용한 무난한 모습으로 전문 사진사의 도움을 받아 준비해야 한다. 사진의 배경 사진, 헤어스타일, 의상 등은 지원하는 직무에 따라 요구되는 내용이 다르기 때문에 반드시 지원 직무와 회사에 맞는 사진을 준비하여야 한다. 일반적으로 이력서에서 가장 중요한 경력 및 활동 사항을 적을 때는 단순히 기관 명과 수행 기간만 적을 것이 아니라 해당 활동을 하는 동안 수행했던 직무들을 세분화해서 적을 필요가 있다. 그래야만 이력서를 읽는 인사담당자가 해당 지원자에게 어떤 일들을 맡길 수 있을지 그림을 그려 볼 수 있게 된다. 이때 모든 세부 활동 사항을 적는 것이 아니라 반드시 지원 직무 및 회사와 관련된 사항만을 선택해서 적어야 한다. 연대기적으로 적기보다는 채용에 가장 도움이 되는 정보를 우선적으로 제시하여야 한다. 또한 성과 및 성취 결과를 중심으로 작성하되 결과를 입증할 수 있는 구체적인 수치 및 증거를 가지고 언급하여야 한다.

자기소개서에는 일반적으로 지원동기, 경력 및 활동 사항, 입사 후 포부, 성격의 장단점, 성장 배경의 다섯 가지 항목이 포함된다. 인사담당자들이 가장 중요시하는 지원동기의 경우 지원자의 해당 회사 및 직무에 대한 열정, 비전, 전문성, 조직 충성도 등을 가늠할 수 있는데 이는 지원자가 얼마나 오랫동안 회사에서 근무할 수 있을지, 입사 후 좋은 성과를 낼 수 있을지에 대한 답의 근거가 될 수 있으므로 매우 중요하다. 경력 및 활동 사항의 경우 일차적으로 해당 직무를 수행할 준비가 되어 있는 지를 보는 항목이다. 지원 직무와 연관되는 내용만을 작성하는 것이 매우 중요하다. 입증할 수 있는 근거를 가지고 본인의 역량을 스토리텔링해야 한다. 입사 후 포부의 경우 이 사람이 비전을 가지고 회사에 지원했는지를 알 수 있는 항목이다. 회사의 조직도를 보고 구체적으로 자기가 일하고 싶은 직무를 수행하는 부서명을 구체적으로 조사하여 제시하는 노력이 필요하다. 성격의 장단점은 자신에 대한 이해가 얼마만큼 되어 있는지를 판별하는 항목이다. 더불어, 이 사람의 성격적 특성이 해당 직무 및 조직에 적합한 지도 파악할 수 있다. 장점은 해당 직무에 가장 적합한 성격적 특성을 적는다. 단점은 해당 직무수행 및 조직생활에 치명적이지 않은 단점을 가볍게 제시하는 것이 좋다. 성장 배경은 일반적으로 회사 및 집단생활을 하는 데 무리가 없는 보편타당한 가치관을 갖고 있는지를 파악할 수 있는 항목이다. 따라서 본인의 직무 적합성과 역량을 제시해야 한다.

　마지막으로, 면접응대 기법을 훈련하는 것이 필요한데, 이때 가장 중요한 것은 불안을 조절하는 것이다. 지원자가 불안하면 애써 준비한 내용들이 생각나지 않을 뿐 아니라 정상적인 사고기능이 일어나기 어려워 본래의 실력을 발휘하기가 어렵게 된다. 또한 자신과 관련하여 면접관에게 제시할 핵심 메시지를 선정하는 것은 매우 중요하다. 불안을 낮추고 면접 때 답변할 핵심 메시지를 도출하는 것은 자기이해, 직무분석, 기업 분석의 과정을 충실히 수행했을 때 얻을 수 있다. 따라서 면접 전에 충분한 준비를 하고 그 준비 과정을 통해 얻어진 자신감을 가지고 면접에 임하는 것이 중요하다. 추가적으로 복장, 헤어스타일, 제스처 등을 포함한 이미지메이킹, 발음, 어투, 성량, 말의 속도 조절 등의 훈련, 본인이 말하고자 하는 바를 정확하게 전달할 수 있는 의사소통 기술 등을 훈련할 필요가 있다.

### ② 자격증 취득 안내

　최근 채용의 경향은 NCS에 기반을 둔 직무역량을 기준으로 바뀌어 가고 있기 때문에 해당 직무와 관련된 자격증의 취득은 더욱 중요해졌다. 자격증은 개개인이 어떤 직무에서 요구되는 특정한 수준의 숙련이나 자질을 갖추었음을 공식적으로 인정받는 것으로 해당 자격이 없으면 당해 업무에 종사할 수 없는 업무독점형 자격과 일정한 기능이나 지식을 소유하고 있음을 인정하는 능력인정형 자격으로 구분될 수 있다.

자격제도는 관리 주체에 따라 국가 자격, 공인민간 자격 그리고 순수민간 자격으로 분류된다. 국가 자격은 법령에 의하여 국가가 신설하여 관리 운영하는 자격이다. 공인민간 자격은 국가가 공식적으로 우수성을 인정한 민간 자격을 말한다. 순수민간 자격은 국가 외의 법인, 단체 또는 개인이 신설하여 운영·관리하는 자격을 말한다. 자격증에 대한 구체적인 정보를 알기 위해서는 한국산업인력공단의 자격정보시스템, 직업능력개발원 홈페이지 등을 활용할 수 있다. 한국산업인력공단의 자격정보시스템은 국가(기술) 자격, 공인민간 자격에 대한 정보와 수험 정보를 볼 수 있다. 한국직업능력개발원 홈페이지는 민간 자격 등록 및 관리 업무와 민간 자격의 국가공인에 관한 신청 서비스를 제공한다. 또한 국가공인민간 자격과 순수민간 자격으로 구분되어 있는 우리나라 모든 민간 자격에 관한 자격 내용, 직무 내용, 취득 방법, 자격관리기관 등의 정보와 자격제도에 관한 연구 발간물 자료도 검색할 수 있다.

### (2) 재직근로자 단계

#### ① 조직적응지도

그린하우스 등(2000)은 조직적응지도에 대하여 구체적으로 방법을 제시하였다. 신입사원이 조직에 적응하기 위해서는 업무 기술 외에도 조직이 어떻게 돌아가는지, 어떤 행동이 보상을 받거나 처벌을 받으며, 조직이 내세우는 것은 무엇인지를 파악할 필요가 있다. 이러한 과정을 조직사회화라 한다. 조직사회화는 개인이 조직에서의 역할을 수행하고 조직 구성원으로서 참여하는 데 필요한 가치, 능력, 기대되는 행동, 사회지식을 알게 되는 과정이다. 이는 마치 개인이 자라서 사회의 가치와 규범을 배우는 것처럼 신입사원도 조직에서 어떻게 행동해야 하는지를 배워 나가는 것이다. 구체적인 사회화 내용 영역으로는 다음의 여섯 가지가 있다.

- 수행효율성: 직무와 관련된 과제를 배워 나가는 정도
- 사람: 조직 구성원들과 업무 관계를 잘 정착시키는 정도
- 정치: 조직 내에서 공식적·비공식적 업무 관계와 권력 구조에 관한 정보를 성공적으로 얻을 수 있는 정도

- 언어: 조직의 독특한 은어나 속어뿐 아니라 전문기술직의 언어까지도 아는 정도
- 조직의 목표와 가치: 조직의 구체적인 목표와 가치, 그리고 권력이 있는 구성원들이 신봉하는 비공식적 목표와 가치를 아는 정도
- 역사: 조직의 전통, 관습, 신화, 의식뿐 아니라 조직 내에서 영향력 있는 구성원의 개인적 배경과 작업의 역사적 배경을 이해하고 인식하는 정도

잘 설계된 사회화 프로그램은 여섯 가지 영역의 대부분을 다루고 있다. 그러나 상당 부분의 조직사회화는 공식적인 교육 외에도 개인이 조직에서 다른 사람의 행동을 관찰하고 업무와 조직에 대해 알게 됨으로써 비공식적으로 일어나게 된다.

② 직무능력향상지도

직무능력 향상을 위한 재직자 대상 지원 교육은 고용보험 피보험자들을 대상으로 기간제근로자, 단시간근로자, 파견근로자, 일용근로자 등을 포함한다. 훈련기관에 등록된 기관 중 본인이 원하는 기관에서 훈련받을 경우 교육비를 일정 부분 지원받을 수 있으며, 그 한도는 근로자직무능력향상지원금의 경우 연간 100만 원 이내이고 5년간 300만 원을 초과하지 못한다. 재직자내일배움카드는 합산하여 연 200만 원 이내로 지원받을 수 있고 5년 동안 300만 원 한도로 지원받을 수 있다. 고용노동부

〈표 7-5〉 재직자내일배움카드와 근로자직무능력향상지원금 비교

| 구분 | 재직자내일배움카드 | 근로자직무능력향상지원금 |
|---|---|---|
| 대상 | 기간제·단시간·파견·일용근로자, 90일 이내 이직 예정자, 90일 이상 무급휴직·휴업하고 복귀하지 못한 자 | 우선지원 대상 기업소속 근로자, 비정규직 근로자, 임의가입 자영업자 |
| 지원 한도 | 1년 200만 원, 5년 300만 원 한도(양 지원금 합산) | 1년 100만 원, 5년 300만 원 한도 |
| 지원 금액 | 고용노동부가 훈련기관에 실 수강료 80~60% 지원한도 내에서 직접 지급 자비 부담(집체 20%, 외국어 50%) | 근로자가 훈련비용을 자비로 사전 부담하고 훈련수료 후 훈련비 단가의 50~100%를 지급 |
| 훈련 과정 | 10일·40시간 이상으로 고용노동부장관의 인정을 받은 과정 | 2일·16시간으로 고용노동부장관의 인정을 받은 과정 |

직업훈련을 실시하고 있는 훈련기관의 현황을 살펴보면 34개의 한국폴리텍대학교와 한국기술교육대학교를 합하여 공공 부문에 35개, 민간 부문에는 6,390개로서 총 6,425개소가 있다.

### ③ 진로변경지도

평균 수명의 증가로 직업생활을 할 수 있는 시간은 늘어났지만, 직업세계는 빠르게 변화하는 트렌드에 발맞추기 위해 수시로 인력 구조 조정 및 다운사이징을 감행하고 있다. 이러한 직업세계에 적응하기 위하여 이직과 전직이 많이 일어난다. 따라서 현 시대는 평생직장이 아닌 평생직업의 시대라고 언급되어 왔고, 개인이 환경에 발맞추어 지속적으로 변화해야만 하는 프로틴 경력의 시대라고도 한다. 개인이 이·전직을 통해 경력 변화를 하려는 이유는 현 직업이나 라이프스타일에 대한 불만 등의 개인적 요인과 직무 소실, 경제 상황, 업무량 증대 등의 환경적 요인도 있다. 따라서 경력 변화를 일으키려는 사람들의 경력 변화 요인을 파악하고 그 요인이 타당한지를 확인해야 하고 대안이 있는지를 확인하는 것이 선행되어야 한다 (Greenhaus et al., 2000). 기업에서 퇴직자 및 퇴직 예정자를 위한 민간 전직 지원 회사 프로그램은 변화관리 프로그램을 통해 퇴직이라는 큰 변화에 적응할 수 있도록 심리 상담과 개인 진단 프로그램을 제공한다. 재취업 프로그램, 창업 프로그램, 정년 프로그램을 통해 고객들을 조력하고 있다(김석란, 이영민, 2013). 공공 부문에서는 2015년 기준 전국 총 28개소의 중장년 일자리 희망센터가 지정, 운영되어 전직 지원 서비스를 제공하고 있다.

진로변경지도에서는 창업에 대한 지도도 중요하다. 취업의 문이 좁아진 청년층과 주부들이 창업시장에 대거 진출하고 있고 빨라진 명예퇴직으로 인해 퇴직자 창업도 꾸준하게 증가하는 추세이다. 창업을 준비하는 사람은 과포화 상태이며 실패율이 높은 국내 자영업 창업시장의 현실을 인식하고 준비해야 한다. 일반적인 창업의 프로세스는 업종 선택 → 예비 조사 → 입지 선정과 상권 분석 → 상점 계획과 소요 자본 추정 → 재무분석→ 사업계획 → 사업 추진으로 이루어진다. 창업의 첫걸음인 업종 선정 시 고려 사항으로는 적성과 능력의 적합 여부, 시장성 및 입지성 전망, 수익성 양호 여부, 상품성 우수 여부, 위험 요소 여부 등을 따져보아야 한다. 또한 주먹구구식의 시작보다는 철저한 사업계획서의 작성을 통해 체계적으로 접근해 가는 것이 필요하다. 사업계획서를 작성할 때는 계획 사업의 실현 가능성, 핵심 사항과 구체성, 독창성과 자신감, 상품성보다는 시장진입 전략 강조, 이해가 쉽고 적당한 분량을 지키는 것이 중요하다. 사업성 분석은 창업을 실패로부터 막기 위한 반드시 필요한 사전점검 장치이다. 따라서 소규모 창업일지라도 반드시 작성할 필요가 있다. 사업성 분석의 구체적인 내용으로는 시장의 규모 및 시장 잠재력을 분석하는 시장성 분석, 제품 및 기술 개발 능력을 분석하는 기술성 분석, 수익성 및 자금 조달 능력을 분석하는 경제성 분석 등이 있다. 그 밖에도 창업자의 사업수행 능력과 장기적인 관점에서의 경영 환경 및 시장 추이 전망, 소비 패턴, 경제 상황, 국내외 경제 동향에 대한 분석도 아울러 필요하다.

### ④ 실직자 재취업 지도

고용노동부는 신입 및 경력 구직자들이 자신의 희망, 관심, 자격 및 능력을 파악하여 이에 필요한 교육, 훈련, 직업 선택을 할 수 있도록 다양한 재취업 지도 프로그램을 운영하고 있다. 고용센터에서 진행하는 프로그램은 집단상담 프로그램, 단기 집단상담 프로그램, 취업특강 등이 있다. 집단상담 프로그램은 대상에 따라 12~15명의 소규모 그룹이 참여하는 형태로 3~5일 과정으로 진행되며, 대상별로 다양한 프

〈표 7-6〉 고용노동부의 집단상담 프로그램

| 프로그램 | 대상 | 내용 | 비고 |
|---|---|---|---|
| 성취 | 구직자 전체 | 취업의욕 증진, 취업정보 수집, 지원서류 작성법, 면접 실습 등 | 자체 운영 |
| 올라 | 취약 청년층 (NEET) | 마음 열기, 마음 모으기(협력), 의사소통 및 생애 설계와 비전 수립 등 | |
| WIND | 여성결혼이민자 | 한국의 취업세계에 대한 이해, 외국인 구직자로서 자존감 향상, 직장생활에 대한 이해 등 | |
| HI | 고졸 청년층 | 고졸 청년층의 자기 탐색, 일자리 탐색, 구직 기술 수준 제고 | |
| 청년취업역량 | 19~34세 청년구직자 | 역량 기반 채용관행에 적합한 구직 기술 강화 및 역량 개발 계획 수립 | |
| 행복내일 | 취업취약계층 | 의욕 강화와 자신감 향상, 자기 진단과 생애 설계, 취업 준비와 구직 기술 | |

| 직업행복 | 출소 예정자 | 마음 열기, 의사소통, 직업탐색, 직업생활 · 예절, 구직 기술 습득, 행복한 내일 설계 | 자체 운영 혹은 관련 기관 운영 |
|---|---|---|---|
| CAP+ | 15~29세 청년 구직자 | 진로결정을 위한 직업탐색, 강점 강화, 면접 실습 등 | 인소싱 |
| 취업희망 | 취약계층 구직자 | 자존감 회복을 위한 활동, 자신감 향상, 근로의욕 증진, 효과적 의사소통 등 | |
| 성실 | 고령 구직자 | 화 다스리기, 재취업을 위한 구직활동 방법, 대인관계, 구직 기술 등 | |
| 주부재취업설계 | 주부 등 경력단절여성 | 재취업을 위한 직종 선정, 셀프마케팅 등 | |
| 제대군인 (V-TAP) | 제대군인 | 전직 준비 및 동기부여, 직업세계의 이해, 제대군인 적합직종 탐색 및 전직 계획 등 | |
| 생산직 퇴직설계 | 베이비부머 퇴직 예정자 | 퇴직에 대한 인식 전환, 퇴직 준비와 인생 설계 | |
| 사무직 퇴직설계 | 베이비부머 퇴직 예정자 | 퇴직에 대한 인식 전환, 퇴직 준비와 인생 설계 | |

로그램이 운영되고 있다. 단기 집단상담 프로그램은 취업을 준비하는 구직자가 특별히 부족하다고 생각되는 부분만을 선택하여 25명 내외의 중규모 그룹의 참여 형태로 3~4시간으로 운영된다. 취업특강은 인원 제한 없이 2시간 강의식 형태로 운영된다.

### (3) 은퇴 후 단계

#### ① 건강관리지도

의학의 발달과 더불어 평균수명은 연장되었지만 건강하게 일생을 보내는 것은 쉬운 일이 아니다. 실제로 베이비붐 세대들은 80.7세인 평균수명과 71세인 건강수명 간에 10년의 차이가 있다. 질병에 시달리지 않고 건강하게 은퇴 후의 삶을 영위하기 위해서는 체계적인 건강관리를 통하여 활력 있는 노후를 준비해야 한다. 건강한 노후를 위해서는 심신건강관리의 기초라고 할 수 있는 스트레스 관리법의 지도가 필요하다. 또한 식생활과 운동관리를 중심으로 한 신체건강관리법, 그리고 우울

증과 치매 예방을 중심으로 한 정신건강관리법 등도 중요한 관리 방법이 된다. 좋은 음식을 잘 챙겨먹고 해로운 기호식품들을 멀리하도록 지도하는 것과 더불어, 적절한 운동과 건강한 생활습관 및 좋은 대인관계를 지속할 수 있도록 하는 관리 및 지도가 필요하다.

② 자금관리지도

은퇴 후 기대수명은 증가되었지만 새로운 수익이 창출되지 않으므로 급격한 소비가 일어날 수 있다. 따라서 은퇴를 앞둔 시점에서의 재무설계는 매우 중요하다. 은퇴를 위한 재무설계는 주로 다음의 단계를 따른다. 먼저, 은퇴 후 필요자금을 세부 항목별로 계산한다. 둘째로, 필요자금 조달 방법의 확인 및 평가 후 필요자금을 재조정해야 한다. 셋째, 은퇴자산 포트폴리오를 작성해야 한다. 이때는 안정성을 위주로 투자를 하되, 이자율이 낮은 현재의 상황을 고려할 때 일정 부분의 주식 투자 등을 통해 제한된 리스크를 감수할 필요성도 있다. 그리고 부동산보다는 유동성이 높은 현금 보유액을 늘리는 것이 필요하고 때에 따라서는 질병 관련 보험 및 주택연금도 적극적으로 활용할 필요가 있다. 은퇴를 위한 탄탄한 자금 준비는 단시간에 이루어지는 것이 아니므로 각 연령대에 맞추어 미리부터 계획적인 재무관리를 단계별로 할 필요가 있다. 첫 번째 단계로 자산 현황을 파악해야 하는데, 구체적으로 본인의 현 자산의 구조와 그 비율을 파악하고, 현재 수입을 분석하고 향후 수입과 지출 부분을 비교 분석하여 자금 마련 방법을 모색한다. '자산 현황 파악표'를 본인 스스로 작성해 보는 것이 중요하다. 두 번째는 재무 목표 세우기이다. 미래에 필요한 자금을 파악하고, 각 필요한 자금의 시기를 정한 후 그 자금별로 맞는 금융상품 적용 방법을 확인한다. 세 번째는 금융상품별 장단점을 이해하는 것이다. 저축과 투자 상품의 이해와 각 장단점을 파악한다. 이 단계에서는 실제 사례를 통한 금융상품 적용 방법의 습득이 중요하다. 네 번째는 재무설계 실습 단계다. 자산관리 진단 프로그램을 활용하여 설계하도록 지도한다.

③ 소일거리 찾기 지도

노년기의 사회참여는 일반적으로 취업활동, 지역사회조직 및 단체 활동 등을 의미한다. 이는 은퇴를 기점으로 일어나는 다양한 변화를 극복할 수 있는 최선의 방안이 될 수 있으며, 은퇴에 의한 역할상실을 대체할 수 있다. 또한 직장 중심에서 가족과 지역사회를 중심으로 급격한 생활 기반의 전환에 유연하게 대응할 수 있는 자원이 된다. 노년기 사회참여로 얻는 혜택은 크게 개인적 차원과 사회적 차원으로 구분하여 설명할 수 있다. 첫째, 개인적 차원은 다시 사회관계적 측면, 심리적 측면, 신체적 측면으로 구분된다. 사회관계적 측면에서 사회참여는 노년기 역할상실 보완, 새로운 인간관계 형성, 가족과의 유대 강화, 개인의 능력과 기술 강화, 지역사회 관심과 이해 증가라는 장점이 있다. 심리적 측면에서 사회참여는 고독감과 소외감소, 자기유용성 증가, 긍정적인 자아개념 유지, 삶에 대한 긍정적 태도, 노년기 삶의 만족도를 증가시키는 결과를 낳는다. 신체적 측면에서는 신체적 건강 증진, 의료비 절감 등의 혜택을 얻을 수 있다. 둘째, 사회적 차원으로는 은퇴자 및 노인의 유휴인력 활용, 사회자본 형성, 사회통합, 건강 증진을 통한 의료비 절감 등으로 설명될 수 있다.

노년기 사회참여의 일반적 유형에는 사회공헌일자리와 자원봉사활동이 있다. 사회공헌일자리는 시민서비스라고도 지칭하는데, 생계보다는 사회공헌에 관심이 많은 유휴인력의 참여를 유도하기 위함이다. 적은 금전적 보상에도 불구하고 자기만족도와 성취감이 더 클 수 있는 봉사적 성격의 일자리라는 특징을 갖는다. 또한 조직화된 일정 기간 동안 실질적인 활동이 제공되고 지역사회, 국가, 나아가 세계에 기여할 수 있는 공익활동이라는 점, 사회로부터 가치를 인정받으면서도 최소한의 금전적 보상이 서비스 제공자에게 주어진다는 장점이 있다. 이는 유급자원봉사활동과 그 의미와 개념이 다소 중복되는 면도 있다. 또 다른 사회참여의 형태에는 자원봉사가 있다. 자원봉사는 자발성, 무보수성, 공익성, 지속성의 성격을 갖는다. 이러한 노년기 사회참여는 여가와 일자리와의 연계를 통해 이루어지는 것이 바람직하다.

④ 여가지도

은퇴자에게 있어서 여가란 자기성취의 시기를 보내면서 자신이 선택한 순간에 무엇인가를 하며 즐거운 감정을 느끼는 상태나 활동을 의미하는 것이다. 노후에 질적인 시간관리를 함으로써 삶의 질을 높이기 위해서 매우 중요한 삶의 수단이다. 보다 적극적이고 생동감 있는 삶을 즐기기 위해서는 여가지도를 해야 한다. 각 사람마다 생활스타일이 있듯이 여가에도 스타일이 있다. 예를 들어, 혼자 노는 걸 좋아하는 스타일, 사람들과 함께 놀아야만 즐거운 스타일, 가족 없이는 즐거움을 느끼지 못하는 스타일 등이다.

여가설계를 하기 전에는 여가활동에 대한 안내가 필요하다. 여가활동을 분류해 보면 문화예술 관람, 문화예술 참여, 스포츠 참여, 관광, 휴식, 사회활동 등 다양하다. 이러한 큰 분류에 따라서 다양한 여가활동의 종류를 살펴보고 활동할 수 있도록 지도한다. 예를 들면, 문화예술 관람은 문학행사 참여, 미술전시회 감상, 오페라 공연, 영화감상 등의 다양한 종류가 있다. 구체적인 여가설계 과정은 3단계로 구성된다. 1단계는 여가태도의 진단이다. 여가태도를 진단하기 위하여 노용구(2000)가 번안한 여가태도검사(Leisure Attitude Scale: LAS)를 사용하는 것도 좋은 방법이 된다. 2단계는 여가장애물 탐색이다. 자신의 여가활동에 대한 욕구를 충족하지 못하고 있는 이유들을 '여가장애물'이라고 한다. 대표적인 여가장애물은 돈, 시간, 파트너 부족, 정보 부족 등이 있다. 여가설계를 하기 위해서는 여가장애물을 인식하고 그 이유에 대한 구체적인 문제해결을 하는 것이 필요하다. 3단계는 여가설계이다. 자신의 여가설계는 가치성, 적합성, 정기성, 개성, 영속성, 다양성, 구체성에 따라 설계한다.

## 참고문헌

교육부, 한국직업능력개발원(2015a). NCS 학습모듈 개발 매뉴얼. 서울: 한국직업능력개발원.

교육부, 한국직업능력개발원(2015b). 국가직무능력표준(NCS) 기반 고교 직업교육과정 개정 공청회 자료. 서울: 한국직업능력개발원.

김경태(1996). 여가활동 참여와 여가 태도의 관계. 서울대학교 대학원 석사학위논문.

김석란, 이영민(2013). 기업 퇴직근로자 전직지원 프로그램 비교 분석. 한국실천공학교육학회 논문지, 5(1), 80-90.

김흥국(2000). 경력 개발의 이론과 실제. 서울: 다산출판사.

노용구(2000). 노인 여가 교육 프로그램이 여가태도와 여가만족에 미치는 효과. 한국사회 체육학회지, 13, 351-361.

문화체육관광부(2010). 국민여가활동조사. 서울: 문화체육관광부.

민병모, 박동건, 박종구, 정재창 역(2000). 핵심역량모델의 개발과 활용. 서울: PSI.

박은경(2003). 은퇴 문제 고찰과 그 해결을 위한 프로그램 제시. 웨스트민스터신학대학원대학교 대학원 석사학위논문.

보건복지부, 한국보건사회연구원(2011). 제9차 베이비붐 세대 미래구상포럼: 베이비붐 세대의 여가문화활동 욕구 및 대응전략 모색. 서울: 보건복지부.

손미혜(2013). 은퇴자의 은퇴교육 프로그램 참여 동기와 저해요인. 아주대학교 대학원 석사학위논문.

양진영(2005). 불안정고용시대의 경력 개발유형과 심리적 특성에 관한 연구. 연세대학교 대학원 박사학위논문.

윤필현(2008). 역량 기반의 인적자원관리CBHRM) 체제개발. 농업교육과 인적자원개발.

이홍민(2009). 인적자본 역량모델 개발과 역량평가. 서울: 리드리드출판.

이홍민, 김종인(2003). 핵심역량 핵심인재 인적자원 핵심 역량모델의 개발과 역량평가. 서울: 한국능률협회.

정재창, 민병모, 김종명 역(2001). 알기 쉬운 역량모델링. 서울: PSI.

채준안, 이준우(2007). 치료레크리에이션 이해와 실천. 서울: 서현사.

채준안, 홍성아, 전영숙, 이아라(2005). 알기쉬운 치료레크리에이션 실천기법. 서울: 여가나눔.

최문선(2014). 국내외 경력 개발 연구 및 프로그램 동향 분석. 단국대학교 대학원 석사학위논문.

최보아, 지영숙(2004). 은퇴자의 생활설계를 위한 교육프로그램 개발. 한국가정관리학회지, 22(6), 47-61.

탁진국 역(2002). 경력 개발 및 관리. 서울: 시그마프레스.

한국노인인력개발원(2008). 노후생애설계전문가과정(여가설계). 서울: 한국노인인력개발원.

한국산업인력공단(2013). 국가직무능력표준(NCS) 활용패키지개발매뉴얼. 서울: 한국산업인력공단.

한국산업인력공단(2014). 국가직무능력표준(NCS) 개발매뉴얼. 서울: 한국산업인력공단.

한국산업인력공단(2014). 국가직무능력표준(NCS) 개발분류체계. 서울: 한국산업인력공단.

한국산업인력관리공단(2014). 국가직무표준 세미나 자료집. 서울: 한국산업인력공단.

한국산업인력관리공단(2015). NCS 기반 능력중심취업가이드. 서울: 한국산업인력공단.

한국산업인력관리공단(2015). NCS 기반 능력중심채용설명회 자료집. 서울: 한국산업인력공단.

한국직업능력개발원(2013). 능력중심사회 구현을 위한 NCS 활용 전략. 서울: 한국직업능력개발원.

홍석태, 양해술(2008). 한국 중고령자의 노인교육이 노후준비에 미치는 영향. 한국콘텐츠학회논문지, 8(5), 227-299.

Boyatzis, R. E. (1982). *The Competent Manager: A Model for Effective Performance.* New York: John Wiley & Sons, Inc.

Corbin, J. (1993). Competencies for electronic information services. *The Public-Access Computer Systems Review, 4*(6), 17-25.

Dubois, D. D. (1993). *Competency-based Performance Improvement: a Strategy for Organizational Change.* Amherst, MA: Human Resource Development Press.

Fletcher, S. (1991). *NVQs, Standards and Competence.* London, Kogan Page.

Green, P. C. (1999). *Building robust competencies: Linking human resource systems to organizational strategies.* San Francisco: Jossey-Bass.

Greenhaus, J. H., Callanan, G. A., & Godshak, V. M. (2000). *Career Management* (3rd ed.). Fort Worth, TX: Dryden Press.

Hall, D. T. (1971). A theoretical model of career subidentity development in organizational settings. *Organizational Behavior and Human Performance, 6*(1), 50-76.

Hall, D. T. (1976). *Careers in Organizations.* Glenview, IL: Scott Foresman & Co.

Hall, D. T. (1993). Protean careers of the 21st century. *The Academy of Management Executive, 10*(4), 8-16.

Klemp, G. O. (1980). *The Assessment of Occupational Competence.* Report to the National Institute of Education, Washington, DC.

Levinson, D. J. (1978). *The Seasons of a Man's Life.* New York: Random House.

McClelland, D. C. (1973). Testing for competence rather than for "intelligence". *American Psychologist, 28*(1), 1-14.

McLagan, P. A. (1982). The ASTD Training & Development Competency Study: A Model-Building Challenge. *Training and Development Journal, 36*(5), 18-24.

Schippmann, J. S. (1999). *Strategic Job Modeling: Working at the Core of Integrated Human Resources.* Mahwah, NJ: Lawrence Erlbaum Associates, Inc.

Spencer, L. M., & Spencer, S. M. (1993). *Competence at Work: Models for Superior Performance.* New York: John Wiley & Sons, Inc.

Strebler, M. T., & Bevans, S. (1996). *Competence-Based Management Training. Report 302.* Institute for Employment Studies.

Super, D. E. (1957). *The Psychology of Careers.* New York: Harper & Row.

국가직무능력표준 홈페이지 http://www.ncs.go.kr

제8장 **직업 선택과 결정**

학교교육의 중요한 목표 중 하나는 자신과 직업세계에 대해 알아가고, 미래 직업인으로 살아가기 위한 기초 지식 및 소양을 함양하며, 사회의 구성원으로 가치관과 태도를 형성하는 것이다(교육부, 2015). 직업에 대한 고민은 청소년들의 주된 고민 중 하나로 학업에 이어 2위를 차지하였는데(통계청, 2015), 학업과 직업 모두 진로와 밀접한 관련이 있다. 진로교육의 개인적 · 사회적 중요성이 증가함에 따라 우리나라에서는 국가 차원의 진로교육 지원체계를 확립하기 위해 2015년에 「진로교육법」이 제정되어 현재 시행 중에 있다. 이 장에서는 교육적 맥락에서 진로와 직업 선택에 대한 개념적 논의를 우선적으로 살펴보고자 한다. 다음으로 교사가 학생의 직업 선택 및 결정을 조력하고자 할 때, 도움이 될 만한 기본적인 진로의사결정 이론과 학생들이 자주 겪는 결정 과정 중의 어려움에 관한 연구들을 소개하고자 한다. 끝으로 직업 선택 · 결정을 조력하는 과정에서 현장에서 활용 가능한 구체적인 진로지도 방안을 제시하였다.

## 1. 진로 및 직업 선택

### 1) 생애주기 · 생애공간 관점에서의 진로 및 직업 선택

이 장에서는 진로(career)의 관점에서 직업 선택을 바라보고자 한다. 진로에 대한 여러 정의가 있지만, 가장 포괄적으로 정의될 때 진로는 일 · 가정 · 여가 · 봉사 등과 관련하여 개인이 일생 동안 수행하는 다양한 역할(Zunker, 2012)을 의미한다. 진로에 대한 포괄적 정의는 진로발달을 아동기부터 노인기를 아우르는 전 생애주기와 학교 · 가정 · 일터 · 시민사회 등의 생애공간의 관점으로 바라본 슈퍼(Super, 1980)의 영향을 받은 것이다. 이러한 관점에서 진로 선택 과정은 생애 전반에 걸쳐 직업을 포함한 다양한 역할의 수행과 관련하여 여러 번에 걸쳐 일어나는 과정으로 이해될 수 있다. 진로 선택은 삶의 어떤 시점에서 특정한 역할이나 일과 관련된 활동에 대한 개인의 결정을 의미하고(Sharf, 2016), 어떤 방향성을 가진 의도 · 계획 · 포부 등으로 구성된다(Ryan, 1999). 그러므로 교사는 학생의 직업 선택을 지도할 때 진로의 관점에서 직업 선택을 접근하는 것이 필요하며, 학생이 자신의 진로에 대해 포괄적인 관점을 가지고, 직업 선택을 할 수 있도록 조력하는 것이 중요하다.

### 2) 진로 선택에서의 근접 요인과 요원 요인

진로 선택은 근접 요인(proximal factors)과 요원 요인(distal factors)을 중심으로 논의해 볼 수 있다(Whiston & James, 2013). 한 시점에서 개인이 느끼는 진로 선택에 대한 확신성이나 헌신 정도를 진로 선택의 근접 요인이라고 본다면, 요원 요인은 과정적 접근 관점에서 보다 장기적으로 진로 선택에 영향을 미치는 요인으로, 아동기, 청소년기를 거치며 점차 발달해 나가는 학생 내적인 특성이다. 진로 이론의 핵심적인 개념들인 진로성숙도, 진로결정자기효능감 등이 요원 요인에 해당된다. 진로성숙도는 각 연령 단계에서 이루어져야 할 진로발달과업에 대한 개인의 준비 정도(Super, 1955)로, 학생의 진로성숙도를 살펴보기 위하여 진로계획, 진로탐색, 의사결정, 직업세계 정보 등을 얼마나 생각해 보고 실제로 수행해 보았는지를 대화를 통해 확인할 수 있다. 진로결정자기효능감이란 밴듀라(Bandura, 1986)의 자기효능감 개념을 진로결정 장면에 적용시킨 개념으로, "진로결정을 하기 위해 요구되는 일련의 행동을 조직하고 실행하는 자신의 능력에 대한 평가"라고 정의될 수 있다(Sharf, 2016). 학생은 선택의 당사자로서 선택과 직접적인 관련성이 높은 근접 요인을 중심으로 자신의 진로 및 직업 선택을 생각할 가능성이 크다. 그러나 교사는 학생의 진로 및 직업 선택을 살펴볼 때, 학생의 현재 선택에 대한 정보나 태도(근접 요인)뿐만 아니라 발달적 관점을 가지고 학생의 전반적인 진로발달(요원 요인) 또한 종합적으로 평가하며 조력하는 것이 필요하다.

이러한 점을 감안할 때 진로지도에서 학생의 진로발달을 이해하고 평가하기 위하여 다음과 같은 항목들을 고려해 볼 수 있다.

- 자신의 흥미, 능력 및 적성, 가치관 등을 충분히 탐색하고 잘 알고 있는가?
- 전반적으로 긍정적인 자기개념을 가지고 있는가?
- 다양한 직업군을 알고 있는가?
- 관심 있는 직업(들)에 대한 충분한 정보를 탐색하였는가?
- 관심 있는 직업(들)과 관련된 경험을 시도해 보거나 체험해 본 적이 있는가?
- 변화하는 직업세계에 관심을 가지고 있는가?
- 자기 이해를 통해 얻은 정보와 직업세계에 대한 정보를 논리적으로 연결시켜 생각하고 있는가?
- 의사결정 과정에 대한 기초적인 이해와 기술을 가지고 있는가?
- 관심 있는 진로와 관련된 필요한 정보를 습득할 수 있는 능력을 습득하였는가?
- 선택과 결정과 관련된 준비 행동을 수행하고, 장기적이거나 단기적인 계획을 세울 수 있는가?
- 자신의 선택 및 결정과 관련하여 중요한 타자(가족, 선생님 등)와 효과적으로 의사소통할 수 있는가?

## 2. 직업 선택 및 의사결정에 관한 이론

거의 모든 진로 이론은 진로 선택과 의사결정에 관한 내용을 담고 있고, 학자에 따라서 보는 관점도 다양하다. 이 절에서는 일반적으로 진로 선택 및 결정과 직접적으로 관련된 이론들을 간략하게 소개하고자 한다. 먼저 진로의사결정에 관한 두 이론을 소개하고, 다음으로 진로미결정 및 진로미결정에 영향을 미치는 인지적·정서적 요인에 관한 분류체계를 살펴볼 것이다. 마지막으로, 현재 활발하게 논의되고 있는 진로결정에서의 맥락적 요인에 대해서 소개하고자 한다.

### 1) 진로의사결정에 관한 이론

#### (1) 진로의사결정유형 이론

한국에서 진로의사결정과 관련하여 가장 많이 논의되는 이론은 해런(Harren, 1979)의 진로의사결정유형 이론이다. 해런(1979)은 진로의사결정에서 의사결정을 내리는 방식이 중요한 영향을 미친다고 가정하고 의사결정유형을 분류하고자 하였다. 해런은 그 당시 딩클레지(Dinklage, 1968)가 이미 제안했던 여덟 가지 개인의 의사결정 방식을 의사결정에서 개인이 책임지는 정도와 논리적 사고의 적용 여부를 기준으로 재분류하여 합리적·직관적·의존적 유형으로 이루어진 자신의 진로의사결정유형 이론을 수립하였다(김봉환 외, 2013). 진로의사결정유형 이론에 따르면 합리적 유형이란 자신과 상황에 대한 종합적인 정보 수집을 바탕으로, 논리적 사고를 활용하여 의사결정을 내리며, 이에 대해 스스로 책임의식을 갖는 진로의사결정유형이다. 이에 반해, 직관적 진로의사결정유형은 공상, 정서적 자각 등에 의존하여 결정을 내리는 유형으로, 결정이 빠르고 선택에 관한 확신을 가지며, 결정에 대한 책임의식이 있다. 그러나 의사결정이 논리적인 과정을 통해 도출된 결정이 아니기 때문에 선택의 이유를 설명하기 어려워하는 경향을 보인다. 마지막으로 의존적 유형은 의사결정 과정에서 타인의 영향을 많이 받고 타인의 의견에 의지하는 특성을 보이며, 결정에 대한 책임을 부정하거나 외부로 귀인하는 결정유형이다.

해런은 효과적인 의사결정자는 합리적 의사결정유형을 사용할 것이라고 가정하였다. 합리적 의사결정유형을 가진 사람은 단계적으로 의사결정을 거친다. 구체적으로 살펴보면, 합리적 의사결정자는 문제 상황을 명확히 한 후, 문제해결을 위한 다양한 대안을 탐색하고, 이 대안들을 평가할 기준을 마련한 다음, 평가기준에 따라 대안을 평가하고 판단하여 결정을 내리고 계획을 수립하고 실천하는 단계를 거친다(김봉환 외, 2013).

이와 더불어, 해런은 자신의 가정에 따라 합리적 의사결정유형이 직관적 의사결정유형이나 의존적 의사결정유형에 비해 선택의 만족도와 확신 정도에서 보다 효과적이라고 주장하였다. 합리적 의사결정유형의 긍정적인 효과를 뒷받침하는 몇몇 연구들이 발표되고(Cook & Harren, 1979; Harren, 1979; Lunneberg, 1978; Phillips & Strohmer, 1982), 국내 연구들도 발표되면서(양재섭, 2001), 합리적 진로의사결정유형을 강조하고, 합리적 진로의사결정을 할 수 있도록 조력하는 진로의사결정 상담 및 교육 프로그램들이 개발되어 사용되고 있다(이보현, 두흔, 이은정, 장선희, 정선화, 이상민, 2013).

비록 해런의 가설을 지지하는 연구들이 발표되었지만, 진로미결정 상태인 학생에게 합리적 의사결정유형만을 강조하거나, 합리적 진로의사결정을 수행하도록 지도하는 데는 신중한 접근이 요구된다. 예를 들어, 진로미결정과 서로 다른 의사결정유형의 관련성을 살펴본 국내 메타연구에서는 합리적 진로의사결정의 효과를 지지하는 증거를 발견하지 못하였으며, 오히려 의존적 진로의사결정유형이 진로미결정과 정적 상관을 보임으로써 둘 사이에 관련이 있다는 결론만을 얻을 수 있었다(정애경, 김계현, 김동민, 2008). 이와 비슷한 국내 후속연구에서도 의존적 진로의사결정유형과 직관적 진로의사결정유형은 진로미결정과 정적 상관을 보였지만, 합리적 진로의사결정유형은 진로미결정과 유의미한 상관이 없는 것으로 나타났다(이보현 외, 2013). 따라서 해런의 의사결정유형을 활용한 진로의사결정 상담 및 교육 프로그램을 사용할 때 교사의 주의가 필요하며, 추가 연구가 더욱 요구된다고 볼 수 있다.

### (2) 인지적 정보처리 이론: 진로의사결정의 과정

인지적 정보처리 이론(Peterson, Sampson, Lenz, & Reardon, 2002)은 이상적인 진로의사결정은 어떻게 이루어져야 하는지 관심을 가진 진로의사결정의 과정을 다룬 이론이다. 인간의 사고 과정에 관한 학문인 인지과학에 영향을 받은 네 명의 연구자

내담자가 진로 및 직업과 관련된 의사결정을 효율적이고 성공적으로 하기 위해서 필요한 정보와 기술, 정보처리 과정과 전략에 초점을 두고 이론을 개발하였다.

인지적 정보처리 이론은 크게 네 가지 가정을 기반으로 하고 있다. 첫째, 인지적 정보처리 이론은 정서와 인지적 처리 과정 모두 진로의사결정 과정에 중요하다고 보고, 이 둘 간의 상호작용 및 진로의사결정 과정에 미치는 영향력에 관심을 기울인다. 둘째, 진로의사결정에는 기존 진로 이론에서 주장한 자기 자신과 직업세계에 대한 이해가 필요할 뿐만 아니라, 사고(정확히는 정보처리)와 의사결정 방식 등으로 구성된 진로의사결정에 관한 지식과 기술도 필요하다. 셋째, 자신과 직업세계에 대한 정보는 끊임없이 변화하며, 도식과 인지적 능력 역시 발달하고 성장한다. 넷째, 정보처리 능력의 향상은 진로문제해결 능력을 증진시킨다.

정보처리 피라미드 모형([그림 8-1])은 인지적 정보처리 이론이 바라보는 진로발달 및 진로의사결정 과정을 효과적으로 보여 준다. 피라미드 모형은 앞서 소개한 이론의 가정들을 중심으로 인지적 정보처리의 세 가지 기본 요소를 제시한다. 구체적으로 살펴보면, 피라미드의 하단에는 자기와 직업에 관한 지식 영역이 위치하고, 그 위에는 하단의 지식을 이용하여 의사결정을 내리도록 하는 포괄적 정보처리기술을

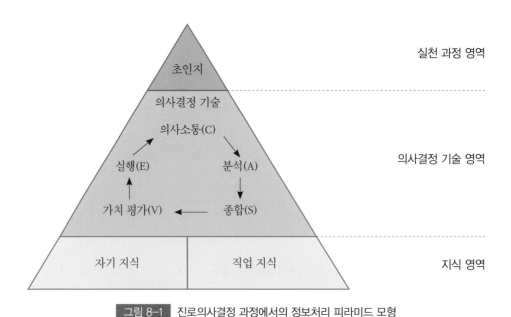

그림 8-1   진로의사결정 과정에서의 정보처리 피라미드 모형

출처: Peterson, Sampson, & Reardon (1991). *Career development and services: A cognitive approach.* Cengage Learning.

포함하는 의사결정 기술 영역이 존재하며, 최상단에는 진로의사결정과 관련된 인지·정서·행동을 관찰, 점검, 수정하는 초인지가 실천(혹은 실행처리) 영역으로서 자리 잡고 있다.

이 각각의 영역들은 다시 진로발달의 관점에서 진로의사결정과 선택 과정에 대한 학생(내담자)에게 필요한 능력을 중심으로 다시 서술될 수 있다. 예를 들어, 지식 영역은 학생이 흥미, 적성, 능력, 취미나 선호하는 활동 등 자기 자신에 관해 충분히 알고 있어야 하며, 다양한 분야의 직업세계에 대하여 충분한 정보를 습득해야 함을 강조한다. 의사결정 영역에서는 학생이 지식 영역에서 습득된 자신과 직업에 대한 정보를 처리하는 능력인 포괄적 정보처리 기술을 갖추어야 함을 알 수 있다. 포괄적 정보처리 기술은 ① 학생이 진로 선택을 해야 한다는 필요성을 알게 되는 의사소통(communication: C), ② 자기 자신 및 선택할 수 있는 대안을 탐색하고 정보를 수집하고 검토하는 분석(analysis: A), ③ 분석된 자료를 정교화하고 통합하여 가능한 많은 대안을 만들어 내는 종합(synthesis: S), ④ 최선의 선택을 하기 위해 대안들을 여러 가지 기준에 따라 고려해 보고 평가하는 가치 평가(valuing: V), ⑤ 선택지를 실행하기 위한 계획이나 전략을 시도하면서 선택지가 자신에게 맞는지 알아보는 실행(execution: E) 등의 다섯 가지 기술로 이루어져 있다. 이 다섯 가지 기술은 순환하는 주기인 CASVE로 표현되어, 실행 이후의 결과를 바탕으로 다시 새로운 주기가 시작되거나 부분적으로 재순환할 수 있다고 보았다. 마지막으로, 실행처리 영역은 학생이 전반적인 의사결정 과정을 스스로 확인하고 점검하는 능력을 가져야 한다고 본다. 이 초인지 능력은 학생 내면에서 이루어지는 자기대화(self-talk), 의사결정 과정이나 자기대화에 대한 알아차림을 의미하는 자기인식(self-awareness), 자신의 행동, 정보, 의사결정 기술의 실행 과정을 종합적으로 살펴보고 감독하는 모니터링과 통제를 통하여 구체적으로 실행된다.

인지적 정보처리 이론은 교사가 학생의 진로 탐색 및 선택을 도울 수 있는 구체적인 영역을 제시한다. 교사는 인지적 정보처리 이론에 근거하여 의사결정의 재료가 될 지식 영역을 확충할 수 있도록 돕고, 이렇게 획득한 정보를 다루는 데 필요한 정보처리 능력을 가르치며. 의사결정 과정을 사전에 안내함으로써 학생들이 원활한 진로의사결정을 할 수 있도록 도울 수 있다. 이미 진로의사결정 과정에서 어려움을 겪고 있는 학생이라면 교사는 학생의 정보처리 피라미드 모형의 각 영역을 살펴봄으로써 현재 어려움을 겪고 있는 이유를 진단하고, 의사결정 과정에 필요한 기술이나 전략을 습득할 수 있도록 도울 수 있다.

한편, 교사가 진로상담 및 학생지도에서 인지적 정보처리 이론을 활용하고자 할 때, 학생들의 인지적 능력이나 인지발달 수준에 대한 신중한 고려가 필요하다. 피아제(Piaget, 1959)나 에릭슨(Erikson, 1959)과 같은 교육심리학자들의 이론에 따르면, 인지적 정보처리 이론에서 다루는 정보처리 능력이나 초인지와 같은 고차원적이고 복잡한 인지적 능력, 자기에 대한 심도 깊은 이해는 청소년기부터 시작하여 청소년 후기 및 성인 초기에도 지속적으로 발달하는 영역이다. 따라서 인지적 발달이 아직 미숙한 아동기 및 초기 청소년기 학생에게 인지적 정보처리 이론을 활용하기 위해서 교사는 학생의 인지적 수준에 맞추어 자기 이해, 직업세계의 탐색, 정보처리 기술, 초인지 능력 등을 키울 수 있도록 단계적으로 작은 과제로 나누어 접근해야 한다. 예를 들어, 자기 이해나 직업세계의 탐색의 경우, 기존 교과활동을 최대한 활용하여 다양한 각도에서 자신과 직업세계를 생각해 보고 탐색할 수 있도록 안내하고, 필요에 따라 현장학습이나 체험학습 등과 연계하여 탐색을 격려할 수 있다. 포괄적 정보처리 기술은 진로 장면뿐만 아니라 일반적인 의사결정 과정에도 사용될 수 있다는 점을 이용하여, 학생들에게 학기 초에 각 기술을 소개하고 의사결정이 필요한 다양한 상황에서 적용해 보도록 할 수 있다. 초인지 능력은 학업성취와도 높은 관련성을 가지고 있으며(임효진, 황매향, 선혜연, 2016), 교사의 모델링을 관찰하면서도 습득될 수 있다는 특징이 있다. 따라서 교사나 부모가 처음에는 학생의 진로 선택 및 의사결정 과정을 같이 모니터링해 주고, 필요한 전략을 제안하거나 학생이 계획을 수정하고 성과를 확인하는 과정을 함께 할 수 있다. 이 과정을 반복적으로 거치면서 학생은 교사나 부모가 해 주던 역할을 배우고 점차 자신의 진로 선택 및 준비 행동을 되돌아보면서 스스로 초인지 전략을 사용할 수 있게 된다.

## 2) 진로미결정과 진로결정 어려움

지금까지 살펴본 두 이론은 공통적으로 진로결정 과정에 있어서 바람직한 방향성을 제시하고자 하였다. 그러나 진로상담에서는 주로 진로미결정 상태에 있는 내담자들이 찾아오고 이들을 조력하고자 하기 때문에, 진로미결정을 이해하고 관련

변인을 탐색하고, 그들이 선택·결정 과정에서 겪게 되는 어려움과 그 원인을 분류하고자 하는 노력도 지속되어 왔다.

### (1) 진로미결정

진로미결정에 관한 연구들을 개관한 사빅카스(Savickas, 1995)에 따르면 진로미결정은 이분법적 관점에서, 단일 차원의 연속 개념, 다차원적 개념으로 이해되어 왔다. 초기 이분법적 관점은 진로미결정자를 합리적 진로결정을 위한 준비가 되어 있는 집단과 그렇지 못한 집단으로 나눌 것을 제안한 파슨스(Parsons, 1909)의 입장에서 비롯되었다. 다른 학자는 아직 진로를 정하지 않았지만 발달적으로 정상적이고 일시적인 미결정(developmental indecision) 상태인 집단을 의미하는 '결정하지 않은 집단(undecided)'과 성격적 문제의 일부로 만성적으로 결단성이 부족한 미결정(chronic indecision) 집단을 의미하는 '결정하지 못하는 집단(indecisive)'으로 나누기도 하였다(Salomone, 1982). 그러나 1970년 중반부터는 단일 차원의 연속선상에서 진로미결정을 이해하고자 하는 방식으로 전환되었으며, 이러한 연속성의 관점은 단일 차원의 진로미결정의 수준을 측정할 수 있도록 고안된 척도들이 개발되면서 더욱 많은 연구들에서 활용되었다. 1980년대 후반부터는 진로미결정을 경험하는 내담자들이 동질집단이 아니라 서로 다른 특성을 가진 다양한 하위집단으로 구성되었다고 바라보는 관점이 대두되었다. 이에 따라 연구자들은 단일 차원을 측정했던 기존 척도를 하위집단을 구분할 수 있도록 다차원 척도로 수정하거나, 미결정의 차원을 측정하여 하위집단을 구분할 수 있도록 새로운 척도들을 개발하여 사용하였다.

그러나 이렇게 오랜 시간을 거쳐 진화되고 정교화된 진로미결정의 개념은 국내 연구에서는 상대적으로 더디게 반영되는 모습을 보인다. 2008년에 발표된 국내 연구를 살펴보면, 진로미결정을 분석한 국내 연구 100편 중 92편이 단일 차원의 연속 개념으로서 진로미결정을 측정한 진로결정척도(Career Decision Scale; Osipow, Carney, Winer, Yanico, & Koschir, 1976)를 사용한 것으로 나타났다(정애경, 김계현, 김동민, 2008).

## (2) 진로결정에서의 인지적 어려움

서구사회에서 진로미결정에 관한 연구는 1990년대 이후 조금씩 정체되기 시작하는 것처럼 보인다. 이 같은 정체가 생긴 이유에 대해 기존 진로미결정 연구가 서로 다른 진로 문제를 가진 내담자들을 정확하게 진단해 내지 못하고, 차별적인 처치를 하지 못하는 등 적합한 상담 방향을 제공하지 못했기 때문이라는 비판이 있었다 (Kelly & Kee, 2002). 특히, 진로미결정을 다차원 척도로 측정한다고 하더라도 여전히 진로미결정자는 한 유형에만 속하게 됨으로써 진로미결정자가 겪을 수 있는 다양한 어려움을 한 가지 측면에만 고정시키고 종합적으로 다루기 어렵게 한다는 문제가 있었다(Mau, 1995). 이러한 비판 속에서 가티(Gati)와 동료 학자들은 진로결정 과정에서 어려움을 주는 여러 가지 요인들을 동시에 고려하는 다차원적 프로파일 접근을 제안하였다(김대선, 강지연, 정재희, 김기년, 탁진국, 2016).

가티와 동료 학자들(Gati, Landman, Davidovitch, Asulin-Peretz, & Gadassi, 2010)은 개인이 진로를 결정하는 과정에 단 하나의 지배적인 특성보다는 다양한 특성이 영향을 미친다고 보았을 뿐만 아니라, 개인적 특성 외에도 맥락적 요인까지 동시에 고려해야 할 필요가 있다고 보았다. 이들은 진로결정을 내리는 과정에서 내담자가 겪는 어려움들이 상호 독립적인 것은 아니라는 점은 인정했지만, 각각의 어려움들이 고유한 기여를 한다고 보았다. 따라서 진로상담의 첫 번째 단계는 미결정 내담자의 어려움을 종합적으로 살피고, 그 원인이 어디에 있는지 파악하는 것이다(Gati & Amir, 2010).

앞서 살펴본 인지적 정보처리 이론에서 영향을 받은 가티, 크라우즈와 오시포우 (Gati, Krausz, & Osipow, 1996)는 진로결정에서의 어려움을 크게 준비 부족, 정보 부족, 정보의 불일치 등 세 군집으로 나누었으며, 그 각각을 다시 구체적인 하위요인으로 나뉘어 총 10개의 진로결정 어려움이 존재한다고 보았다. 자세히 살펴보면, 준비 부족은 ① 진로결정 과정에 참여하고자 하는 동기 부족, ② 성격적 우유부단함에서 기인하는 미결정, ③ 진로의사결정 중에 나타나는 역기능적 믿음 등 세 요인으로 구성되어 있으며, 정보 부족은 ① 진로의사결정 단계에 대한 정보 부족, ② 자기에 대한 정보 부족, ③ 직업 혹은 대안에 대한 정보 부족, ④ 정보 수집에 관한 정보 부족 등 네 요인으로 구성되어 있다고 보았다. 마지막으로, 정보의 불일치는 ① 신뢰할 수 없거나 믿을 수 없는 정보, ② 개인 내적인 갈등(내적 갈등), ③ 중요한 타인과의 갈등(외적 갈등) 등 세 요인이 포함된다. 이러한 분류체계를 바탕으로 검사도구인 '진로결정 어려움 질문지(The Career Decision Making Difficulties Questionnaire: CDDQ)'가 개발되었으며, 현재 한국을 비롯한 많은 나라에서 번역되어 사용되고 있다.

### (3) 진로결정에서의 정서적 · 성격적 어려움

한편, 진로결정에 어려움을 겪는 것이 인지적 요인뿐만 아니라 정서적이고 성격적 요인들과 관련이 있다는 연구들(Kelly & Lee, 2005; Santos, 2001; Tokar, Withrow, Hall, & Moradi, 2003)이 발표되면서 정서 및 성격과 관련된 진로결정의 어려움을 분류하고 이를 측정하는 척도인 성격과 정서 요인에 기반을 준 '진로결정 어려움 척도(Emotional and Personality-Related Career Decision Making: EPCD; Saka, Gati, & Kelly, 2008)'가 개발되었다. 사카(Saka), 가티(Gati), 켈리(Kelly)는 진로미결정과 관련된 정서적 성격적 요인을 비관적 관점(pessimistic view), 불안(anxiety), 자아개념과 정체성(self-concept and identity)에서 기인한 어려움으로 바라보았으며, 이 세 상위요인을 다시 11개의 하위요인으로 구체화하였다.

첫 번째 상위요인인 비관적 관점은 상황의 부정적인 측면에 초점을 맞추고, 부정적인 결과를 기대하는 인지적 편향 및 인식 경향성으로, 진로의사결정 과정의 각 단계에서나 진로상담에서 내담자의 비관적이고 역기능적 사고와 신념으로 표현될 수 있다. 비관적 관점은 ① 직업세계에 대한 비관적인 관점, ② 낮은 진로의사결정 자기효능감, ③ 진로의사결정의 과정이나 결과가 능력이나 노력 등의 내적 요인에 의해서가 아니라 운이나 기회 등 외적 요인에 달려 있다고 보는 낮은 통제감 등으로 나타날 수 있다. 두 번째 상위요인인 불안은 진로결정 과정 전반에서 나타나는 부정적인 정서들을 포함하는데, 크게 ① 과정에 대한 불안, ② 불확실한 미래, 결정되지 않은 현재 상태 등 불확실성에 대한 불안과 불편감, ③ 선택에 대한 불안 및 두려움, ④ 결과에 대한 불안과 걱정 등으로 분류된다. 마지막 상위요인인 자아개념과 정체성은 ① 성격적 특성으로서의 일반적인 불안, ② 자아존중감, ③ 아직 완성되지 못한 자아정체성, ④ 갈등적 애착과 분리 등의 4개의 하위요인을 포함한다.

### (4) 진로미결정 및 결정 과정의 이해

비록 가티와 동료학자들이 진로미결정의 인지적 요인과 정서적 · 성격적 요인을 구분하여 각 요인의 분류체계를 제안하였지만, 교사가 학생들을 지도할 때는 이 두 요인을 종합적으로 고려하여 학생의 상태를 이해하고 접근하는 것이 필요하다. 최근 대학생들을 대상으로 한 국내 연구에 따르면, 인지적 요인과 정서적·성격적 요인 간 상관이 높아 두 요인이 독립적으로 존재한다고 보기 어렵고, 두 요인을 기반으로 집단을 나누었을 때, 진로결정 어려움에 있어 요인 간 질적인 차이가 아닌 양적인 차이(모든 요인에 있어 어려움을 호소하는 정도 차이)만 나타나는 것으로 보고되었다(유나현, 이기학, 2016). 이러한 연구 결과를 염두에 둔다면, 진로의사결정은 인지적·정서적·성격적 요인을 모두 아우르는 진로발달 과정 중에서 획득되는 결과라고 볼 수 있겠다. 그러므로 교사는 학생이 진로결정 과정에서 겪는 어려움이 시간의 흐름에 따라 자연스럽게 해결될 수 있는 발달 과정 중 나타나는 과업일 수 있다는 것을 염두에 두고 위의 분류체계를 이용하여 학생의 전반적인 진로발달을 점검하고 학생이 주로 어려움을 겪는 영역을 확인하고 조력하는 것이 필요할 것이다.

한편, 비록 가티 등의 분류체계가 부모나 중요한 타인과의 갈등 및 관계에 대해서도 다루고 있지만, 대체로 진로미결정의 원인을 인지적이든, 정서·성격적이든 개인 내적인 요인에서 찾고자 했음을 주목해야 한다. 진학 문제가 진로결정에 중요한 영향을 미치는 한국 교육제도와 최근 낮은 경제성장률과 제한된 취업기회 등으로 인한 높은 청년실업률을 고려해 볼 때, 교사는 학생의 진로 및 직업 선택 과정이 발생하는 사회적 맥락을 고려할 필요가 있다. 특히, 후기 청소년기 학생이 진로결정 과정에서 느낄 수 있는 무력감이나 불안감, 혹은 진학 및 취업 기회에 대한 부정적인 신념을 단순히 학생의 개인적인 태도 및 정서 문제로 개념화하기보다는 그들의 내적 경험을 인정해 주면서도 부정적인 사고에 압도되지 않도록 도와주고, 적절한 기대수준을 형성하면서 현재 준비할 수 있는 현실적인 대처 전략에 초점을 맞춰 통제감을 획득할 수 있도록 조력하는 것이 도움이 될 것이다. 이에 대한 구체적인 논의는 다음 절에서 보다 자세히 다루겠다.

## 3) 다문화사회의 진로 문제와 맥락적 요인

### (1) 전통적인 진로상담 이론에 대한 비판

최근 직업심리학에서는 전통적인 진로상담의 접근의 기본 가정들을 비판하며 진로상담이 보다 다양한 집단의 현실적인 진로와 일의 경험을 담아낼 수 있도록 하자는 자성의 목소리가 높아지고 있다. 예를 들어, 다문화진로상담 연구자인 플로레스(Flores, 2013)는 전통적인 진로상담 이론들에 대한 여러 학자의 비판을 수렴하여 여섯 가지로 분류하여 다음과 같이 제시하였으며, 이러한 전통 진로상담 이론의 '숨겨진' 가정이 다양한 집단의 삶의 방식과 가치관을 담아내고 있지 못하고 있음을 비판하였다.

① 보편성의 가정: 진로상담 이론이나 연구 결과가 모두에게 보편적으로 적용될 수 있다는 가정

② 개인주의와 자율성의 가정: 내담자가 속한 문화가 개인주의적이며, 자율성을 지향하고 있다는 가정

③ 풍요로움의 가정: 진로 및 직업 선택에 필요한 교육과 훈련, 그리고 필요한 자원(시간적·경제적·심리적·관계적 자원)은 누구에게나 열려 있고, 충분히 가능하다는 가정

④ 열심히 하는 누구에게나 열려 있는 기회구조와 능력주의의 신화: 개인이 진로나 직업을 선택하고 열심히 준비하기만 하면 기회는 누구에게나 열려 있고, 선택한 직업 및 진로를 획득할 수 있다는 가정

⑤ 삶에서의 일 중심성: 내담자의 삶에서(혹은 삶의 모든 단계에서) 일이 제일 중요하고 개인 정체성의 중심이 일이라는 가정

⑥ 진로발달 과정의 선형성, 진보성, 이성적 판단: 진로발달이 순차적·선형적으로 일어나고, 승진이나 임금의 상승과 같이 양적/질적 성장으로 이어지며, 이성적 판단에 기초한다는 가정

집단주의(가족주의) 문화가 강한 한국에서의 진로·진학 문제, 직장과 육아 사이에서 실직의 위기에 놓인 여성의 진로발달, 높은 실업률 앞에서 소위 '스펙 쌓기'를 해도 어려운 청소년과 청년의 취업, 교육이나 훈련의 기회가 제한된 농어촌 지역의 저소득층 청소년의 진로발달 등을 생각해 보면, 이와 같은 가정들을 기반으로 한 전통적인 진로 이론들의 타당성과 적용 가능성에 의문을 갖게 된다. 특히, 낮은 경제성장률과 높은 실업률, 잦은 해고와 낮은 재취업률 등의 현실적인 어려움 속에 생계

를 위해 가능한 직업을 무조건 '선택'해야 하는 내담자를 보다 적극적으로 조력해야 하는 필요와 요구가 높아지고 있다. 따라서 진로상담과 직업심리학에서는 이러한 비판의식을 공유하고, 개인이 일이나 진로를 선택하고 자유의지를 발현할 수 있는 정도(work volition)가 개인마다 차이가 있다는 전제를 가정으로 진로발달·선택 과정에서의 맥락적 요인을 적극적으로 고려하고 있다(Heppner & Jung, 2013; Jadidian & Duffy, 2012).

### (2) 맥락적 요인

그동안 진로발달 및 선택 과정에서의 맥락적 요인을 구체화하고자 하는 노력은 지속되어 왔다. 맥락적 요인(contextual factor)이란, 개인의 진로발달 및 선택 과정에서 영향을 미치는 개인 외적인 요인들을 총칭하는 개념으로 주로 사회적·경제적 구조와 관련된 요인들이 포함된다(Heppner & Jung, 2013). 예를 들어, 가족 및 중요인 타인의 지지, 개입이나 상호 의존성, 훈련 및 교육의 기회 및 비용 등을 포함한 가용한 자원의 정도, 지역적·국가적·국제적 경제 상황의 영향, 인공지능 등의 첨단기술 발전으로 인한 직업세계의 변화, 노동시장 유연화 등의 국가정책의 영향, 여성, 장애인 등의 사회적 약자에 대한 사회적 편견 및 진로장벽 등이 포함되며, 이러한 맥락적 요인들은 이미 외면하기 어려울 정도로 일하는 성인의 경험에 영향을 미치고 있다.

이와 마찬가지로 학생들도 발달 과정을 통해 이러한 맥락적 요인들의 영향을 경험하고 있고, 이러한 요인들이 이미 진로의사결정 과정에 영향을 미치고 있다고 보는 것이 타당하다. 교사나 학생은 진로결정 과정에서 맥락적 요인의 영향을 인식하고, 개인 내적 요인과의 균형 속에 진로의사결정 과정에서 적절하게 고려할 수 있어야 한다. 만약 학생지도에서 맥락적 요인을 무시하거나 다루지 않는 많은 경우, 학생은 스스로의 노력이나 능력의 부족만을 탓하거나, 통제가 불가능한 외적 영향력에 압도되어 미리 포기하거나 좌절하는 등 진로결정에서 어려움을 겪을 수 있다. 따라서 교사는 학생의 진로발달 및 진로의사결정 과정에서 맥락적 요인이 미치는 영향력에 대한 스스로의 인식을 높이고, 학생이 선택과 결정에 부정적인 영향을 미치는 맥락적 요인과 관련된 어려움 또한 교사와 논의할 수 있도록 분위기를 마련해야 한다. 이와 동시에 학생의 진로 선택에 긍정적으로 영향을 수 있는 맥락적 요인을 적극적으로 검토하고, 활용할 수 있도록 안내하는 것도 필요하다.

맥락적 요인을 다루는 데 있어 주의할 점은 대체로 맥락적 요인이 개인의 통제 밖에 있기 때문에 지나치게 강조할 경우, 교사나 학생 모두 무력감과 좌절감을 느끼기 쉽다는 점이다. 따라서 맥락적 요인의 영향력을 고려할 때는 심리적 어려움을 다루면서도 역설적으로 맥락적 요인의 부정적인 영향에 대처할 수 있도록 개인 내적인 요인의 성장과 균형을 이루도록 해야 한다. 예를 들어, 교사는 학생이 긍정적인 자아개념을 형성하고 자아존중감을 유지하여 흥미를 탐색하고 능력을 개발할 수 있도록 돕는 것이 필요하며, 변화하는 사회에서 요구되는 기술이나 태도에 개방적인 태도를 함양하거나 위기나 변화로 인한 스트레스 상황에서 사용할 수 있는 적절한 정서적 · 인지적 대처 전략을 습득할 수 있도록 안내할 수 있다.

### (3) 교사 본인의 경험 및 직업관 성찰하기

다문화상담이 대두되면서 교육, 상담, 복지 등 전문조력 분야에서 종사하는 전문가의 전문성을 구성하는 중요한 능력으로 전문가로서의 자기인식(self-awareness)과 자기성찰(self-reflection)이 자리 잡게 되었다(Sue, Arredondo, & McDavis, 1992). 내담자나 학생 등 서비스 대상자와 전문가가 항상 같은 가치관과 관점을 공유하는 것이 아니므로, 전문가는 서비스 대상자의 경험과 세계관을 탐색하는 동시에 자기 자신의 가치관과 영향력을 인식하고 성찰하여 조절하는 것이 필요하다는 것이다. 예를 들어, 전문가가 자신의 세계관과 다르고 낯설다는 이유로 서비스 대상자의 세계관을 평가절하하거나 병리화하는 것을 지양하고, 자기 관점을 서비스 대상자에게 강요하지 않도록 주의를 기울어야 한다는 것이다. 이와 같은 논의는 처음에는 문화적 · 경험적 차이가 분명한 관계(인종 및 민족정체성이 다를 경우, 성별이 다를 경우)에서만 적용된다고 보았으나 최근에는 같은 문화적 · 민족적 배경에 속한다고 할지라도 보다 미묘하고 개별적인 경험적 차이를 이해하고 존중하려는 측면에서 그 중요성을 더하고 있다.

이와 비슷하게 진로지도 및 상담을 할 때 교사 또한 진로나 직업과 관련한 자신의 경험과 그에 영향을 미친 사회 · 경제 · 교육적 성장배경을 돌아보고, 직업관(직업에 대한 신념, 기대, 선호하는 가치)을 성찰하는 것이 필요하다. 예를 들어, '직업 선택은 평생 한 번만 하는 것이다'나 '나에게 딱 맞는 직업은 하나만 있다'와 같은 신념, '도전적인 직업을 선택해야 한다'와 같은 선호, '여자는 출산과 양육에 수월한 직업을 가져야 한다'라는 가치관 등은 교사의 학생상담과 진로지도에 많은 영향을 미칠 수 있다. 따라서 이를 스스로 인식하고 주의를 기울이며, 학생이 이와 다른 신념이나, 선호, 가치관 등을 가질 수 있다는 것을 인정하면서 학생의 선택과 결정 과정에 있어서 부정적인 영향을 미칠 가능성을 최소화하려는 노력이 필요하다.

## 3. 직업 선택과 결정을 조력하기 위한 생활지도 전략

### 1) 표준화된 검사 활용하기

학생의 진로 및 직업 탐색과 선택을 돕기 위한 기초자료로서 표준화된 검사를 실시할 수 있다. 저명한 직업심리학자인 홀랜드(Holland, 1997)는 검사를 통해 피검자가 자신에 대해 더 잘 이해할 수 있으며, 자신의 성격적 특성(흥미, 적성, 가치 등)과 맞는 직업을 확인해 볼 수 있다고 보았다. 시중에는 다양한 진로 관련 검사가 출판되어 실시할 수 있으며, 한국직업능력개발원(www.career.go.kr), 한국고용정보원(www.work.go.kr)과 같은 국가기관에서도 온라인이나 지필검사로 활용이 가능한 직업적성검사, 직업흥미검사, 직업가치관검사 등을 무료로 제공하고 있다.

초·중·고등학교에서도 진로 탐색 및 선택을 조력하기 위하여 진로적성검사, 진로 및 직업 흥미검사 등이 주로 집단으로 실시하고 있으며, 검사 결과를 학생지도에 반영하거나 부모상담에 활용하고 있다. 현재 사용되는 대부분의 진로 관련 검사는 컴퓨터화되어 실시 및 채점 과정이 용이해졌으며, 학생의 응답 결과에 따라 학생 개개인의 특성과 관련된 정보와 조언이 담긴 개별화된 검사해석 보고서를 제공하고 있다. 그러나 대부분의 심리검사는 적어도 '심리평가 및 진단'과 같은 대학원 관련 과목을 수강한 석사 수준 이상의 전문가가 검사를 구입하고, 실시하며, 채점 및 해석할 수 있도록 제한하고 있다(Neukrug & Fawcett, 2015). 교사나 학부모가 학생에게 검사를 권고하고 검사 결과를 통해 학생의 탐색 및 선택에 있어 통찰을 얻도록 조력할 수 있지만, 검사의 내용이나 결과를 해석하는 것에 어려움이 따른다면, 반드시 상담 및 검사 전문가와 논의해야 한다. 특히, '신뢰도'나 '타당도,' '규준집단'과 같은 용어가 낯설고, 검사 해석과 관련하여 개념이 이해가 되지 않는다면, 반드시 전문가의 자문을 받는 것이 바람직하다.

검사 실시 및 결과 해석에서 가장 중요한 지침 중 하나는 검사는 하나의 기초 자료로서 진로 탐색과 선택을 돕는 '출발점'이지 검사에서 알려 준 대로 정하는 '종착점'이 아니라는 점이다. 많은 사람들이 검사 결과가 '정답'이나 '해결책'을 제시할 것이고 생각하고, 검사 결과가 자신의 예상과 다른 경우, 검사 결과를 완전히 부정하거나 맹신하는 오류를 범한다. 진로 관련 표준화된 검사는 해당 연령대의 규준집단을 대상으로 타당도와 신뢰도가 갖추어진 경우에만 결과에 대한 유의미한 해석이 가능하며, 이 경우에도 하나의 가능한 '대안'으로서 생각하는 것이 바람직하다. 교사는 학생이 진로검사에 대한 올바른 기대를 할 수 있도록 도와주고, 검사 결과를 통해 학생이 자신이나 직업세계에 대하여 새롭게 발견한 사실이나 받아들이기 어려워하는 부분을 확인하면서 검사 결과를 해석해 주는 것이 필요하다. 따라서 아무리 검사 해석 보고서가 상세하게 제시되었다고 해도, 교사가 검사 결과에 대한 구체적인 안내 없이 검사 해석 보고서만을 학생이나 부모에게 전달하는 일은 지양해야 한다.

## 2) 진로 선택에서의 가족의 영향: 진로가계도 활용하기

진로발달/선택에서 가족, 특히 부모의 영향은 초기 진로 이론에서부터 많은 주목을 받아 왔다(Blustein, Schultheiss, & Flum, 2004; Sharf, 2006). 특히, 집단주의 및 가족 중심의 문화가 강한 한국에서는 아동 및 청소년의 진로발달을 살펴볼 때 가족이나 부모와 같은 관계의 영향력을 고려하는 것이 중요하다는 논의가 지속되어 왔다(김봉환 외, 2013; 선혜연, 김계현, 2007). 앞 절에서 살펴보았듯이, 가족의 영향력은 외적 갈등과 같이 어려움을 야기할 수도 있는 동시에 학생의 정보 수집이나 자기이해, 혹은 의사결정 과정을 조력하는 효과적인 도구가 될 수도 있다. 따라서 교사가 학생지도를 하면서 진로 선택에서의 가족의 영향을 살펴보고 논의하는 과정이 필요할 수 있다. 이런 경우에 효과적으로 사용될 수 있는 전략이 바로 진로가계도다.

원래 가계도(genogram)란 세대에 걸친 가족 구성원에 관한 정보와 구성원 간 관계를 도표화하여 기록한 그림(McGoldrick, Gerson, & Shellenberger, 1999)으로, 개인상

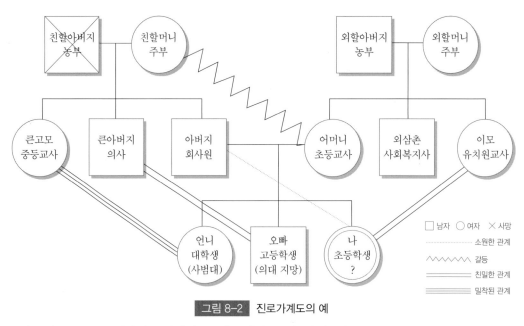

그림 8-2 진로가계도의 예

출처: 오인수(2008). 초등학생 진로교육의 새로운 접근-가계도를 활용한 진로상담. 초등교육연구, 21, pp. 49-73, p. 52.

담이나 가족상담에서 가족 구성원 간의 상호작용과 관계역동을 살펴볼 수 있는 유용한 도구로 자주 활용된다(오인수, 2008). 가계도는 정해진 기호와 선을 이용하여 가족 구성원과 구성원의 외형적 관계(예: 혼인, 이혼, 출산 등)뿐만 아니라 심리적 관계(예: 갈등, 친밀감, 거리감 등)를 표기하며, 주로 3세대 혹은 그 이상의 가족 정보를 포함하도록 한다. 상담자는 내담자와 가계도를 함께 그리면서 가족 내 관계적 양상을 종합적으로 살펴보고, 반복되는 관계적 양상이나 갈등의 주제 등을 탐색하고, 통찰력을 얻을 수 있다.

진로가계도는 [그림 8-2]과 같이 가계도를 진로장면에 적용시킨 것이다. 즉, 기존 가계도 작성법과 동일하게 작성하면서, 학력, 직업이나 전공 등을 추가하여 적고, 진로를 중심으로 가계도를 해석하는 것이다. 교사는 진로가계도를 통해 일반적인 가족 구조나 관계의 양상뿐만 아니라 세대 간 반복되는 직업의 유형이나 가족의 역할과 직업 사이의 관계를 탐색하면서 직업의 사회경제적인 지위와 직업적 특성을 이해할 수 있으며, 가족 구성원과의 관계와 학생의 직업 인식 간의 관계를 살펴볼 수 있다(오인수, 2008). 학생은 진로가계도를 통해 자연스럽게 가족 안에서 직업이나 일에 관련된 기대나 의미(가치)가 어떻게 소통되는지 이야기할 수 있으며, 미처 깨닫지 못했던 세대 간 전해져 내려오는 반복적인 진로 관련 기대나 갈등 등을 깨닫게 될 수 있다.

### 3) 직업(전공)카드 활용하기

진로상담에서 자주 쓰이는 직업카드 분류는 학생의 흥미, 가치, 적성, 성격 등의 선호지표에 따라 직업이 적힌 카드를 분류하여 탐색과 진로 선택을 돕는 비표준화된 검사 방법이다(Gysbers, Heppner, & Johnston, 2013). 직업카드는 대상자의 연령에 따라 아동용, 중ㆍ고등학생용, 대학생 및 성인용 등으로 다양하게 개발되어 있으며, 필요에 따라 직업뿐만 아니라 대학의 전공학과로 구성된 카드를 사용할 수도 있다.

직업카드는 학생의 진로발달 단계에 따라, 활동의 목적, 대상 집단의 크기 등에 따라 다양하게 활용될 수 있다. 예를 들어, 아동의 경우, 교사는 직업카드를 이용한 놀이활동을 통해 다양한 직업의 명칭이나 하는 일, 작업환경 등과 같은 직업세계에 대해서 배우는 용도로 직업카드를 활용할 수 있다. 직업카드는 일반적인 상담 장면에서는 다음과 같은 분류 방법을 통해 사용된다. 교사는 학생에게 다양한 직업이나 전공이 적힌 카드 뭉치를 주고, 직업카드를 좋아하는 직업, 싫어하는 직업, 이도 저도 아닌 직업이나 잘 모르는 직업 중 하나로 분류하도록 한다. 분류가 끝난 후에는 학생에게 좋아하는 직업카드들을 주고, 다시 한번 살펴보면서 좋아하는 직업으로 분류된 카드들의 공통점이나 유사점을 두세 가지 정도 찾도록 한다. 동일한 작업을 싫어하는 직업카드를 활용하여 하도록 한다. 나머지 직업카드들에 대해서는 관련되는 직업 정보를 찾고, 학생이 탐색할 수 있는 기회를 가질 수 있도록 안내한다. 이 작업은 개인활동뿐만 아니라 집단활동으로 구성하거나, 학생의 준비도나 주어진 시간에 따라 여러 회기에 걸쳐 진행할 수 있는 등 매우 유연하게 활용될 수 있다.

직업카드 분류는 카드를 분류하고 카드 간 공통점이나 유사점을 찾는 과정에서 학생이 능동적으로 참여할 수 있도록 하는 동시에 스스로에 대해서 알아갈 수 있다는 장점이 있다(김봉환 외, 2013). 교사 또한 다양한 분류 기준이나 놀이 활동을 통해 사용할 수 있어 창의적인 활용이 가능하고 학생의 인지적ㆍ정서적 과정을 관찰하고 자기탐색을 유도함으로써 학생에 대한 풍부한 정보를 얻을 수 있다.

## 4) 진로 · 직업대안 비교하기: 대차대조표 활용하기

학생이 진로의사결정 과정에서 몇 가지 대안을 놓고 선택을 어려워하는 경우, 교사는 대차대조표 양식을 활용하도록 하여 학생의 의사결정을 도울 수 있다. 대차대조표는 앞서 소개한 해런의 합리적 의사결정 방식을 연습하는 도구로서도 사용될 수 있다. 대차대조표 양식을 활용하는 일반적인 절차는 다음과 같다.

① 교사는 학생에게 생각하고 있는 대안인 진로(전공이나 직업 등)를 표에 일렬로 적도록 한다.
② 그다음 그 대안들을 평가할 수 있는 기준을 3~5개 정도 충분히 생각할 수 있는 시간을 주고, 이를 구체화하여 적도록 한다.
③ 마련된 기준에 대한 평가 방식(상 · 중 · 하 평가, 100점 내 점수배분 평가, 순위도 평가 등)을 정하도록 한다.
④ 기준에 따라 각 대안을 평가하도록 한다.
⑤ 평가를 마친 뒤, 대안별 점수 및 순위를 살펴보고, 최종 순위를 정한다.
⑥ 대차대조표를 작성하면서 들었던 여러 가지 생각과 느낌을 나누고, 최종 순위에 대한 생각을 나눈다.

대차대조표는 이미 주어진 대안 중 선택을 조력하기 위한 방법으로 이 활동을 통해 학생이 새로운 직업을 탐색하게 되거나 자신에 대해 새롭게 배울 수는 없다. 그

〈표 8-1〉 대차대조표 활용 예시(100점 내 점수 배분 평가 방식 사용)

|  | 평가기준 1<br>흥미 | 평가기준 2<br>적성 | 평가기준 3<br>부모님 의견 | 평가기준 4<br>미래 전망 | 평가기준 5<br>수입 | 합계/순위 |
|---|---|---|---|---|---|---|
| 대안 1<br>사회복지사 | 50 | 20 | 10 | 30 | 30 | 140/3 |
| 대안 2<br>상담자 | 25 | 60 | 30 | 40 | 30 | 185/1 |
| 대안 3<br>초등학교 교사 | 25 | 20 | 60 | 30 | 40 | 175/2 |

러므로 학생이 대차대조표 활동에서 비교하는 대안들이 의미 있는 대안이 아니거나 자신이 중요하게 생각하는 평가기준을 수립하지 못한 경우, 선택 자체가 의미 없거나, 섣부르게 선택지가 배제될 가능성이 있다. 그러므로 대차대조표는 학생이 이미 탐색활동을 충분히 거친 이후 몇 가지 선택지 중에 고민하는 상태에서 제시되고 활용하는 것이 가장 바람직하다.

또한 대차대조표는 각 평가기준의 중요도가 개인 내에서 동일하다는 가정하에 의미 있는 결과를 도출할 수 있다. 예를 들어, 학생이 〈표 8-1〉과 같이 대차대조표를 작성하였다고 하더라도, 만약 학생의 흥미나 부모님의 의견 등 한 기준이나 다수의 기준이 다른 기준보다 월등하게 중요할 때, 각 평가기준의 동일한 비중을 가정으로 계산한 최종 합계 및 순위는 의미 있는 결과라고 보기 어렵다. 많은 경우, 평가기준의 중요도가 동일하기는 어렵기 때문에 합계 및 순위를 산출하지 않고 평가기준에 따라 각각의 대안들을 고려하는 방식을 사용하거나, 처음부터 평가기준의 차이를 고려하여 가중치를 정하고 각 평가기준의 가중치와 점수를 곱하여 합산하는 방식으로 대차대조표를 사용하기도 한다.

## 참고문헌

교육부(2015). 학교 진로교육 목표와 성취기준. 교육부.

김대선, 강지연, 정재희, 김기년, 탁진국(2016). 청소년 진로의사결정검사의 개발과 타당화. 한국심리학회지: 학교, 13(1), 1-30.

김봉환, 강은희, 강혜영, 공윤정, 김영빈, 김희수, 선혜연, 손은령, 송재홍, 유현실, 이제경, 임은미, 황매향(2013). 진로상담(한국상담학회 상담학 총서 6). 서울: 학지사.

김장회, 김계현(2009). 진로상담: 미래의 직업 세계에 대한 인식: 초, 중, 고, 대학생 비교 분석. 상담학연구, 10(1), 323-340.

선혜연, 김계현(2007). 청소년 진로선택 및 발달에 있어 부모의 영향에 관한 연구 분석-1997∼2006년. 상담학연구, 8(4), 1467-1483.

양재섭(2001). 고등학교 학생들의 의사결정 유형과 진로미결정 유형 간의 관계. 경상대학교 대학원 석사학위논문.

오인수(2008). 초등학생 진로교육의 새로운 접근-가계도를 활용한 진로상담. 초등교육연구, 21, 49-73, 52.

유나현, 이기학(2016). 한국 대학생의 진로결정의 어려움 군집유형에 따른 상담개입목표 차이 연구. **진로교육연구**, 29, 237-256.

이보현, 두흔, 이은정, 장선희, 정선화, 이상민(2013). 대학생의 특성불안과 진로미결정의 관계에 있어 진로의사결정유형의 매개효과. **상담학연구**, 14(2), 1383-1400.

임효진, 황매향, 선혜연(2016). **교육심리학**. 서울: 학이시습.

정애경, 김계현, 김동민(2008). 진로미결정 및 관련변인에 관한 국내연구 메타분석. **상담학연구**, 9(2), 551-564.

통계청(2015). **2015 청소년 통계 보도자료**. (2017년 3월 28일 검색) http://kostat.go.kr/portal/korea/kor_nw/2/1/index.board?bmode=read&aSeq=335384

Bandura, A. (1986). The explanatory and predictive scope of self-efficacy theory. *Journal of Social and Clinical Psychology, 4*(3), 359-373.

Blustein, D. L., Schultheiss, D. E. P., & Flum, H. (2004). Toward a relational perspective of the psychology of careers and working: A social constructionist analysis. *Journal of Vocational Behavior, 64*(3), 423-440.

Cook, D. E., & Harren, V. N. (1979). Relationship among decision making styles and career related variables. Paper presented at the American Psychological Association Convention, New York.

Dinklage, L. B. (1968). *Decision strategies of adolescent students* (Doctoral dissertation, Harvard, Cambridge, Mass. 1968). Dissertation Abstracts International, 95.

Erikson, E. H. (1959). Identity and the life cycle: Selected papers. *Psychological issues, 1*, 1-171.

Flores, L. (2013). Empowering life choices: career counseling in the contexts of race and class. In N. C. Gysbers, M. J. Heppner, & J. A. Johnston (Eds.), *Career counseling: Contexts, processes, and techniques* (pp. 49-74). American Counseling Association.

Gati, I., & Amir, T. (2010). Applying a systemic procedure to locate career decision making difficulties. *Career Development Quarterly, 58*(4), 301-320.

Gati, I., Krausz, M., & Osipow, S. H. (1996). A taxonomy of difficulties in career decision making. *Journal of Counseling Psychology, 43*(4), 510-526.

Gati, I., Landman, S., Davidovitch, S., Asulin-Peretz, L., & Gadassi, R. (2010). From career decision-making styles to career decision-making profiles: A multidimensional approach. *Journal of Vocational Behavior, 76*(2), 277-291.

Gysbers, N. C., Heppner, M. J., & Johnston, J. A. (2013). *Career counseling: Contexts, processes, and techniques*. American Counseling Association.

Harren, V. A. (1979). A model of career decision making for college students. *Journal of Vocational Behavior, 14*(2), 119-133.

Heppner, M., & Jung, A. (2013). Gender and social class: Powerful predictors of a life journey. In W. B. Walsh, M. Savickas, & P. J. Hartung (Eds.), *Handbook of Vocational Psychology* (4th ed.) (pp. 81-102). New York: Routledge.

Holland, J. L. (1997). *Making vocational choices: A theory of vocational personalities and work environments*. Psychological Assessment Resources.

Jadidian, A., & Duffy, R. D. (2012). Work volition, career decision self-efficacy, and academic satisfaction: An examination of mediators and moderators. *Journal of Career Assessment, 20*(2), 154-165.

Kelly, K. R., & Lee, W. C. (2002). Mapping the domain of career decision problems. *Journal of Vocational Behavior, 61*(2), 302-326.

Kelly, K. R., & Lee, W. C. (2005). Relation of psychological type to career indecision among university students. *Journal of Psychological Type, 64*(2), 11-20.

Lunneborg, P. W. (1978). Sex and career decision making styles. *Journal of Counseling Psychology, 25*(4), 299-305.

Mau, W. C. (1995). Decision-making style as a predictor of career decision-making status and treatment gains. *Journal of Career Assessment, 3*(1), 89-99.

McGoldrick, M., Gerson, R., & Shellenberger, S. (1999). *Genograms: Assessment and intervention* (2nd ed.). New York: Norton.

Neukrug, E., & Fawcett, R. (2015). *Essentials of testing and assessment: A practical guide for counselors, social workers, and psychologists*. Cengage Learning.

Osipow, S. H., Carney, C. G., Winer, J. L., Yanico, B. J., & Koschier, M. (1976). *Career Decision Scale* (3rd rev.). Columbus, OH: Marathon Consulting and Press.

Parsons, F. (1909). *Choosing a vocation*. Houghton Mifflin.

Peterson, G. W., Sampson, J. P., Jr., & Reardon, R. C. (1991). *Career development and services: A cognitive approach*. Belmont, CA, US: Thomson Brooks/Cole Publishing Co.

Peterson, G. W., Sampson, J. P., Jr., Lenz, J. G., & Reardon, R. C. (2002). A cognitive information processing approach to career problem solving and decision making. In E. Brown (Ed.), *Career choice and development* (pp. 312-369). John Wiley & Sons.

Phillips, S. D., & Strohmer, D. C. (1982). Decision making style and vocational maturity. *Journal of Vocational Behavior, 20*(2), 215-222.

Piaget, J. (1959). *The language and thought of the child* (Vol. 5). Psychology Press.

Ryan, N. E. (1999). *Career counseling and career choice goal attainment: A meta-analytically derived model for career counseling practice* (Doctoral dissertation, Loyola University of Chicago).

Saka, N., Gati, I., & Kelly, K. R. (2008). Emotional and personality-related aspects of career-decision-making difficulties. *Journal of Career Assessment, 16*(4), 403-424.

Salomone, P. R. (1982). Difficult cases in career counseling: II-The indecisive client. *The Personnel and Guidance Journal, 60*(8), 496-500.

Santos, P. J. (2001). Predictors of generalized indecision among Portuguese secondary school students. *Journal of Career Assessment, 9*(4), 381-396.

Savickas, M. L. (1995). Constructivist counseling for career indecision. *Career Development Quarterly, 43*(4), 363-373.

Sharf, R. S. (2016). *Applying career development theory to counseling.* Cengage Learning.

Sue, D. W., Arredondo, P., & McDavis, R. J. (1992). Multicultural counseling competencies and standards: A call to the profession. *Journal of Counseling & Development, 70*(4), 477-486.

Super, D. E. (1955). Transition: from vocational guidance to counseling psychology. *Journal of Counseling Psychology, 2*(1), 3-9.

Super, D. E. (1980). A life-span, life-space approach to career development. *Journal of Vocational Behavior, 16*(3), 282-298.

Tokar, D. M., Withrow, J. R., Hall, R. J., & Moradi, B. (2003). Psychological separation, attachment security, vocational self-concept crystallization, and career indecision: A structural equation analysis. *Journal of Counseling Psychology, 50*(1), 3-19.

Whiston, S. C., & James, B. N. (2013). Promotion of career choices. In S. Brown & B. Lent (Eds.), *Career development and counseling: Putting theory and research to work* (pp. 565-594). John Wiley & Sons.

Zunker, V. (2011). *Career counseling: A holistic approach.* Nelson Education.

제9장 **직장생활**의 **상담**과 **지도**

이 장은 직장생활의 상담과 지도에 관한 것이다. 특히, 사회 초년생의 직장생활 적응을 돕기 위한 상담 및 지도 방법을 학습한다. 우선 직업적응의 개념과 직업적응에 영향을 미치는 요인을 알아본다. 진로상담의 관점에서 직업적응은 개인이 환경과 조화를 성취하거나 유지하려고 하는 지속적이고 역동적인 과정이다. 직업적응 이론은 직장생활에 대한 내담자의 어려움을 사례개념화하고 개입 전략을 수립하는 데 유용한 이론이다. '직업에서 요구되는 능력과 그와 관련된 개인의 능력' 그리고 '개인의 욕구와 일이 제공하는 보상과 관련된 직업가치'라는 두 가지 차원에서 직업적응을 설명하고 있다. 직업적응 이론을 통해 직업생활을 평가하기 위해서는 '개인의 만족'과 '조직의 만족'을 살펴보고 조화와 불일치의 정도를 파악하는 것이 중요하다. 직업적응상담의 과정은 크게 주 호소 문제 및 직무만족도 진단하기(1단계), 직업적응 문제 상담 및 지원하기(2단계), 직업적응상담 사후 관리하기(3단계)로 구성된다. 직장생활의 상담과 지도에서 직무스트레스 관리와 자살예방은 중요한 주제다. 근로자의 정신건강과 기업의 생산성 향상을 위해 다양한 서비스를 제공하는 기업상담에 대해서도 함께 알아본다.

## 1. 직장생활과 적응

### 1) 직업적응의 개념

흥미, 적성, 가치관, 직업환경 등의 다양한 요인을 고려해서 합리적인 진로결정을 하는 이유는 바로 직업에 잘 적응하기 위해서이다(김봉환, 2008). 직업을 갖게 되면 하루의 대부분의 시간을 일을 하며 보내게 된다. 그 시간을 어떻게 경험하느냐에 따라 삶의 만족도는 달라질 수 있다.

'행복'은 우리 모두에게 중요한 주제이다. 우리는 어렵게 준비해서 들어간 직장생활이 만족스럽기를 기대한다. 그러나 마냥 행복하기만을 바라고 사회생활을 시작한다면 생각보다 절망스럽고 괴로울 수 있다. 영화관에 가서 영화를 관람한 경험을 떠올려 보자. 우리는 즐거움과 의미를 얻기 위해 돈을 지불하고 영화를 본다. 회사에 고용된 직장인의 경우는 어떨까? 회사는 직원에게 월급을 지급한다. 회사에서 항상 즐겁고 만족스럽기만을 바란다면, 냉정한 이야기로 들릴 수 있지만 반대로 우리가 회사에 돈을 지불하는 것이 자연스러울지도 모른다. 그럼 직장이라는 곳은 어떤 곳일까?

인생의 희로애락(喜怒哀樂)은 직장에도 존재한다. 직장생활에는 다양한 기쁨과 즐거움, 슬픔과 노여움이 담겨 있다. 이 중 슬픔과 노여움의 무게가 지나치게 커진다면, 혹은 이것을 견딜 만한 자원이 삶에 존재하지 않는다면 직장생활은 어느 순간부터 삐걱거리게 될 것이다.

그렇다면 적응이라는 것은 사회 초년생에게만 해당되는 주제일까? 그렇지 않다. 한 사람의 경력 전체에서 언제든 일어날 수 있다. 그중에서도 첫 직장은 사회인으로서의 경험이 거의 없는 상태에서 시작한다. 그렇기에 다양한 시행착오를 겪는 것은 어찌 보면 자연스러운 일이다. 그러나 직장생활의 부적응에서 오는 스트레스에 장기간 노출되면 근골격계 질환, 직무 소진, 우울증, 자살 등 다양한 건강 문제와 더불어 업무 생산성 또한 크게 떨어질 수 있다. 개인의 생산성 저하는 조직 생산성 저하로 이어지기 쉽다. 따라서 사회 초년생이 가지는 직장에 대한 막연한 기대나 불안감을 효과적으로 관리하고 성공적인 직장적응을 돕기 위한 상담과 지도가 필요하다.

직업적응(work adjustment)은 이론적 관점에 따라 개념적으로 다르게 정의된다. 직업적응을 보다 개인적 관점에서 바라보면 개인의 심리적 안정과 만족에 초점을 둔다. 조직의 관점에서 본다면 조직의 입장에서 신입사원을 효과적인 조직구성원이 되도록 지원하는 것에 관심을 두는 것이다.

진로상담의 관점에서 직업적응은 개인이 작업환경과 조화를 성취하거나 유지하려고 하는 지속적이고 역동적인 과정(Dawis & Lofquist, 1984)을 의미한다. 여기에는 개인의 가치에서 비롯된 욕구가 환경의 강화 요인에 의해 만족되는 만족(satisfaction)과 환경에서 요구하는 바가 개인이 가진 능력·기술에 의해 충족되는 충족(satisfactoriness)이라는 두 가지의 개념이 중요하다.

이 외에도 '조직사회화(organizational socialization)'라는 개념이 있다. 이는 조직의 규범과 가치에 대한 구성원의 적응을 의미하며, 사회학에서 연구되고 있던 사회화(socialization)의 개념을 조직 차원에 도입한 것이다(주홍석, 2014). 조직사회화의 관점에서는 직업적응을 위한 개인의 노력보다 신입사원이 그들의 일에 대해 학습하고 직장에 적응하는 것을 돕는 조직 차원의 지원 과정에 초점을 두고 있다(Ashforth, Sluss, & Saks, 2007). 그러나 이러한 관점은 신입사원을 지나치게 수동적으로 본다는 비판으로 인해 최근에는 선도적 행위(proactivity)와 같은 변인들이 연구되고 있다(주홍석, 정철영, 2015). 선도적 행위는 신입사원의 통제력에 대한 느낌을 증가시키고 불확실성을 감소시킴으로써 직무만족과 업무성과를 높이기 위해 취하는 적극적인 사회화 행동 및 특성을 의미한다(전이영, 2005).

직장생활의 상담을 이해하고 실제 업무를 수행하기 위해서는 직업적응과 조직사회화의 관점 모두를 고려할 수 있어야 한다.

## 2) 직업적응에 영향을 미치는 요인

사회 초년생들의 잦은 직장 이동이나 조기 퇴사 등의 문제는 개인과 조직, 사회적으로도 중요한 이슈다. 구인구직 매칭 플랫폼 '사람인'이 기업 인사담당자 657명을 대상으로 '퇴사자 현황과 변화'에 대해 조사한 결과, 최근 1년간 직원 퇴사율은 평균 17%이며, 이 중 1년 차 이하의 신입사원의 퇴사율(49%)이 가장 높은 것으로 나타났다(한영준, 2018). 조기 퇴사를 경험한 개인은 자존감 저하, 자아정체성의 혼란, 방향성 상실 및 지속적인 경력 개발에 어려움을 겪을 수 있다. 기업 측면에서는 채용 및 교육 비용 등 인적자원 관리와 활용에 손실을 입게 된다. 그렇다면 성공적인 직장생활 적응에 영향을 미치는 요인은 무엇일까?

효과적인 직장생활 적응을 가능케 하는 변인에 관한 연구는 크게 개인적 변인과 환경적 변인에 관한 연구로 이루어져 왔다. 개인적 변인으로는 성별, 입사 전 지식, 입사 후에 대한 기대, 개방성, 외향성, 대인커뮤니케이션 역량, 직무만족, 개인-환경 적합성(개인-직무 적합성, 개인-조직 적합성), 우연대처 기술, 사회화 중심의 주도적 행위(정보 탐색, 피드백 탐색, 정치적 지식, 직원 친화력), 업무 중심의 주도적 행위(역할 명료성, 업무 숙달성, 긍정적 인지체계) 등이 있다(김현석, 정범구, 장은미, 2006; 손향신, 유태용, 2011; 안정진, 2014; 이민아, 김봉환, 2017; 정은주, 안창일, 2012; 주홍석, 2014).

환경적 요인으로는 기업 유형, 기업 규모, 고용 형태, 조직 문화, 조직 공정성, 사회적 지원, 상사의 리더십 스타일, 직무 특성, 임금복지 수준, 인사체계, 근무환경 등이 직업적응에 영향을 미치는 것으로 나타났다(노연희, 김명언, 2011; 옥주영, 탁진국, 2003; 이만기, 2013; 이영민, 연경진, 2009; 이혜영, 강순희, 2017).

이처럼 한 개인이 직장생활에 적응하는 과정에는 다양한 변인이 영향을 미친다. 개인과 환경 변인은 지속적으로 상호작용하면서 서로에게 적응해 나간다. 직장인을 대상으로 상담을 진행할 때 이 과정에서 만족과 불만족을 가져오는 요인을 정확히 파악하고 개입하는 것이 중요하다. 대상에 따른 차별화된 진단과 개입은 직장생활의 상담과 지도에서도 여전히 강조된다.

## 3) 대상에 따른 진로적응 이슈

신규입사자(newcomer)는 고등학교/대학교 졸업 직후 취업한 '신입입사자'와 '경력입사자'로 구분할 수 있다. 신규입사자가 조직에서 역량을 발휘하고 동료들과 협업하면서 조직의 일원으로 역할을 수행하기 위해서는 조직적응이 중요하다(고현철, 진현, 서의정, 위종범, 2013). 상담자로서 내담자를 정확히 이해하는 것은 사례개념화와 실제 개입을 수행하는 과정에서 핵심적인 역할을 한다. 우리는 '대졸 취업자'라는 말에 익숙해져 있지만 신규입사자에는 대학 졸업자뿐만 아니라 고졸 및 고졸 미만의 취업자도 포함된다는 점을 기억하고 준비해야 한다.

특히나 고교 직업교육 정책에 따라 고졸자 취업이 크게 증가했다는 사실은 주목할 만하다. 실제로 마이스터고나 특성화고 졸업자의 취업률이 증가하고, 고졸 고용지표가 개선되었다. 동시에 고졸 신입직원이 직장적응 과정에서 어려움이 많다는 지적도 있었다. 군입대나 대학 진학, 여타 개인적인 이유로 인하여 취업 후 노동시장에서 이탈하는 현상이 크다는 것이다(최동선, 2014). 2017년 교육부 자료에 따르면 직업계고 졸업자의 취업률은 17년 만에 50%를 넘었다. 이는 고졸 취업문화가 꾸준히 확산되고 있음을 의미한다. 학교 유형별로는 마이스터고(93.0%), 특성화고(50.8%), 일반고 직업반(22.4%)으로 나타났다. 취업난이 극심한 상황에 취업을 했으니 다 해결되었다고 보아야 할까? 아니다. 생각보다 이들의 직업적응 과정은 초기 단계부터 다양한 어려움에 부딪힌다. 특히, 상급학교에 진학을 하거나 군 입대를 하는 경우가 그러하다. 중요한 것은 이러한 일이 주로 경력 초기 단계에 발생한다는 점이다. 고등학교까지 배우고 익힌 것들을 직업 현장에서 발휘하고, 해당 분야의 전문가로 성장하는 것은 모든 취업자가 바라는 일일 것이다. 그러나 기반을 닦아가야 할 초기 적응 과정이 단절된다면 취업의 기쁨은 어느새 혼란과 불안으로 바뀔 수 있다.

고졸 취업을 강조하는 일련의 정책들은 대학 진학률 감소와 취업률 상승이라는 성과를 냈지만, 고졸 취업자의 취업의 질은 여전히 전문대 및 대졸자와 비교할 때 상대적으로 떨어진다(임언 외, 2016). 남자 고졸 신입직원의 경우 병역으로 인해 초기 경력을 비정규직으로 시작할 가능성이 높다. 일반계 고졸 취업자의 경우에도 직업교육 경험 및 직무능력 형성이 요구된다. 이러한 상황을 고려했을 때 고졸 취업자의 직장생활 적응을 돕기 위해서는 중 · 고등학교 시기부터 꾸준히 생애진로개발의 관점에서 진로상담 및 진로지도가 이루어져야 한다.

## 2. 직업적응상담

### 1) 직업적응 이론

A, B 두 친구가 있다. 둘의 관계가 가급적 오랜 기간 유지되기 위해 필요한 것은 무엇일까? A는 B와의 관계가 굉장히 만족스럽다. 지금 이대로도 충분하다고 느낀다. 그러나 B는 다르다. B는 A와의 관계가 불만족스럽다. B는 친구관계에서 중요한 것은 존중과 배려라고 생각한다. A는 언제나 자기 이야기만 한다. 심지어 B가 이야기를 하는 중에도 자신이 하고 싶은 말만 하고 있다. 이런 상황이 반복되자 B는 A와의 관계를 계속 이어갈지 말지 심각하게 고민 중이다.

직업적응에 관한 이해와 체계적인 접근을 제공한 대표적인 이론 가운데 하나는 직업적응 이론이다. 다위스와 롭퀴스트(Dawis & Lofquist, 1984)의 직업적응 이론 (Theory of Work Adjustment: TWA)은 '개인–환경 일치 이론'으로 1964년에 처음 소개되었다. '직업에서 요구되는 능력과 그와 관련된 개인의 능력' 그리고 '개인의 욕구와 일이 제공하는 보상과 관련된 직업가치'라는 두 가지 차원에서 개인과 환경의 일치를 설명한다(황매향, 2011). 이것을 염두에 두고 우리는 다시 다음의 두 가지 질문을 던져 볼 수 있다. 개인은 자신의 직업환경에 얼마나 만족하는가?(satisfaction) 직업환경은 개인에게 얼마나 만족하는가(satisfactoriness)? 직업과 직장생활의 평가에 활용할 수 있는 직업적응 이론을 좀 더 자세히 들여다보자.

직업적응 이론을 통해 직업생활을 평가하기 위해서는 '개인의 만족'과 '조직의 만족' 둘 모두를 살펴보아야 한다. 이 두 개념을 통해 직무만족을 예측할 수 있기 때문이다. 개인은 '가치'와 '능력'을 가지고 있다. 환경(조직)은 '강화'와 '보상체계'를 가진다. 안정성, 몸과 마음의 여유, 사회적 인정에 대한 욕구가 있는 사람이라면 이러한 욕구가 충족되는 직업을 가졌을 때 자신의 일과 소속된 일터에 만족할 것이다. 이와 마찬가지로 조직이 개인에게 만족하는 것도 중요하다. 개인이 일에서 요구하는 능력과 기술을 갖추고 이것이 실제 수행으로 드러날 때, 조직도 개인에게 만족하고 오랜 기간 함께하기를 원할 것이다. 만일 개인이 직무나 업무환경에 만족하지 않는다면 다니는 직장을 그만두고 새로운 일을 찾을 수 있다. 조직이 개인에게 만족하지 못한다면 개인을 전환 혹은 퇴사시키는 등의 조치를 취할 수 있다. 개인이 직업생활을 얼마나 지속할 것인지(혹은 지속할 수 있는지)의 여부는 개인의 만족과 조직의 만족 모두가 중요한 역할을 하는 것이다. 만일 개인의 욕구와 환경의 요구 조건이 변한다면 양측 모두가 조화로운 상태에 이르도록 애쓰는 것 또한 직업적응 과정에 필요하다.

직업적응 이론은 개인의 업무수행 능력과 직업가치를 객관적으로 측정할 것을 강조한다. 데이비스와 롭퀴스트(1984)는 여섯 가지 중요한 가치를 정의했다. 성취(achievement), 보상(comfort), 지위(status), 이타성(altruism), 안전감(security), 자율성(autonomy)이 그것이다. 능력과 가치의 보다 객관적인 측정을 위해서 개발된 검사는 직업적성검사(GATB)와 미네소타 직업가치관검사(MIQ)이다. 이 검사는 개인이 가진 능력과 추구하는 가치가 무엇인가에 대한 정보와 함께 각 직업들이 어떤 능력을 요구하고 있고 어떤 보상을 제공해 주는지에 대한 정보를 제공하고 있다. 국내에도 적성과 가치에 관한 다양한 검사가 개발되어 활용되고 있다. 워크넷(http://www.work.go.kr)에서는 성인용 직업적성검사와 직업가치관검사를 무료로 실시하고 검사 결과를 받을 수 있다. 원하는 경우 해석 상담도 가능하다. 성인용 직업적성검사의 경우 11개의 적성 요인(언어력, 수리력, 추리력, 공간지각력, 사물지각력, 상황판단력, 기계 능력, 집중력, 색채지각력, 사고유창력, 협응 능력)과 16개의 하위검사로 이루어져 있다. 직업가치관검사는 13개의 하위요인(성취, 봉사, 개별활동, 직업안정, 변화지향, 몸과 마음의 여유, 영향력 발휘, 지식 추구, 애국, 자율, 금전적 보상, 인정, 실내활동)으로 구성되어 있다. 검사 결과를 토대로 현재 종사하고 있거나 앞으로 선택할 직업이 요구하는 능력과 제공하는 보상체계를 비교해 보는 것도 좋다. 이를 통해 만족과 불만족을 가져오는 요인을 탐색하고 대처 방안을 수립해 본다.

더불어 살펴볼 것은 직업적응 유형이다. 개인과 환경은 서로 상호작용하며 적응을 위해 노력한다. 직업적응 이론에서는 이러한 상호작용의 특성을 신속성(celerity), 속도(pace), 지속성(endurance), 규칙성(rhythm)으로 제시한다(황매향, 김계현, 김봉환, 선혜연, 이동혁, 임은미, 2013). 신속성은 개인과 환경이 부조화에 얼마나 신속하게 대처하는지를 설명한다. 다시 말해 개인이 자신의 욕구를 만족시키기 위해 얼마나 빨리 일에 몰두하는가? 환경은 개인이 불만족할 때 얼마나 신속하게 대

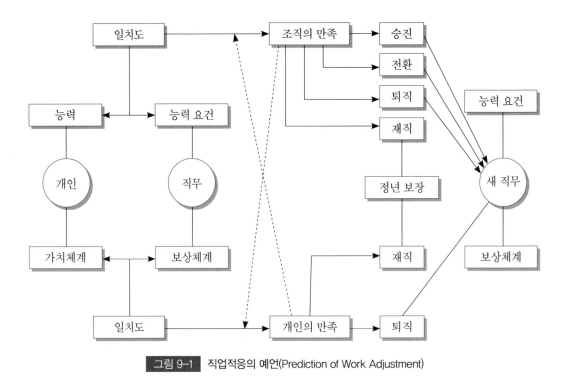

**그림 9-1**    직업적응의 예언(Prediction of Work Adjustment)

출처: Dawis & Lofquist(1984).

처하는가를 의미한다. 속도는 개인과 직업환경이 각각 만족감을 높이기 위해 노력하는 활동 수준 혹은 강도를 나타낸다. 지속성은 개인과 환경이 불만족스러운 상태를 얼마나 견디면서 유지할 수 있는가를 이른다. 마지막으로, 규칙성은 개인과 환경이 각각 욕구를 충족하기 위해 노력하는 과정의 패턴을 말한다. '얼마나 꾸준하고 주기적으로 나타나는가 또는 불규칙하게 나타나는가'와 관련된다. 이러한 네 가지 특성과 더불어 개인이 불만족 상태에 대처하는 적극성도 중요하게 살펴보아야 한다. 적응은 두 가지 형태로 나타난다. 적극적 방식(active mode)은 불만족이 발생했을 때 조직의 요구나 조직이 제공하는 보상을 바꾸는 환경의 변화를 통해 불일치를 줄이고자 하는 대처 방식이다. 소극적 방식(reactive mode)에서 개인은 자신이 가진 능력이나 욕구에 대한 정도를 조정함으로써, 즉 자기 자신을 변화시킴으로써 불일치를 줄이고자 하는 접근이다.

## 2) 직업적응상담의 과정

직업적응상담이란 재직자를 대상으로 조직 내에서 발생하는 만족과 적응에 관한 문제를 진단하고, 갈등관리, 스트레스 관리, 직무 전환 및 확충 등의 해결방법을 지원함으로써 보다 안정적인 직업생활을 조력하는 것이다. 상담은 다음과 같은 절차로 진행된다(김봉환 외, 2018; http://www.ncs.go.kr 자료를 정리).

### (1) 1단계: 주 호소 문제 및 직무만족도 진단하기

직업적응 이론에서는 개인의 욕구를 충족시키는 보상을 환경이 제공하고 환경이 요구하는 능력을 개인이 갖추고 있을 때 개인과 환경 모두의 만족이 가능하다고 가정한다. 이것이 직업적응이다. 만일 이 과정에 문제가 발생한다면 우선 원인을 정확히 진단하는 것이 필요하다.

조직생활에서의 고민과 어려움을 탐색하고, 불만족의 원인과 부적응의 정도를 진단하는 것이다. 직업적응의 어려움은 크게 다음의 세 가지 원인으로 파악해 볼 수 있다. 첫째, 직무수행에 필요한 능력을 개인이 가지고 있지 않은 경우(직업에서 요구하는 능력이 너무 낮아서 개인이 자신의 능력을 충분히 발휘하지 못하는 경우도 포함), 둘째, 개인이 중요하게 생각하는 가치에 대한 보상이 주어지지 않는 경우, 셋째, 직장밖의 문제(예: 가족이나 연인관계, 친구관계의 어려움 등)로 직장에서의 수행에 영향을 받는 것이다. 문제의 원인에 따라 다양한 영역에서의 평가가 이루어진다. 이때 객관적인 심리검사보다는 내담자와의 인터뷰를 먼저 실시하여 내담자의 주관적인 평가를 파악하는 것이 중요하다. 또한 내담자의 직업적 성격 특성과 자기상을 평가한다. 만일 검사 결과와 내담자의 자기평가에 차이가 있다면 이 둘 간의 불일치를 줄이기 위해 면담을 진행한다.

① 내담자의 가치, 능력 등 내담자의 특성에 대한 평가
② 직업에서 요구하는 업무 능력, 직업이 제공해 주는 강화인(보상)의 평가
③ 내담자의 가치, 능력과 직업의 요구나 보상이 불일치할 때 내담자의 대처 방식
④ 내담자가 지각한 경력 개발 장애 요인 평가
⑤ 내담자의 직장적응에 영향을 주는 가족, 친구, 중요한 타인과의 관계 평가

⑥ 이 외 다양한 스트레스원과 스트레스 대처 방식의 평가

## (2) 2단계: 직업적응 문제 상담 및 지원하기

개입은 내담자가 자신과 직업 간의 부조화에 대처하는 양식을 파악한 다음 이루어진다. 구체적인 직업적응 활동 계획을 수립하고 가능하다면 외적 환경 문제 개선을 의뢰한다. 구체적인 개입 전략은 다음과 같다.

'능력'과 관련해서는 다음의 상황을 가정해 볼 수 있다. ① 내담자의 능력이 부족하거나 ② 업무에서 요구하는 능력이 지나치게 단순해서 자신의 능력을 제대로 발휘하지 못하는 경우 ③ 업무량의 과다로 인한 스트레스이다. 만일 ①의 경우라면 학습을 통해 능력을 향상시킨다. ②와 ③의 경우 직무 변경이나 부서 이동 등 적극적인 대처 방식을 생각해 볼 수 있을 것이다. 만일 이러한 대처가 가능하지 않다면 장기적으로 이직 등을 포함하는 경력 계획을 세워 볼 수 있다.

이와 관련하여 상담자가 고려해야 할 부분 중 하나는 일자리와 직무를 둘러싼 변화다. 4차 산업혁명은 AI, 사물인터넷, 빅데이터, 3D 프린터 등의 핵심 기술을 기반으로 제조업을 비롯하여 우리 삶의 전반에 광범위한 영향력을 미치고 있다. 이로 인한 일자리 자체의 증감도 이슈가 되지만, 직무 내용의 변화, 일하는 방식의 변화, 고용 형태의 변화 등 다양한 이슈가 존재한다. 직무의 변화를 살펴보자. 기술이 도입되면 직무는 다음의 다섯 가지 유형으로 변화를 맞이하게 된다(고용정보원, 2017). 하나는 직무가 그대로 유지되는 경우이다. 이는 기계로 대체하는 것이 기술적으로 어렵거나 인건비가 기술 도입 비용보다 낮을 때 발생한다. 두 번째는 해당 직무가 완전히 기계로 대체되는 경우이다. 세 번째는 직무 중 일부 역할이 축소되거나 없어지는 대신에 사람의 특성이 더욱 필요한 업무는 그 비중이나 중요도가 커지는 경우이다. 예를 들어, 온라인 교육 등의 확대로 단순 지식 전달 업무가 줄어든다면, 정보를 분석하는 방법이나 협력, 소통 등 사회성 교육의 비중이 더욱 커질 수 있다. 네 번째는 수행 직무 중 기술 도입 이후에 업무 방식이나 내용이 변경되는 경우이다. 이는 타 기술과의 융복합이나 협력로봇, 디지털 기기 등을 활용하게 됨에 따라 나타난다. 다섯 번째는 기술 도입으로 완전히 새로운 직무가 발생하는 경우이다. 예를 들어, 의료 분야에 인공지능 왓슨과 의료 데이터의 활용이 커지면 의사들은 전통적 업무 외에 의료 데이터를 분석하고 인공지능의 조언을 비교하여 환자에게 설명하

는 업무가 새롭게 등장하는 것이다. 상담자는 노동시장을 둘러싼 다양한 변화에 대해 학습 민첩성(learning agility)을 바탕으로 내담자가 다양한 변화에 적응하고 대비할 수 있도록 조력할 수 있어야 한다.

### (3) 3단계: 직업적응상담 사후 관리하기

상담에서 다룬 내용이 실천되고 있는지 확인하고, 추가적으로 개선할 부분이 있는지 점검한다. 직업적응 문제가 개선이 되어 조화롭게 적응하고 있는지 확인하고 만일 여전히 직업적응에 어려움을 겪고 있다면 추가적인 상담을 진행할 수 있다.

## 3. 직무스트레스 관리

### 1) 직무스트레스의 이해

우리나라 근로자의 근로시간은 세계 최고 수준이다. 이는 직장인의 신체적 · 정신적 건강문제에 중대한 영향을 미치고 있다. 직무스트레스는 일반적으로 직무와 관련된 스트레스원에 의해 경험하게 되는 스트레스를 의미하며, 개인이 직무와 관련하여 조직 내에서 상호작용하는 과정에서 조직의 목표와 개인의 욕구 사이에 불균형이 생길 때 일어난다(왕은자, 전민아, 홍희정, 2016). 스트레스는 개인의 신체적 · 심리적 안녕에 직접적으로 영향을 미치고 조직효과성의 측면에서 지속적인 관심사이다. 고용주의 보호의무라는 측면에서도 중요한 법적인 위치를 가지고 있는 상황에서, 전문적인 상담이 조직 구성원의 스트레스 관리에 얼마나 효과적인지를 경험적으로 연구하는 것이 점점 중요해지고 있다(왕은자, 김계현, 2010).

스트레스 대처 방식을 나누는 분류는 다양하다. 그중 대표적인 것은 문제 중심(problem-focused) 대처와 정서 중심(emotion-focused) 대처로 나누는 것이다(Lazarus & Folkman, 1984). 문제 중심 대처 방식은 스트레스원(stressor)을 파악하고, 이의 감소를 위한 행동을 하는 것과 같이 스트레스 상황을 변화시켜서 문제를 해결하는 방식이다. 반면 정서 중심 대처 방식은 상황 자체를 변화시키기보다는 스트레스 상황에서 경험하는 부정적인 정서를 다루는 것에 초점을 둔다. 일반적으로 직접적인 스트레스원을 감소시키거나 제거하는 방식이 효과적인 것으로 알려져 있지만 한국 조직 문화의 특성상 직접적인 대처가 어렵거나 한계에 부딪히는 경우가 있을 수밖에 없다(정혜경, 탁진국, 2018). 따라서 내담자가 처한 상황과 개인의 요구와 특성을 고려하여 상담을 진행하는 것이 좋다.

스트레스원에 대한 분석 시 개인의 취약성 요인과 직무스트레스를 유발하는 환경적 요인을 알아두는 것도 중요하다. 직무 관련 환경적 요인은 실제로 스트레스 반응을 유발하고 정신건강을 위태롭게 할 수 있기 때문이다. 환경적 요인으로는 조직적 변화, 역할 모호성, 과도한 업무, 불확실성과 업무 자율성 부족, 성적 또는 정서적 괴롭힘, 문제 있는 관리자 및 동료, 소음이나 공간 부족 등 작업환경과 물리적 스트레스 등이 있다(한국자살예방협회, 2015).

직무스트레스의 평가는 면접과 관찰을 통한 방법과 표준화된 설문지를 통한 방법이 있다. 첫 번째 방법은 스트레스 상황에 대한 개인적인 의미, 맥락과 해석에 초점을 둔다. 내담자가 처한 현실의 다양성과 의미, 특징에 중점을 두고 면담을 진행한다. 두 번째 방법은 직무스트레스를 설명하는 다양한 이론과 모델을 근거로 개발된 설문지를 사용하는 것이다.

## 2) 직무스트레스 관리

직무스트레스의 관리는 개인적 접근과 조직적 접근으로 나누어 살펴볼 수 있다(강도형 외, 2015). 조직적 접근은 문제의 확인(1단계), 중재의 기획 및 수행(2단계), 중재의 평가(3단계)로 이루어진다. 직무설계(직무충실, 직무확대, 직무순환), 직무 자율성 부여 등의 접근이 활용된다. 이 장에서는 개인적 접근에 좀 더 초점을 맞추어 소개한다.

개인적 접근은 상담 및 교육 약물치료가 대표적이다. 상담 및 교육 접근에는 인지행동치료, 이완 훈련(점진적 근육이완, 명상 등), 자기주장 훈련, 분노조절 훈련 등이 있다. 인지행동치료에서는 특정 상황에 대한 개인의 평가 및 대처가 스트레스 반응을 결정하는 데 중요하다고 본다. 따라서 스트레스의 선행 요인 혹은 결과로 이어지는 자신의 인지, 정서, 행동 패턴을 파악하고, 좀 더 적응적이고 건강한 대처 방식으로 변화시킨다. 이완 훈련이나 점진적 근육이완법은 긴장과 불안의 수준을 낮추기 위해 활용된다. 최근 들어 관심이 증가한 명상(meditation)은 이완 반응을 유도함으로써 스트레스에 대한 심리적 혹은 생리적 반응의 감소를 가져오는 데 유용한 것으로 알려져 있다. 자기주장 훈련(Assertiveness training)은 다른 사람을 비난하거나 지시함으로써 상대방을 불쾌하게 만들지 않으면서 분명하고 직접적인 표현으로 자신의 욕구나 생각, 감정을 표현하는 방법이다. 갈등을 능숙하게 다룸으로써 대인관계에서 오는 스트레스를 줄일 수 있다. 분노조절 훈련은 심호흡, 긍정적으로 바라보기, 비현실적인 신념 알아차리기, 용서를 통한 해소 등으로 구성된다. 일상생활을 유지할 수 없을 정도의 심각한 우울, 불안, 신체 증상을 호소하는 내담자의 경우 약물치료를 권유할 수 있다. 약물치료는 치료 기간을 단축하거나, 자살과 같은 사고 위험성을 낮추는 효과를 가져올 수 있다. 더욱이 상담과 약물치료가 병행될 때 보다 긍정적인 결과를 가져오는 경우도 존재한다. 다만 약물치료는 부작용이 발생할 가능성도 있다. 내담자가 이를 인지하고 선택할 수 있도록 조력하는 것이 중요하다. 이러한 개인적 요인뿐 아니라 스트레스를 발생 및 유지시키는 환경적 요인을 탐색하고 가능하다면 개입을 시도한다.

직장에서는 근로자의 직무스트레스 관리를 위해 다양한 프로그램을 운영한다.

〈표 9-1〉 스트레스 관리 프로그램을 통한 증진 요인 및 감소 요인의 주요 변인

| 변인 구분 | 주요 변인 | 상세 변인 명 |
| --- | --- | --- |
| 증진 요인 | 대처 방식 및 자원 | 긍정적 정서<br>문제 중심적 대처 방식/스트레스 대응 능력/인지 · 정서조절 전략<br>마음챙김/탈중심화/심리적 수용<br>사회적 지지/대인관계 능력<br>수면상태 |
| | 직무 관련 긍정적 태도 | 직무만족/조직몰입/직무열의 |
| | 자기평가 | 자기존중감/자기효능감/주관적 웰빙/심리적 안녕감/창의성 |
| 감소 요인 | 스트레스 반응<br>(생리적 지표 포함) | 스트레스 반응/직무스트레스/소진<br>우울/불안/무드 상태/심리문제<br>맥길 통증/피로/타액 코르티솔/혈압/맥박/체온/뉴로피드백 |
| | 스트레스원 | 직무스트레스원/문화적응 스트레스원/대인관계 스트레스원 |
| | 직무 관련 부정적 태도 | 보상 부적절/이직 의도/직무자율성 저하 |

이러한 프로그램은 어떤 효과가 있을까? 〈표 9-1〉은 직무스트레스 관리 프로그램을 통해 증진되는 요인과 감소되는 요인을 정리한 것이다(왕은자, 전민아, 홍희정, 2016).

정리하면, 직무스트레스 관리 프로그램은 스트레스에 보다 효과적으로 대처할 수 있는 인지적 · 정서적 · 행동적 전략을 습득하도록 돕는다. 직무만족과 조직몰입, 직무열의가 높아짐으로써 자신의 직무에 대해 전보다 긍정적인 태도를 형성하는 데에도 유용하다. 자기효능감 및 주관적 웰빙, 심리적 안녕감과 창의성 등의 증

〈표 9-2〉 직무스트레스 관리 프로그램 예시

| 차시 | 영역 | 목표 | 내용 |
|---|---|---|---|
| 1차시:<br>아하~ 그렇구나!<br>스트레스! | 일반 개념 | • 스트레스의 개념 인식<br>• 스트레스 관리의 기본 원리 습득<br>• 스트레스에 대한 균형감각 익히기 | • 스트레스 너의 정체를 밝힌다<br>• 스트레스 관리의 ABC<br>• 스트레스 관리의 첫걸음-균형감각 익히기 |
| 2차시:<br>몸으로 푸는<br>신체 스트레스 | 신체 | • 스트레스가 신체에 미치는 영향 인식<br>• 스트레스를 이기는 신체반응 조절법 습득(호흡조절법, 긴장이완 훈련 등) | • 몸으로 나타나는 스트레스<br>• 스트레스 취약성 진단<br>• 몸으로 푸는 스트레스 |
| 3차시:<br>생각 바꿔<br>스트레스 무찌르기 | 인지 | • 스트레스의 원인이 되는 부정적인 사고방식 확인<br>• 긍정적이고 합리적인 사고 습관 체득 | • 스트레스! 절반은 내가 만든다<br>• 나의 역기능적 사고 습관 진단<br>• 스트레스를 일으키는 생각 찾기<br>• 스트레스를 일으키는 생각 바꾸기 |
| 4차시:<br>스트레스로<br>지친 마음 살리기 | 정서 | • 스트레스로 인한 정서 반응과 좌절된 욕구 알아차리기<br>• 정서조절 및 관리 능력 향상 | • 내 마음 이해하기<br>• 정서 인식 및 관리 능력 진단<br>• 내 마음 살피기<br>• 내 마음 다스리기 '멈-살-채' 기법 |
| 5차시:<br>스트레스야!<br>놀~자! | 행동 및<br>생활관리 | • 스트레스 대처 방식 점검<br>• 효과적인 스트레스 관리를 위한 건강한 생활습관을 형성<br>• 사회적 지지망 구축 | • 스트레스! 난 이렇게 해 왔어요<br>• 스트레스 피할 수 없다면 즐기자 |
| 6차시:<br>스트레스여~<br>안녕~! | 변화<br>점검 및<br>적용 | • 자신의 변화를 점검<br>• 실생활에서 적용 가능한 스트레스 대처법 습득 | • 작은 실천으로 변화의 물결을 타라<br>• 나의 변화를 찾아라<br>• 직장 및 대인관계 스트레스 관리 Tip<br>• 소감 작성 |

가로 개인적 삶과 직업적 삶에서 보다 효과적으로 기능하게 된다. 반대로 소진, 우울, 불안, 신체적 증상, 직무 관련 부정적 태도 등은 감소할 수 있다. 직무스트레스 관리 프로그램은 대상과 목적, 물리적 환경, 프로그램 개발에 바탕이 되는 이론 등 등 다양한 요인을 고려하여 개발·운영된다. 〈표 9-2〉는 직무스트레스 관리 프로그램의 예시이다(이상희, 김계현, 2007).

### 3) 자살예방

장시간의 근무와 극심한 경쟁, 고용 불안정 등은 스트레스 수준을 높인다. 직장생활의 심각한 스트레스는 극단적인 경우 자살로 이어질 수 있다. 실제로 자살로 삶을 마감하는 사람 중 다수가 직업을 가지고 있는 근로자이다. 「자살예방 및 생명존중 문화 조성을 위한 법률」 제5조는 사업주의 책무로 근로자의 정신적 건강 유지를 위한 조치를 강구해야 함이 명시하고 있다.

자살은 특성상 예방이 유일한 대책이며 다음의 세 단계로 이어진다(보건복지부, 한국자살예방협회, 2015). 첫 번째는 자살에 대해 고민하는 '자살사고 단계'이다. 두 번째는 자살의 방법과 시기 등에 대해 구체적으로 생각하는 '자살계획 단계'이다. 세 번째는 죽음에 이를 목적으로 자신의 생명에 치명적일 수 있는 행동을 실제 수행하는 '자살기도'이다. 자살 예방의 3단계는 다음과 같이 정리해 볼 수 있다. 첫 번째는 자살사고 단계의 사람을 보호하기 위한 사전예방 단계이고, 두 번째는 자살계획 및 자살기도 상황에서 필요한 위기 개입 단계이고, 세 번째는 자살기도 후 생존한 사람들이 또 다른 자살기도를 하지 않고 자신의 생활을 유지 및 회복하도록 돕기 위한 사후 대응 단계이다. 단계별로 적절한 대응이 필요하며, 미국에서 개발된 '게이트 키퍼' 교육이 효과적인 것으로 알려져 있다. 우리나라에서도 한국중앙자살예방

〈표 9-3〉 '보고 듣고 말하기' 프로그램

| 구분 | 프로그램 내용 |
| --- | --- |
| 보기 | 자살을 암시하는 언어, 행동, 상향적 신호를 봄 |
| 듣기 | 실제 자살 생각을 묻고 죽음의 이유와 삶의 이유를 적극적으로 들음 |
| 말하기 | 안전점검 목록을 확인하고 전문가에게 도움을 의뢰함 |

센터가 국내 사정에 적합한 한국형 표준자살예방교육 '보고 듣고 말하기'를 개발하였다. 자살위험신호에 대한 민감성을 키우고 자살예방 전문가에게 연계하는 훈련이다. 총 110분 동안 진행된다.

직장인 대상 자살예방 교육 프로그램(Gatekeeper Program for Employee)도 있다. 우리나라 직장인의 현실을 반영하여 개발한 자살예방교육 프로그램으로, 보건복지부와 한국중앙자살예방센터, 근로복지공단, 한국 EAP협회에서 개발하여 2018년 하반기부터 보급하고 있다. 한국 직장인의 현황, 자살의 위험 요인 및 자기 평가, 자살신호 및 자살예방 Tip의 내용으로 구성된다. 기관 대상과 일반인을 대상으로 한 교육 모두 진행하고 있다. 한국중앙자살예방센터(http://jikimi.spckorea.or.kr) 홈페이지를 통해 신청 가능하다.

## 4. 기업상담

기업은 생산성 향상을 도모하기 위한 목적으로 직원들의 정신건강을 조력하고자 상담에 대한 비용을 지불하고 전문적인 상담 서비스를 활용한다(류희영, 2008). 근로자의 직업적응과 직무스트레스의 관리를 위한 다양한 상담 및 지원 서비스는 기업상담이나 근로자 지원 프로그램을 통해서 이루어진다. 기업상담은 기업과 근로자 양측의 성장과 발전을 도모하는 활동으로, 조직의 생산성 향상을 돕고, 건강 문제, 가족 문제, 법적·재정적 문제, 정서 문제, 알코올 및 약물 문제, 스트레스 등 업무 성과에 영향을 미칠 수 있는 전반적인 문제를 해결하기 위해 개발된 기업 기반의 프로그램으로 볼 수 있다(왕은자, 김계현, 2007).

기업상담의 운영 모델은 크게 세 가지로 구분된다. 첫째는 '내부 모델'로 회사 내에 상담실을 설치하여 자체적으로 운영하는 형식이다. 둘째는 '외부 모델'로 외부 업체의 상담 연계 서비스를 이용하는 방식이다. 세 번째는 혼합 모델로 내부 모델을 기본으로 지역에 분산된 사업장들을 위해 외부 모델을 차용하거나 외부 모델을 기본으로 상담실 접근이 어려운 직원들을 위해 내부 모델을 병행하는 방식이다(이상하, 2013).

EAP(Employee Assistant Program, 근로자 지원 프로그램)는 기업이 근로자의 직무만족이나 생산성에 부정적인 영향을 미치는 다양한 문제들을 근로자가 해결할 수 있도록 도와주기 위해 자체적으로 도입하는 복지제도를 뜻한다. 기업상담을 통해 제공되는 서비스는 다음과 같다(이동훈 외, 2013).

## 1) 개인상담

개인상담은 직장생활에서 겪는 다양한 어려움을 상담전문가와 일대일로 만나 대화를 나누는 형식으로 진행된다. 보통 1회기에 50분~1시간 정도이며, 단기상담과 중장기상담으로 나눌 수 있다. 단기상담의 경우 1~2회기부터 5~8회기까지 다양하게 진행되며, 중장기상담은 8회기 이상 지속되는 경우를 의미한다.

## 2) 집단상담

집단상담은 비슷한 고민을 가진 다수의 사람들이 모여 집단 형태로 진행되는 상담이다. 보통 1회기 2시간 상담을 5~10회 진행하거나 2~3일 동안 집중적인 시간을 가지고 진행한다. 기업의 경우 시간적 제약이 많으므로 상황에 따라 1회 4시간씩 2~3회기에 걸쳐 진행하거나 8시간 정도의 1일 집단상담 형식으로 운영되기도 한다. 집단상담은 구조화 형식과 비구조화 형식으로 나누어 볼 수 있는데, 기업에서의 집단상담은 특정 주제와 회기별 활동이 정해진 구조화된 집단상담이 많다. 주제는 조직 내 갈등해결 집단상담, 효율적 의사소통, 성과관리, 성격이해, 스트레스 관리 등으로 다양하다.

## 3) 심리검사

상담전문가와의 상담 후 필요한 경우 권유에 따라 받게 되거나 내담자가 특정 검사를 직접 선택하여 실시와 해석을 요청하는 두 가지의 방법이 있다. 내담자에게 필요한 심리검사만을 실시하는 것은 상담의 윤리적인 측면에서도 중요하다. 심리검사는 설문지 형태의 문항에 응답을 하고 이에 대한 결과를 얻게 되는 형태와, 주관식의 문항을 작성하고 상담자와 문답을 주고받으면서 진행되는 두 가지 형태가 있다. 적성검사, 성격검사, 우울 및 불안 등 스트레스 정도를 확인하는 검사가 많이 활용된다. 보통 충분하고 객관적인 정보 수집을 위해 두 가지 형태의 검사가 모두 활용되는 경우가 흔하다. 심리검사를 통해 자신의 성격과 적성을 파악하고, 정신건강 및 스트레스 정도를 알아본다. 대인관계 양식을 살펴보는 검사도 많이 활용된다.

### 4) 교육 및 워크숍

교육은 전문가가 특정 주제에 대한 내용을 사전에 준비하여 전달하는 형식이다. 여기에서도 마찬가지로 스트레스 관리, 대화 기법, 성희롱과 성폭력, 직장예절, 정신건강관리, 성격 이해 등의 주제가 다루어진다.

### 5) 코칭 및 자문

고민이 되는 특정 주제에 대해 전문가에게 이야기하고, 문답 형식으로 자문을 받는 형태로 주로 단기상담으로 진행된다.

〈국가에서 지원받을 수 있는 직장생활상담 서비스〉

우리나라에서는 「근로복지기본법」 제83조에서 모든 기업이 도입, 실시하도록 권장하고 있다. 특히, 국가에서 지원하는 EAP는 상시근로자 수 300인 미만 중소기업과 소속 근로자가 그 대상이다. 근로복지공단은 2009년부터 기업의 근로자 지원 프로그램 도입을 촉진하고 EAP 전문기관과 협력하여 근로복지넷을 통해 EAP 서비스를 무상으로 제공하고 있다. 근로자가 근로복지넷[근로복지넷(http://www.workdream.net)]에 회원으로 가입한 후 상담 신청을 하면 이용할 수 있다. 지원 내용은 온라인과 오프라인으로 구분된다. 온라인 상담은 게시판 상담, 희망드림 톡(모바일 EAP 상담), 전화 EAP 상담이 있다. 오프라인 상담은 근로자 상담과 기업상담(소속 근로자 상담, 집단상담 등)이 있다. 서비스 분야는 직무 스트레스, 조직 내 관계 갈등, 업무 과다, 건강관리, 정서/성격, 일 생활 균형, 채무/자산관리, 자녀 학업상담, 경력 개발, 법률관계, 양성 평등, 직장 내 괴롭힘 등 폭넓은 영역을 다룬다.

개인 회원의 경우 온·오프라인 모든 유형의 상담을 합하여 1인당 연 최대 7회 이용 가능하다. 단, 게시판 상담은 횟수 제한이 없다. 기업 회원은 300인 미안의 중소기업으로 근로복지넷에 '기업 회원'으로 가입한 기업담당자를 말한다.

온라인 상담의 경우 게시판상담 신청 시 12개 분야별로 전문상담가에게 상담 신청 가능하며, 24시간 이내 답변을 제공받을 수 있다. 기업 회원을 대상으로는 사내상담과 집단 프로그램이 운영된다. 희망드림톡/전화/화상상담 신청: 상담 신청 후 상담사와 시간, 진행 방법 협의를 통해 상담사와 톡/전화/화상상담을 받을 수 있다. 오프라인 상담의 경우 개인당 매년 총 7회까지이며, 시간 및 상담 장소는 상담사와 협의하여 진행한다. 오프라인 상담의 경우 근로자 상담 신청은 찾아가는 서비스로서, 개인당 매년 총 7회까지 받을 수 있다. 시간 및 상담 장소는 상담사와 협의하여 진행한다.

기업상담 신청: 상시근로자 수 300인 미만 중소기업이 회원가입(기업회원) 후 신청한다. 기업 집단 EAP 프로그램은 1회당 최소 4명~최대 20명으로, 총 3회까지 상담이 가능하다(기업당 매년 3회 한도 실시). 자세한 사항은 '근로복지넷' 홈페이지에서 확인할 수 있다.

〈표 9-4〉 근로복지공단 EAP 서비스 지원 내용

| 구분 | | | 대상 | 지원 내용 | 이용 기준 |
|---|---|---|---|---|---|
| 온라인 | 개인 | 게시판상담 | 300인 미만 중소기업 및 소속 근로자 | 12개 분야 전문상담사 상시 운영 | – |
| | | 단문상담 | | | 회당 30분 이상 |
| | | 전화상담 | | | 회당 20분 이상 |
| | | 화상상담 | | | 회당 20분 이상 |
| 오프라인 | 개인 | 근로자상담 | | | 7회, 회당 50분 이상 |
| | 기업 | 소속근로자상담 | | | 1일 5명 5회 |
| | | 동일 집단상담 | | | 3회, 회당 60~90분 |
| | | 여러 집단상담 | | | – |

〈표 9-5〉 근로복지공단 EAP 서비스 분야

| 구분 | 직장 분야 | 개인 분야 | 기타 분야 |
|---|---|---|---|
| 서비스 분야 | • 직무스트레스<br>• 조직 내 관계 갈등<br>• 업무과다 | • 건강관리<br>• 정서성격<br>• 일 생활 균형(부부관계 및 자녀 양육) | • 채무/자산관리<br>• 법률관계<br>• 자녀 학업상담<br>• 경력 개발<br>• 양성 평등(직장 내 성희롱, 성폭력 등)<br>• 직장 내 괴롭힘 |

## 참고문헌

강도형, 하태민, 오창영, 장준환, 정예하(2015). 감정노동 근로자를 위한 심신힐링 프로그램 개발. 한국산업안전보건공단 산업안정보건연구원.

고용정보원(2017). 4차 산업혁명 미래 일자리 전망.

고현철, 진현, 서의정, 위종범(2013). 경력입사자 전략적 관리방안. 서울: 삼성경제연구소.

교육부(2017. 11. 17.). 직업계고 졸업자 취업률 17년 만에 50% 넘어−2017년 직업계고 졸업자 취업통계 조사결과 발표 보도자료.

교육부, 한국직업능력개발원(2015). NCS 학습모듈 개발 매뉴얼. 서울: 한국직업능력개발원.

김봉환(2003). 행복한 직업생활을 조력하기 위한 상담자의 역할 탐색. 상담학연구, 4(3), 381-396.

김봉환(2008). 진로상담: 국가경쟁력 향상과 진로 및 직업상담의 과제. 상담학연구, 9(4), 1685-1702.

김봉환, 강은희, 강혜영, 공윤정, 김영빈, 김희수, 선혜연, 손은령, 송재홍, 유현실, 이제경, 임은미, 황매향(2018). 진로상담(2판). 서울: 학지사.

김현석, 정범구, 장은미(2006). 조직사회화 전략과 주도적 행위(Proactivity)의 관계에 대한 연구. 한국인사조직학회 발표논문집, 421-464.

노연희, 김명언(2011). 불완전고용의 선행요인 및 불완전고용이 조직 적응에 미치는 영향. 한국심리학회지: 문화 및 사회문제, 17(1), 19-49.

류희영(2008). 우리나라 기업상담의 실태 및 활성화 과제. 서울대학교 대학원 석사학위논문.

손향신, 유태용(2011). 개방성, 외향성, 핵심자기평가가 변화몰입과 적응수행에 미치는 영향. 한국심리학회지: 산업 및 조직, 24(2), 281-306.

안정진(2014). 대인커뮤니케이션 능력이 직업적응에 미치는 영향연구−상황불안감의 매개효과를 중심으로. 사회과학연구, 38(3), 285-317.

옥주영, 탁진국(2003). 개인과 환경변인의 조직사회화에 미치는 영향. 한국심리학회지: 산업 및 조직, 16(1), 1-18.

왕은자, 김계현(2010). 진로상담: 기업상담 효과에 대한 세 관련 주체(내담자, 관리자, 상담자)의 인식 비교 분석. 상담학연구, 11(2), 641-656.

왕은자, 전민아, 홍희정(2016). 직장인 스트레스 관리 프로그램의 효과에 대한 메타분석. 상담학연구, 17(5), 487-512.

이동훈, 오혜영, 이상희, 주일정, 박성현, 이상하(2013). 기업상담 매뉴얼. 한국상담심리학회.

이만기(2013). 대졸 초기경력자의 이직의도에 미치는 영향요인 분석. 진로교육연구, 26(3),

61-81.

이민아, 김봉환(2017). 한국 직장인의 우연대처기술 유형에 따른 진로적응성, 진로낙관성 및 직무만족의 차이. **상담학연구, 18**(1), 287-306.

이상하(2013). 변화하는 기업환경과 상담자의 역할. **한국심리학회 학술대회 자료집, 2013**(1), 132-133.

이상희, 김계현(2007). 직장인의 스트레스관리능력 향상을 위한 웹기반 상담프로그램의 효과분석. **상담학연구, 8**(1), 131-146.

이영민, 연경진(2009). 정보통신 업종 대졸 초기 경력자의 이직의도와 이직행동 결정요인 분석. **기업교육과 인재연구, 11**, 59-77.

이혜영, 강순희(2017). 대졸자의 직업가치와 첫 일자리 직업적응에서 기업특성이 미치는 영향. **취업진로연구, 7**(2), 125-149.

임언, 김지영, 박동열, 임해경, 정혜령(2016). **고졸 청년 취업자의 일, 학습, 삶에 대한 종단적 내러티브 탐구.** 한국직업능력개발원.

임현명, 정원호(2015). 포용적 리더십이 신입구성원의 조직적응에 미치는 영향에 관한 다층모형 연구. **한국인사조직학회 발표논문집,** 249-278.

전이영(2005). 조직사회화 전략과 그 결과에 관한 연구: 신입사원의 선도적 행위를 중심으로. 서울대학교 대학원 석사학위논문.

정은주, 안창일(2012). 직장인의 직무 스트레스와 스트레스 대처 전략에 관한 성차 연구. **여성연구,** 137-162.

정혜경, 탁진국(2018). 직무 스트레스 대처 척도 개발 및 타당화. **한국심리학회지: 건강, 23**(2), 427-446.

주홍석(2014). 대기업 대졸 신입사원의 직업적응과 입사 전의 지식, 입사 후에 대한 기대, 선도적 행위, 조직사회화 전략 및 직장 내 사회적 지원의 관계. 서울대학교 대학원 박사학위논문.

주홍석, 정철영(2015). 대졸 신입사원의 직업적응과 개인 및 조직 특성의 관계. **농업교육과 인적자원개발, 47**(1), 125-151.

최동선(2014). **고졸 신입사원의 직장적응 실태.** 한국직업능력개발원.

한국자살예방협회(2015). 직장인 대상 자살예방교육프로그램 개발 최종보고서.

한영준(2018. 3. 6.). '기업 내 퇴사율 1위는? 1년 차 이사 신입사원. 파이낸셜뉴스 http://www.fnnews.com/news/201803061049471229

황매향(2011). 직업적응이론의 한국 구직자에 대한 적용가능성 탐색. **진로교육연구, 24**(3), 1-19.

황매향, 김계현, 김봉환, 선혜연, 이동혁, 임은미(2013). **심층 직업상담: 사례적용 접근**. 서울: 학지사.

Ashforth, B. E., Sluss, D. M., & Saks, A. M. (2007). Socialization tactics, proactive behavior, and newcomer learning: Integrating socialization models. *Journal of Vocational Behavior, 70*(3), 447–462.

Dawis, R. V., & Lofquist, L. H. (1984). *A psychological theory of work adjustment*. Minneapolis: University of Minnesota Press.

Lazarus, R. S., & Folkman, S. (1984). *Stress, appraisal, and coping*. Springer publishing company.

국가직무능력표준 홈페이지 http://www.ncs.go.kr
중앙자살예방센터 홈페이지 http://jikimi.spckorea.or.kr

# 가족상담과 가정생활의 지도

가족을 사회구조적 접근으로 이해하는 동시에 심층심리를 분석적 개념으로 탐구할 때 가족의 문제를 직시하게 되고 그 문제를 효과적으로 다룰 수 있게 된다. 21세기 현대 사회의 가정 문제를 가족상담 이론으로 접근하는 것이 가족체계와 가족발달을 현실적으로 이해하는 데 큰 도움이 된다.

제10장에서는 가족체계와 상담의 이론과 원리를 종합적으로 체계화함으로써 현대 가정과 가족의 문제를 효율적으로 접근하는 길을 열어 놓았다.

제11장에서는 가족의 선택과 결정을 주제로 다루고 있다. 가족의 출발은 배우자와의 만남에서 시작된다. 배우자 선택에 작용하는 다양한 변인을 살펴보고. 선택 과정에서 생기는 문제들과 대화 방법을 살펴본다.

제12장에서는 가족관계에서 발생하는 여러 가지 유형의 문제를 어떻게 이해하고 다양한 유형의 가정생활 문제를 어떻게 지도할 것인지. 그리고 어떻게 상담할 것인지를 고찰한다. 부부 간 문제. 부모−자녀 간 문제를 상담하는 구체적 주제도 다룬다.

제10장 **가족체계와 가족상담**

가족상담은 관계를 통해서 발생되는 심리적 현상을 대상으로 하는 상담의 한 분야다. 이런 의미에서 가족상담은 사회심리학적 관점을 가진 분야다. 사회적 관점으로서 가족은 언제나 역할을 중심으로 관계를 형성한다. 구조적 측면에서 보면 핵가족의 역할은 남편, 아내, 아버지, 어머니, 아들, 딸 등으로 구성되어 있다. 이러한 역할들은 모두 사회적으로 일정한 기대가 부여되어 있고, 이러한 기대들을 잘 충족하면 역할 수행이 원활하게 이루어지는 기능적 가족이 된다. 심리적 관점에서 볼 때 가족 구성원들은 심리 상태를 통해서 관계를 형성한다. 남편과 아내는 서로 애정을 통해서 정서적 · 성적 · 행동적 연합을 이루게 된다. 부모와 자녀는 정서적 · 인지적 · 행동적 관련을 통해서 관계를 형성하게 된다. 부부간의 친밀감이나 부모–자녀 간의 애착은 모두 가족 간의 심리적 관계를 나타내는 학술적 용어들이다. 가족을 사회심리학적 관점에서 보면 가족 구성원들은 사회적 역할에 대한 기대와 애정과 정서적 욕구라는 심리적 기대를 충족하면서 관계를 형성한다. 이러한 기대들이 잘 충족이 되면 가족관계는 기능적이 되고 그렇지 않으면 역기능적이 된다.

가족상담은 가족의 기능과 역기능을 상담학적으로 다루는 분야다. 기능적 가족이 되기 위해서는 어떤 개념들이 필요한지, 그리고 어떤 상호작용이 필요한지 등에 대해서 연구하고 이론화한 분야가 가족상담이다. 이러한 가족상담을 이해하기 위해서 이 장에서는 몇 가지 영역으로 나누어서 다루기로 한다. 먼저 가족상담의 형성에 대해서 역사적·철학적·이론적 분야로 나누어서 다룬다. 두 번째는 가족상담의 여러 이론을 간략하게 소개를 한다. 가족상담의 여러 이론은 가족상담의 분야를 떠받치고 있는 기초다. 세 번째로 가족상담의 분야에 대한 전반적 범위를 다룬다. 가족상담 분야가 가지고 있는 여러 영역이 무엇인지 간략하게 개괄한다. 네 번째로 가족상담을 진행할 때 필요한 여러 가지 임상적 과정들을 다룬다. 가족상담의 진행 과정에 필요한 요소들을 진술한다.

# 1. 가족상담의 개념

## 1) 역사적 개념

가족상담은 하나의 상담전문 영역으로 자리를 잡기 위해서 여러 가지 역사적 과정을 거쳐 왔다. 가족상담의 뿌리는 1900년대 초 사회사업가, 성 개혁 운동가, 가족생활 교육운동가들에 의해서 서구사회에서 시작되었다. 사회사업가들은 가족들의 실제 사례를 활용해서 사회사업가들을 임상적으로 훈련을 시켰다. 성 개혁 운동가들은 성과 결혼을 연계하여 부부를 대상으로 임상활동을 하였다. 이들은 성에 관한 여러 가지 정보를 제공하고 이를 통해서 부부관계를 개선하는 노력을 하였다. 가족생활교육운동가들은 부모교육을 중심으로 가족생활을 개선하는 노력을 하였다. 이들은 또한 결혼상담에도 관심을 기울이고 대학에서 강의를 개설하기도 하였다. 사회사업가, 성 개혁 운동가, 가족생활교육운동가들은 가족을 대상하는 상담의 가능성을 열어 주었다.

결혼상담에 관한 연구와 활동, 소집단 활동, 아동지도운동, 가족치료운동 등의 활동을 통해서 가족상담이라는 전문 영역이 태동을 하였다. 결혼상담의 용어의 탄생과 결혼상담의 과정에 대한 연구는 가족상담의 전문성 확립에 직접적 기여를 하였다(Broderick & Schrader, 1991; Nichols & Schwartz, 2006). 결혼상담에 대한 교재의 발간, 성상담이 결혼상담의 영역으로 흡수, 전문 자격법의 통과, 전문학회의 설립 등으로 인해서 결혼상담은 가족상담의 중요한 축을 형성하게 되었다. 소집단 활동가들은 집단 전체를 하나의 단위로 보고 임상활동을 하였다(Nichols & Schwartz, 2006). 이들은 상담의 단위가 개인일 수도 있고 집단일 수 있는 가능성을 열었다. 후에 가족활동에 종사하는 사람들은 이러한 소집단 활동에 영향을 받아서 가족을 하나의 상담 단위로 보고 임상활동을 하게 되었다. 아동지도 운동가들은 아동의 문제가 아동만의 문제가 아니라 가족의 문제임을 부각하였다. 이들은 가족이 가지고 오는 문제를 한 사람의 문제가 아닌 가족 전체의 구조와 역할의 문제를 볼 수 있도록 하였다. 가족치료 운동은 1950년대에 가족상담이 하나의 전문 영역으로 자리를 잡을 수 있도록 이론적 근거를 제공하였다. 그레고리 베이트슨(Gregory Bateson)의 연구팀에 의한 이중구속(double bind)에 대한 의사소통의 연구, 리먼 와인(Lyman Wynne)의 가짜 친밀성(pseudomutuality)에 대한 연구, 시어도어 리츠(Theodore Lidz)에 의한 부부균열(marital schism)에 대한 연구, 머레이 보웬(Murray Bowen)의 분화(differentiation)에 대한 연구 등이 가족치료운동의 근거를 마련하였다. 이 연구들은 가족의 구조가 조현병과 관련이 있음을 밝혀내었다.

## 2) 철학적 개념

가족상담의 영역과 관련이 있는 철학적 개념들은 논리실증주의, 사회구성주의, 비판적 현실주의들이다(김용태, 2009). 논리실증주의(logical positivism)는 실증주의(positivism), 논리적 경험주의(logical empiricism), 과학적 경험주의(scientific empiricism)라고 불리기도 한다(Elwell, 2001, p. 936; 이돈희, 1981, p. 59). 과학적 기술에 의한 지식만을 실재라고 주장하는 철학이다. 과학적 실재라는 현실은 경험적으로 증명할 수 있는 지식을 말한다. 예를 들면, 폭풍은 신이나 거대한 초자연적 존재로 인해서 발생된 현상이 아니라 두 기단의 충돌로 인해서 발생된 현상이다. 논리실증주의 철학이란 경험적으로 그리고 과학적으로 검증 가능한 현상만이 최고의 지식이라고 생각하는 믿음을 말한다.

사회구성주의(social constructivism)는 인지적 조작에 의한 지식만을 실재라고 주장하는 철학이다(김용태, 2019, pp. 64-67; 김용태, 2009). 인간이 실재한다고 믿는 현상들은 모두 인지적 조작에 의한 산물이다. 인지적 조작은 사회적으로 이루어진다. 이런 의미에서 사회구성적이다. 비판적 현실주의(critical realism)는 논리실증주의의 실체론과 사회구성주의의 관념론 모두를 비판하면서 발생된 철학이다. 관념과 실체는 서로 관계없이 존재하기도 하고 서로 상호작용을 하면서 존재하기도 한다(Pilgrim, 2000, pp. 18-19). 폭풍, 산, 물, 자전거 타는 사람 등과 같은 실체들은 인간의 믿음과 관계없이 존재한다. 또한 편견, 아집, 고집 등과 같은 인간의 관념은 실체와 관계없이 존재하기도 한다. '폭풍은 신의 진노'라는 표현은 폭풍이라는 실체와 신의 진노라는 관념의 상호작용의 산물이다. 비판적 현실주의는 인간의 현실을 비판적으로 보면서 실체, 관념, 이들의 상호작용을 구분하려는 철학적 노력이다.

논리실증주의 상담 이론들은 선형적 인과관계, 합산의 원칙, 개인심리 등과 같은 특징을 가지고 있다(김용태, 2019, pp. 51-57). 선형적 인과관계의 특징은 주체와 객체라는 이분법적 구조를 가지고 있다. 상담자는 주체고 내담자는 객체이다. 주체는 자율적이고 능동적이다. 반면 객체는 수동적이고 타율적이다. 합산의 원칙은 전체가 부분으로 환원되거나 부분이 전체로 환원된다는 믿음이다. 개인심리란 개인의 내면세계에서 일어난 현상들을 말한다. 프로이트에 의해서 시작된 상담은 논리실증주의 철학에 근거하고 있다. 개인의 마음을 대상으로 하면서 상담자인 전문가 중심이다. 마음속에 있는 여러 가지 요소가 상담의 대상이다. 따라서 논리실증주의 상담의 성격은 내면 모델(intrapsychic model)이다.

사회구성주의 상담 이론들은 순환적 인과관계, 비합산의 원칙, 관계심리 현상의 특징을 가지고 있다(김용태, 2019, pp. 58-69). 순환적 인과관계의 특징은 주체와 객체 사이의 순환성이다. 주체가 객체에게 준 피드백은 다시 주체에게 돌아온다. 순환적 인과관계는 인과성의 시작과 끝보다는 피드백의 흐름을 더 중요하게 본다. 비합산의 원칙은 전체는 부분의 합과 다르다는 원리다. 따라서 전체나 부분은 서로 환원되지 않는다. 하나와 하나가 합해서 둘이 될 수도 있지만 하나가 되기도 하고 둘 이상이 되기도 한다. 관계심리란 관계에서 일어나는 심리적 현상을 의미한다. 가족상담은 관계의 상호작용에서 발생되는 순환성을 대상으로 한다. 따라서 사회구성주의 상담의 성격은 대인관계 모델(interpersonal model)이다.

가족상담은 사회구성주의 철학을 근거로 하고 있다. 인간은 사회구성적 존재로서 가족관계, 사회적 관계, 문화적 관계 등에 의해서 만들어진다. 가족상담의 이론들은 사회구성주의 상담 이론들이며 사이버네틱스 이론이라고도 불린다. 사이버네틱스(cybernetics)란 체계의 피드백 현상을 일컫는 용어다. 한 체계가 외부로 정보를 내보내면 이 정보는 다시 그 체계에 피드백으로 작용을 한다. 이러한 순환 과정을 통해서 그 체계는 자신을 스스로 유지하는 통제를 하게 된다. 그 체계는 자율적으로 정보를 내보내고 받아들이는 과정을 통해서 체계가 자체적으로 스스로를 유지하는 기능을 갖는다(Benner & Hill, 1999, p. 312). 사이버네틱스에는 일차 사이버네틱스와 이차 사이버네틱스가 있다(Becvar, & Becvar, 1997). 일차 사이버네틱스는 가족들만의 상호작용을 말한다. 이차 사이버네틱스는 가족들의 상호작용과 상담자와 가족과의 상호작용을 포함하는 개념을 말한다. 즉, 이차 사이버네틱스는 일차 사이버네틱스와 가족과 상담자의 상호작용을 더해서 보는 개념이다.

가족상담은 초기 가족상담과 후기 가족상담으로 구분된다(김용태, 2009). 초기 가족상담은 일차 사이버네틱스, 후기 가족상담은 이차 사이버네틱스라고 불린다. 일차 사이버네틱스인 초기 가족상담은 전문적 입장에서 객관적으로 문제를 진단한다는 점에서 논리실증주의 상담이다. 논리실증주의 상담은 주체와 객체를 구분하고 전문가 중심으로 이루어진다. 초기 가족상담은 내담자의 관계를 대상으로 한다는 점에서는 사회구성주의 상담이지만 내담자의 가족과 가족상담자가 구분된다는 점에서 논리실증주의 상담이다. 이차 사이버네틱스인 후기 가족상담은 가족관계를 상담 대상으로 하고 가족과 상담자의 상호작용을 통하여 상담을 진행한다는 점에서 온전한 사회구성주의 상담이다. 초기 가족상담이 전문가 중심의 상담을 진행한다면 후기 가족상담은 가족과 상담자가 공동으로 문제를 진단하고 해결하는 협력적 상담을 진행한다. 초기 가족상담의 이론들로는 대화 이론(communication theory), 전략 이론(strategic theory), 구조 이론(structural theory), 대상관계 이론(object relations theory), 맥락 이론(contextual theory), 보웬 이론(Bowen theory), 경험 이론(experiential theory)들이 있다. 후기 가족상담의 이론들로는 이야기 이론(narrative theory), 해결중심 이론(solution focused theory)들이 있다.

비판적 현실주의 상담은 개인상담과 가족상담의 통합적 활동을 말한다. 통합적 활동이란 개인상담과 가족상담을 하나로 보려는 노력이다. 개인상담의 이론과 가족상담의 이론을 하나로 결합해서 다른 이론을 만들어 내는 경우다. 예를 들면, 비판적 현실주의 상담 이론가들은 실존주의 개인상담 이론과 해결중심 가족상담 이론을 합쳐서 단기해결중심 실존치료(Brief Solution Focused Existential Therapy: BSFET)라는 이론을 만들어 낸다(Fernando, 2007). 다른 방법의 통합적 노력도 있는데 개인상담과 가족상담의 공통점을 찾아내어서 통합을 꾀하려고 한다. 예를 들면, 빙홀(Byng-Hall)이라는 비판적 현실주의 상담 이론가는 정신분석과 가족치료의 공통점을 찾아서 무의식적 가족의 신화라는 개념을 사용한다. 무의식은 정신분석의 개념이고 신화는 가족상담의 개념이다(Larner, 2000, pp. 63-65).

### 3) 이론적 개념

가족상담은 체계와 관련된 여러 가지 개념들로 이루어진 영역이다. 체계(system)란 요소들과 요소들의 상호작용의 합으로 이루어진 개념이다. 요소는 체계 속에 들어 있는 구성원들 또는 구성인자들을 의미한다. 상호작용은 요소들이 관계하는 방식을 말한다. 예를 들면, 가족이라는 체계는 가족 구성원과 그들의 상호작용에 의해서 이루어진다. 가족 구성원이 4명이면 가족의 상호작용은 남편과 아내, 아버지와 아들, 아버지와 딸, 어머니와 아들, 어머니와 딸, 아들과 딸의 관계로 모두 여섯 가지다. 가족 구성원 네 명과 그들의 상호작용을 합한 전체가 곧 가족이다. 가족은 전체체계고 부부관계, 부모−자녀관계, 자녀관계 등은 모두 하위체계들이다. 전체체계는 하위체계들을 포함하고 있으며 하위체계들은 전체체계의 요소로 작용을 한다. 핵가족체계는 남편과 아내로 이루어진 부부체계, 자녀들과 아버지와 어머니의 상호작용으로 이루어진 부모 체계, 아들과 딸로 이루어진 자녀체계를 포함한다. 전체체계와 하위체계 사이에는 위계질서가 있다. 가족이라는 전체체계는 부부ㆍ부모ㆍ자녀체계보다 더 중요하다. 부부체계는 부모나 자녀체계보다 더 중요하다. 중요의 의미는 영향력을 의미한다. 남편과 아내의 상호작용은 자녀들의 상호작용보다 가족에 미치는 영향이 더 크다. 핵가족의 하위체계 사이의 위계질서는 부부체계, 부모체계, 자녀체계 순이다.

경계선(boundary)은 체계의 안과 밖, 전체체계와 하위체계를 구분하는 선이다. 체계는 경계선에 의해서 환경과 체계 자체로 나뉜다. 환경과 체계는 경계선을 통해서 상호작용을 한다. 경계선은 세포의 삼투압의 원리에 의해서 작동하는 세포막과 같이 정보를 환경으로 내보내고 받아들이는 역할을 한다. 경계선은 체계들 간의 관계를 유지, 조정, 변화시키는 역할을 한다. 남편과 아내는 자신들만 정보를 공유함으로써 부부체계를 유지한다. 일부 정보를 자녀들과 공유함으로써 자녀들과 관계를 조정한다. 정보의 흐름을 자유화함으로써 관계를 변화시키기도 한다. 경계선은 모양, 기능성, 투과성, 병리성 등에 따라서 여러 가지로 분류될 수 있다(Miermont & Jenkins, 1995, p. 45). 경계선은 눈에 보일 수도 있고 보이지 않을 수도 있다. 체계가 가진 규칙에 따라서 정보의 흐름을 조절하면 기능적 경계선이다. 그렇게 하지 못하면 역기능의 경계선이다. 기능적 경계선은 필요한 정보는 받아들이고 불필요한 정보는 받아들이지 않는 반투과성을 가지고 있다. 불필요한 정보를 모두 받아들이거나 필요한 정보를 받아들이지 못하면 이러한 경계선은 병리적이 된다. 환경과 활발하게 상호작용하는 체계를 열린 체계라 하고 상호작용하지 않는 체계를 닫힌 체계라 부른다.

구조(structure)는 전체체계 속의 하위체계들이나 요소들의 정열 상태를 의미한다. 체계나 요소들의 구조적 형태를 조직체(organization)라고 한다. 즉, 체계 안의 요소들이 일정 기간 상호작용을 통해서 만들어진 형태를 말한다. 가부장적 가족은 남성 중심의 상호작용을 가진 가족을 말한다. 남성은 적극성을 띠어야 하고 여성은 소극성을 띠어야 한다는 상호작용의 형태는 가부장적 가족조직이다. 한국 사회에서 전통적으로 여성 차별, 어른 중심, 남성 중심, 권위적 관계 등은 모두 가부장적 가족조직체와 관련이 있다.

네겐트로피(negentropy)는 엔트로피(entropy)와 반대되는 개념이다. 엔트로피는 열역학 이론에서 나오는 개념으로서 시간에 따라 점차로 에너지가 소멸되는 현상이다(Nichols & Everett, 1986, p. 73). 에너지가 소멸됨에 따라서 물질은 이전의 상태를 유지할 수 없기 때문에 소멸되고 만다. 엔트로피는 주로 닫힌 체계에서 일어나며 물질계 현상이다. 네겐트로피는 시간이 지나도 에너지의 양이 일정하게 유지되는 현상이다. 체계는 환경과 상호작용을 통해서 자신에게 필요한 에너지를 공급받는다. 이러한 현상은 주로 열린 체계에서 일어나며 살아 있는 생물체가 가지고 있는 현상이다.

피드백(feedback)은 분출된 정보에 반응하는 과정이다. 예를 들면, 학생들의 강의에 대한 반응을 피드백이라고 한다. 학생들의 반응으로 교수는 새로운 강의 계획을 가지고 강의를 할 수 있다. 이러한 과정을 피드백 망(feedback loop)이라고 한다. 체계는 환경이나 다른 체계들과 피드백 망을 형성을 해서 체계가 스스로를 통제할 수 있도록 한다. 환경에 정보를 내보내고 정보에 대한 반응을 유입함으로써 체계는 자율적으로 자신을 유지할지 아니면 변화할지를 결정할 수 있다. 피드백에는 긍정 피드백과 부정 피드백이 있다. 긍정적 피드백(positive feedback)은 체계로부터 분출된 정보가 피드백을 통해서 그 양이 많아지는 현상이다. 예를 들어서, 어떤 가족이 10시라는 통행금지의 규칙을 가지고 있다고 하자. 자녀가 10시 30분에 들어와서 부모가 야단을 쳤다. 야단이라는 피드백으로 다음 날 자녀가 11시에 들어왔으면 긍정 피드백이다. 야단이라는 피드백을 통해서 자녀의 이탈 행동이 더 커졌기 때문에 이를 긍정 피드백이라고 한다. 부정적 피드백(negative feedback)은 분출된 정보의 양이 줄어드는 경우이다. 만일 자녀가 야단을 맞고 10시에 집에 들어왔다면 이는 부정 피드백 현상이다. 이탈행동이 30분 줄어들었기 때문에 부정 피드백이다. 긍정 피드백이나 부정 피드백은 긍정적인가 부정적인가와 같은 바람직함과 아무런 관련이 없다. 단지 피드백을 통해서 분출에 대한 정보의 양이 줄었는지 늘었는지를 나타내는 개념이다.

동일결과성(equifinality)은 다른 수단이나 출발점에도 불구하고 같은 결과를 얻는 현상이다. 이러한 현상은 순환적 인과관계에 의해서 얻어진다. 선형적 인과관계는 X이면 반드시 Y라는 결과를 얻는다. 그러나 순환적 인과관계에서는 A, B, X 모두에서 Y라는 결과를 얻을 수 있다. A, B, X는 모두 출발점이 다른 경우이거나 수단이 다른 경우이다. 이러한 현상은 체계가 가지고 있는 조직적 특성 때문에 일어난다. 가족의 조직체는 항상성이라는 체계의 특성으로 인해서 유입된 정보들을 조직 속에서 변형을 시켜서 일정한 결과를 내보낸다. 만일 체계가 역기능적이면 가족 구성원이 아닌 어떤 사람이 이 체계 속으로 들어가더라도 동일하게 병리적이 되는 경우를 동일결과성이라고 한다. 항상성(homeostasis)은 조직체가 조직을 일정한 상태로 만드는 현상이다. 조직체는 자체적으로 메타규칙을 갖는다. 메타규칙(meta rule)이란 조직이 정보를 검색해서 이 정보가 조직의 규칙에 맞는지를 검사하는 규칙을 말한다. 예를 들면, 민주사회의 조직은 공산당원이나 민주당원 모두를 검색해서 일정하게 민주당원만 분출을 한다. 민주사회의 메타규칙은 모두 민주당원만을 위한 규칙이기 때문이다. 공산당원을 민주사회 규칙에 의해서 민주당원으로 만들어 사회로 내보낸다. 국가정보원은 이러한 기능을 담당하는 부서이다.

사이버네틱스(cybernetics)는 체계가 가지고 있는 자율통제현상을 말한다. 체계는 자신을 유지하기 위해서 정보의 유입과 분출을 통제하거나 환경이나 다른 체계들과 대화를 한다. 대화와 통제에 관한 규칙에는 단순 피드백, 항상성, 변형성, 재방향성 등이 있다. 단순 피드백(simple feedback)은 환경으로부터 유입된 정보가 체계의 활동에 의해서 단순히 많아지거나 적어지는 현상을 말한다. 단순 피드백은 긍정 단순 피드백과 부정 단순 피드백이 있다. 항상성(homeostasis)은 메타규칙을 통해서 자신의 구조를 일정하게 유지하는 현상이다. 변형성(morphogenesis)은 자신의 구조를 변화시키는 현상이다. 재방향성(reorientation)은 변화된 구조에 맞게 가치관을 형성하는 과정을 말한다. 맞벌이가족에서 자녀가 가출한 경우를 예로 들어보자. 자녀를 찾으러 다니는 부모의 행동은 단순 피드백 현상이다. 가출을 했음에도 불구하고 가족의 구조를 종전과 동일하게 유지하는 경우는 항상성이다. 가출한 자녀를 찾기 위해서 부모 중 한 사람이 직장을 그만둔다면 이는 변형성이다. 맞벌이가족의 가치관에서 외벌이 가정의 가치관으로 변화되는 현상은 재방향성이다.


## 2. 가족상담 이론

가족상담의 이론들은 내면과 상담관계에 대한 관점에 따라 여러 가지로 나누어진다. 내면세계가 존재하지 않거나 존재하더라도 중요하지 않다고 보는 입장은 체계론적 이론이다. 내면세계가 존재하며 중요하다고 보는 입장은 심리역동적 이론이다. 상담관계를 통한 성장을 중요시하는 입장은 경험적 이론이다. 상담관계의 협력적 측면을 중요시하는 입장은 구성적 이론이다.


### 1) 체계론적 관점

이 관점은 대화 가족상담, 전략 가족상담, 구조 가족상담으로 나누어진다. 이 이론들은 공통적으로 인간의 내면세계에는 관심을 두지 않으며 상호작용하는 형태에만 관심을 갖는다. 상호작용하는 형태는 모두 사이버네틱스라는 원리에 의해서 움직인다. 사이버네틱스는 조직체가 자율통제 기능으로 자신을 스스로 움직이는 원리를 말한다. 조직체는 살아 있는 유기체와 같이 외부로 정보를 내보내고 정보에 대한 피드백을 받는 순환 과정을 통해서 자신을 스스로 움직인다. 체계론적 관점(Systemic Perspective)의 이론들은 이러한 과정을 개념화한 내용들이다. 피드백을 주고받는 과정을 여러 각도나 관점에서 이해를 할 수 있다. 피드백을 주고받는 과정은 조직체가 상호작용하는 방식이다.

### (1) 대화 가족상담

대화 가족상담(Communication Family Counseling)은 그레고리 베이트슨(Gregory Bateson)과 그의 연구 팀에 의해서 시작되었고 파울 바츨라위크(Paul Watzlawick)의 인간 변화에 대한 대화 형태의 연구에 의해서 심화되었다(Hansen & L'Abate, 1982, p. 85). 대화 이론은 대화의 행동적 측면에 관한 철학을 기반으로 한다. 대화에는 구조적 영역, 의미적 영역, 행동적 영역이 있다. 구조적 영역은 "나는 학교에 간다."라는 문장의 주어, 동사, 목적어와 같은 부분들을 연구하는 분야이다. 의미적 영역은 "나는 학교에 간다."라는 문장에서 '무엇 하러'와 같은 부분을 연구하는 분야이다. 행동적 영역은 "나는 학교에 간다."의 스타일, 즉 서술인지, 요청인지, 명령인지와 같은 부분을 연구하는 분야이다.

대화 가족상담은 다섯 가지 공리를 가지고 있다. 이 공리들은 자명한 이치들로서 누구나 동의할 수 있는 내용들이다. 첫 번째 공리는 '인간은 대화를 하지 않을 수 없다(One cannot not communicate)'이다. 대화는 언어적 대화와 비언어적 대화로 이루어진다. 이 두 대화가 일치되면 상호작용은 기능적이지만 일치되지 않으면 역기능이 된다. 예를 들면, "울면서 괜찮다."라고 하면 역기능이 된다. 기능적이려면 "울면서 괜찮지 않다."라고 해야 한다. 두 번째 공리는 '모든 대화에는 내용과 관계의 원리가 있다'이다. 예를 들면, "위로해 주세요."의 대화는 '위로'라는 내용과 '주세요'라는 요청의 관계로 구성된다. 가족 간의 갈등은 내용보다는 주로 관계로 인해서 발생된다. 세 번째 공리는 '모든 대화에는 구두점의 원리가 있다'이다. 구두점의 원리란 사람들 사이에 일어나는 대화를 일정하게 점을 찍어서 구분하려는 경향을 말한다. 늦게 들어오는 남편과 잔소리하는 아내의 경우에 남편은 아내의 잔소리부터 자신이 늦게 들어오는 행동까지 점을 찍는다. 아내의 경우에는 남편의 늦게 들어오는 행동에서부터 자신의 잔소리하는 행동까지 점을 찍는다. 남편은 잔소리 때문에 늦게 들어온다고 생각하고, 아내는 늦게 들어오기 때문에 잔소리를 한다고 생각한다. 이 경우에 서로 자신의 입장만을 주장하게 되고 부부간의 역기능인 갈등이 발생한다. 서로 자신의 정당성만을 주장하게 되고 대화는 단절되며 서로 오해를 안고 살아가게 된다. 네 번째 공리는 '모든 대화는 디지털 방식과 아날로그 방식으로 이루어진다'이다. 디지털 방식은 언어를 통한 논리적 측면이고 아날로그 방식은 비언어를 통한 상징적 측면이다. 디지털 방식과 아날로그 방식이 일치하면 대화는 기능적이된다. 그러나 이 두 방식이 일치를 하지 않으면 대화는 역기능적이 된다. 예를 들어, "울면서 괜찮다."고 하면 "괜찮다."라는 디지털 방식과 '울음'이라는 아날로그 방식이 일치하지 않아서 듣는 사람이 혼동을 하게 된다. 다섯 번째 공리는 '모든 대화에는 대칭성과 상보성이 있다'이다. 힘이 동등하면 대칭적 관계고 힘이 동등하지 않으면 비대칭적 관계다. 동등한 경우는 경쟁을 통해서 역기능이 일어나고 힘이 동등하지 않는 경우에는 힘의 남용을 통해서 역기능이 일어난다.

대화 가족상담의 역기능은 메타대화를 통해서 해결한다. 메타대화(metacommunication)는 대화에 대한 대화로서 대화를 객관적으로 보도록 하는 활동이다. 예를 들면, 아내가 "남편이 늦게 들어와서 속상해 죽겠어요."라고 말했다고 하자. 이 아내의 메타대화는 "내가 나를 중심으로 대화를 끊는구나."다. 아내는 자신이 세 번째 공리를 부정하고 있음을 이해하고 메타대화를 통해서 자신의 역기능적 관계를 개선할 수 있다.

### (2) 전략 가족상담

전략 가족상담(Strategic Family Counseling)은 문제의 원인이 아니라 문제를 해결하기 위한 전략을 수립하는 데 관심이 있다. 이 이론에는 헤일리와 마다네스, MRI 그룹, 밀란 그룹들이 있다. 제이 헤일리(Jay Haley)와 클로에 마다네스(Cloe Madanes)는 가족의 구조를 위계질서라는 측면에서 이해했다. 부모의 권위가 존중되며 가족들이 자신들의 역할을 제대로 수행하는 가족이 기능적 가족이다. 가족들간에 적절한 경계선이 있어서 서로 영역을 존중하고 협력하는 관계를 기능적 가족이라고 한다. 역기능의 가족에서는 가족 중 한두 사람에게서 증상이 발생한다. 증상을 해석하는 방법에서는 헤일리와 메다네스에 차이가 있다. 헤일리는 약자가 강자를 통제하기 위한 힘을 얻는 과정에서 증상이 발생된다고 보았다. 우울증의 증상을 보이는 아내는 우울증을 통해서 강자인 남편을 통제하고 싶어 한다. 마다네스는 약자가 가족을 보호하고 구원하기 위해서 증상을 만들어 낸다고 보았다. 부모가 갈등이 심한 경우 자녀는 부모의 갈등으로 인한 가족해체를 막기 위해서 우울증을 만들어 낸다. 마다네스의 증상은 가족의 보호와 관심과 관련이 있다. 상담 전략으로는 지시 방법, 비유, 역설과 같은 기법들이 있다.

MRI 그룹(Mental Research Institute Group)은 피드백 망에 의한 대화의 형태라는 측면에서 전략을 제시하였다. MRI 그룹은 돈 잭슨(Don Jackson)에 의해서 시작되었고 다른 여러 가족상담 전문가들이 참여하였다. 가족들의 피드백 망은 일차질서변화와 이차질서변화가 있다. 일차질서변화(first-order-change)는 가족 구성원이 보이는 증상을 해결하기 위해서 가족 내의 규칙 변화보다는 가족 구성원 한 사람의 행동을 변화시키려는 전략이다. 예를 들면, 자녀의 행동을 변화시키기 위한 부모의 야단과 잔소리가 일차질서변화다. 이차질서변화(second-order-change)는 가족 구성원 한 사람의 증상을 없애기 위해서 가족의 규칙을 변화시키는 전략이다. 예를 들면, 자녀가 학교에 지각하는 문제를 일으킨다고 하자. 이 경우에 자녀의 행동에서 문제의 원인을 발견하지 않고 가족의 규칙에서 문제의 원인을 발견하여 해결하는 경우가 이차질서변화다. MRI 그룹의 가족상담자들은 이차질서변화를 해야 할 때 일차질서변화를 하는 경우에 가족 간에 역기능이 발생된다고 믿는다. 가족상담자는 가족 전체의 규칙과 상호작용을 검토하여 문제를 해결한다.

Milan 그룹(Milan Group)은 마라 셀비니 팔라졸리(Mara Selvini Palazzoli), 루이지 보스콜로(Luigi Boscolo), 지엔프랑코 체친(Gianfranco Cecchin), 지우리아나 프라타(Giuliana Prata) 등이 만들었다. 이들은 가족들의 상호작용 속에 들어 있는 심리적 게임을 연구하여 더러운 게임이 있음을 발표하였다. 더러운 게임(dirty game)은 가족의 권력관계에 일어나는 상호작용이다. 예를 들어, 아버지가 권력자인 가족의 경우를 생각해 보자. 자녀가 아버지에게 불만이 생기면 어머니에게 도움을 요청한다. 그런데 어머니는 자녀를 돕게 되면 남편으로부터 해를 당할까 봐 두려운 나머지 자녀를 남편에게 고자질한다. 자녀는 아버지로부터 더 학대를 당하게 된다. '학대'-'도움 요청'-'고자질'-'더욱 학대'로 이어지는 상호작용이 더러운 게임이다. 이들은 가족의 심리적 게임을 해결하기 위해서 긴 단기치료의 방법이라는 전략을 사용한다. 긴 단기치료(long brief therapy)에서 단기치료는 4명의 상담자가 한 번에 두 시간씩 10회를 진행하는 상담을 말한다. 긴 치료는 가족이 호소하는 문제를 한 문제에 10회씩 여러 번 진행하는 상담을 말한다. 한 번의 상담은 두 시간이며 상담 전 회기, 상담 회기, 상담 중 휴식, 상담 마무리, 상담 후 회기로 구성되어 있다. 상담 방법은 2명의 상담자와 2명의 관찰자로 나누어진다. 2명의 상담자는 일방경을 통해서 상담을 관찰하고 인터폰을 통해서 다른 2명의 상담자와 활발하게 상호작용을 하면서 상담을 진행한다. 기법으로는 긍정내포(positive connotation), 의례화 처방(ritualized prescription), 불변 처방(invariant prescription) 등이 있다.

### (3) 구조 가족상담

구조 가족상담(Structural Family Counseling)은 살바도르 미누친(Salvador Minuchin)이 만들었다. 가족은 일정한 구조를 가지고 있다. 핵가족에서 부부체계, 부모−자녀체계, 자녀체계가 서로 위계질서를 이루고 있을 때 구조적으로 안정된 가족이 된다. 전체체계와 하위체계들 사이에 적절한 위치, 역할, 경계선을 가지고 있을 때 가족의 구조는 기능적으로 작용을 한다. 경계선이 산만해지거나 엄격해지면 가족의 구조는 문제가 발생된다. 가족 내의 역할 규정, 권력관계가 분명하지 않으면 가족들은 산만한 경계선(diffused boundary)을 갖는다. 이 경우 가족들은 서로 경계선이 불분명하기 때문에 밀착된 관계(enmeshed relationship)를 갖는다. 가족 내의 역할 규정, 권력관계가 너무 엄격하여 서로 상호작용을 활발하게 하지 못하는 가족은 엄격한 경계선(rigid boundary)을 가지고 있다. 이 경우 가족들의 경계선이 너무 엄격하여 상호작용이 제한되므로 격리된 관계(disengaged relationship)를 갖는다.

밀착된 관계를 갖는 가족 구성원들은 마치 밀가루 반죽과 같이 서로 뭉쳐져 있다. 이들은 서로에 대해서 감정적으로 지나치게 민감하거나 걱정을 많이 하기 때문에 서로 독립된 행동을 하기 어렵다. 이 경우의 가족 구성원들은 서로 염려와 걱정으로 인해서 서로 갈등이 많다. 반면 격리된 관계를 갖는 가족 구성원들은 서로 모래알과 같이 흩어지기 때문에 서로에 대해서 관심이 없다. 이 경우의 가족 구성원들은 서로 무관심하기 때문에 외롭고 혼자인 것 같은 느낌을 가지고 산다. 이러한 역기능을 해결하기 위해서 기존의 가족구조에 참여를 하여 가족의 역기능을 이해하고 역기능을 변화시키게 된다. 변화를 시키기 위해서 재구조화, 집중, 구성, 강점과 같은 상담 방법들을 사용한다.

## 2) 심리역동적 관점

대상관계 가족상담, 맥락 가족상담, 다세대 가족상담 들이 모두 심리역동적 관점 (psychodynamic perspective)에 해당된다. 이 이론들은 관계 속의 내면이라는 공통점을 가지고 있다. 관계 속의 내면이란 관계를 통해서 발생되는 내면세계를 말한다. 가족의 상호작용이 활발해지면 가족 구성원들은 즐거움과 뿌듯함이라는 감정을 느낀다. 상호작용은 관계고 즐거움과 뿌듯함의 감정은 내면이다. 심리역동적 관점의 가족상담자들은 상호작용의 형태를 통해서 발생되는 내면의 느낌과 감정을 대상으로 상담을 진행한다.

### (1) 대상관계 가족상담

대상관계 가족상담은 지크문트 프로이트(Sigmund Freud), 해리 스택 설리번 (Harry Stack Sullivan), 멜라니 클라인(Melanie Klein), 하인츠 코헛(Heinz Kohut), 에릭 에릭슨(Erik Erikson), 하인츠 하트만(Heinz Hartmann), 마거릿 말러(Margaret Mahler), 도널드 위니콧(Donald Winnicott), 로널드 페어베언(Ronald Fairbairn), 해리 건트립 (Harry Guntrip), 오토 컨버그(Otto Kernberg) 등에 의해서 만들어졌다.

인간관계는 관계본능(drive for relatedness)에 의해서 이루어진다. 관계본능이란 인간이 관계를 맺으려는 선천적 본능을 말한다. 신생아는 태어나면서부터 부모와 관계를 맺는다. 자녀들은 영아기, 유아기, 아동기, 청소년기 등 여러 단계를 통해서 발달을 한다. 이 발달 단계들은 인간의 내적 충동, 부모의 상호작용을 통해서 형성된다. 인간의 자아의 형성은 이러한 발달 단계를 통해서 이루어진다. 자아 형성에 결정적 영향을 미치는 요인은 부모의 돌봄의 질이다. 부모가 이 정도면 충분한 어머니 노릇(good enough mothering)을 제공하면 자녀들은 건강한 자아를 형성하게 된다. 자아의 형성 과정은 부모의 형상을 내면화함으로써 이루어진다. 부모와 자신에 관한 감정, 느낌, 생각, 기억, 사건 등과 관련된 이미지들을 내면화함으로써 자아는 형성된다.

멜라니 클라인(Melanie Klein)은 인간은 전능의 환상을 가지고 태어난다고 주장하였다(Slipp, 1991, p. 43). 유아는 전능의 환상으로 인해서 어머니와 완벽한 관계를 유지하려고 한다. 이 과정이 편집 단계이다. 유아의 성장으로 인해서 완벽한 관계가 불가능함을 인식하는 과정이 우울 단계이다. 자녀들은 편집 단계와 우울 단계를 통해서 성장한다. 에릭 에릭슨(Erik Erikson)은 인간은 여덟 단계를 거쳐서 정체성과 관련된 전 생애 발달이 일어난다고 주장하였다(Erikson, 1964; 1963; 1968). 신뢰 대 불신, 자율 대 창피와 의심, 주도 대 죄의식, 근면 대 열등, 자아정체성 대 역할 혼돈, 친밀 대 소외, 관용 대 정체, 자아통합 대 절망이 그 단계들이다. 각각의 단계들을 성공적으로 거치면 덕목이 발생을 하지만 제대로 거치지 못하면 문제가 발생된다. 예를 들면, 첫 단계인 신뢰 대 불신의 단계에 신뢰가 형성되면 희망이 발생되지만 불신이 형성되면 성격장애가 발생된다. 마거릿 말러(Margaret Mahler)는 인간의 발달은 개별화와 분리를 통해서 이루어진다고 보았다. 개별화와 분리는 분화 단계, 연습 단계, 화해 단계, 대상항상성 단계를 통해서 이루어진다(Mahler, Pine, & Bergman, 1975). 자녀들은 이 단계를 거치면서 심리적으로 한 개인으로 태어난다. 이를 심리적 탄생이라고 한다. 오토 컨버그(Otto Kernberg)는 인간의 발달은 통합의 방향으로 이루어진다고 생각하였다. 본능적 상태, 일차분화, 이차분화, 삼차분화 그리고 수정과 보완의 단계를 거쳐서 인간 성격의 좋은 측면(good aspect)과 나쁜 측면(bad aspect)을 하나로 통합해 나간다. 통합이 이루어지면 안정된 성격을 갖게 된다.

발달 과정에서 통합이 제대로 일어나지 않으면 자아의 구조는 병리적이 된다. 자아의 좋은 측면과 나쁜 측면이 분열(splitting)되면서 좋은 측면을 받아들이는 내사(introjection)와 나쁜 측면을 밀어내는 투사(projection)가 발생된다. 한 걸음 더 나아가서 타인의 좋은 측면을 내 것인 양 행동하는 내사적 동일시(introjective identification)와 자신의 나쁜 측면을 타인의 것으로 만드는 과정인 투사적 동일시(projective identification)가 있다. 자아가 분열되면 인간은 가짜 자기(pseudo self)를 가지고 살게 된다. 조현, 경계선·자기애 성격장애자들은 이러한 가짜 자기를 가지고 있다.

대상관계 가족상담은 자아통합을 상담목표로 한다. 이러한 목표를 달성하기 위해서 듣기, 공감하기, 해석하기, 중립을 유지하기 등의 상담활동을 하게 된다. 들음을 통해서 내담자는 자신의 이야기를 자유롭게 표현할 수 있고, 공감하기를 통해서 분열된 무의식의 자료들을 떠올 수 있게 된다. 해석하기를 통해서 의미를 의식적으로 이해하며, 중립을 유지함으로써 전이를 통한 문제를 해결할 수 있다.

## (2) 맥락 가족상담

이반 보스조르메니 너지(Ivan Boszormenyi-Nagy)는 맥락 가족상담을 만들었다. 관계윤리는 맥락 가족상담의 핵심 개념이다. 관계윤리는 관계를 통해서 형성되는 윤리적 맥락을 말한다. 인간은 윤리적 맥락 속에서 태어나며 살아간다. 윤리적 맥락은 일정한 질서가 있다. 부부관계의 윤리적 맥락은 양방적 돌봄인 주고받는 관계다. 부모-자녀관계의 윤리적 맥락은 일방적 돌봄인 주는 관계이다. 가족의 윤리적 맥락은 곧 실존적 질서로서 역할을 한다. 인간의 자아는 실존적 질서인 윤리적 맥락 속에서 형성된다. 실존적 질서란 인간의 삶을 가능하게 하는 질서로서 이를 어기면 역기능적 가족이 되고 지키면 기능적 가족이 된다.

유산(legacy)은 자녀들이 부모로부터 실존적 질서인 윤리적 맥락을 통해서 물려받게 되는 명령을 의미한다(Boszormenyi-Nagy, Grunebaum, & Ulich, 1991, p. 205). 예를 들면, 부모가 "너는 커서 훌륭한 사람이 될 거야."라고 했다면 자녀는 부모로부터 훌륭한 사람이라는 심리적 유산을 물려받고 훌륭한 사람이 되려고 할 것이다. 이 유산이 명령이기 때문에 자녀는 반드시 그렇게 되려고 노력한다. 즉, 명령(imperative)은 바로 하지 않으면 안 되는 지시다. 명령에는 부정 명령과 긍정 명령이 있다. 부정 명령은 빚이라는 심리적 유산이고, 긍정 명령은 자산이라는 심리적 유산이다. 원장(ledger)은 심리적 유산과 노력에 의한 신용을 기록한 장부이다. 신용에는 우량 신용과 불량 신용이 있다. 자산과 빚, 우량 신용과 불량 신용을 결합하면 네 종류의 현상이 발생한다. 충성심(loyalty)은 비대칭관계인 부모-자녀관계에서 발생되는 책임이다. 자녀는 부모를 향한 충성심을 보임으로써 비대칭관계에 대한 책임을 지려고 한다. 즉, 부모로부터 받은 유산을 되갚으려는 노력이 곧 충성심이다.

역기능의 현상들은 부모화, 분열된 충성심, 보이지 않는 충성심, 회전판 등이 있다. 부모화(parentification)란 어린 자녀가 부모의 기대대로 행동하려는 경향을 말한다. 부모의 폭력이 무서운 자녀들은 부모의 욕구와 기대에 맞추어 행동을 하게 된다. 즉, 어린 자녀가 부모를 돌보는 부모 역할을 부모화라고 한다. 분열된 충성심(split loyalty)은 부부갈등에서 비롯된다. 부부가 갈등을 하면서 자녀에게 충성심을 요구하면 자녀는 부모 중 한쪽의 충성심을 희생하면서 다른 부모에게 충성하는 현상이 분열된 충성심이다. 보이지 않는 충성심(invisible loyalty)은 자기도 모르는 사이에 자신이 싫어하는 부모의 행동을 하고 있는 경우를 말한다. 아버지의 폭력이 싫지만 자신도 모르게 아버지와 같이 폭력을 행하고 있다면 이는 보이지 않는 충성심 때문이다. 회전판(revolving slate)은 윗세대의 역기능적 행동이 자녀 세대에서 그대로 드러나는 현상을 말한다. 폭력적 행동, 알코올 중독, 잔소리 행동 등과 같이 세대를 내려가면서 같은 행동이 되풀이되는 현상을 회전판이라고 한다.

상담은 실존적 질서를 회복하는 활동을 말한다. 부부는 주고받는 관계를 하도록 돕고 부모-자녀관계에서는 비대칭의 관계를 하도록 돕는다. 실존적 질서를 회복하기 위해서 여러 측면에서 관계가 공정해지도록 한다. 상담의 방법으로는 자기타당(self validation), 다측면 편파성(multilateral partiality), 해방(exoneration)이라는 기법이 있다.

### (3) 보웬 가족상담

머레이 보웬(Murry Bowen)은 보웬 가족상담을 창시하였다. 보웬은 가족을 감정덩어리로 정의하면서 가족들 간에는 감정 반사 행동(emotional reactivity behavior)이 많음을 강조했다. 감정 반사 행동이란 신경질, 짜증, 화 등과 같은 부정적 감정을 즉각적으로 표현하는 행동을 말한다. 가족이 서로 감정적으로 엉켜 있으면 감정 반사 행동이 많기 때문에 건강해지려면 가족으로부터 분화가 필요하다. 분화(differentiation)란 불안한 상황에서도 목표지향 활동을 하는 심리적 상태를 의미한다. 예를 들면, 시험이나 면접과 같이 불안이 높은 상황에서도 필요한 행동을 제대로 할 수 있으면 분화된 사람, 즉 목표지향 활동을 하는 사람이다. 목표지향 활동을 하는 사람들은 지적 반응 행동(intellectual response behavior)을 하게 된다. 분화수준은 진짜 자신(real self)과 가짜 자신(pseudo self)의 비율로 나타낸다.

분화수준이 낮은 가족 구성원들은 삼각관계를 형성해서 안정된 자신을 유지하려고 한다. 삼각관계를 통해서 가족들은 감정적 상태를 서로 전달하는 관계적 형태를 만든다. 이러한 관계적 형태를 핵가족 감정체계(nuclear family emotional system)라고 한다. 예를 들면, 남편이 무서운 아내는 자녀를 앞세워 "당신 때문에 애가 죽어!"라고 말을 하면서 남편을 공격한다. 무서운 남편, 자녀 뒤로 숨는 아내, 구원자 자녀라는 관계를 통해서 서로 감정 반사 행동을 하게 된다. 이를 핵가족 감정체계라고 부르고 핵가족 감정체계는 가족들이 서로 투사를 하도록 만든다. 투사를 통해서 분화의 수준과 기능이 다음 세대에 전달되는 다세대간 전이 과정(multigenerational transmission process)이 발생된다. 분화수준이 낮은 어머니는 자녀의 행동에 대해서 감정적으로 반응을 하게 되고 자녀는 어머니의 눈치를 살피게 됨으로써 자녀도 어머니에 대해서 감정 반사 행동을 하게 된다. 눈치를 보는 행동은 감정 반사 행동이다. 어머니의 낮은 분화수준에 의해서 자녀도 낮은 분화수준을 갖는데 이를 다세대 전이 과정이라고 한다. 자녀들의 분화수준은 자녀의 위치에 의해서 많은 영향을 받는다. 분화수준이 아주 낮은 사람들은 관계를 단절하는 경우가 있는데 이를 감정 단절(emotional cutoff)이라고 한다. 가족 구성원들이 사회에서 맺고 있는 관계를 통해서도 분화수준이 달라지는데 이를 사회적 감정 과정(social emotional process)이라고 한다.

보웬 이론의 상담은 삼각관계를 해체시키고 분화수준을 높이는 활동이다. 삼각관계의 해체는 상담자와 가족과의 치료삼각관계(therapeutic triangle)를 통해서 이루어진다. 이를 위해서 상담자는 가계도를 그리고 보웬 이론의 중요한 개념들을 교육한다. 개념적으로 이해가 된 가족에게 질문을 통해서 자신들의 분화수준을 객관적으로 볼 수 있게 한다. 가족 구성원들의 분화수준을 높이기 위해서 코칭(coaching)을 한다. 가족이 스스로 분화를 할 수 있도록 지도하는 현상이 곧 코칭이다.

## 3) 경험적 관점

경험적 관점(Experiential Perspective)의 대표적 이론가들은 버지니아 사티어(Virginia Satir)와 칼 휘터커(Carl Whitaker)이다. 이들의 특징은 여러 이론가들의 영향으로 인해서 하나의 이론에 얽매이지 않는다는 점이다. 휘터커는 처음에는 정신분석적 내면의 갈등을 중심으로 상담을 하다가 나중에는 대상관계 현상을 중심으로 상담을 하게 되었다(Roberto, 1991, pp. 444-445). 사티어는 정신분석, 체계 이론, 대화 이론, 교류분석 이론, 내담자 중심 이론, 세대 이론, 게슈탈트 이론 등 다양한 이론들의 영향을 받았다(Hansen & L'Abate, 1982, p. 69). 이들은 모두 지금-여기서의 상담 경험을 강조하고 있으며 경험을 통한 성장을 강조하고 있다(Hansen & L'Abate, 1982, p. 67; Roberto, 1991, p. 453; 김유숙, 2014, pp. 313-315; 정문자, 2003; p. 23; 정문자, 정혜정, 이선혜, 전영주, 2018, pp. 166-167). 이들은 현상학의 영향으로 인해서 인본주의적 관점을 가지고 있기 때문에 충동과 감정을 억압하면 문제가 발생된다고 보았다(Nichols & Schwartz, 2006, pp. 198-200). 이들은 상담관계에서 이루어지는 정서적 경험을 통해 성장이 일어나도록 돕는 역할을 한다.

### (1) 상징적 경험주의 가족상담

칼 휘터커(Carl Whitaker)는 상징적 경험주의 가족상담(symbolic experiential family counseling)을 만들었다. 건강한 가족은 가족 구성원들이 단지 가족의 구조에 매이기보다는 서로 협상하고 반응하는 과정을 갖는다. 이러한 과정은 가족 구성원들이 가지고 있는 각자의 상징적 개념들에 의해서 영향을 받는다. 상징적 개념들을 서로 요구하고 이를 협상하는 과정에서 여러 가지 형태의 관계들이 이루어진다. 건강한 가족은 연합의 유연성, 역할의 유연성, 갈등에 대한 대처의 유연성들을 갖는다. 이러한 유연성이 떨어지면 가족들은 엄격한 경계선이나 산만한 경계선을 갖게 되어 병리적 가족이 된다. 휘터커는 상담의 과정에서 내담자 가족과 치열한 전쟁을 한다. 내담자의 가족들을 상담에 참여시키기 위해서 벌이는 구조와의 전쟁(battle for structure), 그리고 상담 과정에서 가족들의 변화를 위해서 벌이는 주도권을 위한 전쟁(battle for initiative)이다(Napier & Whitaker, 1978). 휘터커는 공동 상담자와 같이 팀으로 상담을 한다.

### (2) 대화 경험주의 가족상담

버지니아 사티어(Virginia Satir)는 대화에 근거한 경험주의 가족상담(communicative experiential family counseling)을 만들었다. 언어적 표현과 비언어적 표현의 일치에 관심을 두었다. 이 두 가지가 일치되면 균형자(leveler)가 되고 일치되지 않으면 자존감이 낮은 사람이 된다. 자존감이 낮은 사람의 종류를 네 가지로 분류하였는데 이들은 위로자(placater), 비난자(blamer), 계산자(computer), 혼란자(distracter)라고 불렀다. 이들의 문제를 해결하기 위해서 가족조각을 실시하였다. 가족조각을 통해 낮은 자존감의 유형을 알게 하고 이를 입장을 바꾸어 대화를 하도록 하였다. 서로 대화를 통해서 서로의 입장을 이해하고 경험을 함으로써 균형자가 될 수 있다.

## 4) 협력적 관점

이 관점에는 해결중심 가족상담과 이야기 가족상담이 있다. 이들은 모두 인간의 행동은 사회적으로 구성된 믿음의 산물이라는 사회구성주의 철학을 온전하게 대변하고 있다(김용태, 2009). 협력적 관점(collaborative perspective)의 가족상담자들은 상담자가 내담자 가족과 공동으로 문제를 진단하고 해결하는 상담을 진행한다. 이들은 가족상담자는 가족의 체계 속에 가족과 더불어 존재하고 가족 구조의 한 부분이라고 믿는다.

### (1) 해결중심 가족상담

드 세이저(De Shazer)와 김인수(Insoo Kim Berg)는 1970년대에 해결중심 가족상담(solution-focused family counseling)을 만들었다. 이들은 모두 MRI의 접근에 뿌리를 둔 단기상담의 방법을 사용한다. MRI는 문제에 초점을 맞추었지만 이들은 해결에 초점을 맞춘다. 가족들이 자신들의 문제를 해결할 수 있는 능력과 정말로 변화를 원한다는 믿음을 가지고 있다(Atwood & Conway, 2004, pp. 161-162). 해결중심상담자들은 과거에 초점을 맞추지 않고 현재와 미래에 초점을 맞추는 상담을 진행한다. 가족상담자는 이러한 믿음을 기초로 가족과 같이 해결할 수 있는 상담목표를 설정한다. 상담목표는 구체적이며 작고 성취 가능하며 행동적이다(김유숙, 2014, pp. 368-370). 기법으로는 기적질문과 예외질문(Nichols & Schwartz, 2004, pp. 318-319; 김유숙, 2014, pp. 372-373), 척도질문, 대처질문(김유숙, 2014, pp. 373-374; 정문자, 송성자, 이영분, 김유순, 김은영, 2008, pp. 112-124; 이영분, 신영화, 권진숙, 박태영, 최선령, 최현미, 2008, pp. 385-390), 관계성 질문(정문자 외, 2008, p. 125; 이영분 외, 2008, p. 390) 등이 있다. 가족상담자는 이러한 기법을 중심으로 내담자의 가족을 진정으로 알기 위한 노력을 한다. 가족상담자가 모든 것을 아는 전문가의 자세를 탈피하고 가족과 같이 서로 알아가는 방식으로 상담을 진행한다.

### (2) 이야기 가족상담

마이클 화이트(Michael White)와 데이비드 엡스턴(David Epston)은 이야기 가족상담(narrative family counseling)을 1980년대에 만들었다. 이들은 협력적 관계를 통해서 상담을 진행하고 있으며 가족들이 스스로 자신들의 문제를 해결할 수 있는 충분한 힘을 가지고 있다고 믿는다. 가족상담자와 가족의 협력적 관계를 통해서 발생되는 지식과 언어를 통해서 가족들은 자기를 형성하고 변화시킨다(Blanton, 2005, p. 69). 이야기 가족상담에서는 가족 문제의 원인에 초점을 맞추기보다는 문제가 가족에게 미치는 영향에 더 관심을 둔다. 가족들은 대체로 상담 장면에서 문제에 짓눌려 있는 자신들의 이야기를 하게 된다. 문제에 눌려 있는 가족이 어떻게 하면 문제와 다른 관계를 설정하는 이야기를 만들까가 상담의 초점이 된다. 상담의 첫 번째 단계는 문제 외재화(externalizing)하기다. 가족들은 문제를 외재화함으로써 자신들이 문제가 아니라 가족관계 자체나 가족들이 문제와 맺는 관계가 문제임을 알게 된다. 외재화를 하기 위해서 일련의 질문을 하게 된다. 상담의 두 번째는 독특한 성과(unique outcome) 찾아내기다. 가족상담자는 자신들이 현재 표현하고 있는 문제 중심의 이야기와 다른 독특한 성과를 낼 수 있는 이야기를 하도록 돕는다. 상담의 세 번째 단계는 이야기 다시 쓰기다. 가족상담자는 가족들이 바라는 이야기를 중심으로 다시 이야기를 구성하도록 한다. 이렇게 함으로써 가족들은 새로운 방식으로 자신들의 문제를 바라볼 수 있고 이 문제를 해결할 수 있는 새로운 이야기를 만들어 낼 수 있다.

## 3. 가족상담의 영역

### 1) 결혼예비 상담

배우자 선택의 전 과정이 결혼예비 상담(premarital counseling)의 대상이 된다. 배우자를 선택하는 방식, 배우자 선택에 대한 일반적 지식, 사랑의 형태, 사랑 관계의 진행 방식, 배우자 선택에 대한 호감도, 성격적 차이, 배우자 선택의 과정, 배우자 선택에 대한 이론들과 같은 여러 가지 주제가 결혼예비 상담의 영역들이다. 현대사회에서 낭만적 사랑의 모양은 배우자 선택의 질을 결정하는 역할을 한다. 진정한 사랑, 희생적 사랑, 우정적 사랑, 열정적 사랑(Balswick & Balswick, 1999, p. 64)으로 대변되는 사랑의 형태를 가족관계와 연관시켜 이해한다. 예를 들면, 어린 시절부터 구원자의 경향을 가지고 산 사람들은 희생적 사랑을 할 가능성이 높아진다. 희생적 사랑은 헌신이 많고 친밀감과 이성애가 적은 사랑의 형태를 말한다. 지나친 헌신으로 나중에 결혼을 해서 문제가 발생할 수 있다.

## 2) 부부상담

부부간의 친밀감 형성, 부부관계의 상호작용 유형, 부부간의 권력적 관계, 부부대화, 남녀 차이에 대한 이해, 남편과 아내의 위치, 부부갈등의 해결, 부부간의 성격적 차이, 부부의 발달적 측면 등 많은 영역들이 부부상담의 중요한 내용들이다. 이러한 부부간의 여러 주제를 이해하기 위한 이론적 틀은 역할 이론(role theory), 교환 이론(exchange theory), 상징적 상호작용 이론(symbolic interaction theory), 체계 이론(system theory), 갈등 이론(conflict theory), 현상학 이론(phenomenological theory) 등이다(Burr, Hill, Nye, & Reiss, 1979). 부부상담(marriage counseling)을 통해서 부부간의 갈등해결과 부부의 성장을 도울 수 있다.

## 3) 성상담

성상담(sex counseling)은 결혼 안에서 만의 성관계가 아니라 성과 관련된 전반적 이해를 바탕으로 한다. 부부간의 친밀감 형성, 청소년들에 대한 성교육, 성적 존재로서 정체성, 성과 인간 등과 같은 다양한 영역들이 성상담의 내용이 된다. 성에 대한 왜곡된 지식, 성지식의 부족, 성과 종교생활, 성과 인간, 성기능 장애 등과 같은 여러 영역들은 부부관계의 친밀감과 밀접한 관련이 있다. 성적 존재로서 정체성의 주제 중 하나가 성적 선호도다. 성적 선호도를 이해하는 방식에 따라서 성정체성에 관한 내용이 성적 정체성과 관련된 상담이 된다.

## 4) 가족발달주기 상담

가족은 시간이 지나면서 변화를 하는 역동적 조직체로서 발달 단계마다 부모와 자녀가 완수해야 할 발달과업과 극복해야 할 위험들이 존재한다(Group for the

Advancement of Psychiatry, 1989). 배우자 선택, 신혼부부, 영유아 부부, 아동 부부, 청소년 부부, 청년 부부, 자녀를 결혼시킨 부부, 황혼 부부 등과 같이 가족의 발달 단계에 따른 필요한 지식, 스트레스, 발달과업 등이 가족발달주기 상담의 영역이 된다. 각각의 발달 단계는 각 사회의 문화적 신념들과 상호작용한다. 이러한 상호작용을 통해서 발달이 촉진되기도 하고 지연되기도 한다. 가족발달주기 상담(family life cycle counseling)을 통해서 이러한 요인들을 이해하여 가족 발달에 활용하도록 돕는다.

## 5) 부모교육 상담

부모들은 자녀들의 발달 단계에 맞는 지식과 부모 역할이 필요하다. 부모교육이란 부모로서 필요한 지식을 다시 공급받는 활동을 말한다. 즉, 부모 되기에 필요한 지식과 부모로서 성장 등이 상담의 주제가 된다. 부모로서 필요한 지식은 인간발달에 대한 이해다. 특히, 상담적인 면에서 볼 때 부모는 자녀의 심리적 발달에 대해서 이해가 필요하다. 영아기, 유아기, 아동기, 청소년기, 청년기 자녀들이 필요한 정서적·인지적 발달이 무엇인지를 이해하는 활동이 부모교육의 중요한 주제이다.

## 6) 확대가족 상담

핵가족을 중심으로 볼 때 남편과 아내의 원가족과의 관계나 각각의 친인척과의 관계가 확대가족 상담(Extended Family Counseling)의 내용이다. 확대가족관계의 존재 여부, 관계를 맺는 형태, 관계가 핵가족에 미치는 영향, 사회적 지지망으로서 역할 등과 같은 다양한 주제가 이 상담의 영역에 해당된다.

## 7) 가족스트레스 상담

가족이 겪는 스트레스의 성격을 이해하고 이를 줄이는 내용이 곧 가족스트레스 상담(Family Stress Counseling)이다. 가족들이 겪는 스트레스의 요인은 가족 내의 폭력, 가족 구성원 중 한두 사람이 오랫동안 질병을 가지고 있는 경우, 가족 중 성격장애자가 있는 경우, 가족 내에 특수한 문제가 있는 경우 등 다양하며, 이러한 스트레스를 관리하는 상담이 필요하다. 스트레스의 성격 이해하기, 스트레스가 가족 구성원의 삶의 미치는 영향과 범위 이해하기, 스트레스를 조절할 수 있는 방식 이해하기, 스트레스원이 되는 사람과 관계 유지하기 등 다양한 영역에서 상담이 필요하다.

## 8) 이혼 및 재혼 상담

이 영역의 상담은 이혼의 원인, 이혼의 과정, 이혼의 자녀에 대한 영향, 한부모 가정의 역동, 재혼의 이유, 재혼 과정, 혼합가족의 특징 등과 같은 다양한 주제들이 포함되어 있다. 재혼은 이혼만큼이나 복잡한 과정을 갖는다. 재혼의 이유, 재혼의 과정, 재혼 후의 적응 및 부부관계, 재혼 후 의붓자녀들과의 관계 등이 상담의 주 영역이 된다.

## 9) 다문화가족 상담

문화적 차이, 문화적 신념, 문화에 대한 태도, 문화적 의식이나 습관, 서로 다른 언어로 인한 의사소통의 문제 등이 다문화가족 상담(multi-family counseling)의 주된 주제가 된다. 특히, 문화적 차이로 인해서 겪게 되는 심리적 갈등이나 관계에서 한두 사람의 소진이나 탈진과 같은 주제들이 다문화가족 상담의 주된 내용들이다. 문화에 대한 정보 제공을 통한 오해의 불식, 문화를 이해하려는 태도의 증진, 문화인으로서 존중하는 삶의 방식의 체득 등을 통해서 가족관계의 질적 변화를 추구한다.

## 10) 가족심리 검사

가족심리 검사(family psychology testings)는 결혼예비용, 부부용, 가족용, 아동용 등으로 구분할 수 있다. 결혼예비용과 부부용으로 같이 사용할 수 있는 검사로서 '준비와 풍성(Prepare & Enrich)'이 있다. 이 중 준비(Prepare)라는 심리검사는 결혼을 앞둔 사람들에게 어느 영역에서 관계 개선이 필요한지를 알려 준다. 결혼 이후에 부부관계 향상을 위해서는 풍성(Enrich)이라는 검사를 사용할 수 있다. 부부용으로는 부부만족도검사, 부부적응검사, 부부성격검사, 가치관검사 등이 있다. 부부만족도검사(Marital Satisfaction Inventory: MSI)는 부부관계가 서로 얼마나 만족하는 느낌을 가지고 있는가로 정의하고 이를 여러 항목으로 나누어 지수화한 척도이다. 부부적응검사(Dyadic Adjustment Inventory: DAS)는 부부가 서로 여러 영역에서 얼마나 적응할 수 있는가를 여러 항목으로 표시한 척도이다. 부부성격검사(16 Personality Factors: 16 PF)는 인간의 성격을 16개 항목으로 나누어서 이를 지수화하였다. 부부는 16개 항목들을 비교함으로써 성격 차이를 이해한다. 부부가 가치관을 비교하기 위해서는 로키치가치관검사(Rokeach Value Survey: RVS)를 활용할 수 있다. 이 검사는 궁극적 가치와 도구적 가치 두 영역을 각각 18개 항목으로 나누어서 우선순위를 매길 수 있도록 되어 있다.

가족용으로는 올슨순환복합검사(Olson Circumplex Testing)가 있다. 이 검사는 응집력(Cohesion)과 적응력(adaptability)을 각각 다른 축으로 놓고 발생되는 여러 사분면을 가지고 가족이 얼마나 건강한지를 측정하는 도구이다. 이 검사는 열여섯 가지로 가족을 나눈다.

아동용으로는 문장완성검사, 사람 그리기 검사, 집과 사람 그리고 나무 그림 검사, 주제지각검사, 아동 행동 점검표 검사, 웩슬러 지능검사 등이 있다. 문장완성검사(Sentence Completion Test: SCT)는 문장을 완성하는 검사이다. "아빠는 _____."와 같은 문장을 아동이 생각나는 대로 완성하게 한다. 사람 그리기 검사(People Drawing Test)는 A4 용지에 남자와 여자를 그리게 한 후에 이를 살펴보고 또 남자와 여자에 대한 관계에 대해서 말하게 하여 아동의 심리적 세계를 알아볼 수 있다. 집과 사람 그리고 나무 그림 검사(House People Tree Drawing Test)는 A4 용지 한 장에 나무와 사람, 집을 그리도록 하여 아동이 지각한 가족관계를 알 수 있다. 주제지각검사(Thematic Apperception Test: TAT)는 사람들의 행동이 그려진 일련의 카드를 가지고 이야기를 만들게 하는 검사이다. 이 검사를 통해서 아동들은 자신이 어떤 심리적 주제들을 가지고 있는지 말하게 된다. 아동 행동 점검표 검사(Child Behavior Check List: CBCL)는 아동의 행동에 관한 여러 항목들을 기록한 표이다. 이러한 표를 가지고 아동들의 행동에 대해서 면접을 통해서 점검하게 한다. 웩슬러 지능검사(Wechsler Intelligence Test)는 아동들의 지능을 검사하는 척도이다.

## 11) 윤리와 가족상담

도허티와 보스(Doherty & Boss, 1991)는 윤리적 영역으로 개인복지와 가족복지, 정보 제공 후 동의, 비밀보장 등을 들고 있다(pp. 622-624). 개인복지와 가족복지 간의 갈등과 침해, 정보 제공 후 동의(informed consent)와 가족의 신뢰, 가족 간의 비밀보장과 부모의 알 권리 등이 가족상담의 윤리적 영역이다. 가족상담의 윤리적 영역은 내담자 가족의 자율성과 복지의 증진, 상담자로부터 피해의 최소화 등과 관련이 있다.

## 12) 가족상담의 훈련과 슈퍼비전

심리역동 · 경험적 · 인본주의 가족상담은 주로 통찰과 성장지향의 훈련과 슈퍼비전을 하고 전략 · 구조 · 행동주의 가족상담은 주로 문제해결과 행동 변화에 초점을 맞춘다(Liddle, 1991, p. 645). 통찰과 성장지향의 슈퍼비전과 훈련에서는 자발성, 성장, 이해, 자기보고를 중시하고 문제해결과 행동 변화의 슈퍼비전과 훈련에서는 계획성, 문제, 변화의 원인, 관찰 등을 중시한다(Liddle, 1991, pp. 645-646). 슈퍼비전은 형태상 보고서 형태, 오디오 형태, 비디오 형태, 실황 형태, 방식으로는 집단 방식과 개인 방식으로 나누어진다. 집단 슈퍼비전은 현실적으로 가장 많이 활용되면서 주로 상담 사례의 이해와 관리에 초점을 맞춘다. 개인 슈퍼비전은 상담 사례에서 드러난 상담자의 투사, 역전이, 개입 방식 등에 초점을 맞춘다.

## 13) 상담자의 개인적 관계와 전문적 관계

가족상담에서 주목해야 할 여러 영역 중 하나가 상담자가 맺고 있는 관계들이다. 상담자의 개인적 관계로서 가족관계, 친구관계, 동료관계 등이 있다. 상담자의 전문적 관계는 상담자와 내담자의 가족과의 관계다. 상담자들의 관계 형태는 상담자들의 복지, 전문적 활동, 사회적 위치 등에 영향을 미친다. 상담자의 개인적 관계에서 발생되는 역할전이, 이중관계, 관심사의 충돌 등이 가족상담의 영역이다. 상담자의 전문적 관계의 경향, 특성, 상담자 발달 과정에 미치는 영향 등이 가족상담의 영역이 된다.

## 4. 가족상담의 과정

### 1) 상담자의 자질

가족상담자에게 요구되는 자질에는 여러 가지가 있다. 첫째, 가족상담자는 과학자로서의 자질을 요구받는다. 가족상담을 진행할 때 상담자들은 내담자의 가족의 상호작용과 이로 인한 역기능을 탐구하는 사람들이다. 가족상담자는 과학자처럼 질문하고 대답을 듣고 관찰을 하면서 가족들의 상호작용을 이해하게 된다. 과학자로서 가족상담자는 체계성과 논리성을 필요로 한다. 이론적 지식을 실제와 연결을 하거나 임상 현장에서 발견한 지식을 이론적으로 연결하기 위해서 체계성이 필요하다. 체계성은 지식의 발견, 분류, 연결, 적용 등을 위한 능력이다. 발견된 지식을 전체적으로 이해하기 위해서는 논리성이 필요하다. 가족상담자는 지식과 지식의 연결, 분류된 체계의 일관성, 연결과 적용을 위한 근거를 발견하기 위해서 논리적 사고를 필요로 한다.

두 번째로 가족상담자는 예술가로서 자질이 필요하다. 가족상담이 진행되는 임상적 상황은 매우 복잡한 상호작용이 이루어지는 현장이다. 이러한 임상 장면을 진행하는 가족상담자는 적절한 때에 적절한 방식으로 개입을 해야 하고, 적절한 때와 방식은 예술성과 관련이 있다. 예술성은 임상적 감각으로 나타나고, 임상적 감각은 반복된 훈련과 지속적 임상경험으로부터 나온다. 가족상담자는 꾸준히 임상경험을 하면서 개입해야 할 적절한 시점을 알게 된다. 예술가로서 가족상담자는 유연성과 창의성을 필요로 한다. 복잡하게 진행되는 임상 현장에 개입하기 위해서는 유연한 태도와 자세가 필요하다. 유연성은 역할 전이와 관련이 있다. 역할 전이는 상황에 따라서 역할을 바꾸는 상담자의 행동을 말한다. 가족상담자는 부모의 역할을 하다가 자녀의 역할로 전이를 함으로써 가족의 상호작용 체계를 바꿀 수 있다. 가족상담자에게는 하나의 역할을 수행하다가도 새로운 자녀디어로 다른 상호작용을 이끌수 있는 창의성이 필요하다. 특히, 가족들의 상호작용이 고착되어서 생산적 상호작용이 이루어지지 않는 경우에 창의성을 통해서 새로운 상호작용을 유도한다. 그렇기 때문에 가족상담자는 유연한 태도와 창의적 생각으로 예술가로서 상담을 진행할 수 있어야 한다.

세 번째로 가족상담자는 철학자로서 자질이 필요하다. 가족상담자는 내담자의 가족이 보여 주는 많은 심리적이고 관계적 주제들을 해석할 수 있는 능력을 가지고 있어야 한다. 가족상담자는 주어진 주제를 해석하는 방법, 방식, 모양, 틀 등에 관해서 해박한 지식을 가지고 있어야 한다. 가족상담자는 주어진 상호작용이 어느 영역에 속하는 주제인지 혹은 그 주제가 함의하는 내용이 무엇인지를 해석할 수 있어야 한다. 이러한 일을 하기 위해서 가족상담자에게는 개방성과 통찰이 필요하다. 가족상담자는 자신의 틀에 얽매이지 말고 내담자의 가족이 제시하는 주제들을 이해할 수 있는 지혜를 필요로 한다.

네 번째로 가족상담자는 해결사로서 자질이 필요하다. 해결사는 문제의 성격을 분명히 하고 이를 확실하게 해결하는 사람들이다. 실제 임상 장면에서 가족들은 자신들의 문제를 보면서도 해결을 하지 않으려고 하거나 문제를 보지 못하기도 한다. 이 경우 가족상담자는 가족들이 문제를 보도록 직면을 시키고, 문제를 이해하도록 도울 수 있어야 한다. 문제해결을 위해서 가족상담자는 전문성과 열정이 필요하다. 전문성이란 반복된 훈련을 통한 문제해결 능력이다. 가족상담자의 전문성은 해결 가능한 구체적 목표와 확실한 해결과 관련이 있다. 해결사로서 가족상담자는 과단성과 결단을 요구받는다. 문제를 해결하기 위해서 과감하게 개입을 한다. 문제가 해결될 때까지 끝까지 노력을 한다. 전문성은 분명한 목표의식과 꾸준한 노력이다.

가족상담자는 교육자, 조언자, 조정자, 감독자의 기능이 요구된다. 교육자 (educator)로서 가족상담자는 가족상담의 개념, 상호작용의 방식, 상호작용의 결과 및 효과, 역기능과 가족 문제 등과 같은 주제들을 가족에게 가르친다. 가족상담자는 교육을 통해서 상담에 대한 동기화, 상담을 받을 준비, 치료적 효과 등을 기대할 수 있다. 조언자(consultant)로서 가족상담자는 가족들의 기능적 상호작용을 돕는 정보활동을 한다. 조언은 가족 중 일부가 상담에 오지 않은 경우, 정보 부족으로 인한 역기능이 있는 경우, 가족이 정보를 요청하는 경우에 필요하다. 가족 중 일부가 상담에 오지 않은 경우 가족상담자는 조언을 통해서 가족관계를 원격 조정할 수 있다. 서로를 잘 몰라서 오해가 발생하거나 지식의 부족으로 인해서 상호작용이 어려운 경우 가족상담자는 조언을 한다. 가족의 상담목표가 정보 제공을 필요로 하는 경우에도 조언을 한다. 조정자(coordinator)로서 가족상담자는 가족들이 기능적 상호작용을 위한 조정활동을 한다. 말을 하지 않는 가족 구성원이 있는 경우, 서로 적대적이어서 대화가 안 되는 경우, 한 사람이 상호작용을 지배하는 경우, 지나치게 위축된 가족 구성원이 있는 경우, 가족 안에 위기가 발생하는 경우 등 다양한 상황에서 조정이 요구된다. 가족상담자는 조정을 통해서 격한 감정의 조절, 상대방에 대한 배려, 이해하려는 노력, 참여에 대한 용기 등과 같은 임상적 효과를 기대할 수 있다. 감독자(coach)로서 가족상담자는 문제해결을 할 수 있는 지지활동을 한다. 가족상담자는 지도를 통해서 꾸준한 상담 참여, 갈등에 대한 인내, 새로운 상호작용의 연습, 변화된 역할에 대한 이해 및 수용, 서로에 대한 격려와 지지 등과 같은 상담 효과를 기대할 수 있다.

## 2) 상담 과정의 요소들

### (1) 가족사정

가족을 사정하기 위해서 필요한 요소들은 호소 문제, 가족 구조, 상호작용, 가족의 발달주기, 특별한 문제 등이다. 가족상담자는 호소 문제에 대한 사정을 통해서 상담의 방향, 모양, 그리고 기간 등을 결정하게 된다. 상담 외적 호소 문제는 사회복지의 문제, 의료의 문제, 법적 문제, 기타 영역의 문제 등이다. 상담 내적 호소 문제 중에서도 진로, 학습, 개인, 집단 등과 같은 영역의 문제가 있다. 가족상담자는 각각의 영역에 알맞은 전문가에 가족을 의뢰를 하거나 가족상담에 맞도록 호소 문제를 구조화해야 한다. 호소 문제의 구조화는 추적하기를 통해서 할 수 있다. 추적하기(tracking)는 호소 문제가 가족의 구조에 들어오도록 하는 활동을 말한다.

호소 문제는 가족의 구조와 상호작용과 관련이 있다. 가족의 구조에 대한 사정은 물리적 측면과 심리적 측면으로 나누어진다. 물리적 측면의 사정은 가족 구성원의 수, 동거 여부, 확대가족과의 연관성 정도 등과 관련이 있다. 심리적 측면의 사정은 가족의 지배 구조, 문제를 정의한 사람, 호소 문제와 증상의 역할, 가족의 역할 구조 등과 관련이 있다. 가족 상호작용에 대한 사정은 기능성 측면과 역기능성 측면으로 나누어진다. 기능성 측면의 사정은 가족의 자원, 연결망 여부, 변화에 대한 동기, 가족 간의 서로에 대한 배려 등과 관련이 있다. 역기능성 측면의 사정은 가족 내에서 물리적 폭력, 정서적 학대, 대화의 유형, 해결사, 구원자, 방관자, 지배자 등과 같은 가족 내에서 심리적 역할 등과 관련이 있다. 가족의 구조와 상호작용은 신화와 규칙과 밀접한 관련이 있다. 가족들이 전통적으로 받아들이는 신념을 신화(myth)라고 부른다. 전통적 가치관에 의한 신화와 불행한 사건으로 인한 신화 등이 있다. 전통적 가치관에 의한 신화는 문화적 신념이나 가족이 믿는 시대적 가치관들로 인해서 만들어진다. 불행한 사건에 의한 신화는 가족의 역사 속에서 일어난 불행한 사건으로 인해서 발생된다. 신화들은 가족들이 일정한 방향으로 상호작용하도록 만든다. 가족의 규칙은 가족들이 믿는 세계관과도 밀접한 관련을 갖는다. 성공지향의 가족은 가족들이 부지런하도록 규칙을 만든다. 정서지향의 가족은 친밀감과 관련된 가족의 규칙을 만든다. 독립지향의 가족은 가족들의 자유로운 활동과 관련된 규칙을 만든다.

호소 문제는 가족의 발달주기와도 밀접한 관련이 있다. 발달주기상의 위기는 호소 문제를 만들어 낸다. 문화적 신념과 발달과업의 충돌로 인한 호소 문제는 가족들이 역기능적 상호작용을 하도록 만든다. 문화적 신념은 가족의 행동에 대한 일정한 해석의 틀로서 작용을 한다. 해석의 틀과 가족의 행동이 충돌을 하면 가족은 호소 문제를 만들어 낸다. 청소년의 행동에 대해서 일탈이냐 변화냐에 대한 해석은 문화적 신념에 따라 다르다.

호소 문제는 알코올 중독, 가족 폭력, 근친상간, 외도 문제, 가족 구성원 중 건강 문제, 고부 간의 갈등, 가족 구성원의 성격장애 및 정신장애 등과 관련이 있다. 가족의 특별한 문제들은 가족의 상호작용을 역기능으로 만든다. 역기능의 상호작용은 다시 자녀의 발달을 왜곡시키거나 지연시키는 역할을 한다.

사정은 면접과 심리검사로 나누어진다. 면접에서는 두 가지 측면이 활용된다. 하나는 질문에 의한 정보 수집이고 다른 하나는 관찰에 의한 정보 수집이다. 상담자는 사정에 필요한 질문들을 가족에게 한다. 질문을 통해서 정보를 얻는다. 상담자는 임상적 관찰을 통해서 사정에 필요한 정보를 얻는다. 임상적 관찰이란 상담이 진행되는 동안 상담자에 의해서 이루어지는 관찰활동을 말한다.

가족사정(family assessment)을 하기 위해서 가장 많이 활용되는 방법은 곧 가계도(genogram)이다. 가계도는 가족에 대한 기호를 활용하여 가족의 구조와 관계를 표현하는 도표다. 가계도는 구조가계도와 관계가계도로 구분하여 이해할 수 있다. 구조가계도란 현재 가족들의 물리적 구성을 도표로 나타낸 도식이다. 이 도표에는 가족들의 구성, 생존 여부, 자녀의 수, 자녀의 위치, 부부관계의 형태 등 많은 정보들이 들어 있다. 또한 가족들의 기본적 정보들을 가족의 기호 옆에 기록을 하게 된다. 가족의 물리적이고 사회적 구조를 한눈에 파악할 수 있도록 만든 도표가 구조가계도이다. 관계가계도는 가족들의 관계의 형태를 기호를 통해서 표현한 도표이다. 가족들의 갈등관계, 소원관계, 융해관계, 단절관계, 친밀관계 등을 기호로 만들어서 구조가계도 위에 그림을 그리듯 표현한다. 가계도 이외에도 심리검사를 활용해서 가족들을 사정할 수 있다. 부부간의 관계에 대해서는 부부용 심리검사, 자녀들의 호소 문제에 대해서는 자녀용 심리검사, 부모교육의 호소 문제에 대해서는 부모-자녀용 심리검사를 활용하여 가족사정을 한다.

### (2) 가족상담의 과정

호소 문제를 받고 합의하기, 참여하기, 사정하기, 목표 설정하기 등이 초기 과정의 활동이다. 호소 문제를 받고 합의하기 과정은 가족 구성원이 여러 명이기 때문에 발생된다. 경쟁적 호소 문제, 양립될 수 없는 호소 문제, 호소 문제의 우선순위, 호소 문제에 대한 양보와 타협 등이 호소 문제의 받기와 합의하기에 관련된 활동이다. 참여하기는 기존의 가족 구조에 상담자가 참여하는 활동을 말한다. 가족의 말투나 행동을 따라 하기, 목소리의 톤을 맞추기, 가족 구성원들이 쓰는 용어를 같이 쓰기, 가족 구성원처럼 말하기 등이 참여하기 활동들이다. 사정하기는 가족을 이해하는 활동이다. 사정하기는 가족 구조에 대한 이해, 역기능에 대한 이해, 자원에 대한 이해, 동기가 높은 사람에 대한 이해, 문제를 정의하는 사람에 대한 이해 등과 같은 많은 활동과 관련이 있다. 목표 설정하기는 가족의 상담 방향을 결정하는 활동이다. 상담목표는 사회적 목표와 임상적 목표로 나눌 수 있다. 사회적 목표란 내담자의 가족과 상담자가 합의한 목표를 말한다. 즉, 내담자의 가족이 호소하는 문제를 해결하기 위한 사회적 성격의 목표이다. 임상적 목표란 상담자가 이론적으로 바라보는 목표이다. 상담자의 이론적 경향에 따라서 임상적 목표는 많이 달라진다. 임상적 목표는 상담자가 스스로 정한다.

중기 과정에서 가족상담자는 역기능 상호작용 드러내기, 새로운 상호작용 만들기, 가족의 체계적 공격을 다루기 등과 같은 활동을 한다. 역기능 상호작용을 드러내기 위해서 상담자는 반복적 지적, 일련의 질문들, 역할 시연하도록 만들기, 가족들의 불편한 감정이나 어색한 행동 그리고 공격적 행동 들을 조정하기 등과 같은 활동을 하게 된다. 새로운 상호작용 만들기에서는 역할을 바꾸어서 하기, 새로운 대안을 제시하기, 가족의 의식(ritual)을 만들기, 새로운 대화의 형태들을 연습하도록 만들기, 서로 관심을 표명하도록 만들기, 개인의 역사를 보호하기, 서로 적대적 감정을 조절하기 등 많은 활동과 관련이 있다. 가족의 체계적 공격 다루기는 변화에 대한 저항을 말한다. 가족 구조의 변화는 일부 가족에게는 위협적이다. 이들은 서로 힘을 합쳐서 상담자를 공격하거나 변화를 하려는 가족 구성원을 공격하게 된다. 역기능의 가족 구조로 인한 증상을 이해시키기, 상담목표 확인시키기, 새로운 상호작용의 이점을 이해시키기, 변화에 소극적인 가족 구성원의 어려운 점을 이해하고 격려하기 등과 같은 여러 활동들이 체계적 공격과 관련이 있다.

후기 과정에서 가족상담자는 종결을 준비하기, 새로운 문제를 다루기, 가족의 체계적 공격을 다시 다루기, 새로운 희망을 갖도록 하기, 자발적 상호작용을 격려하기, 추수상담과 재상담의 가능성을 점검하기 등과 같은 활동을 한다. 종결 준비하기는 상담목표에 대한 평가, 호소 문제에 대한 새로운 이해, 역기능의 상호작용의 감소, 새로운 상호작용의 연습 등과 관련이 있다. 새로운 문제 다루기는 종결에 대한 불안과 부담감 다루기, 남아 있는 문제 드러내기, 기존 문제의 여파로 인한 새로운 문제 제기 등과 관련이 있다. 새로운 문제 다루기는 호소 문제를 다루듯이 처음부터 상담 과정을 다시 진행함으로써 해결된다. 이때 상담 과정은 시간이 많이 절약되고 가족들은 어떻게 다루어야 하는지 안다. 가족의 체계적 공격 다루기는 종결에 대한 부담과 불안으로 인해서 발생된다. 즉, 중기에 같은 변화에 대한 저항이 후기에 다시 일어난다. 중기와 같은 방식으로 저항을 다룬다. 새로운 희망을 갖도록 하기는 새로운 상호작용, 새로운 가족관계, 가족에 대한 서로의 이상 등을 점검함으로써 이루어진다. 자발적 상호작용 격려하기는 상담자가 없이 가족들 스스로 상호작용을 하는 경우를 말한다. 가족 중 누군가가 상호작용을 이끌 수도 있고 이러한 역할을 돌아가면서 할 수도 있다. 이렇게 함으로써 상담자 없이 가족이 스스로 상호작용을 할 수 있음을 알게 한다. 추수상담은 종결 후 진행되는 상담으로서 필요에 따라서 2~3주 혹은 한 달에 한 번씩 상담을 하는 경우이다. 상담에 대한 가능성 점검하기는 종결 후에 발생하게 될 역기능과 관련이 있다. 가족들이 스스로 할 수 없다고 판단되는 경우에 다시 상담을 받을 수 있음을 상기시킨다.

## 참고문헌

김용태(2019). 가족치료이론: 개념과 방법들(2판). 서울: 학지사.

김용태(2009). 가족치료의 개념적, 철학적 변화. 상담학연구, 제20권 2호, 1201-1216.

김유숙(2014). 가족치료: 이론과 실제(3판). 서울: 학지사.

이돈희(1981). 교육학용어사전. 서울: 배영사.

이영분, 신영화, 권진숙, 박태영, 최선령, 최현미(2008). 가족치료: 모델과 사례. 서울: 학지사.

정문자(2003). 사티어 경험적 가족치료. 서울: 학지사.

정문자, 송성자, 이영분, 김유순, 김은영(2008). 해결중심단기치료. 서울: 학지사.

정문자, 정혜정, 이선혜, 전영주(2018). 가족치료의 이해(3판). 서울: 학지사.


Atwood, J. D., & Conway, B. Y. M. (2004). Therapy with Chinese American families: A social constructionist perspective. *The American Journal of Family Therapy, 32*, 155-172.

Balswick, J. O., & Balswick, J. K. (1999). *The Family: Christian Perspective on the Contemporary Home* (2nd ed.). Grand Rapids: Baker Books.

Becvar, D. S., & Becvar, R. J. (1997). 가족치료: 체계론적 통합[*Family Therapy: Systematic Integration*] (정혜정, 이형실 편역). 서울: 하우 (원전은 1993년에 Allyn and Bacon에서 출판)

Benner, D. G., & Hill, P. C. (1999). *Baker encyclopedia of psychology and counseling.* (2nd ed.). Grand Rapids: Baker Books.

Blanton, P. G. (2005). Narrative family therapy and spiritual direction: Do they fit? *Journal of Psychology and Christianity, 24*(1), 68-79.

Boszormenyi-Nagy, I., Grunebaum, J., & Ulich, D. (1991). Contextual Therapy. In A. S. Gurman & D. P. Kniskern (Eds.), *Handbook of Family Therapy: Vol II.* New York: Brunner/Mazel, Publishers.

Broderick, C. B., & Schrader, S. (1991). The history of professional marriage and family therapy. In A. S. Gurman & D. P. Kniskern (Eds.), *Handbook of Family Therapy, Vol. II.* New York: Brunner/Mazel, Publishers.

Burr, W. R., Hill, R., Nye, F. I., & Reiss, I. L. (1979). *Contemporary Theories about the Family: General Theories/ Theoretical Orientations: Vol II.* New York: The Free press A Division of Macmillan Publishing Co., Inc.

Doherty, W. J., & Boss, P. G. (1991). Values and ethics in family therapy. In A. S. Gurman & D. P. Kniskern (Eds.), *Handbook of Family Therapy: Vol II.* New York: Brunner/Mazel, Publishers.

Elwell, W. A. (2001). *Evangelical Dictionary of Theology* (2nd ed.). Grand Rapids: Baker Academic.

Erikson, E. (1963). *Childhood and Society.* New York and London: W.W. Norton.

Erikson, E. (1964). *Insight and Responsibility: Lectures on the Ethical Limitations of Psychoanalytic Insight.* New York and London: W.W. Norton Company.

Erikson, E. (1968). *Identity: Youth and Crisis.* New York and London: W.W. Norton.

Fernando, D. M. (2007). Existential theory and solution-focused strategies: Integration and application. *Journal of Mental Health Counseling, 29*(3), 226-241.

Group for the Advancement of Psychiatry (1989). *Psychiatric Prevention and the Family Life Cycle: Risk Reduction by Frontline Practitioners.* New York: Brunner/Mazel Publishers.

Hansen, J. C., & L'Abate, L. (1982). *Approaches to Family Therapy.* New York: Macmillan Publishing Co., Inc.

Larner, G. (2000). Towards a common ground in psychoanalysis and family therapy: On knowing not to know. *Journal of Family Therapy, 22*, 61-82.

Liddle, H. A. (1991). Training and supervision in family therapy: a comprehensive and critical analysis. In A. S. Gurman & D. P. Kniskern (Eds.), *Handbook of Family Therapy, Vol. II.* New York: Brunner/Mazel, Publishers.

Mahler, M. S., Pine, F., & Bergman, A. (1975). *The Psychological Birth of the Human Infant: Symbiosis and Individuation.* BasicBooks: A Division of Harper Collins Publishers.

Miermont, J., & Jenkins, H. (1995). *The Dictionary of Family Therapy.* Cambridge: Backwell Publishers Inc.

Napier, A. Y., & Whitaker, C. (1978). *The Family Crucible: The Intense Experience of Family Therapy.* New York: Harper Perennial, A Division of HarperCollins Publishers.

Nichols, M. P., & Schwartz, R. C. (2004). *Family Therapy: Concepts and Methods* (7th ed.). New York & London: Allyn and Bacon.

Nichols, W. C., & Everett, C. A. (1986). *Systemic Family Therapy: An Integrative Approach.* New York & London: Guilford Press.

Pilgrim, D. (2000). The real problem for postmodernism. *Journal of Family Therapy, 22,* 6-23.

Roberto, L. G. (1991). Symbolic-experiential family therapy. In A. S. Gurman & D. P. Kniskern (Eds.), *Handbook of Family Therapy: Vol II.* New York: Brunner/Mazel, Publishers.

Slipp, S. (1991). *Object Relations: A Dynamic Bridge Between Individual and Family Treatment.* Northvale and London: Jason Aronson Inc.

제11장 **가족의 선택과 결정**

이 장에서는 가족의 선택과 결정에 영향을 주는 요인들에 대해 살펴본다. 가족은 장기 친밀성의 관계다. 이것은 자녀의 생산과 양육과 관련된 특성이다. 그런데 현대 가족에서 이 특성은 약화되고 있지만 배우자의 선택에는 아직도 크게 영향을 미친다. 배우자의 선택에서 사용하는 기준에서 신체적 매력과 사회적 지위가 부각되지만 공감적 관심과 현명함이 더 중요하다. 그리고 대인관계 매력을 구성하는 원리로 근접성, 유사성, 상보성, 그리고 상호성이 있다. 배우자의 선택보다 배우자와의 애정관계를 심화하는 능력이 더 중요하다. 애정은 애착, 모험, 보살핌, 성, 그리고 권력으로 구성된다. 각 행동체계의 목표, 활성화 상황, 기능적 전략과 비기능적 전략을 살펴본다.

애정관계를 촉진하는 대화의 방법을 제시한다. 문제의 해결을 추구하는 대화가 아니라 상대방과의 정서적 친밀감을 추구하는 대화의 방법이다. 감수성, 반응성, 그리고 긍정성의 방법이다. 그리고 갈등을 조절하는 방법으로 신체적 흥분과 부정적 감정의 진정을 추가한다.

우리는 가족 안에서 태어나서 가족의 구성원으로 살고 있다. 결혼을 필수로 여기지 않고 선택으로 간주하는 시대에 살고 있기 때문에, "결혼을 할 것인가?"라는 질문에 대해 긍정적 응답만 존재하지 않는다. 오히려 부정적 응답도 적지 않다. 그러나 "가족을 가질 것인가?"에 대한 부정적 응답은 불가능하다. 우리는 이미 부모의 자녀로서 가족을 갖고 있기 때문이다. 더구나 부모와 형제가 생존하지 않더라도, 1인가족을 구성할 수 있다. 결혼이나 배우자는 선택할 수 있지만, 가족의 구성원이라는 지위는 선택할 수 없다. 그러므로 가족의 형태만 선택할 수 있다. 우리는 언제나 가족의 일원으로서 산다. 그리고 가족 안에서 의사결정을 한다.

가족이란 무엇인가? 가족을 생각할 때, 쉽게 떠오르는 것은 법적 관점과 생물학적 관점이다. 법적 관점에서 가족은 법적 권리와 책임을 공유하는 특수한 관계이다. 가족의 범위에 대해 우리나라 민법은 생활을 같이하는 직계혈족의 배우자, 배우자의 직계혈족, 그리고 배우자의 형제자매도 포함하지만, 핵심에 배우자, 직계혈족, 그리고 형제자매를 두고 있다. 이들은 상속의 권리와 부양의 책임을 갖는다. 그런데 이들의 특징은 혈연관계이다. 즉, 이들은 생물학적 유전자를 공유하는 관계다. 우리나라에서 입양이 크게 활성화되어 있지 않기 때문에, 대부분의 경우 생물학적 가족이 우리나라 법적 가족의 핵심을 구성한다.

가족의 핵심은 부부관계이다. 가족을 새롭게 형성할 때 많은 선택과 결정이 필요하다. 그러면 핵심은 배우자의 선택과 결정이다. 그러므로 배우자는 가장 중요한 법적 가족원이다. 그러나 현대 가족에서 이혼과 재혼이 자주 발생하기 때문에 배우자라는 법적 관계의 안정성은 감소하고 있다. 직계혈족이나 형제자매와 같은 혈연관계는 해지할 수 없기 때문에 안정성이 높다. 하지만 현대 가족에서 자녀나 형제자매가 핵심을 구성하지 않는다. 오히려 배우자가 가족관계의 핵심이다. 결국, 현대 가족에서 법적 관점과 생물학적 관점의 영향력이 감소하고 있다.

가족을 심리학적 관점으로 설명하면, 가족은 스스로 가족이라고 생각하면서 가족의 역할을 수행하는 집단이다. 즉, 2명 이상이 자기 자신을 가족관계 안에 있다고 스스로 정의하고, 스스로 정의하는 가족원의 역할을 담당한다. 그리고 가족의 기능에서 부각되는 특징은 장기성과 친밀성이다.

첫째, 가족은 장기적 관계이다. 가족은 영원한 관계의 상징이다. 개인의 수명은 유한하지만 가족은 계속 이어진다고 생각한다. 부모는 죽지만 자녀는 살아서 부모를 이어 간다. 그래서 우리는 전통적으로 가문이라는 용어를 사용했다. 더구나 인간의 성장은 긴 시간이 필요하다. 그러므로 가족관계의 장기성에 대한 필요가 높았다. 자녀를 출산하고 양육하는 기간은 적어도 15년인데 100년 전까지 인류의 평균수명이 30세 이하이었던 것을 고려하면, 가족은 죽을 때까지 지속되는 관계라고 생각했다.

둘째, 가족은 특별히 친밀한 관계의 구조이다. 가족은 서로 감정을 교류하고 보살피며 양육한다. 일상적 생활을 함께하면서 서로 지지하고 보살핀다.

장기 친밀성의 관점에서 가족의 선택과 결정을 설명하기 위해 매력, 애정, 그리고 대화를 살펴본다. 매력은 새로운 가족을 선택하고 결정하는 데 근거가 되는 상대방에 대한 관심과 호감을 설명한다. 특히, 배우자를 선택하는 과정에 영향을 준다. 그리고 가족의 장기 친밀성을 유지하기 위해서 배우자의 선택보다 배우자와의 애정관계를 심화하는 능력이 더 필요하다. 그러므로 애정에 대해 애착 이론에 근거해서 애착, 모험, 보살핌, 성, 그리고 권력의 측면으로 세분해서 살펴본다. 그리고 애정을 촉진하는 대화의 방법을 제시한다.


# 1. 매력

## 1) 신체적 매력과 사회적 우월성

배우자의 선택은 본능의 영향이 강하다. 생명의 가장 핵심적 본능은 종족의 유지와 번성이다. 즉, 생존하고 번성하기 위해 종족의 구성원이 번식을 하고 유전자를 후세대에게 최대로 전달하려고 한다. 이것은 단순히 생리적 필요에만 국한되지 않는다. 사회적 행동 유형도 인류가 살아온 특정 상황에서 적응에 도움이 되면 유전자에 입력이 되어 다음 세대에 전달된다. 이것이 진화심리학의 전제이다. 유전자를 후세대에 전달하는 과정이 자녀의 생산과 양육이다. 이것을 8개의 과제로 분석할 수 있다(Buss, 1991). 그것은 동성 간 성공적 경쟁, 배우자의 선택, 수정의 성공, 배우자의 유지, 배우자와 상호적 양자동맹의 형성, 타자와 협력관계의 형성과 유지, 양육과 사회화, 그리고 가족 이외의 친족에 대한 투자다. 결국 자녀의 생산과 양육의 시작은 동성과의 경쟁에서 성공해서 배우자를 선택하는 것이다.

배우자의 선택은 가족의 기능에 영향을 받는다. 진화심리학의 관점에서 보면, 배우자의 선택은 특정 시대와 상황에서 나타나는 가족의 기능에 종속된다. 정서적 친밀감이 현대 가족의 주요한 기능이지만 자녀의 생산과 양육 역시 아직도 주요한 기능들 중 하나이다. 인류의 시작부터 살펴보면, 자녀의 생산과 양육이 가족의 가장 중요한 기능이었다. 지금도 이 기능을 핵심으로 생각하는 경향이 적지 않다. 현대 가족에서 이 기능의 가치는 감소했다. 그러나 자녀의 생산과 양육이 장기적 인간관계에서 이루어진다는 특징은 아직도 배우자 선택에 영향을 준다. 즉, 인간이 다음 세대를 생산하고 양육하는 데 약 20년의 시간이 필요하므로 장기간 함께 자녀를 생산하고 양육할 수 있도록 서로 협력해서 유지하는 능력이 배우자를 선택하는 기준이 된다.

배우자의 선택에 성차가 존재한다. 이것은 출산과 양육에 대한 생리사회적 투자에 차이가 있기 때문이다. 자녀의 출산과 양육에 여성은 남성보다 더 많은 투자를 한다. 여성은 9개월 동안 임신을 하고, 출산 후 자녀의 양육에 자원을 더 많이 투자한다. 부부가 맞벌이를 하더라도 가사에 쓰는 시간은 여성이 남성보다 훨씬 더 많다.

여성 배우자를 선택하는 기준으로 신체적 매력이, 남성 배우자의 기준으로 사회적 우월성이 부각된다. 여성 배우자의 선택에서 주목을 받는 신체적 매력은 생식 능력이다. 즉, 남성은 번식력이 있는 배우자를 찾는 것에 관심이 있다. 그래서 다산성의 지표가 되는 젊음과 미에 초점을 두는데 미의 기준은 건강의 속성도 포함한다. 예를 들어, 얼굴과 신체의 좌우대칭은 미의 기준일 뿐만 아니라 건강의 지표도 된다. 결국, 다산성의 지표는 젊음과 건강이다.

남성 배우자의 선택에서는 자원의 가용성을 나타내는 사회적 우월성이 부각된다. 물론, 신체적 매력도 영향을 준다. 다음 세대에 대한 유전적 기여를 고려한다. 그러나 더 중요한 것은 배우자와 자녀를 장기적으로 부양할 수 있는 능력의 표지다. 즉, 사회적 지위, 우월성, 현재와 미래의 재력 등이다. 이 기준을 남성 배우자 선택에 적용할 때는 남성의 자원이 많으면 많을수록 좋다는 의미가 아니라 일정 수준 이하의 남성을 배제한다는 의미로 사용한다(Kenrick, Sundie, Nicastle, & Stone, 2001).

배우자의 선택에 남녀 공통점도 존재한다. 성차보다 공통점이 더 중요하다. 가장 중요한 기준에는 성차가 없다. 결국, 좋은 유전자를 가진 배우자를 선택하려고 한다. 여성 배우자나 남성 배우자에게 가장 중요한 기준은 친절/이해심과 현명함이다 (Buss, 1989). 신체적 매력이나 사회적 우월성도 중요한 기준이지만, 장기적 관점에서 가장 좋은 유전자를 가진 배우자는 공감적 관심과 지적 능력이 높은 사람이다. 결국, 유능하고 배려하는 사람을 배우자로 선택하는 경향이 있다.

진화심리학적 연구 결과는 인간의 평균적 특징이다. 그러나 개인이 배우자를 선택하는 구체적 상황에서 나타나는 기준은 개인차를 나타낸다. 이것은 개인의 성장 배경에서 영향을 받는다. 특히, 성장 과정에서 외상을 겪으면, 그것을 보상하는 기준이 배우자의 선택에 영향을 준다. 어린 시절에 부모의 부재로 고통을 경험한 개인은 부모처럼 의존할 수 있는 배우자를 선호할 수 있다. 경제적 문제로 장기간 시달린 개인이라면 재산이나 경제적 능력이 배우자의 선택에 가장 큰 기준이 될 수 있다.

## 2) 대인관계 매력

배우자의 선택에 대해 사회심리학으로도 설명할 수 있다. 진화심리학은 적응적 관점에서 배우자의 선택을 설명하지만, 사회심리학은 심리적 유대의 형성으로 이해한다. 즉, 새로운 가족의 형성은 2명의 성인이 서로에 대해 연대감을 형성하는 데서 시작한다. 이 연대감은 상대방에 대한 호감에서 출발한다. 그러므로 인간관계에서 발생하는 매력의 원리를 살펴본다.

매력의 원리로 근접성, 유사성, 상보성, 그리고 상호성이 있다(Forsyth, 2010). 이 원리들이 호감과 비호감을 촉발하는 과정을 살펴보도록 한다.

### (1) 근접성 원리

근접성 원리에 따르면 우리는 서로 가까이 있기 때문에 매력을 느낀다. 서로 가까이 있다는 것은 만날 가능성이 높다는 것을 의미한다. 즉, 우리는 상대방을 자주 보게 되거나 만나게 될수록 상대방에게 매력을 느낄 가능성이 높아진다(Newcomb, 1961). 이것을 친숙함과 상호작용으로 설명할 수 있다.

매력은 친숙한 사이에서 발생한다(Bornstein, 1989). 서로 가까이 있으면, 자주 만나게 된다. 그리고 상대방에게 자주 노출되면서 자신과 상대방에게 친숙해진다. 물론 만나면 만날수록 혐오스러운 상대방도 있지만, 대부분 반복적으로 노출되면 낮선 사람은 지인이 된다. 특히, '모든 사람들과 잘 지내야 한다'는 문화적 규범을 내재화하는 우리 문화에서 친숙한 상대방에게 호감을 느낀다. 그래서 낯선 사람을 만났을 때, 상대방의 정보를 얻으려고 노력한다. 그것은 친숙하면 호감을 가질 수 있기 때문이다.

친숙함의 기반은 상호작용이다. 상대방에게 노출되는 것은 상대방과 상호작용하는 것이다. 서로 자주 만나면 상대방과의 상호작용이 증가한다. 그리고 상호작용은 상대방에 대한 매력을 촉진한다. 그러나 가까이 있어도 상호작용이 촉진되지 않을 수도 있다. 이 경우 상대방에 대한 부정적 감정이 형성될 가능성이 있다. 반대로, 온라인에서도 자주 만나면 호감이 높아진다. 서로 거리는 가깝지 않지만 상호작용이 높아지면 호감이 증가한다. 이것은 매력을 만드는 근접성 원리의 핵심이 상호작용이기 때문이다.

### (2) 유사성 원리

유사성 원리에 따르면, 우리는 서로 비슷하기 때문에 서로 좋아한다. 그리고 서로 유사할수록, 이미 관계를 맺고 있는 구성원들은 더 행복하다. 더구나 우리가 계속 호감을 느낀다는 것은 우리 사이에 공통점을 지각한다는 것이다. 그리고 공통점을 지각할 때 인간관계가 계속 유지될 수 있다.

우리가 유사하다고 할 때, 무엇이 비슷하면 매력을 느낄까? 우선 가치, 취미, 그리고 성격이 있다. 이것들이 비슷하면 서로 유사성을 느끼게 된다. 그리고 의사소통이나 사회적 기술의 유사도도 유사성의 지각을 촉진한다. 그리고 외모의 유사성도 유사성의 지각에 일조한다. 결국, 이 유사성은 다차원적 개념이다.

왜 서로 비슷하면 매력을 느낄까? 개인들 사이에서 서로 가치나 신념이 유사하면, 스스로의 가치와 신념에 대한 확신을 느낄 수 있기 때문이다. 즉, 유사한 사람들에게서 자기 자신에 대한 정당성을 발견하거나 우월성을 확인할 수 있다. 이렇게 타인과 비교해서 자신의 정당성이나 가치를 발견하는 과정은 집단주의 문화에서 크게 나타난다. 그리고 이것은 우리에게 익숙하다. 그것은 우리 전통문화가 대부분 집단주의이기 때문이다. 그러므로 주변 사람들의 동조와 인정은 개인 정체성의 핵심이 된다. 개인의 가치와 신념은 주변 사람들과 동조를 이루려고 한다. 그리고 그들의 기대에 부합하는 행동을 하는 경향이 있다. 그들의 기대를 저버리거나 그들의 암묵적 행동규범에서 이탈할 때 개인은 심한 죄책감이나 수치심을 느끼게 된다.

### (3) 상보성 원리

상보성 원리에 따르면 우리는 서로 보완하는 특성을 가졌기 때문에 매력을 느낀다. 결국, 자신과 다른 사람을 좋아한다. 예를 들어, 지배적인 사람이 의존적인 사람을 좋아하거나 내향적인 사람이 외향적인 사람을 좋아하는 경우이다.

상보성 원리는 유사성 원리와 모순이 된 것처럼 보인다. 그러나 이 모순은 표면적일 뿐이다. 더 깊이 살펴보면, 지배적 특성이나 의존적 특성은 보통 사람들에게 비호감으로 느끼게 할 가능성이 높다. 이 특성들의 요구가 부담스럽게 느끼게 되기 때문이다. 그러나 이 두 특성의 사람들은 상대방의 요구가 부담스럽지 않고 서로 쉽게 받아들일 수 있다. 개인의 특성은 인간관계에서 상보성으로 가치를 확인할 수 있는 것도 있고 유사성으로 인정받는 것도 있다. 친절, 온정, 긍정성에서는 유사성 원리가 우위에 있지만, 지배성과 수동성은 상보성이 우위를 나타낸다.

실제에서 상보성과 유사성은 공존한다. 그것은 개인이 다면적 특성을 갖고 있기 때문이다. 그리고 개인의 상황에 따라 심리적 필요가 다르기 때문이다. 개인은 유사성을 좋아하는 특성과 상보성을 선호하는 특성을 동시에 가질 수 있다. 예를 들어, 자기 자신처럼 긍정성과 우호성이 높은 사람을 선호하면서, 자신의 지배성을 보완하는 수동성의 친구를 좋아할 수 있다. 그리고 높은 불안을 촉발하는 위기의 상황에서, 자신보다 훨씬 더 문제해결 능력이 높은 친구를 의지할 수 있다.

### (4) 상호성 원리

상호성 원리에 따르면, 호감은 인간관계의 상호작용에서 교환된다. 즉, 내가 상대방을 좋아하면 상대방도 나를 좋아할 가능성이 높다. 그리고 상대방이 나를 좋아하면 나도 상대방을 좋아할 가능성이 높다. 반대로 부정적 상호성도 존재한다. 상대방이 내게 비우호적 태도를 표현하면, 나도 상대방에게 비호감을 갖게 될 가능성이 높다. 그리고 내가 상대방에게 비호감을 갖게 되면 상대방도 내게 비호감을 갖게 될 가능성이 높다.

상호성 원리는 인간관계에서 많이 나타난다. 심리내적 측면에서 보면, 이것은 타인의 긍정적 태도에서 자신의 가치에 대한 확인이다. 단순히 타인과의 유사성이나 상보성이라는 간접적 확인이 아니라 타인의 호감이나 반응을 통한 직접적 확인이다. 그리고 인간관계에서 보면, 이것은 자신에 대한 타인의 호감을 증진하려는 보상이거나 비호감을 감소시키려는 소거의 행동이다. 자신에 대한 타인의 호감에 대해 긍정적 반응을 보이면 이 호감의 행동을 더 많이 할 가능성이 높다. 그리고 타인의 부정적 태도에 대해 비우호적 반응을 나타내면 이 부정적 태도가 증가할 가능성은 장기적으로 낮아진다.

우리는 상호성 원리를 소극적으로 사용하는 경향이 있다. 우리의 집단주의 문화에서 감정은 외적 자극의 반응으로 축소되는 경향이 있다. 그래서 타인의 행동에 대한 반응으로 스스로의 감정을 국한하는 경향이 있다. 주변 사람의 기대나 반응에 따라 감정이 생성되거나 유지된다. 즉, 타인이 호감을 보이면, 호감으로 반응한다. 그리고 타인이 비호감을 보이면, 상대방을 회피한다. 이처럼 타인의 행동에 대해 민감하게 지각하면서, 그것에 대한 반응으로 감정을 국한한다. 그래서 자신의 감정에 대한 능동성이 부족하다. 자신의 가치와 기준에 맞추어 감정을 생성하거나 유지하는 것에 익숙하지 않다. 자신의 독특한 기준에 따라 호감을 생성하고 그것을 표현해서 상대방으로부터 호감을 얻는 과정에 익숙하지 않다.

## 2. 애정

결혼이나 가족의 핵심이 배우자의 선택이라고 생각하는 경향이 있다. 물론 배우자의 선택은 매우 중요하다. 하지만 결혼생활은 전적으로 배우자에 의해 결정되는 것이 아니다. 오히려 더 중요한 것은 부부관계의 질, 즉 부부간의 애정이다. 그런데 이것은 배우자만 구성하지 않고, 부부가 공동으로 구성한다. 그러므로 여기에서는 그 애정에 관해 살펴본다.

애정은 배우자를 선택하고 새로운 가족의 형성하고 유지하는 핵심적 동력이다. 그러면 애정이란 무엇인가? 애정의 원형은 유아 시절에 어머니나 양육자들과 형성하는 유대관계다. 이것은 대부분 1세 이전에 형성된다. 그리고 이것은 성장하면서 확대되고 발전한다. 다른 사람들과의 관계로 확산된다. 사랑의 유대관계를 보호자뿐만 아니라 동료나 친구와도 형성한다. 그리고 실제적 인물뿐만 아니라 심적 표상과 같은 보이지 않는 대상과도 형성한다.

애정을 애착 이론으로 설명할 수 있다. 애착 이론은 유아와 양육자 사이의 관계에 초점을 두고 볼비(Bowlby, 1969, 1973, 1980)가 주장했다. 애착은 유아가 양육자를 찾고 양육자와 즐거운 신체적 접촉을 하고 양육자와 근접성을 유지하기 위한 목적 지향적 행동체계다. 애착 인물의 관점에서 보면, 보호하고, 지지하고, 양육하는 관계다. 그런데 이 애착은 애착 인물로부터 보호와 지지를 촉발하는 애착행동들로 구성되는데, 그것은 울고, 웃고, 매달리고, 떼쓰는 다양한 행동들이다.

성인애착은 유아기의 애착과 다르다. 성인도 애착 인물을 찾고 애착 인물과 근접성을 유지하려고 한다. 자신을 보호하고 지지하고 양육하는 인물을 찾고 그 인물과 근접성을 유지하려고 한다. 예를 들어, 애인이나 교사, 직장상사가 애착 인물이 될 수 있다. 그러나 유아나 아동과 달리 성인은 애착 인물과 일방적이 아니라 상호적 관계를 형성한다. 그리고 성적인 특징이 추가된다.

애정을 세분해서 살펴본다. 애착 이론이 설명하는 사랑의 유대관계는 다면적이다. 이것을 5개로 세분할 수 있는데, 그것은 애착행동체계, 모험행동체계, 보살핌행동체계, 성행동체계, 그리고 권력행동체계이다(Mikulincer & Shaver, 2012). 이것은 애착 이론이 설명하는 유대관계, 즉 사랑을 더 확대해서 구체적으로 세분한 것이다. 즉, 사랑은 애착, 모험, 부양, 성, 권력으로 구성된다. 이것들의 목표, 촉발 상황, 그리고 전략을 중심으로 살펴본다.

## 1) 애착

애착의 목표는 안전감을 유지하는 것이다. 애착 인물과 근접성을 유지해서 위험으로부터 보호를 받기 위한 기능이라고 추론할 수 있다. 성인에게는 물리적 근접성보다 상징적 근접성이 중요하다. 그러므로 성인이 유지하는 안전감과 안정감은 다양한 신념들을 근거로 형성된다. 이 신념들은 세계와 자기 자신에 대한 긍정적 사고들이다. 예를 들어, 세상은 대체로 안전한 곳이라는 신념, 자신은 유능하고 다른 사람으로부터 사랑을 받을 것이라는 신념, 어려운 상황에서 애착 인물이 자신을 지지하고 도와줄 것이라는 신념들이다.

애착행동체계는 위협의 상황이나 애착 인물의 부재 시에 활성화된다. 위협은 물리적 위협일 수도 있고 상징적 위협일 수도 있다. 그러므로 경제가 불황일 때 명절에 귀향하는 사람들이 증가한다. 그리고 개인적 곤란을 경험할 때 사랑하는 사람과 함께 있으려고 한다. 또 애착 인물의 상실이 발생할 경우 다른 애착 인물과의 실제적이거나 심리적 밀착이 나타난다. 그러므로 사랑하는 사람과 헤어진 후에 부모를 찾는 경우가 증가한다. 애착 인물의 상실이나 위협이 촉발하는 안전감이나 안정감에 대한 욕구가 만족이 되면 애착행동체계의 활동은 감소하게 된다.

애착행동체계의 전략은 애착행동체계의 목표를 달성하기 위한 일련의 행동이다. 성인애착의 전략에서 나타나는 특징은 상징적 근접성의 사용이다. 물론 물리적 근접성도 중요한 전략이기 때문에, 서로 신체적 접촉을 하거나 함께 있는 것도 빈번하게 사용된다. 그러나 성인이나 청소년이 자주 사용하는 전략은 상징적 근접성이다. 즉, 애착 인물의 심적 표상을 스스로 활성화한다. 이 형상은 위안을 제공하기 때문에 안전감과 안정감을 촉발한다. 그러므로 성인이 애착 인물과 멀리 떨어져 있어도 상징적 근접성을 사용해서 위협에 잘 대처할 수 있고 고통을 감소시킬 수 있다.

애착의 기능적 전략이 실패하게 되면, 비기능적 전략이 나타난다. 그것은 과잉활성화와 저활성화다. 애착행동체계의 비기능적 전략을 불안정애착이라고 하는데, 이것에는 2개의 차원이 있다. 그것은 불안애착과 회피애착이다. 불안애착은 사소한 위협이나 애착 인물의 짧은 부재에도 이것이 과도하게 활성화되는 것이고, 회피애착은 이것이 둔감해지거나 낮은 수준으로 활성화되는 것이다. 불안애착은 질투나 과잉반응 등과 상관관계가 있고, 회피애착은 감정의 억압이나 성적 불륜 등과 상관관계가 있다.

## 2) 모험

애정은 모험을 포함한다. 열정적 사랑에서 가장 잘 나타나는 특징이다. 모험이 사랑에 포함되는 것은 애정관계의 사람이 안전기지의 기능을 담당한다는 의미다. 유아나 아동은 애착 인물과 안정적 관계를 확보하면 애착 인물로부터 멀리 떨어져서 주변 인물이나 세계를 탐색할 수 있는 능력을 갖게 된다. 인간이 모험을 즐기는 본능을 갖고 있기 때문이다. 역시 성인도 호기심이나 모험심을 갖고 있다. 그러므로 자신과 세계에 대한 새로운 정보를 찾거나 그 과정에서 즐거움을 느끼려는 욕구를 갖고 있다. 이 욕구를 추구하게 되면 애착행동체계의 안전감과 안정감이 위협을 받는다. 이 갈등에 대한 조정은 개인의 경험과 선택에서 결정된다. 특히, 열정적 애정은 모험을 포함한다. 그리고 새로운 사람과 애정관계를 형성하는 것은 항상 위험에 대한 감수가 필요하다. 예상 밖의 상황이 발생하고, 그것이 고통스러운 결과를 초래할 수 있다. 예를 들어, 상대방이 거절할 수도 있고, 자신이 상처를 받을 수도 있다.

모험행동체계의 목표는 호기심과 모험심을 충족하는 것이다. 이 행동체계는 새로운 사람이나 대상이나 상황에서 활성화한다. 개인이 이미 갖고 있는 지식이나 경험과 맞지 않는 상황에 있거나 현재의 기술로 해결할 수 없는 문제를 겪게 되면, 이 행동체계는 활성화한다. 그래서 개인의 호기심이나 모험심이 증가한다. 그리고 개인이 새로운 지식이나 기술을 습득해서 자신에 대한 효능감을 느끼게 되면, 이것의 활동은 감소한다.

모험행동의 성공적 결과에 대한 경험이 누적되어 있으면, 모험행동체계의 기능적 전략이 나타난다. 이 전략은 자신이 알지 못하는 현상이나 과제를 자신감을 갖고 대처한다. 이때, 익숙하지 못한 정보나 경험에 대해 유연하고 개방적 태도를 갖게 되고, 모호하거나 복잡한 현상에 대한 불안을 잘 처리할 수 있고, 문제를 해결하려는 적극성을 계속 유지한다.

기능적 전략이 성공하지 못하면, 성인도 비기능적 전략을 사용한다. 이것도 과잉활성화와 저활성화 전략이 있다. 모험행동체계가 과도하게 활성화되면 민감하게 된다. 모험이 필요하지 않은 상황에서도 활성화한다. 그리고 불확실성 때문에 발생하는 위험을 편안하게 수용하는 능력이 저하되기 때문에 자신만의 선택과 결정을 쉽게 내리지 못한다. 애정관계에서도 걱정이 많고, 새로운 차원으로 발전하는 것에 대해 쉽게 결정하지 못한다. 반대로 새로운 정보를 차단하고 자기 선택과 결정에만 몰입할 수도 있다. 이 경우, 주변의 반대와 충고를 무시하는 모험적 애정이 나타날 수 있다. 그리고 저활성화 전략에서는 모험을 회피하거나 도피하면서 안전하거나 익숙한 것만 추구한다. 이 전략을 사용하는 사람은 모험이 필요한 활동을 배제한다. 애정관계에서 실패가 누적되면, 주변 사람이 데이트를 신청해도 거절해 버린다. 다시 그 경험을 하고 싶지 않기 때문에 모험을 회피하는 전략을 선택하는 까닭이다.

### 3) 보살핌

보살핌은 타인을 측은하게 여기고 돌보는 능력이다. 사랑은 보살핌을 포함한다. 이 능력은 어린 자녀를 보살피는 능력이 확대된 것으로 이해할 수 있다. 유아나 아동은 일방적으로 보호자로부터 보살핌을 받는 특징을 갖고 있다. 그래서 부양, 양육, 책임, 의무, 희생과 같은 용어를 사용한다. 성인 양육자가 어린 피양육자에게 대부분의 영역에서 일방적인 보살핌을 제공한다. 그러나 성인 사이의 애정은 상호성을 갖고 있기 때문에 서로 보살핌을 교환하고, 그래서 헌신이라는 용어를 사용한다. 성인 사이에서 한 명이 보살핌을 계속 제공하고 다른 사람은 계속 받기만 한다면, 이 애정관계는 성숙하지 못하거나 오래 지속될 수 없다. 성인 사이의 애정은 본질적으로 수평적 관계이다. 성인 사이에서 보살핌은 필요하지만 이것은 서로 교환된다. 즉, 한편이 다른 편에게 보살핌을 제공하는 측면이 있고 다른 편도 역시 보살핌을 제공하는 측면이 있다.

보살핌행동체계의 목표는 자기 자신이 아니라 사랑하는 사람을 지향한다. 그 사람의 고통을 감소시키고, 그 사람을 위험에서 보호하며, 그 사람의 성장과 복지를 돕는다. 사랑하는 사람에게 문제해결, 안전감, 안정감을 제공하고 그 사람이 발전할 수 있도록 돕는다. 그러므로 이 행동체계가 활성화되는 상황은 그 사람이 고통이나 위험을 겪고 있음을 아는 경우이다. 물론, 자신이 도울 수 있다고 생각하기 때문이다. 또 그 사람이 고통을 겪지 않더라도 그 사람에게 좋은 기회가 나타났다고 느끼는 경우다. 여기에는 문화적 차이가 있다. 보살핌을 제공하고자 하는 마음이 있어도 집단주의문화에서는 타인의 요청이 없어도 도움을 주려고 하고, 개인주의 문화에서는 타인의 요청이 있을 때까지 기다리는 경향이 있다.

보살핌의 전략은 타인을 돕는 일련의 행동이다. 이 전략에서 기능적 전략의 핵심적 특징은 감수성과 반응성이다. 감수성은 타인의 필요를 정확하게 알아차리고 그것에 맞게 반응하는 것이다. 즉, 사랑하는 사람의 필요를 알고, 그 필요에 적절하게 반응한다. 반응성은 타인을 공감하고 그 사람의 독특한 세계를 존중해서 그 사람이 관심을 받고 있다고 느끼도록 돕는 것이다. 즉, 사랑하는 사람을 돕는데, 그 사람의 의견을 존중하는 방법을 사용한다. 우리는 감수성은 발달되어 있는데 반응성은 그렇지 않은 경향이 있다.

기능적 전략은 보살핌을 받는 사람에게 고통의 감소나 안전감이나 성장을 제공한다. 그런데 기능적 전략은 보살핌을 제공하는 사람에게도 긍정적 효과를 제공한다. 자신이 타인에게 도움을 주었다는 의식은 자신의 유능함과 선함에 대한 의식과 타인과의 유대감을 느끼게 한다. 그리고 두 사람 사이의 관계도 더 좋아지게 된다.

보살핌의 과잉활성화 전략은 이기적 필요가 강하기 때문에 감수성과 반응성에 문제가 나타나는 행동들이다. '독친'이라는 묘한 합성어가 지칭하는 행동들이다. 상대방의 필요를 적절하게 지각하지 못하고 상대방의 의견을 존중하지 않고 자기 마음대로 자기 좋을 때 상대방을 돕는다고 생각하는 행동을 한다. 반대로, 자기 자신의 안전이나 건강을 희생하면서 상대방을 돕는 데 몰두하는 경우도 있다. 보살핌을 제공하려는 자신의 필요에 몰입한 행동이기 때문에, 상대방의 성장에 도움이 되는 것이 아니라 심리적 부담만 준다. 더구나 자신도 소진에 빠질 위험성도 증가한다. 그리고 저활성화 전략은 보살핌에 대한 요청을 무시하거나 회피하는 행동들이다. 감수성과 반응성이 부족하다. 결국, 상대방의 요구를 민감하게 지각하지 못하거나 충분하게 반응하지 못한다.

## 4) 성

성행동체계의 목표는 성적 즐거움을 성취하는 것이다. 이 목표가 유전자를 다음 세대에 전달한다는 진화론적 기능에 종속되어 있을 때, 성행동체계의 목표는 임신도 포함한다. 그러나 현대에서 성적 즐거움과 임신은 서로 분리되어 있다. 그러므로 성행동체계의 목표를 성적 즐거움의 추구로 이해한다. 우리는 성적 즐거움을 억압하는 경향이 있다. 심지어 부부 사이에서도 성적 즐거움에 대한 공개적 표현이나 논의를 피하는 경향이 있다.

성행동체계가 활성화되는 상황은 성적으로 매력을 느끼는 경우이다. 이 체계는 사랑하는 사람에게 성적 욕망을 느끼는 경우에도 활성화된다. 상대방에게 성적 관심을 느끼면 이 체계는 작동한다.

성행동의 기능적 전략은 쌍방의 성적 동기와 행동이 서로 조화를 이루는 일련의 행동이다. 우리 사회에서 부부 사이에도 강간죄를 인정한다는 사실은 부부 사이에도 이 기능적 전략의 필요성을 규정하고 있다는 증거이다. 이 전략은 일방의 성적 욕구만을 만족시키는 것이 아니라 상대방의 성적 요구도 충족하는 성적 행동이다. 쌍방이 서로 매력과 성적 만족을 증진한다. 그러므로 상대방의 정서와 행동에 대해 높은 감수성과 반응성의 행동으로 이루어진다. 쌍방의 성적 필요가 만족될 때 심리적 효과와 대인관계적 효과가 나타난다. 개인의 활력과 자기효능감이 증가하고 상대방에 대한 사랑과 유대의 감정이 촉진된다. 그리고 애정관계의 질이 향상된다.

과잉활성화 전략은 강압적이거나 과민한 성행동으로 나타난다. 자신의 성적 필요에만 집착하거나 성적 가치관에만 집착해서, 상대방에게 굴복할 것을 강요한다. 그리고 상대방의 성적 반응을 과민하게 해석해서, 그것을 자존감의 핵심 근거로 생각한다. 저활성화 전략은 성적 욕망이나 성행동에 대한 억압과 회피를 사용한다. 성적 환상이나 감정을 억압한다. 그리고 상대방이 성적 관심을 표현할 때 회피하거나 도덕적으로 경멸한다.

## 5) 권력

이 권력은 적극적 의미보다 소극적 의미의 권력이다. 상대방을 변화시키는 영향력이 아니라 상대방의 방해나 위협을 제거하는 능력이다(Mikulincer & Shaver, 2012, p. 476). 자신의 권리를 주장하고, 의견을 표현하고, 소유를 지키거나 싸워서라도 찾아내는 행동이다. 자신의 권리와 가치와 소유에 대한 침해를 제거하는 행동과 그와 관련된 주관적 느낌이다. 자립 능력과 자립심이라는 용어를 사용할 수 있다. 그러나 우리는 타인의 기대에 대한 순응과 공동체를 위한 구성원의 희생을 요구한다. 이것이 애정관계에 적용되면, 상대방에 대한 일방적 희생이 미덕으로 이해된다. 이때 애정관계는 한쪽이 상대방에게 순종하는 관계로 정립된다. 그런데 권력이 포함된 애정은 수직적 · 일방적 관계를 용인하지 않는다. 자립 능력과 자립심을 소유한 쌍방이 타협이나 공통 목표의 정립을 통해 계약으로 구성되는 관계이다. 그러므로 일시적 어려움을 겪는 당사자에 대한 보살핌을 포함할 수 있지만 자립 능력과 자립심의 파괴를 용납하지 않는다.

자신의 권리나 가치나 소유에 손상이 발생하는 경우, 권력행동체계가 활성화된다. 이 체계는 분노의 감정을 촉발한다. 집단주의문화에서 이 체계는 특수한 경우에만 허용되고 대부분 억압된다. 특히, 가족이나 부부 사이에서 일부 구성원만 이

체계를 활성화하는 권리를 갖고, 대부분 이 체계를 억압하는 경향이 있다. 분노와 폭력을 동일시하기 때문에 이 체계의 후유증을 걱정하기 때문이다. 그러나 분노와 폭력은 다르다. 물론, 분노는 폭력으로 이어질 수 있다. 이 경우 파괴를 위한 폭력은 정당성이 없다. 그러나 권리와 소유를 복구하기 위한 공격성이나 재발방지를 위한 제한된 폭력의 가치를 부인할 수 없다.

기능적 전략은 자신의 권리를 주장하고 자신의 의견을 표현하는 것이다. 언어로 표현할 수도 있고 행동으로 표현할 수도 있다. 그리고 방어적이고 제한된 폭력도 기능적 전략이 될 수 있다. 이 전략을 사용하면, 목표를 달성하려는 과정에 더 집중하게 된다. 자신의 가치를 더 명확하게 의식할 수 있다. 그리고 부정적 감정은 감소하고 긍정적 감정은 증가한다.

과잉활성화 전략은 영향력의 확보에 집착하는 전략이다. 영향력이나 권력을 키우려는 과도한 욕구와 그것의 상실에 대한 과도한 공포로 나타난다. 이 경우, 분노는 자립심이나 자립 능력에 국한되지 않고, 폭력과 파괴로 증폭될 위험성이 높아진다. 상대방의 사소한 자극에도 민감하게 반응해서, 상대방을 향한 선제적이고 무절제한 적대적 행동과 공격으로 이어질 위험성이 있다.

저활성화 전략은 자신의 권리를 방어할 기능적 전략을 포기하는 것이다. 이것은 집단주의문화에서 권장하는 전략이다. 갈등이나 대립의 상황을 미리 피한다. 그리고 갈등이나 다툼이 발생하면, 상대방에게 자신을 낮추고 양보한다. 갈등의 원인이나 해결 방법을 명확하게 밝히려고 하지 않는다. 이것을 추구하는 동안 갈등의 관계나 모호한 관계가 지속되는데, 그것을 인내하는 능력이 높지 않기 때문이다. 결국, 위험이나 갈등을 지각하는 능력은 높다. 그러나 자신의 권리를 주장할 수 있는 기능적 전략을 포기하는 경우가 많다.

## 3. 대화

애정은 대화로 표현되고 촉진된다. 대화는 언어적 의사소통에만 국한되지 않는다. 특히, 애정이나 행복과 같은 감정은 언어적 정보 내용보다 비언어적 태도에서 더 분명하게 표현된다. 그러므로 상대방의 목소리의 억양이나 정조, 얼굴의 표정,

손동작, 신체적 자세에서 정보를 얻는다. 그리고 애정은 상호성이 있기 때문에, 상대방에게 애정을 표현하면 상대방의 애정도 증가한다. 더구나 상대방에 대한 신뢰와 인정과 존중을 표현하면 상대방의 행복도 증진되고 애정도 촉진된다.

　대화에서 자신의 의견을 표현하는 데 우리는 익숙하지 않다. 우리는 자신을 억제하기 위해 언어를 사용하는 경향이 있다. 특히, 대화하면서 타인의 반응에 민감하게 반응한다. 타인의 기대에 부합하도록 대화의 내용과 방법을 변형한다. 그래서 자신의 의견이나 감정을 편안하게 표현하는 것이 쉽지 않다. 대화하면서, 자신의 표현이 상대방의 감정에 상처를 주는 것에 대한 염려를 갖고 있는 경우가 많다. 타인의 감정과 태도에 대해 관심을 쏟고 주의를 기울인다. 그러면, 자신의 감정이나 의견에 대해 집중하지 못한다. 결국, 자신의 감정을 민감하게 느끼거나 자신의 의견을 분명하게 정립하는 능력이 낮아진다.

　대화에서 타인의 의견을 듣는 것이 쉽지 않다. 우리는 정서적 대화가 아니라 도구적 대화를 강조한다. 상대방이 감정을 표현할 때 그것을 공감하면서 듣는 데 익숙하지 않다. 오히려 도구적 대화로서 정보의 교환에만 익숙하다. 즉, 사실적 정보의 교환에만 익숙하게 된다. 예를 들어, 손아래 사람이 보고를 하고, 손윗사람이 지시를 내리는 것이 전형적 사례다. 이 경우, 화자의 독특성에 대한 수용 능력이 낮아진다. 대화에 참여하는 개인들은 서로 다르기 때문에, 정서적 대화가 잘 이루어지기 위해 참여자들이 다른 사람들에게 적응하는 과정이 필요하다. 개인들이 대화, 특히 정서적 대화에서 표현하는 방식은 다양하다. 선택하는 단어, 사용하는 어투, 구성하는 논리, 표출하는 표정과 손동작 등이 서로 다르다. 이것들은 그들이 갖고 있는 개인적 역사와 문화와 가치 속에서 독특하게 형성된 것이다. 그러므로 이것들을 해독하는 객관적 기준은 존재하지 않는다. 그런데 집단주의문화는 객관적 기준이 있다고 강조한다. 그리고 사회의 객관적 기준에 따라 말하고 해독할 것을 요구한다. 그러나 이렇게 되면 대화는 도구적 대화로 축소되고 정서적 대화를 배제하게 된다. 결국 정서적 대화가 성공하려면, 집단주의문화의 대화 방법과 다르게 대화하는 방법이 필요하다. 즉, 정서적 대화를 위해 상대방에게 관심을 갖고 상대방의 개인적 욕망과 가치와 문화를 존중하도록 대화하는 방법이 필요하다.

　애정을 촉진하는 정서적 대화의 방법에 대한 특징으로 가트먼(Gottman)의 이론을 살펴본다(Gottman, Driver, & Tabares, 2002). 부부관계에 대한 그의 이론을 대화에 적용한다.

## 1) 대화의 방법이 더 중요하다

우리는 대화의 내용에 관심이 많다. 대화를 통해 상대방을 변화시키고 문제를 해결하려고 한다. 심각한 내용이 있을 때 대화를 한다. 그러나 문제의 대부분은 대화로 해결되지 않는다. 사회경제적 문제나 성격적 문제는 대화로 해결되지 않는다. 더구나 사회경제적 문제는 개인의 노력으로만 해결되지 않는다. 성격도 변하지 않는다. 오랫동안 다양한 경험을 통해 형성되었기 때문에 대화로 변하는 것은 쉽지 않다. 이와 같이 해결이 쉽지 않은 주제로 대화를 하면 대화에 부정적 감정이 많이 포함될 가능성이 높다. 그리고 은근히 책임의 소재를 상대방에게 전가하는 비난도 포함될 가능성이 높다. 그러므로 정서적 대화를 하려면, 대화의 참여자들이 대화를 통해 문제를 해결하거나 상대방을 변화시키려는 의도와 목표를 포기할 필요가 있다.

정서적 대화는 문제의 해결이 아니라 상대방과 유대관계를 맺으려는 대화이다. 문제와 사람을 분리한다. 상대방의 성격 때문에 충돌이 발생하더라도, 서로 갈등을 빚는 성격과 인간을 분리해서 생각하도록 한다. 그리고 관계의 질을 향상시키려고 한다. 즉, 상대방과 신뢰를 쌓고 애정을 심화하는 데 초점을 둔다. 다르게 보면, 상대방과의 동맹을 촉진하려고 한다. 즉, 상대방에게 유사성을 느끼고 동지애를 경험하는 데 우선순위를 둔다.

정서적 대화는 친한 친구와 하는 대화와 비슷하다. 이 대화의 방법으로 다음 세 가지를 제시한다.

첫째, 정서적 대화는 감수성을 기반으로 구성된다. 우선, 서로에 대해 관심을 갖는다. 상대방을 관찰하고, 상대방의 의견을 경청한다. 그리고 상대방이 좋아하는 것과 싫어하는 것에 대한 구체적 정보를 계속 기억한다. 음식, 음악, 노래, 영화, 운동, 방과 후 활동, 학업, 급우, 친구, 친척, 가족 등의 영역에서 상대방이 좋아하는 대상과 싫어하는 대상에 대한 기억을 계속 축적한다. 그리고 정서적 친밀감에 대한 상대방의 신호를 지각할 수 있는 능력을 키운다. 사람들이 항상 정서적 대화를 원하는 것이 아니다. 정서적 대화를 원할 때가 있고 그렇지 않을 때가 있다. 그러므로 상대방이 정서적 대화를 원한다는 신호와 원하지 않는다는 신호를 알아차리는 능력을 증진하도록 한다.

둘째, 정서적 대화는 반응성의 원리에 따라 구성된다. 주제의 선택과 대화의 과정에서 상대방의 의견을 동등하게 존중한다. 상대방도 대화의 진행에 대한 권리와 거부권을 갖는다. 우선, 대화의 주제를 제안할 수 있다. 상대방이 주제를 제안했을 때는 경청한다. 그리고 상대방도 거부할 권리가 있다. 그리고 대화의 시간도 합의로 결정한다. 쌍방에게 적절한 시간을 선택한다. 물론, 상대방도 종결에 대한 권리를 갖는다.

셋째, 정서적 대화는 긍정성을 강조한다. 우선, 긍정적 감정을 포함한다. 부정적 감정은 구체적 행동을 촉진하는 효과가 있지만, 긍정적 감정은 여유와 유연성을 갖게 하고 인지와 행동의 영역에서 선택폭을 확장시킨다(Fredrickson, 2001). 그러므로 심각한 주제나 내용일수록 긍정적 감정에 대한 필요성이 더 높아진다. 문제를 평가하고 그것에 대한 대처 방법을 구성하는 데 유연성과 넓은 선택폭이 큰 도움이 되기 때문이다. 그러므로 상대방의 감정을 상하지 않을 정도의 유머나 유희적 태도를 대화의 중간에 포함시킨다. 유머 등을 용납하지 않는 상대방이라면, 대화를 중간에 자주 중단하고 휴식을 취한다. 그리고 정답에 집착하지 말고 가벼운 대화의 진행을 선호한다는 것을 자주 언급한다.

정서적 대화의 긍정성은 상대방의 긍정성에 대한 표현을 포함한다. 상대방이 성공한 경우, 자랑스러워하는 부분을 인정한다. 그리고 상대방이 실수하거나 실패를 한 경우, 상대방의 긍정적 의도나 긍정적 측면이 드러난 일부분에 대한 긍정성을 표현한다. 그리고 자신에 대한 상대방의 영향력을 인정하고 그것을 표현한다.

## 2) 갈등을 피할 수 없지만 대화로 조절할 수 있다

사랑하는 관계에서도 갈등을 피할 수 없다. 오히려 사랑하기 때문에 갈등이 발생할 가능성이 높다. 함께 있는 시간이 많기 때문에 서로 간의 차이를 경험한다. 그리고 상대방의 영향력을 수용하기 때문에 서로 간의 차이를 무시할 수 없다.

갈등을 대화로 조절한다. 이때 대화의 목적은 상대방을 굴복시키는 것이 아니다. 우리는 상대방을 굴복시키려는 목적에 익숙한데, 상대방을 변화시키기 위한 대화를 우리가 많이 사용하기 때문이다. 이 경우, 상대방의 약점이나 실패를 지적하고 상대방의 변화를 촉구한다. 그리고 상대방의 실패를 상대방에게 요구하는 굴복이나 순종의 근거로 사용하기도 한다. 이 경우, 갈등은 계속 증폭될 위험성이 있다. 자신의 성취가 아니라 상대방의 실패로 성공을 이해할 가능성이 있기 때문이다. 이 증폭을 방지하기 위해 타협을 대화의 목적으로 사용한다. 우리는 타협을 변절이나 배신으로 이해하기도 한다. 그러나 상대방과 공존을 원한다면 자신의 이익이나 관점과 함께 상대방의 이익이나 관점을 동시에 수용하거나 공평하게 혼합한다.

갈등을 조절하는 정서적 대화는 갈등보다 대화하는 사람들에게 더 강조점을 둔다. 갈등을 조절하는 정서적 대화에서 필요한 방법으로 다음 세 가지를 제시한다.

첫째, 갈등을 구성하는 주제를 부드럽게 제기한다. 갈등을 조절하는 대화도 감수성과 반응성을 기반으로 구성한다. 사랑하기 때문에 갈등을 배신으로 해석하면서 갈등의 주제를 언급하면 더 흥분하고 상대방을 비난할 수도 있다. 그러나 갈등을 조절하기 위해, 상대방을 비난하지 않고 자신의 경험과 관점이라는 점을 강조하면서 그 주제를 부드럽게 제기한다. 그리고 상대방이 용납할 수 있는 수준과 시간까지만 그 주제에 대해 대화한다. 합의를 이룰 때까지 대화를 중단할 수 없다는 자세로 대화를 진행하면, 새로운 갈등이 유발될 수 있다. 상대방을 고압적 태도로 강요하기 때문이다.

둘째, 스스로 진정할 수 있는 기술을 습득한다. 갈등을 조절하기 위한 대화에서 스스로 신체적 흥분과 부정적 감정을 진정시킬 수 있는 기술이 필요하다. 신체적 흥분이 고조되면 상대방의 발언을 해독하거나 자신의 의견을 표현하는 능력을 상실할 수 있다. 이 경우, 상대방에게 양해를 구하고 대화 상황에서 벗어나는 것이 진정에 도움이 된다. 잠시 후 대화를 계속하거나 다음 기회로 연기할 수 있다. 그리고 대화하는 과정에서 격렬한 부정적 감정이 발생하면서 비난·방어·폭력 등의 행동이 나타날 수 있다. 그렇기 때문에 부정적 감정이 심하게 증폭되면 갈등의 조절보다 감정의 진정이 더 중요한 목표가 된다. 먼저 대화의 상황에서 벗어난다. 그리고 심호흡을 실시하거나 명상을 한다. 혹은 운동을 한다. 그리고 진정이 되면, 자신의 감정의 변화에 대해 발견한 것을 정리하는 시간을 갖는다.

셋째, 긍정성을 발견하고 상대방에게 표현한다. 갈등을 조절하는 대화에 긍정적 감정이 더 필요하다. 그러므로 긍정적 감정을 촉발하는 유머, 유희적 태도, 휴식 등을 사용한다. 상대방의 긍정적 측면과 영향력을 인정하고 상대방에게 표현하고 갈등의 가치를 발견하여 상대방에게 표현한다. 사랑하는 사람과 갈등을 겪고 싶은 사람은 없다. 그런데 갈등이 발생한다는 것은 사랑하는 사람에게조차도 유연성을 발휘할 수 없을 만큼 중요한 가치가 존재한다는 것이다. 이것은 대부분 성장 과정에서 경험한 불안을 배경으로 형성된 가치다. 예를 들어, 어린 시절에 독재적 부모님의 강압적 양육에 대해 부정적 경험을 했다면, 개인의 자유와 권리에 대해 집착할 수 있다. 그런 사람은 사랑하는 사람의 충고를 권리에 대한 침입으로 이해하고 갈등을 겪을 수 있다. 결국 사랑하는 사람과 갈등을 경험할 때, 갈등을 촉발한 상황에 대해 숙고를 하면 자신이 겪는 불안의 근거를 깨달을 수 있다. 이 발견을 상대방과 나눈다면 상대방과의 갈등을 더 쉽게 조절할 수 있고 애정관계의 질도 상승할 것이다.

## 참고문헌

Bornstein, R. F. (1989). Exposure and affect: Overview and meta-analysis of research, 1968-1987. *Psychological Bulletin, 106,* 265-289.

Bowlby, J. (1969). *Attachment and loss: Vol. 1. Attachment.* New York: Basic Books.

Bowlby, J. (1973). *Attachment and loss: Vol. 2. Separation: Anxiety and anger.* New York: Basic Books.

Bowlby, J. (1980). *Attachment and loss: Vol. 3. Loss: Sadness and depression.* New York: Basic Books.

Buss, D. M. (1989). Sex differences in human mate preferences: Evolutionary hypotheses tested in 37 cultures. *Behavioral and Brain Sciences, 12,* 1-49.

Buss, D. M. (1991). Evolutionary personality psychology. *Annual Review of Psychology, 42,* 459-491.

Forsyth, D. R. (2010). *Group dynamics* (5th ed.). Stamford, CT: Wadsworth.

Fredrickson, B. L. (2001). The role of positive emotions in positive psychology: The broaden-and-build theory of positive emotions. *American Psychologist, 56,* 218-222.

Gottman, J. M., Driver, J., & Tabares, A. (2002). Building the sound marital house: An empirically drived couple therapy. In Gurman, A. S., & Jacobson, N. S. (Eds.), *Clinical handbook of couple therapy* (3rd ed., pp. 373-399). New York: Guilford Press.

Kenrick, D. T., Sundie, J. M., Nicastle, L. D., & Stone, G. O. (2001). Can one ever be too weathy or too chaste? Searching for nonlinearities in mate judgement. *Journal of Personality and Social Psychology, 80,* 462–471.

Mikulincer, M., & Shaver, P. R. (2012). Attachment theory expanded: A behavioral systems approach. In K. Deaux & M. Snyder (Eds.), *The Oxford handbook of personality and social psychology* (pp. 467–492). Oxford: Oxford University Press.

Newcomb, T. M. (1961). *The acquaintance process.* New York: Holt, Rinehart and Winston.

제12장 **가정생활의 지도와 상담**

한 사람이 태어나서 성장하는 과정에서 가정은 학습의 장이 되어 수많은 학습의 경험을 제공해 준다. 부모로부터 양육과 훈육을 받고 그 바탕 위에서 다양한 사회화 경험을 통해 청소년기를 거치고 성인에 이르게 되면 새로운 가정을 이루게 되는데 이 과정은 수많은 교육의 결과라 할 수 있다. 다양한 영역의 가정생활 지도를 경험하고 생활에서의 어려움을 극복하기 위하여 가정생활 상담을 경험하면서 보다 건강한 가정을 이루고 그 안에서 가족 구성원들은 건강한 사람으로 성장하게 된다.

이번 장에서는 가족평가, 가정생활 지도, 가정생활 상담에 대해 설명한다. 가족평가는 면접에 의한 평가, 척도에 의한 평가, 주요 가족 개념에 의한 평가로 나누어 설명하고, 가정생활 지도는 생활습관 지도, 시간관리 지도, 재정관리 지도, 정리정돈 지도, 예절교육으로 나누어 설명한다. 마지막으로, 가정생활 상담에서는 부부상담, 부모상담, 가족의 의사소통 상담, 가족의 갈등해결 상담으로 나누어 설명한다.

가족은 성격과 발달 특성이 각각 다른 사람들끼리 모여 있는 집합체이다. 가족 구성원은 의식주를 함께 할 뿐만 아니라 긴 시간 동안 정서적인 유대관계를 형성하고 있기 때문에 가족관계가 개인 발달에 미치는 영향이 크다고 볼 수 있다. 따라서 서로의 유사점과 차이점을 받아들이고 조율하면서 친밀한 관계를 형성하고, 각자의 역할과 기능을 발휘하면서 가정생활을 유지하고 발달시켜야 한다. 부부는 서로 협력하여 가정을 경영하고, 부모는 자녀의 발달 단계에 맞는 양육과 생활지도를 한다. 그리고 가정생활에 어려움이 생겼을 때 혹은 어려움을 사전에 예방하기 위해서 전문가의 도움을 받는 것이 바람직하다.

## 1. 가족평가

가족은 부부를 토대로 해서 자녀와 다양한 세대로 구성된 체계이며, 가족 구성원들은 가족 내에서 상호작용을 통해 관계를 맺는다. 가족은 서로에게 끊임없이 영향을 주고받으며 가족만의 고유한 관계방식을 만들어 간다. 따라서 가족관계는 넓은 의미에서 가족 행동 전체라고 할 수 있으며, 가족관계에는 가족 구성원 간의 역할 구조, 권력 구조뿐만 아니라 심리적 관계가 포함되어 있다(유영주, 김순옥, 김경신, 2013). 특히, 가족의 심리ㆍ정서적 관계는 건강한 가족관계와 가족기능을 확인하는 데 핵심적 측면으로 나타나고 있다. 가족기능이 개인에게 영향을 줄 뿐 아니라 대다수 개인의 심리ㆍ사회적 문제가 가족의 기능과 관련되어 있기 때문에 가족에 대한 평가는 가족상담의 전 과정에서 필수적인 작업이라고 볼 수 있다. 가족평가란 가족을 진단하고 평가하기 위하여 측정하는 일련의 행위로 가족을 하나의 '단위'로 보고 상호작용을 파악하기 위해 자료를 수집, 분석하고 종합하여 그 가족에 대한 개입을 계획하는 일련의 과정을 의미한다.

가족은 다른 집단과 달리 생물학적ㆍ유전적 요소, 세대 간 전수 등과 같은 가족만의 고유한 면을 가지고 있으며, 상담자가 평가에 대해 어떤 철학적 근거를 가지느냐에 따라 평가 결과가 달라질 수 있다. 또한 평가의 단위와 정보 제공자에 따라 평가 결과가 달라질 수 있다. 그러므로 한 개인의 입장이 가족 전체의 입장을 대변할 수 있는지, 부부관계나 부모-자녀관계에 있어 한쪽 이야기만 들어도 되는지에 대해서 고려해 보아야 한다.

가족평가는 평가 방법의 차원에서 볼 때 가족 구성원을 보다 가까운 거리에서 평가할 수 있는 면접과 관찰 등의 질적 평가와 척도나 체크리스트 등의 도구를 사용하는 양적 평가 그리고 주요 가족 개념에 의한 평가로 구분할 수 있다. 계량적 가족평가는 상담자가 가족의 문제를 목록화하고 사정하기 위한 객관적인 도구가 필요하다는 현실적인 필요에 의해서 행해지고 있다. 적절한 기준을 가지고 가족을 정확히 사정할 때 가족 구성원들이 가족을 보다 잘 이해할 수 있게 된다.

자기보고식의 평가도구가 가진 이점은 다음과 같이 설명할 수 있다. 첫째, 가족의 혼란을 전환하려는 목적으로 분위기를 설정하는 동안 상담 효과를 구조화하고 확인하는 것을 도울 수 있다. 둘째, 결과가 객관적으로 나타나기 때문에 가족들에게 다른 가족 구성원의 걱정이 무엇인지, 어떻게 생기게 되었는지에 대해 체계적으로 이해할 수 있는 기회를 제공한다. 셋째, 가족 각자가 노출할 기회가 된다. 일반적으로 사람들은 자신의 어려움에 대해 언어로 표현하기보다, 특정한 문제나 잠재적인 문제에 대해 체크리스트에 답하는 것이 쉽다고 생각한다. 평가 방법은 상담자가 선호하는 개입 방법에 따라 달라질 수 있으나 가족을 관찰하고 그들과의 상호작용을 통해 임상적 판단을 내린다는 점은 공통적이라고 볼 수 있다.

## 1) 면접에 의한 평가

### (1) 면접

면접은 가족평가의 여러 방법 중에서 가장 기본적이고 중요한 방법이다. 언어를 매개로 가족의 문제, 대처 능력, 가족기능을 평가한다. 면접 대상은 가족 구성원, 이웃, 목회자 등 가족과 관련된 다양한 사람일 수 있다. 면접을 실시하기 위해 경청과 요약, 공감, 반영, 질문 등과 같은 기본적인 기술이 필요하고, 때로는 관찰이나 체크리스트, 구조화된 설문지 등을 병행하기도 한다. 면접을 통해 가족이 가지고 있는 문제의 지속기간, 과거 기록, 문제에 대한 가족원의 관점, 문제해결을 위해 시도했던 노력의 종류와 결과, 변화에 대한 의지 등을 평가한다.

### (2) 관찰

관찰은 가족 구성원의 실제 상호작용을 잘 살펴보고 그들의 언어적ㆍ비언어적 교류를 평가하는 방법으로 상담의 전 과정에서 이루어지는 가장 기초적이며 질적인 진단 방식이다. 상담자는 관찰을 통해 가족 내의 연합과 동맹, 삼각관계, 역할 수행, 갈등, 권력과 통제 등의 역동을 파악할 수 있다. 그리고 가족이 문제를 해결해 나가는 과정을 관찰하면서 가족의 구조와 규칙에 대한 정보를 확인할 수 있다. 가족의 상호작용을 직접 관찰하는 기회를 얻음으로써 가족이 숨기는 문제들을 알 수 있다. 이외에도 일방경이나 녹화를 통한 관찰도 시도해 볼 수 있다.

### (3) 가계도 및 생태도 분석

#### ① 가계도

가계도는 3세대 이상에 걸친 가족 구성원에 관한 정보와 그들 간의 관계를 도표로 기록하는 작성법이다. 가족에 관한 정보가 도식화되어 있어 복잡한 가족 유형의 형태를 한눈에 볼 수 있고, 가족 구성원 각 개인과 가족 속에서 반복되어 나타나는 유형이나 사건 등, 다세대의 역동을 살펴보기 위해 개발된 기법이다. 상담자는 가계도 작성 과정에서 체계적인 질문을 할 수 있고, 가족 스스로가 공간과 시간을 넘나들면서 다세대적 맥락에서 가족의 정서 과정을 살펴보면서 현재의 가족관계와 가족 문제를 볼 수 있다. 가계도를 작성하는 과정에서 또는 작성된 가계도를 보면서 가족들로 하여금 편안하게 각자의 생각을 서로 나누도록 한다. 일반적으로 첫 면담에서 가계도가 작성되지만 새로운 정보가 나타날 때마다 수정하고 보완한다. 화이트보드나 칠판을 이용하여 가족과 함께 그려 보면 가족이 한눈에 가족의 정서 과정을 볼 수 있다.

- 가계도의 형식: 표준기호를 사용하여 가족원과 가족구조, 가족관계 유형(예: 친밀, 적대 등)을 표시한다. 가족의 만성적 질병이나 문제, 직업, 학력, 종교, 가정폭력, 알코올이나 흡연 문제, 이사 등의 정보를 기재한다.
- 가계도 면접의 개요: 가계도를 작성하는 과정에서 구조화된 질문을 통해 가계도를 완성할 수 있다. 가족에게서 드러나는 문제, 가족구조, 부모의 출생가족, 조부모세대, 출신 국가, 출신 지역, 사회계층과 같은 문화적 배경, 주요 생활사

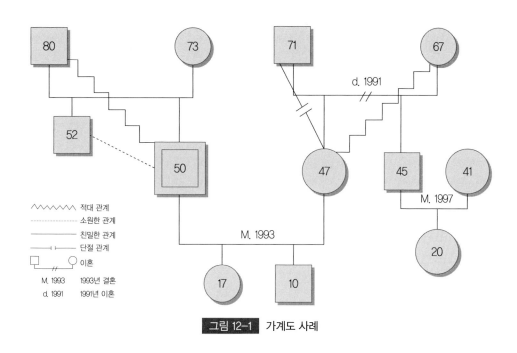

적대 관계
소원한 관계
친밀한 관계
단절 관계
이혼

M. 1993    1993년 결혼
d. 1991    1991년 이혼

**그림 12-1** 가계도 사례

건(사망, 질병 등), 가족관계(연합, 단절 등), 가족의 강점(유머, 신앙 등), 정신적·의료적·법적 문제와 같은 개인의 기능에 대한 탐색을 질문한다.

- 가계도 해석: 부부관계와 형제·자매관계를 중심으로 가족의 구성을 살펴본다. 형제·자매의 출생순위 및 시기, 자녀에 대한 가족의 기대, 성역할에 대한 부모의 편견 등을 살펴본다. 가족이 일련의 가족생활주기 중 어느 단계에 있는지 보고, 각 단계의 과업 달성과 전환기마다 가족의 재조직이 성공적으로 이루어졌는지, 미해결 문제는 어떤 것들이 있는지 등을 살펴본다. 증상 저변에 있는 다세대에 걸쳐 반복되는 기능(역할) 유형, 관계 유형, 가족 내 지위와 관련된 유형이 있는지 살펴본다(예: 가정폭력, 모녀 간 동맹의 세대별 전수). 가족의 역할과 특성이 균형을 이루어, 서로 부담을 공유하여 특정인이 지나친 과대역할이나 과소역할을 하지 않는지 확인한다.

## ② 생태도

생태도(ecomap)는 가족과 가족의 생활공간 안에 있는 사람 및 기관 간의 연계를 그림으로 나타내는 방법이다. 생태도를 통해 환경에서 가족으로 자원의 흐름이 어떻게 이루어지는지 표시된다. 가족과 함께 그릴 수도 있고, 상담자가 질문 방식의 면접을 통해 정보를 수집하여 그릴 수도 있다.

• 생태도 작성 방법

첫째, 우선 중앙에 원을 그리고 원 안에 가족의 지도(가계도)를 그려 넣는다.

둘째, 현재 함께 살고 있지 않은 가족원은 원 밖에 배치한다.

셋째, 내담자 가족에 영향을 미치는 환경체계(학교, 직장, 복지관 등)를 원 밖의 주변에 배치한다.

넷째, 환경체계를 표시하는 원 안에 관련 사항을 간략하게 기입한다.

다섯째, 내담자 가족체계와 모든 환경체계 간의 상호 교류를 기호로 표기한다. 상호 교류의 성격에 따라 강한 관계, 약한 관계, 갈등관계 등을 표시하는 다양한 선을 사용한다.

• 생태도 작성

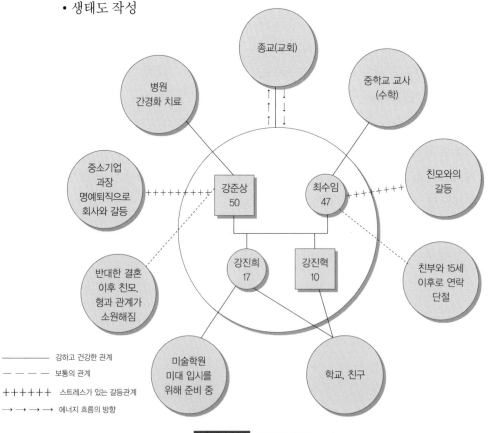

그림 12-2 생태도 사례

## 2) 척도에 의한 평가

### (1) MBTI

MBTI(Myers-Briggs Type Inventory)는 자기보고형 검사로서 마이어스(I. B. Myers)
와 브릭스(K. C. Briggs)가 개발하였다. 두 사람은 모녀관계이며, 대를 이어 20여 년
간 융(C. G. Jung)의 심리학적 유형론에 입각하여 사람의 성격 특성을 관찰하고 연
구한 결과, 이 검사 도구를 만들게 되었다. 융은 사람이 외향성 혹은 내향성의 경향
을 가지게 되며, 정신기능은 타고날 때부터 감각과 직관, 사고와 감정으로 분류된다
고 보았다. 이러한 이론을 바탕으로 만들어진 이 검사는 성격을 진단하거나 성격의
좋고 나쁜 것을 판단하는 것이 아니라 각 사람의 성격의 선천적 경향성을 16개의 유
형으로 파악할 수 있도록 도와준다. 따라서 이 검사를 통하여 가족 구성원들이 가진
성격의 유사점과 차이점을 알 수 있다. 그리고 자신의 심리 유형을 이해하고, 다른
사람의 심리 유형도 이해할 수 있기 때문에 가족관계의 상호작용 방식과 갈등을 이
해하는 데 많은 도움을 받을 수 있다.

가족상담을 시작할 때 또는 상담의 진행 과정에서 활용할 수 있다. 검사 결과를
알려 주기 전에 내담자가 생각하는 부부관계나 부모-자녀관계에 대해 이야기해 보
도록 하는 것이 좋다. 자신과 가족의 성격 특성과 관계역동에 대한 생각을 정리한
후에 검사 결과와 연결하여 통찰을 갖는 것이 좋기 때문이다. 검사 결과를 통해 개
인의 성격을 이해할 수 있도록 하고, 나아가 가족 구성원들의 성격을 이해할 수 있
다. 가족 구성원들이 서로의 성격을 파악해 가면서 유사한 점과 상이한 점을 나누면
자신과 상대방에 대한 이해의 깊이가 점차 생기게 된다.

### (2) ENRICH

올슨, 드럭먼과 푸르니에(D. H. Olson, J. M. Druckman, & D. G. Fournier, 1981)에
의해서 개발된 ENRICH(Enriching Relationship Issues, Communication and Happiness)
의 검사 목표는 부부관계의 강점과 약점을 파악하여 커플과 부부관계 발달에 도움
을 주고, 원가족에 대한 이해를 도우며, 개인, 커플, 가족의 목표를 세울 수 있도록
해 주는 것이다. ENRICH는 결혼만족도, 성격 문제, 의사소통, 갈등해결, 재정 관리,
여가활동, 스킨십/성관계, 자녀/양육, 가족/친구, 역할관계, 종교적 신앙 등 11개 영

역으로 이루어져 있다.

평가를 위하여 인적사항, 즉 연령, 학력, 결혼기간 등 일반적인 인구학적 질문과 부모님과 본인의 알코올 문제, 폭력 등을 기록한다. 부부관계의 강점 영역은 부부가 높은 일치감과 더불어 만족감을 나타내는 영역이다. 반면에 성장필요 영역, 즉 약점은 부부가 낮은 일치감과 만족감을 나타낸 영역으로 변화가 요구된다. 강점 영역과 성장필요 영역은 PCA(Positive Couple Agreement)로 결정되며, 80~100%면 강점 영역, 0~20% 범위면 성장필요 영역으로 구분된다. PCA 점수를 바탕으로 부부 유형을 다섯 가지로 나눌 수 있으며, 이는 부부계획을 수립하는 데 도움이 된다. 한국판 ENRICH의 경우, 높은 수준의 신뢰도와 타당도를 가지고 있는 검사로 결혼만족에 영향을 미치는 각 영역을 측정하는 것을 알 수 있으며, 척도의 하위 점수들은 결혼만족도를 유의미하게 예측해 주는 것으로 나타났다(박재우, 2007). 영역별 PCA 점수에 따라 활기찬 부부, 조화로운 부부, 전통적인 부부, 갈등 있는 부부, 활기 없는 부부로 나눈다.

〈표 12-1〉 ENRICH 검사의 PCA에 따른 부부관계 유형

| | |
|---|---|
| 활기찬 부부 | 대부분의 영역에서 최고의 PCA 점수가 나타난다. 자원이 풍부하고 통합된 인성을 가지며, 가장 행복한 결혼생활을 영위할 가능성이 높고 이혼할 가능성이 가장 낮다. |
| 조화로운 부부 | 1~2개의 영역을 제외하고는 대부분의 영역에서 높은 PCA 점수를 보인다. 대체로 행복한 결혼생활을 하며, 애정 표현이나 성적 영역에서 만족스러우나 부모역할이 스트레스원이 되기도 한다. |
| 전통적인 부부 | 의사소통이나 갈등 해소에서 다소 낮은 PCA 점수를 보이나 전통적 영역(자녀양육, 가족친구, 신앙)에서 상대적으로 높은 점수를 보인다. 이혼율이 높지는 않으나 행복한 결혼생활을 한다고 보기 어렵다. |
| 갈등 있는 부부 | 많은 영역에서 낮은 PCA 점수를 보이며, 이혼의 위험성이 높고 결혼생활이 행복하지 않다. |
| 활기 없는 부부 | 대부분의 영역에서 가장 낮은 PCA 점수를 나타낸다. 대부분 불행한 결혼생활을 하며 이혼할 위험성이 높다. |

### (3) FACES, CRS

올슨(D. H. Olson) 등은 가족행동의 두 가지 측면인 응집력과 적응력이 근본적으로 중요하다는 사실을 밝혀내고 가족평가에 이 두 차원을 사용하였다. 순환 모델을 바탕으로 개발된 평가도구로서 내부자 척도(자기보고식)인 FACES(Family Adaptability and Cohesion Evaluation Scale)와 외부 관찰자 척도인 CRS(Clinical Rating Scale)가 있다. 응집성(cohesion)은 가족 간의 정서적 친밀감과 결속을 반영하는 개념이다. 너무 낮은 응집성이나 너무 높은 응집성은 가족의 기능에 바람직하지 않은 것으로 알려져 있다. 따라서 응집성의 개념은 직선적이라기보다 곡선적 개념으로 볼 수 있다. 적응성(adaptability)은 안정과 변화 간의 구조적 수준을 의미하는 개념으로 가족체계가 안정지향 대 변화지향의 맥락에서 구조를 변화시키는 능력을 살펴본다.

FACES II는 신뢰도와 타당도가 높게 나타나고 보다 간편하며 쉬운 질문으로 구성되어 있다. 홀수 번호 문항은 응집성, 짝수 번호 문항은 적응성에 관한 문항이며 일부는 역점수로 계산한다. 한편, 치료자나 관찰자 등 가족의 외부자 관점에서 가족기능을 평가할 수 있도록 개발된 것은 CRS다. CRS는 가족의 응집성, 적응성, 의사소통의 세 차원을 관찰하고 평가하도록 구성되어 있다. 반구조화된 면접을 통해 가족에게 특정 과제를 주고, 과제를 수행하는 동안 가족의 상호작용을 관찰하면서 평가할 수 있다.

## 3) 주요 가족 개념에 의한 평가

가족상담 이론은 중요하게 여기는 것이 무엇이냐에 따라 강조하는 것이 다르고 각 이론마다 고유의 개념을 가지고 있다. 이 개념을 기준으로 가족을 평가하면 가족관계 방식이 어떻게 이루어지고 있는지 가족역동이 어떻게 일어나고 있는지를 보다 명확하게 파악할 수 있다.

### (1) 상호의존성 정도

가족의 상호의존성 정도는 지속기간이나 강도에 있어서 다른 어떤 집단보다 높다. 적당한 연결감(친밀감)과 분리감(자율성)을 보장하는 가족체계가 가장 기능적이다. 가족 전체의 친밀감과 자율성을 평가할 뿐 아니라 가족 구성원 간에 누가 누구와 특별히 친밀한지, 친밀하지 않은지 파악하는 것도 필요하다.

### (2) 경계의 투과성

가족의 경계선은 너무 많이 관여하는 애매한 경계선, 너무 관여하지 않는 경직된 경계선, 경계선이 유연하여 투과성이 있는 명료한 경계선, 이렇게 세 가지 형태로 나누어 볼 수 있다. 명료한 경계는 가족원의 발달수준과 외부의 변화에 적절하게 분명한 경계를 유지하여 자율성과 독립성을 보장하는 한편 융통성을 발휘해 원활한 의사소통과 정서적 지원을 교환할 수 있도록 해 준다.

### (3) 가족규칙

가족규칙(family rule)은 귀가 시간, 용돈, 식사 시간 등을 정해 놓는 것에서부터 '부모님이 싸우면 조용히 있어야 한다.', '남자가 울면 안 된다.', '여자는 보호해 주어야 한다.' 등의 암묵적인 규칙에 이르기까지 매우 다양하다. 가족규칙은 가족행동을 제한하기도 하고, 가족행동을 유지시키기도 하기 때문에 어떤 규칙은 가족체계를 유지하기도 하고, 어떤 규칙은 역기능을 강화시키기도 한다. 가족은 상위규칙(meta-rule)의 강력한 영향을 받으면서도 이에 대한 의식을 하지 못하며, 역기능적인 가족일수록 자신들의 가족규칙을 어떻게 변화시킬 것인가에 대한 아무런 상위규칙을 가지고 있지 못하다.

### (4) 가족신화

가족원이 공유하는 잘못된 기대와 신념으로, 현실에 대한 왜곡이나 부정의 요소를 갖는다. 가족신화(family myth)는 역기능적 가족이 상호작용을 유지하는 과정에서 이를 합리화하는 데 조직적인 신념으로 활용한다. 예를 들어, '우리 가족은 언제나 행복해야만 한다.'라는 이데올로기는 가족관계에서 일어나는 부정적인 감정을 억압하게 만들고 정직하지 못하게 만든다.

### (5) 위계와 가족권력

위계는 가족 내 구성원이나 하위체계가 갖는 권력과 관련이 있다. 가족상담자는 가족원 중 누구에게 권력이 집중되어 있는지, 누가 가장 영향력 있는 사람인지, 가족원 중 누가 통제받는 입장인지 등에 주목하여 가족 내 권력과 위계를 평가한다. 기능적인 가족은 부모와 형제·자매의 서열 순으로 비교적 위계가 잘 서 있으며, 권력이 잘 분배되어 있음을 알 수 있다.

### (6) 가족하위체계

가족하위체계에는 부부하위체계, 부모하위체계, 자녀하위체계가 있으며, 각각 하위체계에는 고유의 역할과 기능이 있다. 가족의 하위체계 기능을 살펴보고 재배열하거나 위계 구조를 변화시키기 위한 개입을 계획한다. 역기능적 하위체계의 예시로 자녀가 한쪽 부모에 저항하고 한쪽 부모에게만 편드는 삼각관계, 부모역할을 수행하는 자녀가 있는 가족, 자녀의 삶에 지나치게 개입하는 부모, 갈등관계의 부부와 자녀에게 부모 중 한쪽 편들기를 요구하는 가족, 세대가 다른 가족원이 동맹을 맺어 특정 가족원에게 대항하는 가족이 있다.

### (7) 가족 의사소통

가족의 의사소통은 가족의 친밀감, 적응력, 권력은 물론이고 규칙, 신화, 이미지 등 총제적인 가족관계의 질을 반영하는 기준이 되므로 평가의 중요한 대상이 된다. 의사소통의 양과 전달력, 가족성원이 모두 참여하는가, 누가 가장 말을 많이 하는가, 누가 가장 말을 하지 않는가, 대화에 이중구속이나 위장의 메시지의 여부 등을 평가한다.

### (8) 가족생활주기에 의한 평가

가족은 스스로 발달한다. 시간이 지남에 따라 가족은 새로운 요구가 생기고, 새로운 발달과업을 갖게 된다. 가족원의 발달적 변화와 적응 과정을 위한 욕구 충족이 달라지기 때문에 가족 발달을 단계별로 이해할 필요가 있다. 가족 발달을 단계별로 구분하는 가족생활주기는 학자마다 차이가 있으나, 카터와 맥골드릭(E. A. Carter & M. McGoldrick, 2000)은 결혼전기, 부부기, 자녀 아동기, 자녀 청소년기, 자녀 독립기, 노년기로 제시했다. 가족은 현재 위치한 생활주기가 어디냐에 따라 평가할 수 있으며, 이전 단계에서 달성하지 못한 과업이 현재에 미치는 영향 등을 파악할 수 있다. 각 단계에 평가되는 요소는 다음과 같다.

첫째, 부부가 각자 원가족과의 관계에서 분화하기, 일과 재정적 독립 측면에서 자신을 확립하기, 부부체계를 형성하여 배우자가 포함되도록 가족을 확대하기, 친구와의 관계를 재정비하는 것이 결혼전기와 결혼적응기에 수행된다. 둘째, 부부가 자녀를 위한 공간을 만들고 자녀양육, 재정, 가사에 공동으로 참여하는 부모역할을 받아들이는 자녀 아동기를 통해 새로운 가족 구성원을 수용한다. 셋째, 자녀가 청소년기에 접어들면 가족체계에 청소년 자녀의 출입이 자유롭도록 부모-자녀관계에 변화를 준다. 자녀의 독립과 조부모의 허약함을 고려하여 가족경계의 융통성이 증가한다. 넷째, 성장한 자녀가 부모에게서 독립하는 시기가 되면 자녀와 부모와의 관계는 성인 대 성인의 관계로 발전하고 사돈과 며느리, 사위, 손자녀가 포함되도록 관계를 재정비한다. 마지막으로, 노년기의 가족은 다음 세대를 지원하고 배우자, 형제, 친구의 죽음에 대처하며 삶을 되돌아보고 통합하게 된다.

## 2. 가정생활 지도

인간은 태어나면서부터 가정생활을 경험하고 그러한 경험을 바탕으로 사회생활을 준비하게 된다. 가정에서의 부모-자녀관계와 형제관계는 사회적 관계의 바탕이 되고 나아가 대인관계의 밑거름이 된다. 부모 혹은 형제들과의 관계를 얼마나 건강하게 잘 경험하느냐에 따라서 사회생활을 잘할 수 있는지가 결정될 수 있다. 가정 안에서 경험하는 다양한 내용들은 한 사람을 만들어 가며 사회인으로서 갖추어야 할 적응 능력을 향상시킨다.

### 1) 생활습관 지도

생활습관은 어린 시절부터 형성된다. 가정에서 부모로부터 기본이 되는 것부터 하나씩 배우고 그 배운 것을 실생활에서 실천해 감으로써 하나의 습관이 형성된다. 이렇게 볼 때 생활습관 형성은 가정생활 지도의 주요 영역이라 할 수 있다. 성인으로 성장해 나가는 동안 인간은 식생활 습관, 의생활 습관, 주생활 습관 등 수많은 생활습관들을 자신의 것으로 만들게 된다. 그러나 대부분의 생활습관은 주로 청소년기 이전에 형성된다. 그만큼 가정에서의 생활습관 지도는 매우 중요하다고 말할 수 있다.

생활습관이 얼마나 잘 형성되었느냐에 따라 성숙함, 건강함의 정도를 이야기할 수 있다. 친사회적인 생활습관을 형성하여 다른 사람들과 잘 어울리고 주변 환경과도 잘 어울려 살 수 있을 때 우리는 그 사람을 건강한 사람, 대인관계를 잘하는 사람이라고 말한다. 그러나 반사회적인 생활습관이 형성되어 다른 사람들과 어울리지 못하고 혼자서 생활하며 다른 사람들과 같이 있을 때 문제를 자주 만드는 사람은 건강하지 못하고 다른 사람들과도 어울리지 못하는 사람인 것이다. '세 살 버릇 여든까지 간다.'는 속담처럼 어린 시절의 생활습관이 매우 중요하고 그 영향력은 매우 크다.

엄세진과 정옥분(2004)은 초등학생들의 기본생활습관 하위 영역을 질서, 정리정돈, 신의와 책임, 예절, 건강, 청결, 자율 등 7개 영역으로 구분하였다. 첫째, 질서는 나의 안녕과 함께 여러 사람이 어울려 살아가기 위해 가정과 사회에서 설정해 놓은 공공 규칙과 규범을 준수하는 행위를 말한다. 둘째, 정리정돈은 가정과 학교에서 내 소유물과 타인의 소유물, 나아가 우리 모두의 소유물에 대해 소중하게 생각하는 마음을 가지고 자기 물건과 자기 주변을 가지런하고 반듯하게 정리하고 관리할 수 있는 행동을 말한다. 셋째, 신의와 책임은 자신에게 부과된 의무와 책임을 성실히 완수하는 것뿐만 아니라 이를 통해 남의 어려움을 함께 나누고 나아가 타의 귀감이 되는 행동을 의미한다. 넷째, 예절은 타인을 예우하기 위해 때와 장소에 맞는 인사법과 언행을 구사하며 또한 표리부동하지 않고 진실된 행동을 하는 것을 말한다. 다섯째, 건강은 올바른 식습관을 통해 개인, 가정, 그리고 사회에서 요구하는 건강한 몸과 건강한 정신을 갖춘 유능한 사람이 되기 위한 행동을 말한다. 여섯째, 청결은 손발 씻기, 이 닦기, 쓰레기 바르게 처리하기 등을 통해 자기 몸과 생활 주변에서 발생하는 오염을 방지하고 나아가 환경을 보존하는 등 깨끗한 생활태도를 갖는 것을 말한다. 마지막으로 일곱째, 자율은 일상생활 속에서 자기가 할 일을 스스로 찾아서 해 나가는 행동을 말한다. 이러한 기본생활습관은 가정생활 지도를 통해 이루어져야 학교에서도 올바른 생활태도를 갖게 된다.

## 2) 시간관리 지도

　시간은 인간에게 주어진 가장 중요한 물리적 자원 중 하나다. 시간의 활용은 삶의 질이나 운명을 바꾸어 놓을 정도로 결정적이다. 즉, 시간은 인간의 목표지향적 행동에 있어서 가장 중요한 자원이며, 시간을 효과적으로 관리하는 것은 개인의 적응과 생산성에 중대한 영향을 미친다(박동혁, 이민규, 신희천, 2006). 사람들은 일상생활 속에서 목표를 설정하고 그 목표를 달성하기 위해 노력을 하지만 그것이 제한된 시간 안에서 이루어지기 때문에 그 제한된 시간을 어떻게 보다 효율적으로 사용하느냐에 따라 인생의 성패가 결정된다. 그럼에도 불구하고 대부분의 사람들은 삶에 중요한 영향을 미치는 시간에 대한 소중함을 간과하는 경우가 많다.

　시간관리란 자기 자신과 자기의 생활을 관리하는 데 있어서 주어진 시간을 최대한 의미 있게 사용하는 일이다(Seiwert, 2005). 넓은 의미에서 시간관리란 주어진 모든 시간을 최선으로 활용하여 최대의 효과를 거두는 것으로 삶 전체를 관리하는 것이고 좁은 의미에서는 효과적인 활동을 하기 위해서 시간을 잘 조직하는 것을 말한다(유성은, 2004). 이러한 시간관리 행동은 가정에서부터 그 습관이 형성된다. 어린 시절 부모로부터 하루의 일과를 언제 어떻게 시작하고, 어떻게 얼마나 놀며, 얼마나 공부하는지 시간을 규모 있게 활용하는 법을 지도받으면서 하나의 습관으로 형성되게 된다. 그렇게 만들어진 시간관리 행동에 의해서 하루하루를 생활하기 때문에 시간관리 행동은 가정생활 지도의 주요 영역이라고 할 수 있다. 시간관리는 자기의 할 일을 계획하고 목표를 달성하는 과정에서 매우 중요하다. 알맞은 시간에 알맞은 일을 하는 것, 일과 여가에 적절하게 시간을 분배하는 것, 바람직한 목표를 달성하기 위해 계획된 절차를 수행하는 것, 시간을 효율적으로 이용하는 것, 더 나아가 삶의 전반적인 면을 관리하고 통제하는 것이다. 시간관리를 얼마나 잘하느냐에 따라 일을 효율적으로 할 수도 있고 그렇지 않을 수도 있다.

　시간관리의 목적은 한정된 시간 내에 효율적으로 일을 처리하고 일과 여가, 휴식 간의 균형을 이루며, 시간 사용에 있어서 최대한 만족감을 갖도록 하는 데 있다. 시간관리가 필요한 근본적인 이유는 인간의 욕구를 충족시켜 줄 수 있는 시간이 유한하다는 사실에 있으며, 특히 시간은 인간의 모든 활동에 꼭 사용되는 자원이라는 면에서 시간관리의 중요성이 더욱 강조된다. 매일 새로운 시간이 누구에게나 똑같이 주어지기 때문에 시간을 어떻게 관리하느냐에 따라 그 사람의 생활은 크게 차이가 나며 시간자원을 잘 활용하면 일과 휴식을 조화롭게 하여 바쁜 사람에게는 여유를 주고 한가한 사람에게는 긴장감을 주어 삶을 균형감 있게 해 준다. 또한 가치 있는 일에 보다 많은 시간을 투자함으로써 목표 달성을 용이하게 하며 정신적·육체적 스트레스를 예방하며 건강한 삶을 살게 한다.

시간관리를 잘하기 위해서는 목표 달성을 위한 계획을 세우고, 정보를 탐색하고 어떻게 적용할 것인지 조직하고 이를 평가하며, 필요할 때마다 통제를 통하여 조정하고 실행하는 모든 단계가 적절해야 한다. 시간관리의 원리를 다음의 6단계로 제시할 수 있다. 첫째, 어떤 일을 할 때 어느 정도 목적의식을 가지고 일을 하는지 알아보는 목표 설정 단계이고, 둘째, 목표를 달성하기 위하여 어떤 일을 어떻게 할 것인가 계획하는 계획 단계이다. 셋째, 일의 우선순위를 정하는 의사결정 단계이며, 넷째, 어떤 식으로 일을 해 나갈 것인지에 관한 실행 및 조직화 단계이다. 다섯째, 일의 진행 과정과 일의 성과를 평가하고 다음의 계획에 반영하는 통제 단계이며, 마지막 여섯째는 목적에 따라 구분해서 행동하는 정보와 의사소통 단계가 있다.

## 3) 재정관리 지도

재정은 일상생활에서 필요한 물건 등을 구입하는 수단일 뿐 아니라 개인의 생활과 정서, 심리적 안녕에 이르기까지 광범하게 영향을 주기 때문에 모든 사람들에게 중요하다. 사람들은 재정을 활용하여 자신의 욕구를 충족시켜 줄 수 있는 것들을 구입하고 그것으로 인해 만족을 얻는다. 결국 재정은 인간의 욕구를 충족시켜 원하는 목적에 도달할 수 있도록 해 주는 자원이다. 재정을 어떻게 관리하고 사용하느냐에 따라 자신의 욕구를 충족시킬 수도 있고 그렇지 않을 수도 있게 된다.

재정관리란 자원으로서의 재정을 자신의 욕구 충족을 위해 원하는 목적에 도달할 수 있도록 사용하는 것을 말한다. 재정을 관리하여 자신이 원하는 최대의 만족을 얻기 위하여 금전 사용 계획을 수립하고 조정하고 평가하는 일련의 과정을 재정관리 행동이라 한다. 재정이나 다른 자원의 효과적인 사용 능력은 선천적 자질이라기보다는 학습과 경험에 의해 습득되는 것이며 아동의 용돈 관리 경험은 성인기의 소비행동에도 영향을 미치게 된다. 따라서 어린 시절 자녀에 대한 재정관리 지도는 부모가 담당해야 할 중요한 역할로서 가정생활 지도의 주요 영역이라 할 수 있다.

재정관리 교육은 단시일 내에 어떤 조직이나 체계를 통해서 이루어지는 것이 아니고 장기간에 걸친 교육을 통하여 내면화되고 생활화되었을 때 재정관리 의식이 개개인의 가치 속에 그 성과가 나타난다. 따라서 부모는 자녀가 어릴 때부터 용돈 사용 및 재정관리 계획을 세우고 합리적으로 소비하는 습관을 갖도록 지속적으로 지도해야 한다. 뿐만 아니라 올바른 용돈 사용에 대한 교육은 그 시기가 가능한 한 빠를수록 좋다.

## 4) 정리정돈 지도

정리정돈은 놀이나 어떤 활동을 하고 난 다음에 뒷정리하는 것을 말한다. 예컨대, 의복 정리정돈은 옷을 벗고 나면 옷걸이에 걸어 두거나 잘 개어 놓는 행동, 세탁할 옷은 세탁바구니에 넣는 행동, 세탁된 옷을 개어 서랍이나 옷장에 보관하는 행동, 가방을 아무 데나 두지 않는 행동, 신발을 벗은 다음 신발장이나 현관 앞에 가지런히 두는 행동 등을 말한다. 생활환경 정리정돈은 사용한 물건을 제자리에 두는 행동, 책상 위나 서랍 안의 학용품과 소지품을 정리 · 정돈하는 행동, 아침에 일어나면 이불과 베개를 정리 · 정돈하는 행동, 쓰레기를 아무 데나 버리지 않는 행동, 쓰레기를 종이류, 캔류, 일반 쓰레기 등으로 분리수거하는 행동 등을 말한다.

정리정돈 행동은 어린 시절부터 부모에 의해 학습되어야 하는 행동이다. 다시 말하면 자녀의 정리정돈 행동은 부모가 담당해야 할 가정생활 지도의 중요 영역이다. 취학 전 아동이 있는 409명의 어머니를 대상으로 정리정돈 행동의 실태를 조사한 연구에 의하면(현정환, 1991) 만 2~3세 미만부터는 53%의 부모가, 만 5세부터는 거의 대부분의 부모가(97%) 정리정돈 행동의 중요성 혹은 필요성을 성별에 관계없이 자녀들에게 가르치기 시작한다. 이처럼 정리정돈 행동은 어릴 때부터 육아 행위 가운데 반드시 몸에 익숙하게 해야 하는 중요한 기본적인 생활습관 중의 하나이기 때문에 유아교육에서도 강조되는 교육항목이다. 그런데 정리정돈 행동은 일반적으로 아이들이 자발적으로 하고 싶어 하거나 쉽게 숙달시킬 수 있는 습관이 아니기 때문에 실질적으로 교육하는 데 있어서 부모와 교사 모두 상당한 어려움을 느끼고 있는 것이 현실이다.

## 5) 예절교육

예절이란 인간관계에 있어서 사회적 지위에 따라 행동을 규제하는 규칙과 관습의 체계이다. 예절은 인간관계의 기본으로서 인간이 인간다운 삶을 영위하고, 다른 사람들과 관계를 형성하고 유지하는 데 반드시 필요한 것이라 할 수 있다. 이러한 예절은 어느 순간에 갑자기 습득되는 것이 아니라, 성숙한 인격을 바탕으로 오랜 세월에 걸쳐 몸에 익숙해지는 것이다(김소정, 2007). 따라서 어릴 때 가정에서 부모로부터 배우고 몸에 익혀야 하는 예절교육은 가정생활 지도의 중요한 영역이라 할 수 있다.

예절은 일반적으로 예의, 예의범절, 에티켓, 매너 등과 거의 같은 뜻으로 쓰이기도 한다. 예절은 기본적으로 나 아닌 다른 사람과 사회적 관계를 맺으며 서로 어울려 같이 살아가게 될 때 마찰과 불편을 피할 수 있는 삶의 지혜이다. 이런 예절에는 자기관리와 대인관계가 포함된다. 대인관계는 다른 사람과 함께 어울려 사는 것이므로 자기 스스로 먼저 사람다워지려고 노력하는 자기관리가 필요하다. 인간이 사회적 삶 속에서 그 존재 가치를 찾으면서 교양인으로서의 자기관리와 사회인으로서의 대인관계를 원만하게 하는 생활규범이 곧 예절이며, 그것은 자율적으로 인격과 교양을 지키고 실천하게 함으로써 인간다운 생활을 할 수 있도록 하는 가장 중요한 규범이라고 할 수 있다.

이경노와 홍자영(2010)은 유아들을 대상으로 한 예절의 내용을 수신예절, 인사예절, 언어예절, 식사예절 등으로 정리하였다. 첫째, 수신예절은 개인 예절로서 스스로 아름다워지기 위해 하는 자기관리를 말한다. 마음가짐과 표정, 몸가짐, 서는 자세와 앉는 자세, 걷는 자세, 방안에 들고 나는 자세, 물건 주고받기 등을 포함한다. 예컨대, 마음가짐과 표정에서는 모든 일에 조심하고 삼가는 마음을 가지는 것이다. 그리고 눈은 곱게 뜨고 시선을 단정히 하고 입은 조용히 다문다. 둘째, 인사예절에는 인사말과 절하는 방법 등이 포함된다. 예컨대, 인사말에서는 때와 장소에 따라 알맞은 인사말을 사용하는 것이다. 셋째, 언어예절에는 말을 하는 예절, 말을 듣는 예절이 포함되는데, 예컨대 말하기 예절의 경우 상대편이 알아들을 수 있는 말로 한다거나 표정과 눈으로 진지하게 말하는 것이다. 마지막으로 식사예절은, 예컨대 어른이나 손님이 상석에 앉는다거나 어른이 먼저 수저를 드신 후에 아랫사람이 식사를 하는 것이다. 식생활이 생활의 즐거움이기도 하므로 남에게 폐가 되지 않는 언어와 행동으로 식사예절이 지켜질 때 식탁은 신의와 인정이 있는 대화의 장소가 될 수 있다.

우리나라는 오래전부터 동방예의지국이라는 별칭을 얻을 만큼 예절을 중시해 왔다. 그리하여 가정에서 어린 시절부터 예절교육을 중요하게 생각하고 실천하였다. 유아기가 발달이 가장 급격히 이루어지는 결정적 시기임을 감안할 때 어린 시절부터의 예절교육은 매우 의미 있고 중요하다. 유아기 예절교육은 어려서부터 알고 몸에 자연스럽게 익히게 함으로써 그것을 성인이 되어서도 실천할 수 있도록 하는 것이 가장 바람직하다고 학자들은 강조해 왔다(김소정, 2007). 즉, 유아기 예절교육은 유아에게 다른 사람과 함께 생활하고, 사회에 적응할 수 있는 기본적인 기술, 방법, 환경 등을 제공함으로써 사회적 태도 및 기술을 길러 주는 역할을 담당할 수 있다는 것이다.

전통적으로 예절교육은 가정에서 조부모나 부모 등 가족들로부터 배우고 익히는 가정의 교육적 기능이 매우 컸다. 그러나 현재의 우리 사회는 산업화로 인한 가치관의 변화, 핵가족화 및 가족 해체로 인한 해체가족의 확대로 가정의 교육적 기능이 약화되어 가족 내에서 전통적으로 가지고 있던 어울려 협동하고, 양보하고, 질서를 잡아가는 사회생활의 기본적인 생활예절뿐만 아니라 전통예절 또한 소홀해졌다.

## 3. 가정생활 상담

건강한 가정생활을 하기 위해서는 많은 노력이 필요하다. 가족 구성원들이 성장하면서 발달 위기를 경험하기 때문에 적절한 대응이 필요하고, 가족이 발달하는 가운데 다양한 경험을 하게 되면서 가족갈등과 가족스트레스가 발생하기 때문이다. 따라서 가족이 필요할 때마다 상담을 받아서 문제를 예방하고 역기능적인 문제를 해결하면 더욱 건강한 가정생활을 영위할 수 있다.

### 1) 부부상담

부부는 가정이 형성될 때 만들어지는 최초의 단위이다. 가정의 기반이면서 가정을 이끌어 가는 리더 역할을 한다. 경제활동을 통해 가정 경제를 마련하여 의식주를 책임지고, 가정의 크고 작은 일을 결정하고 집행한다. 따라서 부부의 팀워크는 가정을 경영하는 데 큰 영향을 미친다. 부부상담은 바로 부부 팀워크를 강화하여 가정을 경영하는 리더로서의 역할을 잘 감당할 수 있도록 하는 데 목적이 있다. 그러나 부부는 각자 다른 환경에서 성장하면서 서로 다른 가치관과 문화, 습관 등을 가진 상태로 만나게 된다. 엄격하면서도 정서적으로 따뜻한 부모를 경험한 사람이 있는가 하면, 칭찬은 인색하고 엄격하기만 한 부모를 경험한 사람도 있다. 부부가 되기 전까지 형성된 많은 것들은 부부관계에 여러 가지 영향을 준다. 유사한 점은 친숙해지는 데 도움이 되지만 한편, 다른 부분은 갈등을 일으키기도 한다. 따라서 부부가 함께 발달하고 성장하기 위해서는 부부갈등을 이해하고 적극적으로 해결하기 위한 노력을 해야 한다.

부부의 팀워크를 강화하기 위해서는 우선 부부관계가 좋아야 한다. 즉, 서로를 격려할 줄 알고 칭찬할 줄 알며 필요할 때는 반대 의견을 제시하여 잘못된 방향으로 나가는 것을 막아야 한다. 그리고 부부의 팀워크를 강화하기 위해서 의사소통이 잘 이루어져야 한다. 부부의 의사소통이 원활하게 이루어져야 부부가 서로의 견해를 주고받으며 의사결정을 바르게 할 수 있으며, 의견을 주고받으면서 신뢰가 깊어지고 부부관계가 발달하게 된다. 또 부부 사이에 갈등이 발생할 경우에는 원인을 파악하여 해결하도록 해야 할 것이다. 부부갈등이 만성화되면 가정생활에 많은 부정적인 영향을 주며, 부부의 정신건강이 나빠지므로 부부상담은 가정생활에 꼭 필요한 것이라고 할 수 있다.

부부상담의 모델에는 이마고 부부상담, 가트먼 부부상담, 인지행동 부부상담, 사티어 부부상담 등이 있다.

## 2) 부모상담

부부가 자녀를 낳으면 부모가 된다. 부부역할에 부모역할이 추가되기 때문에 부부는 부모역할을 잘하기 위하여 의도적인 노력을 해야 하며, 자녀의 연령에 따라서 부모역할은 변화되어야 한다. 그리고 부모는 자녀에게 의식주를 제공할 뿐 아니라 양육과 훈육, 가정생활 지도, 학교교육을 제공해야 한다.

부모역할을 잘 수행하기 위해서는 부와 모의 양육방식과 가치관이 매끄럽게 조율되어야 한다. 상황에 따라 자녀의 기질이나 여건에 따라 어떻게 판단하고 지시해야 하는가, 보다 나은 선택을 하기 위해서는 어떤 것을 고려해야 하는가를 아는 것은 매우 중요하다. 무엇보다도 중요한 것은 자녀의 마음을 이해하는 것, 자녀와 소통을 잘하는 것이다.

부부가 부모상담을 받는 것은 바로 이러한 부모역할을 효과적으로 하는 데 목적이 있다. 자녀의 마음을 이해하는 것, 자녀의 발단 단계에 따른 부모역할, 부모의 양육방식의 일관성을 높이는 것, 자녀와의 대화 기술을 향상시키는 것, 자녀의 문제행동을 다루는 것은 부모상담을 통해서 많이 향상시킬 수 있다.

부모도 자녀를 이해하고 바르게 양육하고자 노력하는 가운데 스트레스가 쌓일수 있고, 부모 자신의 삶이 원활하지 않을 때에는 특히 자녀의 행동을 통제하는 것이 버겁고 자녀의 실수나 어설픈 행동에 쉽게 화날 수 있다. 특히, 경제적으로 어렵거나 부부갈등이 있을 때에는 자녀의 부적절한 행동에 대한 인내심이 부족하고, 화내고 야단치는 방식으로 자녀를 가르치려고 하기 때문에 자녀와 갈등이 일어날 수 있다. 그러므로 부모상담을 통해 자녀를 효과적으로 양육하는 방법을 배우기도 하지만 부모역할을 하면서 발생하는 부모의 스트레스와 부정적인 감정을 다루는 것도 필요하다. 부모상담은 부모를 격려해 주고 힘을 갖고 다시 노력하도록 돕기 때문에 자녀와의 만성적 갈등을 막을 뿐 아니라 부모가 자녀와 함께 성장할 수 있도록 돕는다.

## 3) 가족의 의사소통 상담

가족은 정서적인 흐름을 바탕으로 관계가 형성되는 매우 독특한 집단이다. 직장에서나 사회에서는 감정을 잘 통제하는 사람들도 가족관계에서는 마치 무장이 해제되듯 감정을 서로 표출하게 된다. 그래서 때로는 더 친해지고 더 좋아하는 시간들도 있는 반면에 미워하고 원망하고 화나는 때도 있다. 우리는 가족의 의사소통이 효과적으로 이루어지도록 하기 위한 노력이 필요하다. 가족들이 각자 서로에게 어떻게 언어적인 의사소통, 비언어적인 의사소통을 하고 있는지를 깨닫고, 즉 자신이 상대방에게 어떠한 영향을 주고 있는지, 상대방이 자신에게 어떠한 영향을 주고 있는지를 인식하고 인정하게 되면 의사소통 방식을 개선하는 것이 훨씬 수월하게 된다.

가족의 의사소통에서 중요한 것은 말하는 사람의 의도와 듣는 사람의 이해가 일치되도록 하는 것이다. 말하는 사람이 어떤 뜻에서 어떤 마음으로 말을 했는지 듣는 사람이 오해하거나 왜곡시키지 않고 바르게 이해하려면 서로가 대화를 하는 것이 필요하다. 건강한 가족은 가족 구성원 모두 의사소통에 참여하고, 의사소통을 적극적으로 한다. 그렇게 되기 위해 상담을 통해 도움을 받을 수 있다. 가족들이 보고 듣고 느끼고 생각하는 것을 서로 나눌 때 언제나 효과적이지는 않다. 가족들이 의사소통에 어려움을 겪게 되었을 때 상담을 통해 도움을 많이 받을 수 있다.

## 4) 가족의 갈등해결 상담

가족들은 서로를 의지하기도 하고 때로는 각자 독립적으로 생활하기도 한다. 가족 구성원들은 각자의 욕구와 기대가 다 있기 때문에 서로 원하는 것이 다를 수 있고, 배려를 한다고 해도 서로 타이밍이 안 맞아서 욕구가 좌절되거나 서운한 일들이 생기게 된다. 인간은 모두 주관적인 세계를 가지고 있기 때문에 특정 상황을 경험할 때 각자 자기 입장에서 생각하고 자기 입장에서 상황을 보게 된다. 그래서 객관적인 상황은 하나일지라도 주관적인 세계는 가족 수만큼 있기 때문에 갈등이 생기는 것은 매우 자연스러운 현상이라고 할 수 있다. 어쩌면 갈등이 생기기도 하고 갈등을 해결해 가면서 더욱 가까워지는 마음을 갖게 된다. 대인관계 능력은 가족관계에서 학습된다. 가족관계에서 용기 있게 적극적으로 관계를 하면서 갈등을 할 줄도 알고, 갈등을 해결할 줄 아는 능력도 키운다면 대인관계 능력이 바람직하게 발달할 수 있다.

가정생활을 하면서 갈등이 두렵고 관계가 깨지거나 멀어질까 봐 두려워한다면 갈등을 견디는 힘이 생기지 않게 된다. 갈등을 견디는 힘이 약하니까 사회생활을 하면서 갈등을 하지 않기 위해 자신의 의견을 지나치게 참거나 속마음을 억압하게 된다. 갈등 상황이 발생했을 때도 회피하거나 감정이 폭발하여 잘못 대처한다. 이러한 상황을 반복하면 대인관계 능력이 발달하기 어렵다. 가족 간에 갈등이 생겼을 때 상담을 통해 갈등이 발생한 원인을 알고 갈등을 예방하는 방법, 갈등을 해결하는 방법을 배우게 되면 가족 구성원들이 더욱 행복하고 친밀한 관계로 발전할 수 있으며 동시에 건강한 대인관계 능력을 키우게 된다.

## 참고문헌

김소정(2007). 유아 예절교육에 대한 보모와 교사의 인식. 숙명여자대학교 대학원 석사학위 논문.

박동혁, 이민규, 신희천(2006). 대학생 시간관리행동 척도의 개발과 타당화. 한국심리학회지: 상담 및 치료, 18(4), 801-816.

박재우(2007). 한국판 ENRICH의 표준화. 한국심리학회 학술대회 자료집, 2007(1), 81-82.

엄세진, 정옥분(2004). 초등학생의 기본생활습관 척도 개발과 타당화 연구. 인간발달연구, 13(2), 55-76.

유성은(2004). 시간관리와 자아실현. 서울: 생활지혜사.

유영주, 김순옥, 김경신(2013). 가족관계학. 서울: 교문사.

이경노, 홍자영(2010). 어린이집에서 예절교육이 일상생활 습관형성에 미치는 영향. 복지행정연구, 26, 88-118.


玄正煥(1991). 母親による 乳兒の 社會性敎育の 日韓比較硏究. 廣島大學敎育學部 紀要 第1部, 第40號, 205-212.


Carter, E. A., & McGoldrick, M. (2000). *The family life cycle: A framework for family therapy*. New York: Gardner Press.

Olson, D. H., Druckman, J. M., & Fournier, D. G. (1981). Assessing marital and premarital relationships: The PREPARE-ENRICH inventories. In E. E. Filsinger (Ed.), *Marriage and Family Assessment*, pp. 229-250. Beverly Hills, CA: Sage Publications.

Seiwert, L. J. (2003). 성공하는 리더를 위한 시간관리 테크닉(박기안 역). 서울: 미래사.

Seiwert, L. J. (2005). 자이베르트 시간관리(이은주 역). 서울: 한스미디어.

제5부

# 현대 생활지도학의 과제와 전망

우리나라 학계는 아직 목적률에 의한 연구는 충분하게 논의하고 있는 단계가 아닌 것으로 보인다. 그런 결과의 하나일 수도 있지만 우리나라의 국가 정책은 안정되어 있지 못하다. 국가가 지향하는 목적이 불안정하기 때문이라고 할 수 있다. 생활지도는 원인을 중심으로 하기보다 목적을 중심으로 하는 교육적 노력이라고 하겠다. 이런 논의는 생활지도학 개정판이 나올 때까지는 충분하게 이루어져 그때 담아낼 수 있기를 기대한다.

제5부에서는 크게 세 가지 주제를 다루고 있다.

첫째, 생활지도의 연구 방법에 관한 것이다. 생활지도는 그 자체가 학교에서 실제로 발생하는 일들을 다루어 나가는 실제적 학문이다. 단, 그것이 하나의 학문으로 발전해 나가기 위해서는 과학적 연구가 뒷받침되어야 하므로, 생활지도의 연구 방법에 관하여 서술한다.

둘째, 법과 행정에 대한 것이다. 20세기 말부터 생활지도에 대한 새로운 법과 행정적 규칙들이 세밀하게 제정되어 시행되고 있는 것을 살펴보고자 한다.

셋째, 미래의 생활지도에 관련된 것이다. 미래 세계에 대한 전망과 그에 따른 생활지도를 분석한다.

제13장 **생활지도 연구 방법**

생활지도는 학술적 차원에서 보면 응용학문이다. 과학적 연구는 기초학문은 물론 응용학문에도 필요한 활동이기 때문에 이 장에서는 과학적 연구로서의 생활지도 연구 방법에 대해서 고찰할 것이다. 응용학문이란 본래 이론에 비해 상대적으로 실제적인 활동을 더욱 중요하게 여긴다고 알려져 있으나, 그 실제적인 활동이 확실한 근거를 확보하기 위해서는 과학적 연구가 반드시 필요하다. 이른바 증거 기반 실제(evidence—based practice)가 그것이다(김계현, 2000). 따라서 이 장에서는 먼저 과학적 연구가 의미하는 바를 간단히 고찰한 다음(1절), 생활지도 분야에서 취할 수 있는 연구 설계 방법들을 알아볼 것이다(2절). 그리고 3절에서는 과학적 연구의 밑받침이 되는 측정, 즉 계량화 방법에 대하여 상세히 고찰하고자 한다.

# 1. 과학적 연구란 무엇인가

우리가 '연구한다'라고 말할 때 그 연구는 '과학적 연구'를 의미하는 경우가 많다. 이 책에서 말하는 연구도 역시 과학적 연구를 지칭한다. 그런데 우리는 '과학' 혹은 '과학적 연구'라는 말을 접했을 때 어떤 느낌을 받는가? 그 말에 대한 우리의 첫 반응은 대개 '딱딱하다', '어렵다'와 같은 부정적 느낌인 것 같다. 따라서 이 장의 글에 대한 독자들의 반응은 대체로 연구(특히, 과학적 연구)란 어렵고 딱딱한 것이라는 선입견에 의해 지배될 것이라고 짐작된다. 과학적 연구에는 어렵고 딱딱한 요소도 물론 존재하지만 그게 전부는 아니다. 여기서는 과학, 과학적 연구의 의미를 최대한 쉽게 이해될 수 있도록, 즉 '독자 프렌들리'할 수 있도록 재해석하고자 한다. 이것이 이 장의 과제이다.

## 1) 과학의 의미와 생활지도 연구

### (1) 과학은 작은, 구체적 호기심에서 출발한다

생활지도를 공부하는 사람으로서 '과학'이란 무엇일까? 생활지도에는 여러 가지 다양한 방법, 즉 상담(개인, 집단)을 비롯해서 학급이나 학교 단위로 실시하는 프로그램 등이 있는데 이런 생활지도 방법이 과연 효과가 있는지 여부와 효과가 있다면 어느 정도나 있는지를 알아보고자 하는 호기심이 있다면 그것이 바로 생활지도에 대한 과학적 연구의 출발점이 된다.

예를 들어서, 한 교사가 학생들이 흔히 겪는 '시험불안'에 대해서 관심이 생겼다고 하자. 이 교사는 학생들에게 그런 심리상태가 있다는 것을 경험과 관찰, 학생들과의 대화를 통해서 알게 되었고, 그런 현상에 대한 글을 책에서 읽기도 하였다. 여기서 '시험불안'은 학생의 심리상태를 지칭하는 '개념'인데 과학은 어떤 종류의 개념에 관심을 가질까? 과학에서 사용하는 개념은 '우리가 경험할 수 있는 현상을 지칭하는 개념'이라고 다소 어렵게 표현할 수 있는데, 이는 어떤 뜻일까? 시험불안이 '경험할 수 있는 현상'이라면 우리는 그것을 어떻게 경험하는가? 첫째, 시험불안은 직접 겪을 수 있다. 시험을 앞두고 있는 본인이 감정적으로, 정서적으로, 행동적으로 겪으면서 직접 느낄 수 있다. 둘째, 시험불안은 관찰이 가능하다. 시험을 앞둔 학생들이 보이는 불안한 행동, 불안을 표현하는 말, 불안을 표현하는 표정 등 각종 다양한 반응들을 관찰하는 일이 가능한 것이다.

### (2) 과학은 '질문'을 하는 것이다

앞에서 예로 든 '시험불안'의 예를 다시 사용하자. 이것에 대한 가장 단순한 질문은 '시험불안이 무엇일까?'가 될 것인데 이 질문은 과학적 질문인가, 아닌가? 이 질문은 일단 과학적 질문이다. 다만, 질문을 하는 방법론 입장에서 보면 과학적 질문의 출발점이라는 것이다. 다시 말하면 이 질문을 출발점으로 삼되 그 질문으로부터 질문을 좀 더 변형시키고, 파생시켜서 과학적으로 좀 더 의미 있는 질문으로 전환시킬 필요가 있다.

생활지도에서 만날 수 있는 과학적 질문은 전형적으로 다음과 같은 순서를 따라서 해 볼 수 있다. 물론 이 순서가 고정된 순서는 아니지만 과학의 성격을 이해하는 데에 도움이 될 것이다. 역시 시험불안의 예를 들면, "시험불안이란 무엇인가?"를 첫 번째 질문으로 제기할 수 있다. 이 질문은 생활지도에서 관심을 두는 한 현상에 대한 '개념적 이해'를 도모하기 위해서 해 보는 질문이라고 말할 수 있겠다. 과학자들은 현상에 대한 개념적 이해를 하기 위해서 그것을 '정의(定意)'해 보는 시도를 한다. 예를 들면, "시험불안이란 시험을 앞두고 있는 개인에게서 나타나는 안절부절못하는 행동, 가슴이 뛰는 것을 포함한 신체적 변화, 공부에 집중하지 못하는 현상 등을 지칭한다."라는 식으로 정의를 내려 본다.

개념 정의는 언제까지나 잠정적인 것이므로 일단 개념 정의가 이루어진 다음에는 그것을 가지고 '경험적인' 질문을 시도한다. 과학에서 '경험적(empirical)'이란 말은 과학자가 감각기관을 통해서 경험, 즉 관찰할 수 있다는 뜻이다(김계현, 2000). 즉, 시험불안에 해당하는 현상들을 관찰하고, 기록하고, 경우에 따라서는 수량적으로 전환시켜 보기도 한다. 시험불안은 마음의 상태를 지칭하지만, '불안을 느낀다'라고 말을 하는 것은 관찰된 행동이며, 공부를 하다가 안절부절못하는 행동을 보이는 것 역시 관찰된 부분이다. 과학적 연구는 '불안'과 같은 추상적 개념을 '경험적 관찰이 가능한 행동으로 정의하여' 연구를 하는 절차를 취한다.

### (3) 과학은 연구의 타당성을 스스로 평가한다

과학의 특징은 오류의 가능성을 어떻게 다루느냐와 관련이 있다. 과학에서 발생하는 대표적 오류에는 다음과 같은 것들이 있다.

### ① 연구 설계의 타당성 부족

이 장의 다음 절에서는 연구의 설계에 대해서 설명할 예정인데, 연구의 설계에는 타당성, 즉 설계가 얼마나 올바르게 이루어졌는지가 중요한 개념이다. 연구의 타당성은 크게 나누어서 내부(내적) 타당도, 외부(외적) 타당도 두 가지가 있다.

내부(내적) 타당도란 연구의 자료(데이터)로부터 결과(결론)를 도출해 낼 때 내부적인 오류가 없는지에 관한 것이다. 예를 들어, 새로 개발된 상담 프로그램이 학생들의 학교 부적응 문제를 해소하는 데 도움 주었는지를 연구하였다고 하자. 연구자는 필시 상담 프로그램을 받은 학생들의 학교 적응도와 프로그램을 받지 않은 학생들의 적응도를 비교하는 연구 전략을 적용하였을 것이다. 그런데 만약 연구의 여건상 프로그램을 받은 학생의 학년과 프로그램을 받지 않은 학생의 학년이 다르게 될 수밖에 없었다면, 연구의 내부적인 타당도에 결함이 발생한다. 연구의 결과, 즉 프로그램을 받은 학생과 프로그램을 받지 않은 학생 간에 발생한 학교 적응도 차이가 상담 프로그램을 받았는지 여부에 기인한 것인지, 아니면 학년의 차이에 기인한 것인지 결론을 내리기 어렵기 때문이다.

외부(외적) 타당도란 연구의 결론을 일반화시켜서 적용할 수 있는 범위가 어느 정도인가에 관한 것이다. 연구에는 샘플, 즉 표본(표집)된 사람만 참여하는데, 연구의 결과를 연구에 참여하지 않은 다른 사람들 혹은 다른 상황과 조건에도 얼마나 일반화될 수 있는지는 연구자들의 주요 관심사이기 때문이다. 예를 들어, 연구자는 표집, 즉 표본 추출을 하는 절차를 체계적으로 표준화시킴으로써 그 연구의 결과가 모(母)집단에까지 일반화될 수 있는 논리를 개발한다. 그러나 이런 표집 과정이 제대로 이루어지지 못하는 경우 외부 타당도는 그만큼 손상을 입는다.

### ② 측정의 오류

과학에서 사용하는 데이터는 관찰과 기록에 기반을 두는데, 그 관찰과 기록이 얼마나 정확하게 이루어졌는지가 중요한 관건이다. 학생의 산만한 행동을 연구할 때

산만한 행동을 관찰하는 장소, 무엇이 산만한 행동이고 무엇이 아닌지에 대한 정확하게 구분된 개념 정의, 그것을 관찰, 기록하는 사람의 숙련도 등은 관찰과 기록의 정확성에 직결된 요소들이다.

이 장의 3절에서는 측정을 주제로 한 내용이 제시되는데, 그중에는 측정의 양호도, 즉 측정이 얼마나 정확한 것인지에 대한 설명이 주어질 것이다. 측정이란 과학자들이 사용하는 관찰과 기록의 한 특수한 방법론인데, 과학자들은 측정에는 100% 완벽한 측정은 있을 수 없으며 항상 오류의 가능성이 존재한다고 생각한다. 다만, 과학자들은 오류의 내용, 즉 어떤 점이 잘못된 측정일 수 있는지와, 오류의 정도, 즉 얼마만큼 부정확할 수 있는지에 관해서 연구자는 알고 있어야 한다는 입장이 과학자로서 올바른 태도라고 믿는다.

## 2) 무엇을 연구하는가: 연구의 내용

연구를 하기 위해서는 그 방법, 즉 연구방법론을 알기 이전에 연구할 내용을 알아야 한다. '무엇을' 연구할지 모르는 가운데 '어떻게' 연구할지를 안다는 것은 앞뒤가 맞지 않는다. 여기서는 연구의 내용을 연구 주제, 연구 가설, 연구 문제 세 가지 개념으로 설명할 것이다.

### (1) 연구 주제

연구를 수행하는 사람은 연구하는 것이 무엇인지 말할 때 "우리가 연구하는 주제는 이러이러하다."라는 표현을 사용한다. '연구 주제'란 연구하는 것이 무엇인지 지칭하는 가장 보편적인 단어이다. 따라서 연구 주제라는 단어는 때로는 아주 넓은 의미로 쓰일 수 있고, 때로는 다소 좁은 의미로 쓰일 수도 있다. 연구 주제가 아주 넓은 의미로 쓰일 경우에는 '연구 분야'라는 말과 거의 같은 의미로 사용된다. 예를 들어, "우리의 연구 주제는 학교폭력에 관한 것입니다."라고 표현한다면 그것은 거의 연구 분야에 가까운 단어 사용이 되고, "우리의 연구 주제는 학교폭력 중 피해자 심리에 관한 것입니다."라고 말한다면 좁은 의미의 단어 사용이 된다고 하겠다.

### (2) 연구 가설

과학적 연구에서는 '연구 질문'(연구 질문과 연구 문제를 종종 같은 의미로 사용한다)이라는 단어와 '연구 가설'이라는 단어를 정확하게 이해해야 한다. 여기서는 설명의 편이를 위해서 '연구 가설'을 먼저 설명하고 그다음에 연구 질문을 설명하고자 한다.

과학에서 가설(hypothesis)이란 특수한 의미를 지닌 단어이다. 과학이 아닌 상식에서 사용하는 가설의 의미와 과학에서 사용하는 가설의 의미는 조금 다르다. 상식에서는 종종 "그것은 아직 가설에 불과하다."라는 말을 사용한다. 즉, 그것은 '아직 검증되지 않았다'는 의미와 함께 '근거가 약하다'는 의미도 가지고 있으며 경우에 따라선 '검증될 가능성이 별로 없다'라는 의미로까지 쓰이는 것으로 보인다. 그러나 과학자가 말하는 가설이란 ① 이론적 근거를 가지고 있으며, ② 이미 선행 연구들도 그 가설의 입증 가능성을 예측해 주고 있을 뿐만 아니라, ③ 방법론적으로 입증될 가능성이 상당히 높은 상태를 의미하고 있다.

### (3) 연구 문제(연구 질문)

다음으로 연구자들이 자주 사용하는 말은 '연구 질문', 즉 '연구 문제'이다. 영어로는 research question이라고 표현한다. 생활지도 혹은 상담학 연구 논문들을 보면, "이것과 저것 간에는 어떤 관계가 있는가?"라든가 "이것(이 개념)은 무엇, 무엇으로(어떤 하위요소들로) 구성되는가?"라는 방식의 표현, 즉 의문문으로 표현된 연구 문제나 연구 질문을 자주 접하게 된다. 앞에서 말한 연구 가설은 "결과가 이러이러하게 나올 것이다."라고 예측을 말한 반면에 연구 질문(문제)은 예측을 말하지 않고 어떤 결과가 나올 것인지 궁금하다는 방식으로 말을 한다는 점이 다르다. 즉, 이론을 검토해 보고, 선행 연구들을 검토해 보았을 때 그 결과까지 예측하기는 어렵지만, 연구를 해 보아야 할 필요성이 있다고 보이기 때문에 연구를 해 보겠다는 수준의 표현이다.

우리가 논문을 작성할 때 연구 문제(질문) 혹은 연구 가설을 제시하는 부분이 반드시 있다. 이 부분은 논문의 핵심 요소 중 하나이기 때문에 논문 작성자는 이 부분을 쓸 때 정확한 사고를 해야 한다. 첫째, 연구 작성자는 자신의 연구 주제가 가설(결과를 예측하는 수준)로 표현될 수 있을 만큼 이론적 근거와 선행 연구의 뒷받침 유무를 면밀히 검토해 보아야 한다. 둘째, 만약 그런 검토 결과 가설 수준으로 근거를 확보하지 못했다고 판단된다면 연구자는 연구 질문(문제)을 어떻게 표현할 것인지 궁리해 보아야 한다. 선행 연구의 근거가 어느 정도 있다면 연구 문제를 좀 더 구체적으로 표현할 수가 있고, 선행 연구의 근거가 미약하다면 연구 문제를 구체적으로 표현하기 곤란하기 때문이다.

## 2. 연구 설계 방법

연구를 '설계한다(design)'는 말은 무슨 의미일까? 연구 설계의 의미를 알아야 연구 논문을 정확히 이해할 수 있고, 연구를 직접 수행할 수도 있기 때문에 이 절에서는 대표적인 연구 설계법 몇 가지를 소개하고자 한다.

### 1) 실험 설계 방법

실험 설계 연구 방법을 설명하기 전에 '실험 연구를 하기 위한 질문'을 설명하고자 한다. 연구에서 실험의 의미는 '이러이러한 선행 사건이나 조건이 있을 때 저러저러한 결과가 발생하는지 여부를 알아본다'는 뜻이다. 예를 들어 보자. '어린 시절에 물에 빠져서 죽을 뻔한 경험이 있는 사람은(선행 조건) 그 후에 수영을 배우는 데 장애를 겪는다(결과)'라는 주장이 맞는지 여부를 알아보는 연구를 한다고 하자. 이때 과학자가 선택할 수 있는 연구 방법에는 물에 빠져 죽을 뻔한 경험이 있으면서 수영을 배우고 싶어서 등록한 사람들을 미리 선발하여 그들이 다른 사람(그런 사전 경험이 없는 사람)들의 수영 학습과 비교해 보는 것이다.

이 연구 방법은 '실험 연구'일까, 아닐까? 엄격하게 말하면, 이 연구는 실험 설계법을 따랐다고 말할 수는 없다. 즉, 좁은 의미에서의 실험은 아닌 것이다. 다만, 선행 조건과 후속 결과 간의 (인과)관계를 알아보고자 하는 연구 목적에서 출발했지만, 연구의 설계법 자체는 인과관계를 밝힐 수 있는 설계는 아니기 때문에 엄격한 의미의 실험 설계로 보지는 않는다.

그러면 이 연구 질문을 실험 설계법에 의해서 연구한다면 어떻게 해야 하는가? 현실적으로 제약이 많지만 일단 상상을 해 보자. 수영을 하지 못하는 아동들을 선발해서 물에 빠뜨리고 익사 직전에 구해 준다. 그리고 일정 기간이 지난 후 그들을 수영 강습에 보내서 수영을 배우는 학습 결과를 관찰한다. 이들의 수영 학습 결과와 다른 일반 아동의 학습 결과를 비교해 본다.

하지만 이런 연구가 과연 수행될 수 있을까? 이런 연구는 윤리적으로 문제가 많기 때문에 절대로 허용되지 않는다.

다른 연구 방법을 찾아보자. 최근에 물에 빠져서 익사 직전에 구조된 아동들을 찾아서 그들의 삶을 추적, 관찰한다. 특히 그들이 수영 강습을 받는지, 수영 강습에서 수영을 배우는 과정, 학습 속도, 학습 결과가 어떠한지 상세하게 관찰한다. 그리고 물에 빠진 적이 없는 일반 아동들의 수영 학습과 비교해 본다. 이 두 번째 연구 방법은 첫 번째 방법에 비해서 윤리적인 제약이 적다. 그러나 이런 추적 연구는 장기간 피검자를 놓치지 않고 추적해야 한다는 점에서 연구 수행이 현실적으로 어렵다는 어려움이 있다. 불가능하지는 않지만 연구의 난이도 면에서 문제가 발생한다.

### (1) 실험 설계가 가능한 연구 문제의 속성

실험 연구 설계가 가능하려면 일단 '실험하고자 하는 사전 조건'을 연구자가 의도적이고 계획적으로 '조작'할 수 있어야 한다(김계현, 2013). 여기서 조작이라는 단어를 오해하지 않아야 한다. 연구방법론에서 실험조건을 '조작'한다는 것은 있지도 않는 것을 연구자가 마음대로 주물러서 만든다는 뜻이 아니다. 연구에서 조작이라는 말의 뜻은 충분히 현실적으로 있을 수 있는 조건을 연구자가 사전에 계획해서 체계적으로 형성한다는 의미로 이해해야 옳다. 예를 들어 보자.

'교문 지도를 실시하면 지각생이 줄어드는가?'라는 질문은 학교생활지도에서 의미 있는 질문이다. 이 연구 질문을 가지고 실험 연구에 대해서 설명할 것이다.

① 실험 설계 1: 일정 기간 동안(예를 들면, 2주 혹은 4주) 교문 지도를 하지 않으면서 학교 전체의 지각자 인원 수를 매일 기록한다(기간 A). 그리고는 같은 기간 동안 교문 지도를 실시하고 같은 기준에 의해서 지각자 수를 매일 기록한다(기간 B). 교문 지도가 없는 기간의 지각자 수와 교문 지도가 있는 기간의 지각자 수를 비교해 본다. 만약 기간 A의 지각자 수가 현저히 크다면 교문 지도 실시 여부에 의해서 지각자 수가 달라졌다는 잠정 결론이 가능하다. 그런데 이때

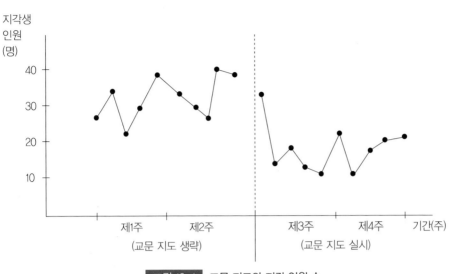

지각생
인원
(명)

제1주    제2주
(교문 지도 생략)

제3주    제4주    기간(주)
(교문 지도 실시)

그림 13-1   교문 지도와 지각 인원 수

연구자는 좀 더 확실한 결론을 원한다고 가정해 보자. 즉, 혹시 교문 지도 이외의 다른 요인에 의해서 지각 현상이 변화한 것은 아닌가(예를 들면, 날씨의 변화, 학교 행사 여부 등) 검토해 볼 필요가 있다는 생각을 할 수 있다. 그래서 연구자는 기간 A와 기간 B에 걸쳐서 폭우가 쏟아지거나 너무 덥거나 너무 춥거나 등의 날씨상의 큰 차이가 있는지 여부 등 두 관찰 기간에 있었던 사건들과 조건들 중에서 학생들의 지각에 영향을 줄 수도 있는 요인이 없었는지 면밀히 검토해 본다. 연구자는 이런 검토를 거친 다음에야 비로소 교문 지도가 지각 인원의 변화에 영향을 미쳤을 수 있다는 가설이 타당하다는 주장을 할 수 있다. 이 실험 설계를 그림으로 표현하면 [그림 13-1]과 같다.

② 실험 설계 2: 연구방법론자들의 주장에 의하면 실험 설계 1에 문제점이 아직도 남아 있다고 한다. 기간 A과 기간 B 자체가 학교 스케줄상 원래 차이가 있을 수 있었다는 것이다. 기간 A에는 학생들이 아직 학교의 생활지도 계획을 모르기 때문에 자기 멋대로 지각을 할 수 있었다고도 볼 수 있다는 것이다. 이때 연구자는 기간 C를 설정하여 그런 문제점을 해결할 수 있다. 즉, 기간 A에는 교문 지도를 하지 않고, 기간 B에는 교문 지도를 실시하며, 기간 C에는 다시 교문 지도를 하지 않는다는 계획이다. 이런 설계의 연구에서 기간 C의 지각자 수가 다시 많아져서 기간 A의 지각 인원 수와 비슷해졌다면, 연구자는 학생들의

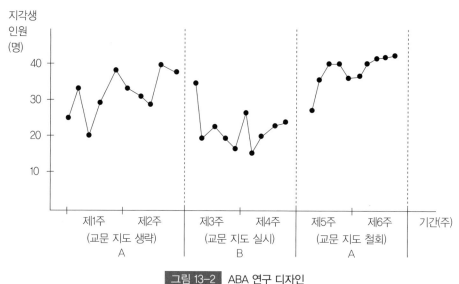

**그림 13-2** ABA 연구 디자인

지각이 교문 지도 여부에 의해서 많아지거나 적어질 수 있다는 주장을 좀 더 '타당하게' 할 수가 있게 된다. 이때 기간 C 설정과 같이 앞에서 실시했던 실험 조건을 철회하는(withdraw) 연구 설계를 'ABA 디자인'이라고 부른다(김계현, 2000). 이 실험 설계를 그림으로 표현하면 [그림 13-2]와 같다.

③ 실험 설계 3: 앞의 두 실험 설계, 즉 실험 설계 1과 실험 설계 2는 '사례 연구', 다른 용어로 '단일 사례 설계'라고 부르는 설계법이다. 즉, 연구에 참여한 바로 그 학교가 하나의 사례로 간주되는 것이다. 그런데 연구의 타당도에는 '외부 타당도(혹은, 외적 타당도)'라고 하는 개념이 있고, 의미는 연구의 결과가 널리 '일반화(generalization)'될 수 있는지에 관한 것이다. 만약 연구 1과 연구 2에 참여한 학교가 각각 학교 갑, 학교 을이었다면, 두 학교 이외의 다른 학교에도 연구 결과를 일반화시켜서 적용할 수 있는지에 관심을 가지는 것은 당연하기 때문이다. 이와 같이 외부(외적) 타당도, 즉 일반화를 고려한 연구 설계를 한다면 어떻게 해야 할까? 이 문제를 해결하기 위해서는 표집, 즉 샘플링(sampling)을 전략적으로 해야 한다. 예를 들어서, 서울 및 수도권 지역에서 학교 40개를 표집하되 이른바 무선표집(무작위 표집)을 한다. 그리고 이들 40개 학교를 두 그룹으로 분류하되, 아무런 기준을 적용하지 말고 '무작위로(randomly)' 할당을 한다. 이를 '무선할당'이라고 부른다. 그렇게 해서 한 그룹은 교문 지도를 실시

| (실험집단) | R | $O_1$ | X | $O_2$ |
|---|---|---|---|---|
| (통제집단) | R | $O_3$ | | $O_4$ |

그림 13-3 무선할당, 사전-사후 실험 설계

하는 그룹, 즉 실험집단으로 설정하고, 나머지 그룹은 교문 지도를 하지 않는, 즉 '무처치 통제집단'으로 설정한다. 각 그룹에 20개 학교씩 배정되는 것이다. 그리고는 각 집단에서 지각자 수를 얻는다. 구체적으로 말하면, 실험집단에서 교문 지도를 실시하기 이전에 지각자 수를 얻고, 다음에는 교문 지도를 실시한 이후의 지각자 수를 얻는다. [그림 13-3]을 통해서 설명하는 것이 이해를 쉽게 할 것이다.

이 그림에서 R이란 각 그룹에 무작위로 학교를 할당했다는 의미이다. 그리고 대문자 X는 교문 지도 연구 설계 용어로는 실험처치(개입)의 유무를 의미한다. 그리고 대문자 O는 관찰 혹은 측정으로서 여기서는 지각자의 수 혹은 지각률을 의미한다. $O_1$, $O_3$는 처치 전, 즉 사전 측정이라고 부르며 $O_2$, $O_4$는 사후, 즉 처치 후 측정을 의미한다.

이 설계법은 실험 연구 설계 중에서 가장 전형적인 설계로서 연구방법론상 여러 가지 장점들을 지닌다. 앞에서 말한 외부(외적) 타당도를 확보할 수 있을 뿐만 아니라, 연구방법론상의 내부(내적) 타당도를 확보하는 데에서도 이점들을 제공해 준다. 즉, 지각자 수의 변화가 다른 요인이 아닌 바로 교문 지도라는 요인에 의해서 발생했다는 설명이 상당한 타당성을 지니게 된다. 연구의 내부 타당도에 대한 상세한 논의에 대해서는 연구방법론 서적을 참고하기 바란다(예: 김계현, 2000).

### (2) '아날로그' 실험 설계: 실제 현장 실험이 어려운 경우

아날로그(analog) 실험은 현장이 아닌, 그러나 현장을 닮도록 실험자가 구성한 실험 상황 혹은 실험 절차에 의해서 이루어진다. 여기서 아날로그는 디지털의 반대말이 아니라 '비유법'에 해당하는 의미다. 여기서는 주로 상담학 연구에서 사용된 아날로그 연구 방법을 소개하고자 한다.

① 아날로그 연구 1: 아날로그의 첫 번째 방식은 피험자가 가급적 상담 현장, 즉 내담자 집단에 가깝도록 구성하되 독립변인을 아날로그로 설정하는 방법이다. 예를 들어, 경력 진행 중인 기혼 여성들(이른바 워킹맘)이 경험하는 다중 역할에 대한 스트레스에 대해 연구한다고 하자(이자명, 2013). 피험자들에게 스트레스 상황에 대해 대처할 수 있는 방법들을 생각해 내는(대안 생성) 과제를 주었다. 이 연구에 참여한 워킹맘들은 거의 모두가 다중 역할의 어려움을 직접적으로 심하게 겪고 있기 때문에 실제적 내담자와 상당히 비슷하다. 그러나 대안 생성의 과제는 비록 그것이 많은 상담 기법에 포함되어 있기는 하지만, 실험에서 대안 생성 과제를 주는 절차는 실제의 상담 과정 속에서 그런 과제를 상담자가 내담자에게 주는 절차와는 상당한 차이가 있다. 이런 점에서 이런 연구는 아날로그 설계로 간주된다.

② 아날로그 연구 2: 아날로그 실험의 두 번째 설계 방식은 첫 번째 방식을 뒤집으면 된다. 즉, 독립변인을 실제와 최대한 유사하게 설정하되 피험자 부분에서 아날로그를 하는 것이다. 물론 아날로그 피험자들에게 독립변인을 실제와 유사하게 만든다는 것은 결코 쉽지는 않다. 그러나 상담의 처치 기법들 중에는 상담실이 아닌 곳, 즉 일반 학교의 교실이나 운동장, 직장의 사무실 등에서 주어지는 경우가 종종 있다. 대부분의 심리교육 프로그램과 예방 프로그램들이 그에 해당한다.

③ 아날로그 연구 3: 아날로그 설계의 세 번째 방식은 피험자와 독립변인 모두가 아날로그로 설정되는 경우이다. 피험자도 실제의 내담자군과 거리가 있고 독립 변인 설정도 실제 상황과 거리가 있다. 그러나 현실적 여건 때문에 이 방법을 선택할 수밖에 없다면 이 방법을 사용해야 한다. 예를 들어 보자. 상담 과정 중에 내담자의 분노, 놀람, 걱정, 적개심 등의 감정을 상담자가 공감적으로 받아 주는 것이(감정 반영의 기술, 타당화 기술 등) 내담자의 그런 감정을 완화시켜 주는지에 대한 연구는 상담학의 오래된 고전적인 주제이다. 이런 연구에서 독립변인은 피험자에게 분노(혹은 놀람, 걱정, 적개심)를 발생시키고, 그런 상태에서 상담자의 공감적 감정 반영(혹은 타당화) 기법을 가급적 상담 실제와 유사하게 제공한다. 그리고 나서 피험자의 반응을 측정한다.

이 실험 설계는 실제의 상담 절차와 거의 모든 면에서 다르다. 독립변인은 인위적으로 설정되었으며, 피험자도 실제 내담자와 거리가 멀다. 그리고 종속변인 측정 절차 역시 실제와 많이 다르다. 그러나 감정 반영이나 타당화 등 상담자가 내담자에게 제공하는 공감적 태도와 개입의 효과를 관찰할 수 있는 효율적인 실험 세팅을 고안하는 일은 상담학 연구자들에게 매우 중요한 과제이다.

이와 같은 아날로그 설계 연구법은 상담학 및 생활지도 연구에서 더 자주 사용되어야 한다. 일반화의 제한은 아날로그 연구법의 본질적인 한계일 뿐 그것 때문에 연구가 비판을 받아서는 안 된다. 오히려 아날로그 설계가 아니라면 해결할 수 없었던 연구상의 문제를 해소시켜 줄 수 있다. 비(非)아날로그 연구 설계에서는 도저히 통제할 수 없었던 요소들을 아날로그 설계에서는 가능할 수도 있기 때문이다. 이 아날로그 연구 설계의 장점은 그것의 약점을 보완하고도 남을 만큼 충분하다.

## 2) 기술 설계

자연 현상을 기술(describe)하는 것은 원래 과학의 핵심 기능 중의 하나이다. 과학에서 기술의 중요성은 고대 천문학을 생각해 보면 쉽게 이해할 수 있다. 고대 천문학은 현대 과학의 입장에서 보면 유치하거나 틀린 점들이 많이 있지만, 밤하늘에서 각 별들의 움직임과 계절에 따른 위치 변화 등에 대해서 매우 정확하게 관찰, 기록하였음을 알 수가 있다. 이것이 과학의 기본이 되는 기술(記述)인 것이다.

생활지도 연구에서는 무엇을 어떻게 기술할까? 그리고 기술을 기반으로 하는 생활지도 연구는 어떤 것일까?

### (1) 기술 방법이 적합한 연구 주제 1

한 학교에서 아침 수업을 시작하기 전에 20분씩 운동을 하기로 했고, 이 아침 운동이 학생들의 수업 행동과 관련이 있는지, 그리고 나아가 성적과도 관련이 있는지 알아보고자 한다고 하자. 그런데 불행하게도 이 아침 운동 프로그램을 실시하기로 결정한 것이 갑작스러운 일이었고, 학교장 임의대로 누구는 아침 운동을 하게 하고 누구는 못하게 하는 등의 '실험 연구적인 조작'을 할 수 없었다고 하자. 즉, 어느 날부터 전교생이 일제히 아침 운동을 하게 되었던 것이다.

학생들의 수업 행동을 기록하기 위해서 교실에서의 어떤 행동을 기록할 것인지를 정해야 한다. 학생들의 모든 행동을 기록한다는 것은 불가능하기 때문이다. 연구자들은 수업 시간에 졸거나, 자는 행동을 기록하기로 하였다. 그런데 얼마 동안 졸거나 잠을 자는 것을 '졸음 혹은 잠'으로 기록할 것인가? 수십 명의 학생들의 행동을 관찰하면서 동시에 졸음과 잠의 지속 시간까지 정확하게 관찰하는 것은 너무 어려운 일이었다. 그래서 연구자들은 수업 시간 시작 20분이 경과하였을 때 1분간 관찰을 하기로 하고, 그때 졸거나 잠을 자는 학생의 수를 기록하기로 결정하였다. 이 방법의 관찰과 기록은 그런대로 가능한 방법임을 알 수 있어서 연구자들은 이 방법을 채택하였으며, 한 달, 즉 4주간 관찰과 기록을 하였다.

그런데 불행하게도 아침 운동 프로그램을 실시하기 이전에 유사한 기록을 하지 않았기 때문에 프로그램을 실시하기 사전과 사후를 비교해 보는 연구 설계는 일단 불가능하다. 연구자 입장에서 이 기록은 무용지물이 되는 것은 아닌가 실망할 수 있는 상황이었다. 그러나 한 달간의 기록지를 살펴보던 연구자들은 다음과 같은 특이사항을 발견할 수 있었다.

예를 들어서, 1교시와 2교시의 '졸음 혹은 잠' 인원수와 3교시, 4교시의 인원수가 달라 보인 것이다. 즉, 3, 4교시에는 1, 2교시에 비해서 졸거나 자는 학생의 수가 확실히 많아 보였다. 이 점에 대해서 연구자들은 통계학을 공부한 경력이 있는 교수에게 자문을 구했고, 그 교수는 1, 2교시와 3, 4교시 간에는 졸거나 잠을 자는 학생의 수가 '유의하게 차이가 있다'라는 해석이 가능하다는 결론이 가능하다는 대답을 해 주었다.

이런 관찰 기록, 그리고 통계학적 추론을 통해서 독자들은 어떤 과학적 생각(사고)을 할 수 있을까? 아마도 대부분의 독자는 "20분의 아침 운동은 1, 2교시까지 졸음을 깨우는 효과가 있으며, 3, 4교시에는 그 효과가 감소하는 것 같다."라는 가설을 설정할 수 있다고 제법 과학적인 생각을 해 낼 수 있을 것이다. 이 사례를 통해서 우리는 중요한 교훈을 얻을 수 있다. 그 교훈은 '철저하고 정확한 관찰과 기록은 과학의 기본'이라는 것이며 이것이 바로 과학적 기술(description)의 출발점인 것이다.

### (2) 기술 방법이 적합한 연구 주제 2

예를 들어, 학교에서 진로지도에 활용하기 위한 검사를 몇 가지 실시하였다고 하

자. 그들 중에는 적성검사와 흥미검사가 포함되어 있다. 진로지도 교사는 그동안의 지도 경험을 토대로 생각해 볼 때, 과학과 기술 분야에 흥미를 많이 가지고 있는 학생 중에는 불행하게도 그 분야의 공부에 필요한 능력, 즉 적성이 부족한 학생이 있는 것 같다는 생각을 가지고 있었다. 그래서 이 진로교사는 과학—기술 분야의 적성검사와 흥미검사 간에 연관성이 얼마나 있는지 알아보고 싶은 구체적 동기가 생겼다.

따라서 진로교사는 먼저 적성검사와 흥미검사의 점수가 구체적으로 무엇을 의미하는지 알아보았으며, 그것이 이른바 '표준점수'로 표시되었다는 것을 알게 되었다. 진로교사는 표준점수가 무엇인지 연수를 통해서 배운 바 있었기 때문에, 그것은 평균점수와 표준편차를 이용하여 각 개인의 점수가 평균점수로부터 얼마나 멀리 떨어져 있는지(정확히 표현하면, 몇 표준편차 떨어져 있는지)를 표현하고 있음을 알고 있었다.

그리고 진로교사는 이럴 때 활용할 수 있는 통계 기법으로서 '상관계수'라는 개념이 있음을 연수받은 바 있기 때문에 과학—기술 분야의 적성검사와 흥미검사 간 상관이 어느 정도 있는지 상관계수를 계산해 보고자 교육대학원을 마친 다른 교사의 도움을 받아서 상관계수를 산출하였다. 예를 들어서, 이때 상관계수로 $r = .60$이라는 수치를 얻었다고 하자.

다음 과제는 $r = .60$이라는 상관계수가 무엇을 의미하는지 이해하는 일이다. 상관계수는 0이 나오는 경우, 상관이 전혀 없다고 해석한다. 그리고 상관계수 $r = 1.0$이 나오거나 $r = -1.0$이 나오면 완전한 상관(−인 경우는 역으로 완전한)이 있다고 해석

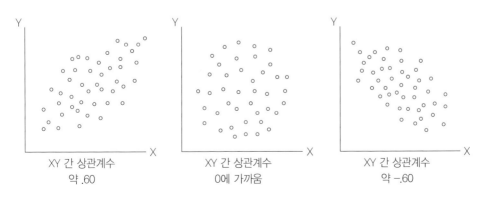

| XY 간 상관계수 | XY 간 상관계수 | XY 간 상관계수 |
| 약 .60 | 0에 가까움 | 약 −.60 |

그림 13-4 상관계수의 의미

을 한다. 통계학 서적에서는 적성검사와 흥미검사 간 상관계수 $r = .60$이라는 결과는 적성이 흥미를 설명(혹은 예측)하는 양이 36%($.60$의 제곱) 혹은 반대로 흥미가 적성을 설명(혹은 예측)하는 양도 36%라고 해석할 수 있다는 다소 어려운 해석을 내리고 있었다. 그리고 이런 해석의 이해를 돕기 위해서 상관계수 $r = .60$, $r = 0$, $r = 1.0$, $r = -1.0$의 의미를 그림으로 표현해 주고 있었다. 다음 그림이 상관계수를 이해하는 데 도움을 줄 것이다.

이 연구의 예에서 우리는 기술(description)의 새로운 의미를 배우게 된다. 즉, 과학적 기술에서는 자연 현상을 수량적으로 측정을 하고, 그 수치들 각자의 의미 및 수치들 간의 관계(예: 상관계수)를 나타내는 분석 기법을 사용한다는 것이다. 과학적 연구에서는 계량화, 즉 측정이 자주 사용되는 기법이기 때문에 이 측정에 대해서는 3절에서 별도의 지면을 빌려 더 상세히 설명할 것이다.

### (3) 현상(실태)에 대한 조사 연구

이미 언급했듯 기술(description)은 과학적 연구의 핵심 기능이다. 정확한 기술이 없이는 그 어떤 과학적 설명도 추론도 불가능하다. 그럼에도 우리 학계에서는 기술 연구에 대해 "단순한 실태 조사에 불과하다." 또는 "단지 현상을 기술하는 데 그치고 있다."라는 등의 옳지 못한 평가를 내리곤 한다.

실태 조사의 예를 들면, "우리나라에는 어떤 상담기관이 존재하며, 그 숫자와 규모는 어떠한가?", "우리나라 학교상담실에서는 어떤 심리검사들을 어느 정도의 빈도로 사용하는가?", "우리나라에는 인터넷 게임에 중독된 개인의 수가 얼마나 되는가?" 등을 들 수 있을 것이다. 이런 조사 연구의 결과는 지극히 기술적인 정보들이기 때문에 그 조사의 절차가 정밀하여야 하고 조사의 결과가 정확하게 제시되어야 한다. 그렇게 되기 위해서는 타당하고 신뢰로운 조사 도구, 정밀한 표집법(sampling) 사용, 조사 절차의 표준화 및 철저한 조사원 교육 등의 조건을 만족시켜야 할 것이다.

### (4) 분류 연구

합리적인 분류는 모든 학문의 기초다. 식물이나 동물 분류가 없었다고 상상해 보

자. 물질에 대한 분류(화학에 나오는 주기율표를 떠올려 보라)가 없이 화학 연구가 가능했을까?

인터넷 중독의 예를 가지고 이 분류 연구의 성격에 대해서 알아보자. '인터넷 중독'이라는 범주명(名)은 매우 애매모호한 명칭이다. 그것은 인터넷 게임에 대한 중독일 수 있고, 인터넷 도박에 대한 중독일 수도 있으며, 이른바 서핑이라고 부르는, 즉 인터넷상에서 여기저기 검색을 하는 데 시간을 허비하는 것일 수도 있다. 혹은 타인에 대한 정보를 SNS를 통해 들여다보는 데에 탐닉하는 것도 있다. 여기서 인터넷 게임에 대한 중독과 인터넷 도박에 대한 중독은 같은 것인가, 다른 것인가? 전자는 전자게임 중독으로 분류되고, 후자는 인터넷 도박 이외에도 다른 도박에 대한 중독을 포함하는 것으로(예: 스포츠 토토 등) 분류하는 것이 맞지 않을까? 현재까지 이 질문에 대하여 정확한 답은 알려지지 않았다. 생활지도와 상담학에서의 분류 연구는 이처럼 기초적인 부분임에도 불구하고 제대로 이루어지지 못하고 있다.

## 3) 기타 연구 설계 방법

### (1) 개념 구성 탐색 연구

과학적인 연구를 진행하기 위해서는 연구하고자 하는 현상에 대해서 '개념'을 구성하는 절차가 먼저 이루어져야 한다. 여기서 '개념을 구성한다'는 말의 의미는 무엇일까?

예를 들어, 최근 우리나라에도 외국인 이주자를 비롯하여 다양한 민족과 인종의, 즉 문화를 달리하는 사람들이 증가했고 자연히 각급 학교에는 다양한 인종, 민족, 문화 등이 어우러지게 되었다. 여기에서 이른바 다문화(multi-cultural)라는 개념이 보편적으로 알려지게 되었으며, 다문화 학급, 다문화 교육, 다문화 상담 등 다문화를 포함한 다양한 개념들이 탄생하였으며 교사와 상담자 등은 다문화적인 역량을 갖추어야 한다는 지침이 알려지게 되었다. 그렇다면 여기서 말하는 다문화 역량이란 과연 무엇을 의미하는가? 이 질문으로부터 개념을 구성하여야 하는 필요성을 인식하는 출발점이 된다. 우리가 그냥 '다문화'라고 말할 때는 그 개념이 분명한 것 같았지만 '다문화 역량'이라고 말할 때는 그 개념이 구체적으로 무엇인지 아리송하게 느껴지며, 그렇기 때문에 그 개념이 어떻게 구성되는지를 탐색하는 자체가 하나의 연구 주제가 되는 것이다.

개념을 탐색하는 첫걸음은 관련 이론과 조사 결과를 정리하는 문헌 연구다. 그렇게 해서 다문화 역량이 무엇일지에 대한 잠정적인 정의를 내리고, 또한 다문화 역량을 구성할 하위요소들에 대한 잠정적인 개념 틀을 작성하는 것이다. 연구방법론자들은 개념 구성을 탐색하는 몇 가지 연구 설계법을 개발하였는데, 여기서 한 가지 예를 들어 보겠다.

여기서 소개할 방법은 '델파이 연구'라고 하는 것인데 생활지도 분야의 연구에서도 유용하게 사용될 수 있고 현재도 이 방법을 사용한 생활지도/상담 연구 논문들을 자주 볼 수 있다. 이 연구 설계의 핵심적 특징은 해당 분야 전문가들을 선발하여 그들의 의견을 체계적으로 수집하고 수렴해 나간다는 것이다. 따라서 이 연구 설계에서는 우선적으로 전문가 패널을 어떻게 구성할 것인지를 결정하는 과정이 매우 중요하다. 해당 분야 전문가의 자격이나 전문 경력을 명백하게 지정하고 그들에게 개별적으로 접촉하여 연구 참여 의사를 분명하게 받도록 해야 한다. 그리고 몇 명의 전문가를 연구에 참여시켜야 신뢰할 만한 연구 결과를 얻을 수 있을 것인지에 대해서도 미리 결정해야 한다. 다음은 전문가 패널들에게 제시할 자료, 즉 다문화 역량을 구성하는 요소에 대하여 전문가의 의견을 표현할 도구를 제작하는 과정이 중요하다. 각 전문가 개인이 그동안의 전문적 경험을 바탕으로 전문적 의견을 반영할 수 있도록 하는 장치가 이 도구에 포함되어야 하는 것이다. 그래서 각 전문가들의 다양한 전문 경험이 골고루 반영되도록 한다. 마지막으로, 델파이 설계의 또 한 가지 특징은 이런 수렴 과정을 한 번에 끝내는 것이 아니라 최소 세 차례 정도 반복하여 중간에 수렴된 내용에 대하여 전문가 패널의 의견이 반영되도록 하는 피드백 기법을 적용한다는 것이다. 이렇게 함으로써 다문화 역량이 어떤 하위 요소로 구성되는지에 대한 개념적인 틀을 얻을 수 있는데, 연구의 전반적인 방향이 '탐색'적인 것이기 때문에 '검증 연구'와 구별하여 탐색 연구라고 부르고 있다. 앞에서 설명한 실험 설계는 주로 검증을 목적으로 하는 설계임에 비해서 여기서 설명한 연구는 주로 탐색을 목적으로 한다.

### (2) 구성요소(요인) 분석

구성요소를 분석하는 목적으로 고안된 연구 방법들이 있다. 대표적인 방법으로는 요인분석(factor analysis)과 군집분석(cluster analysis) 등이 있다(김계현, 2000). 이 두 방법은 분석의 목적과 결과가 매우 흡사하다. 즉, 현상을 매우 미세하게 쪼개 놓은 다음 그것들을 묶는 것이 요인분석과 군집분석의 목적이고 결과이다. 분석의 결과물로서 몇 개의 요인 혹은 군집을 묶음으로 얻은 다음에 그 요인들 혹은 군집들에게 명칭을 부여하고 각 구성요소들의 전체적인 구성에 대해서 개념적인 고찰을 하는 연구를 말한다.

### (3) 집단 비교 설계

우리가 현상을 이해하고 지식을 얻는 방법 중의 하나는 '비교'를 해 보는 것이다. 남성과 여성 간의 차이점을 인식함으로써 인간의 속성에 대한 이해를 도모할 수 있고, 두 형제 중 형과 동생 간의 차이를 인식하여 인간의 성격, 즉 행동 특성에 대한 이해를 증진시킬 수도 있다. 이는 마치 밧줄이 2개 있을 때 1개가 다른 것보다 '더 길다'는 것을 인식함으로써 '길이'라는 개념을 알게 되는 과정과 똑같은 인지 과정이다.

따라서 과학적 연구에서도 이와 같은 비교 전략을 활용한 설계법을 자주 사용한다. 예를 들어, 학교상담실에서 접하는 상담 사례 중에는 과연 내담자의 비밀을 지켜 주어야 좋을지, 아니면 비밀유지 원리를 예외적으로 달리 적용해야 할지 난감한 경우가 있다. 특히, 이런 경우는 학교교육에 종사하거나 직접 관련이 있는 당사자들의 입장에 따라서 견해가 크게 달라지는 현상이 있으므로, 학교생활지도 연구에서는 각 당사자들의 입장에 따라서 비밀유지에 대한 견해가 어떻게 차이가 나는지 조사해 보는 연구 주제가 가능할 것이다(구승영, 김계현, 2015). 예를 들면, 이러한 상담 사례를 접했을 때 내담자 학생이 원하는 것처럼 비밀유지를 철저히 해야 할 것인지, 아니면 교장, 교감 등 학교 경영자나 학부모에게 상담 내용을 공유할 것인지 판단에 대해서 교장, 교감의 견해, 학부모의 견해, 상담 교사의 견해, 담임교사의 견해가 같을지 다를지에 대한 연구를 말한다.

집단 비교 설계를 선택한 연구자는 우선 그 집단들을 설정한 이유를 명백하게 인지하고 있어야 한다. 앞에서 예로 든 비밀유지 및 공유에 관한 연구 주제라면 그 사례에 대한 학교 운영상의 책임(교장, 교감의 입장), 학생에 대한 부모로서의 권리와 책임(부모), 교사로서의 일차적 책임(담임교사), 상담자로서의 책임(상담 교사) 등 각 관련자의 책임 소재와 권리에 관한 사항들이 그 이유가 될 것이다.

각 집단원들의 입장 차이를 비교하는 구체적인 연구 방법은 다양할 수 있다. 예를 들면, 각자의 견해를 묻는 질문지를 사전에 작성하여 답변을 얻는 방법, 비밀유지가 쟁점이 되는 상황을 주고서 이에 대한 각 당사자의 반응을 관찰하는 방법 등 연구의 목적에 맞는 방법을 선택하게 될 것이다. 이렇게 해서 각 입장, 즉 학교 운영자의 입장, 담임교사나 상담교사의 입장, 학부모의 입장에 따라서 비밀유지 및 정보 공유에 대한 견해 중 어떤 점이 다르고 어떤 점이 유사한지 분석함으로써 상담 사례의 비밀유지에 대해 당사자들의 인식에 대한 학술적 이해를 증진시킬 수 있다.

## 3. 측정과 연구

측정은 과학적 연구의 핵심적 과정 중 하나이다. 최근 '질적 연구'의 개념을 잘못 이해하여 측정의 중요성을 경시하거나 측정의 의미를 그릇 이해하는 경우를 자주 보게 된다. 또한 양적 연구, 즉 계량적 자료를 기반으로 하는 연구를 폄하하는 일까지 있는데 이는 과학의 발전과 과학 교육에 크게 저해되는 행위이다. 이 절에서는 측정의 의미를 정확하게 이해할 수 있도록 할 뿐만 아니라 생활지도 연구에서 사용하는 측정의 방법에 어떤 것들이 있으며, 좋은 측정이란 어떤 특징을 가지는지에 대해서도 고찰할 것이다.

### 1) 과학과 측정

요즘 '질적 연구'라는 용어가 자주 쓰이기 때문에 그 상대어로서 '양적 연구'라는 용어도 자주 쓰인다. 과학에서 '양'이 어떤 개념인지, 그리고 '측정'이란 무엇이며 어떻게 하는 것인지 설명하고자 한다.

#### (1) 과학에서 '양'의 개념과 '측정'

우리가 교육심리학을 공부할 때 누구나 '지능'에 대해서 공부를 한다. 그런데 지능이란 무엇인가? 이 질문에 대해 답을 하는 일은 몹시 어렵고 복잡하다. 즉, 인간을 비롯한 각종 동물의 지능, 즉 지적인 능력과 작용이라는 것이 결코 단순하지가 않고, 복합적이면서 다차원적인 현상이기 때문이다. 그런데 지능을 IQ, 즉 지능지수(intelligence quotient)로 표시하는 경우 지능이 매우 단순한 것처럼 변환되어서 보이기 시작한다. 즉, IQ 135와 IQ 85가 무엇을 의미하는지 쉽게 소통할 수 있기 때문이다. 이렇게 해서 지능을 '더 높은 지능과 더 낮은 지능', '더 우월한 지능과 열등한 지능'으로 상대적인 비교를 하기 시작했다. 비록 지능이라는 것에는 비교가 불가능한 각종 질적인 속성들이 존재하지만, 지능이라는 것에 내재되어 있는 양적 속성에 주목하여 그것을 수량적으로 체계화하는 일을 측정이라고 부르게 된 것이다(김계현, 2013).

수량적 측정은 과학적 사고와 과학적 연구에 필수적인 장점을 제공해 주었다. 가장 익숙한 예를 들면, 무게, 길이, 시간 같은 측정법은 과학이 발생하기 이전부터 인류가 사용하기 시작한 측정법이며, 힘, 열량(칼로리로 표현되는), 온도를 비롯한 다양한 측정법이 개발되었다. 측정은 자연과학에서뿐만 아니라 경제학, 사회학, 심리학 등 사회과학에도 적용되었고 교육학도 역시 이를 적용하여 생활지도를 연구하는 데에도 측정은 필수적인 방법으로 사용되고 있는 것이다.

최근 연구 분야에서 관찰되는 바람직하지 못한 현상 한 가지를 지적하고자 한다. 그것은 연구를 '양적 연구'와 '질적 연구'로 양분해서 갈라놓는 현상이다. 자연 현상에는 분명히 양적 속성이 있고 질적인 속성이 있다고 앞에서 말하였다. 경우에 따라서는 질적인 속성을 수량으로 변환하여서 연구를 할 수 있는 방법도 개발되기도 하였다. 질적 연구자들 중에는 양적 연구 방법의 문제점을 지적하는 데에 집중하여 그것의 단점을 부각시키려는 노력을 많이 하는 것을 자주 볼 수가 있는데 이는 과학의 발전을 저해하는 현상이라고 여겨진다. 과학은 자연 현상에 여러 가지 방법을 다양하게 적용하여 최대한 진리에 접근하려는 노력임에도 불구하고, 어떤 방법은 옳고 어떤 방법은 옳지 않다는 것을 미리 정해 놓고 접근하는 태도는 그 자체로서 과학적 태도가 아니라고 이야기할 수 있다.

### (2) 측정의 개념

앞에서 '측정'의 뜻을 이해하기 위해서는 '양(量)'의 개념을 이해해야 할 것이라고 언급하였다. 즉, '왼쪽 사과가 오른쪽 사과보다 더 크다(혹은 더 무겁다)' 또는 '갑돌이가 을돌이보다 키가 더 크다' 등을 먼저 알아야 한다는 것이다. 인간은 그다음에 자연히 '얼마만큼' 더 큰지, '얼마만큼' 더 무거운지 알고 싶은 욕구가 생기고, 그 결과로서 '측정'이라는 개념이 탄생하게 된 것이다.

측정이란 "사물이나 현상에 잠재되어 있는 '양적 속성'을 파악하여 그것을 수로 표현하는 기술(김계현, 2013)"이라고 말할 수 있다. 생활지도 분야에서는 '인터넷 게임 중독'이라는 현상에 관심이 많으며, 게임 중독에 대한 중독 정도를 수량으로 표현하는 도구를 인터넷 게임 중독의 정도를 측정한다고 말한다. 이것을 측정하기 위해서 개인이 인터넷 게임에 얼마만큼 시간을 소비하는지, 인터넷 게임을 하지 못할 때 얼마나 그것을 하고 싶어 하는지, 인터넷 게임으로 인해서 다른 중요한 해야 할 일들을 하지 못하고 지장을 받는지, 인터넷 게임에 몰입함으로써 개인의 건강이나 대인관계가 어느 정도 손상을 입었는지 등을 세분화해서 측정할 수 있는 방법을 고안한다.

측정할 요인(여기서는 인터넷 게임 중독 및 그 하위요소들)에서 양적인 속성이 무엇인지 알아낸 다음에는 실제로 그 속성에 수(number)를 부여하는 방법을 고안해 내어야 한다. 교육학 분야에서는 심리측정과 교육평가 서적들이 이런 측정의 기법들을 소개하고 있다. 이어지는 절에서는 측정의 방법에 대해서 설명할 것이다.

## 2) 측정의 방법

생활지도 분야에서 사용하는 측정은 주로 교육학이나 심리학 특히 상담학의 측정 방법들을 적용하고 있다. 대표적인 것으로 자기보고법, 행동측정법, 타인에 의한 평정 등이 있다.

### (1) 자기보고법

이 방법을 사용한 측정도구는 자주 접할 수 있다. 대부분의 성격검사(예: NEO-PIR 5요인 검사, MMPI, MBTI 등)가 이 방법을 사용하며, 그 외에 가치관 검사, 진로의식검사, 각종 태도 검사 등이 이 자기보고법을 사용한다.

자기보고법 검사의 문항은 피검자의 내면적 생각이나 기분 등을 주로 묻는다. 즉, 이 방법의 측정은 개인의 경험 내용을 알아보고 그 강도나 수준을 알아보는 데 적합하다. 자기보고법은 비교적 실시가 용이하고 개인의 주관적 경험과 생각, 감정 등을 비교적 정확하게 알아볼 수 있다는 게 장점이다. 그러나 단점도 있다. 피검자가 연구의 목적이나 가설을 미리 짐작하여 고의로 혹은 무의식적으로 대답을 왜곡시킬 가능성이 있다. 또한 자기보고법은 외현적 행동을 직접 측정하지 못한다는 단점도 가지고 있다.

### (2) 행동측정법

행동측정법은 외관으로 관찰되는 행동 자체를 측정의 대상으로 삼는 것이다. 학술적으로 행동은 외현적 행동과 내면적 행동으로 구분될 수 있다. 내면적 행동은 사고(생각), 감정(정서), 신념, 태도 등을 지칭하는 용어인데, 이것들은 겉으로 드러나 있는 것이 아니기 때문에 직접 관찰되는 대상은 아니다. 이러한 내면적 행동을 측정하려면 앞에서 설명한 자기보고법이나 다른 방법을 사용해야 한다. 그러나 밖으로 드러나는 외현적 행동은 직접 관찰이 가능하기 때문에 행동측정 방법으로 측정이 가능하다. 예들 들어 알아보자.

각급 학교에서 관심을 가지는 주의력결핍 과잉행동장애, ADHD라고 불리는 문제는 교사, 부모, 상담자가 직접 관찰할 수 있는 문제다. 교실, 가정, 운동장 등에서 아동이 보이는 행동 자체가 관찰의 대상이며 문제를 진단하는 데이터로 활용된다.

행동측정법은 초기에는 행동수정(behavior modification) 분야에서 집중적으로 개발되었다. 그런데 비디오 촬영 방법이 발달하면서(특히, 소형화되고 조작이 간단한 동영상 촬영기기; 예: 스마트폰, 디지털 카메라) 행동을 녹화한 다음에 좀 더 안정적인 상황에서 행동들을 기록, 분류, 분석하는 방법이 가능해졌다. 학교 내에 설치된 CC-TV에 녹화된 자료를 분석하는 방법은 앞으로 연구 목적으로 좀 더 활용될 필요가 있다.

### (3) 타인에 의한 평정

피검자 본인보다는 피검자와 가까이 생활하면서 피검자를 관찰할 수 있는 사람에게 물어 측정 자료를 얻는 방법을 '타인에 의한 평정'이라고 부른다. 예를 들면, 인터넷 중독에 관해서는 피검자 본인에게 자기보고법을 사용하는 것 이외에 그 가족에게 평정을 하게 하는 방법이 자주 사용된다. 다른 예로, 유아의 행동 문제에 대해서는 그 부모나 유치원 교사, 어린이집 보호자에게 관찰 내용을 물어볼 수도 있다.

## 3) 측정치의 종류

측정에서는 측정치(값)라는 개념을 사용하는데 모든 측정치는 숫자로 표시할 수 있다. 그런데 이때 그 '수'가 말해 주는 의미에는 여러 가지가 있다. 측정치의 속성에 따라서 데이터를 분석하거나 해석하는 방법이 달라진다. 측정치의 속성을 설명하기 위하여 동간성, 서열성, 명명성 세 가지 개념을 중심으로 고찰할 것이다.

### (1) 동간척도

척도가 동간성(同間性)을 가진다는 것은 무엇을 의미하는가? 측정치가 동간성을 가지면 1과 2의 차이, 2와 3의 차이, 3과 4의 차이 등이 모두 같은 1의 양을 차이로 가진다. 그렇다면 1과 3의 차이 2는 3과 4의 차이 1보다 두 배의 차이가 있다는 것이다. 체중 20kg과 30kg 간의 차이는 10kg인데, 이것은 체중 30kg과 40kg 간의 차이와 같은 크기의 차이다. 그리고 20kg과 40kg 간의 차이인 20kg은 10kg의 차이보다 두 배 더 큰 차이라는 분석이 가능하다. 그래서 무게나 길이와 같이 영('0')이 존재하는 척도는 동간성뿐만 아니라 비율성까지(즉, 몇 배 더 크다, 몇 배 더 무겁다) 있기 때문에 비율척도라고 부른다.

그런데 상담학이나 생활지도 연구에서 사용되는 측정치들 중 동간성을 보유하고 있는 경우는 거의 없다. 정확하게 말하면, 동간성과 서열성(다음에 설명할) 중간 정도의 속성을 가지고 있다고 보아야 할 것이다(김계현, 2013). 동간성을 가지고 있다면 측정치를 갖고서 가감승제 계산을 자유롭게 할 수가 있지만 서열성만 가지고는 그런 계산을 함에 있어서 자유롭지 못하기 때문에 자료를 해석할 때 주의를 기울여야 한다.

### (2) 서열척도

앞에서 언급한 것처럼 심리학 · 교육학 · 상담학 · 생활지도 연구에서 사용하는 대부분의 척도는 서열척도다. 지능검사의 예를 들어 보자. IQ는 상당히 정교한 표준화 절차를 거친 표준점수이지만 동간성을 갖고 있지는 못하다. 즉, IQ 90과 IQ

110 간의 차이 20과 IQ 130과 IQ 150 간의 차이 20이 같은 크기, 같은 양이라고 주장할 만한 근거는 없다. 다만, 그 점수가 표준점수라고 말할 수 있는 것은 그 각각의 점수 차이에 존재하는 표준적인 의미가 있다는 뜻이다. 즉, 지능지수 IQ는 서열적인 의미 이외에도 그 서열의 간격에 표준적인 의미가 있다(비록 동간성은 부족하지만)는 점이 다른 서열척도들보다 우월한 점이다.

앞에서 언급한 것처럼, 대부분의 연구에서 사용하는 척도가 서열척도이기는 하지만 이들이 동간성, 즉 간격의 속성을 전혀 가지고 있지 못하다는 뜻은 아니다. 비록 서열척도이지만 그 점수에는 간격의 속성이 일부 포함되어 있다고 보기 때문에, 이를 근거로 평균을 내거나, 상관계수를 산출하는 등 다양한 통계적 계산을 하고 있는 것이다(김계현, 2013). 따라서 연구 논문을 작성하거나 참고할 때는 척도의 속성을 정확하게 인식하여야 하고, 통계 결과를 해석할 때 이를 참고하여야 할 것이다.

### (3) 명명척도

명명(命名)척도, nominal scale은 엄격하게 말하면 '척도'는 아니다. 예를 들어 보자. 연구에서 가장 흔히 사용되는 명명척도는 성별, 즉 남녀 구분이다. 사회조사 자료를 가지고 통계 처리를 해 본 사람이라면 경험을 해 보았겠지만, 우리는 종종 남성에는 1, 여성에는 2를 부여하곤 한다. 그 순서를 바꾸어서 여성에 1, 남성에 2를 부여하여 통계 처리를 하여도 그 결과는 똑같다. 즉, 사회조사 연구 분석에서 남성과 여성에는 서열적 정보가 존재하지 않는다는 것이다. 단지 남성과 여성이라는 유목에 대한 이름만 존재하는 것이다.

명명척도를 사용한 연구에서는 거의 항상 '빈도(frequency)'를 그 통계치로 사용한다. 대통령이나 의원을 선거할 때마다 등장하는 지지율 조사를 생각해 보면 쉽게 이해할 수가 있을 것이다. 앞에서 언급한 일일 지각자 수가 바로 빈도로 표시된다. 그런데 흥미로운 것은, 빈도 조사가 정확히 이루어지기만 하였다면 그 통계치는 거의 동간척도와 유사한 성격을 띠게 된다는 것이다. 예컨대, 일일 지각자 수 10명과 15명의 차이와 20명과 25명의 차이는 동일하기 때문이다. 일부 서적에서는 명명척도를 동간척도나 서열척도에 비해 더 '열등한' 척도로 간주하는 경우가 있는데 이는 잘못된 것이다. 명명척도는 조사 과정이 정확하게 이루어지기만 하면 그 자체로서 매우 우수한 척도로 활용될 수 있다(김계현, 2013).

## 4) 좋은 측정치

'좋은' 측정치란 무엇인가? 이 말은 '좋지 못한' 측정치가 있음을 가정한다. 측정치의 좋고 좋지 못함을 측정의 양호도라 부른다. 더 좋은 측정치와 상대적으로 좋지 못한 측정치가 가지는 특징들에 대해 살펴보자.

### (1) 측정치의 안정성: 신뢰도 1

좋은 측정치는 안정성이 있어야 한다. 예를 들면, 길이(거리)는 우리가 평소에 자주 접하는 측정치인데, 만약 사물의 길이를 잴 때마다 측정치가 달라지는 자를 사용하고 있다면 이는 가장 먼저 자의 문제를 제기하여야 할 것이다. 이런 경우를 "측정치의 안정성이 부족하다."라고 말하는 것인데, 이른바 '고무줄 자'라는 비유가 바로 여기에 해당한다.

이 안정성의 문제를 측정학 용어로 '신뢰도(reliability)'라고 부른다. 안정성이 부족하면 신뢰도가 낮다고 말하고, 안정성이 높으면 신뢰도가 높다고 말한다. 앞에서 예로 든 행동측정법을 상기해 보자. 산만하고 과잉행동을 보이는 한 아동의 교실 내 행동을 2명의 관찰자가 평가하였을 때, 관찰자 1에 의한 평가는 측정 1(=자 1)이 되고 관찰자 2의 평가는 측정 2(=자 2)가 된다. 이 경우 측정 1과 측정 2의 결과가 거의 같다면 안정적인 측정이고(높은 신뢰도), 서로 크게 다르다면 불안정한 측정이 된다(낮은 신뢰도).

### (2) 측정 요소의 내적 합치도: 신뢰도 2

교육학, 심리학 등의 연구 논문에서는 신뢰도 계수로서 크론바흐 알파(Cronbach α)가 자주 등장한다. 연구자는 그 수치가 1.0에 가까운 경우에 측정의 신뢰도가 충분히 높다고 주장한다. 이 크론바흐 알파는 측정의 내적 합치도를 나타내는 가장 대표적인 지표이기 때문이다.

이 '내적 합치도'는 어째서 신뢰도인가? 그리고 그것은 신뢰도 1과 어떻게 다른가? 만약 직업 가치관을 재는 자기보고식 질문지 척도의 내적 합치도가 1.0에 훨씬 못미치는, 즉 0.5 정도로 낮게 나왔다고 하자. 이때 가치관 척도의 문항 수가 12개였다면 이들 12개의 문항들이 하나의 단일 요인(요소)에 관한 것이 아니라 이것저것

(척도 제작자가 파악하지 못한) 복합 요소들을 재고 있다고 해석해야 한다. 길이를 재는 자에 비유해서 말하면, 그 자를 만든 재료가 한 가지 플라스틱 혹은 한 가지 금속으로 만들어지지 않고 여러 가지 플라스틱이나 금속을 무질서하게 섞어서 만든 경우다. 즉, 그 자의 어떤 부분에는 신축성이 높은 물질이 들어 있고, 또 자의 다른 부분에는 신축성이 낮은 물질이 들어 있는 셈이다. 다시 말하면, 어떤 단일 요인을 잴때 그것을 재는 측정도구(문항들의 조합)는 내적 합치도가 높아야 그것을 '신뢰성 있는 도구'라고 말할 수 있는 것이다(김계현, 2013).

앞에서 설명한 신뢰도 1과 신뢰도 2는 어떻게 다른가? 신뢰도 1은 안정성에 관한 지표이고, 신뢰도 2는 도구를 구성하는 요소의 단일성에 관한 지표이다. 즉, 신뢰도 1과 신뢰도 2는 이름은 다 같이 '신뢰도'이지만 그 정확한 의미는 서로 다른 신뢰도이다.

### (3) 측정의 타당도(타당성)

측정의 양호도를 표현하는 방법으로서 신뢰도(신뢰성) 외에 타당도(타당성, validity)라는 개념을 사용한다. 여기서 굳이 '타당도'라는 용어 이외에 '타당성'이라는 용어를 병행시킨 이유가 있다. 타당도라는 용어에는 타당한 정도, 타당한 수준을 보여 줄 만한 계량적 속성이 있다는 의미가 내포되어 있지만, 대부분의 타당도 정보들은 신뢰도처럼 계수화하여 제시하지 못하기 때문이다. 척도의 타당도를 분석한 연구 논문들을 보면 대체로 그 척도의 타당성을 간접적으로 보여 주는 정보들을 체계적으로 제시하는 방식으로 구성되고 있다. 타당도는 신뢰도와 달리 계수화하는 대신에 척도의 타당성을 나타내는 여러 가지 정보들을 직간접적으로 제시하는 것이다(김계현, 2013). 척도의 타당도(타당성)에는 다음과 같은 것들이 있다.

① 예측타당도(예언타당도): 측정의 예측타당도(predictive validity)란 무엇일까? 행동과학의 측정도구들은 피검자들이 실제 상황과 실제 생활에서 행하는 행동들을 얼마나 정확하게 예측해 주는지가 매우 중요하다. 만약, 측정치에서는 그 사람의 성격이 '매우 외향적임'을 말해 주고 있지만 실제 생활에서의 행동들에서는 외향적이라기보다 오히려 내향적인 행동들을 많이 보여 준다면, 그 측정은 잘못된, 즉 타당성이 결여된 것이다. 타당도 중에서도 특히 예측타당도가 부족하다고 간주한다. 예측타당도는 다른 말로 예언타당도라고도 부른다.

② 내용타당도: 내용타당도(content validity)란 측정도구가 재고자 하는 속성과 측정도구의 문항이 '내용적으로' 일관성이 있는지에 관한 사항이다. 직업흥미를 측정하는 홀랜드 흥미검사에 따르면 예술적 직업흥미라는 척도가 있는데, 그 척도를 구성하는 문항들이 과연 예술적 흥미라는 속성을 제대로 반영하고 있는지(예: "재즈 연주회에 관한 기사를 보면 읽고 싶어진다."라는 문항이 있다고 가정할 수 있음), 아니면 다른 엉뚱한 흥미 속성을 반영하고 있는지를 알아보는 것은 타당도를 검토할 때 중요한 과정이다. 만약 척도 문항들의 내용이 예술적 직업 흥미가 아닌 다른 것들을 주로 담고 있다면 그 척도에 의한 측정의 결과를 해석하기가 곤란해진다.

③ 공인타당도(공유타당도): 공인타당도(concurrent validity)는 많은 타당도 연구논문에서 자주 볼 수 있다. 공인타당도를 제시하는 기본적 틀은 다음과 같다. 내가 타당도 연구를 하는 척도 A가 있다고 하자. 그런데 척도 A와 유사한 속성을 재는 다른 척도 갑(甲)이 기존에 존재하고 있어서 나는 척도 A와 척도 갑 간에는 '상당 수준의' 상관관계가 있음을 제시함으로써 새 척도 A가 측정하고자 하는 속성을 어느 정도 타당하게 측정하였음을 보여 줄 수 있다. 예를 들면, 흥미검사에 있는 사회형 척도의 결과와 성격검사의 내외향성 및 호감성 척도의 결과 간에는 유의한 상관관계를 기대하는 것이 합리적인 예측일 것이다.

④ 구인타당도(구성개념 타당도): 이 구인타당도(construct validity)는 매우 이론적인 개념이다. 그리고 측정의 구인타당도를 제시하는 방법도 매우 복잡하고 다양하다. 우선 가장 자주 사용되는 방법은 요인분석(factor analysis) 방법을 사용하는 것이다. 요인분석에는 탐색적 요인분석과 확인적 요인분석이 있는데, 최근에는 두 가지 방법이 척도 타당화 연구에서 모두 사용된다. 요인분석을 타당화 연구에 사용하는 논리는 다음과 같다―어떤 척도를 만드는 데에는 이론적 기반이 있는데, 요인분석의 결과가 그 기반 이론에 얼마나 부합하는지를 검토해 보는 것이다. 구인타당도를 연구하는 또 다른 방법에는 (자주 사용하지는 않지만) '수렴―식별(또는 감별) 타당도'라는 방법도 있다. 이 타당도는 같은 속성을 여러 다른 방법으로 쟀을 때, 방법의 차이에 의해 발생하는 변산(변량)을 고려하여 그 측정이 당초에 재고자 했던 속성을 얼마나 제대로 잰 것인지 알아보는 방법이다(김계현, 2000).

# 참고문헌

구승영, 김계현(2015). 학교상담 관련 주체의 입장에 따른 상담자의 비밀보장 예외 판단 차이 분석. 상담학연구, 16(4), 321-338.

김계현(2000). 상담심리학 연구: 주제론과 방법론. 서울: 학지사.

김계현(2013). 양적 연구 방법. 고홍월, 권경인, 김계현, 김성회, 김재철, 김형수, 서영석, 이형국, 탁진국, 황재규(공저), 상담연구방법론(제4장, pp. 105-134). 서울: 학지사.

이자명(2013). 워킹맘의 일-가족 다중역할갈등 상황에서 심리적 거리 조절에 따른 대안적 사고 차이. 서울대학교 대학원 박사학위 청구논문.

제14장 **생활지도 관련 법과
행정의 현황 및 향후 과제**

이 장에서는 현재 일선학교 생활지도의 방향 및 내용을 결정하는 여러 법령과 생활지도가 이루어지는 행정체제의 현황을 살펴보고 향후 발전을 위한 과제를 탐색해 본다.

생활지도를 관장하는 법률로는 「교육기본법」, 「초·중등교육법」, 「인성교육진흥법」, 「학교폭력예방 및 대책에 관한 법률」, 위(Wee) 프로젝트 사업관리·운영에 관한 규정, 학생인권조례 등이 있으며, 각 법률은 생활지도의 방향, 내용, 방법, 수행 주체 등에 대하여 규정하고 있다. 생활지도 행정은 교육부, 시·도교육청, 지역교육지원청, 단위학교의 위계를 가지고 이루어지고 있으며, 각 기관은 생활지도를 담당하는 조직을 구성하고 관련 수행업무를 지정하고 있다. 향후 생활지도 관련 법과 행정의 발전 방향으로는 관련 법의 정비 및 제정, 행정체제의 일원화, 담당인력의 전문화 등을 제시하였다.

# 1. 생활지도 관련 법

현 법률에서 생활지도와 관련 있는 법령은「교육기본법」,「초·중등교육법」,「인성교육진흥법」,「학교폭력예방 및 대책에 관한 법률」, 위(Wee) 프로젝트 사업관리·운영에 관한 규정, 학생인권조례 등이 있다. 각 법령의 주요 내용은 다음과 같다.

## 1)「교육기본법」[법률 제14601호, 2017. 3. 21., 일부 개정]

「교육기본법」은 생활지도와 관련하여 생활지도의 방향, 생활지도의 내용, 생활지도의 원칙, 생활지도 담당자 등을 다음과 같이 규정하고 있다.

### (1) 생활지도의 방향

「교육기본법」은 제2조 교육이념과 제9조 학교교육에서 교육의 방향을 제시하면서 생활지도의 방향을 아울러 제시하고 있다.

> 제2조(교육이념) 교육은 홍익인간(弘益人間)의 이념 아래 모든 국민으로 하여금 인격을 도야(陶冶)하고 자주적 생활능력과 민주시민으로서 필요한 자질을 갖추게 함으로써 인간다운 삶을 영위하게 하고 민주국가의 발전과 인류공영(人類共榮)의 이상을 실현하는 데에 이바지하게 함을 목적으로 한다.
> 제9조(학교교육) ③ 학교교육은 학생의 창의력 계발 및 인성(人性) 함양을 포함한 전인적(全人的) 교육을 중시하여 이루어져야 한다.

### (2) 생활지도의 내용

「교육기본법」은 생활지도의 내용으로서 교육받을 권리(제3조 학습권, 제12조 학습자), 남녀평등(제17조의 2 남녀평등교육의 증진), 학습윤리(제17조의 3 학습윤리의 확립), 건전한 성의식(제17조의 4 건전한 성의식 함양), 안전사고 예방(제17조의 5 안전사고 예방), 평화적 통일 지향(제17조의 6), 직업교육(제21조 직업교육), 보건 및 복지(제27조 보건 및 복지의 증진)을 규정하고 있다. 이 중 교육받을 권리와 남녀평등에 대한 조항은 다음과 같다.

제12조(학습자) ① 학생을 포함한 학습자의 기본적 인권은 학교교육 또는 사회교
육의 과정에서 존중되고 보호된다.

② 교육내용·교육방법·교재 및 교육시설은 학습자의 인격을 존중하고 개성
을 중시하여 학습자의 능력이 최대한으로 발휘될 수 있도록 마련되어야 한다.

③ 학생은 학습자로서의 윤리의식을 확립하고, 학교의 규칙을 준수하여야 하
며, 교원의 교육·연구 활동을 방해하거나 학내의 질서를 문란하게 하여서는
아니 된다.

제17조의 2(남녀평등교육의 증진) ① 국가와 지방자치단체는 남녀평등정신을 보
다 적극적으로 실현할 수 있는 시책을 수립·실시하여야 한다.

② 국가 및 지방자치단체와 제16조에 따른 학교 및 사회교육시설의 설립자·경
영자는 교육을 할 때 합리적인 이유 없이 성별에 따라 참여나 혜택을 제한하거
나 배제하는 등의 차별을 하여서는 아니 된다.

## (3) 생활지도의 원칙

「교육기본법」은 생활지도의 원칙으로 기회균등(제4조 교육의 기회균등), 중립성
(제6조 교육의 중립성), 의무성(제8조 의무교육), 정보보호(제23조의 3 학생정보의 보호
원칙, 제26조의 2 교육 관련 정보의 공개) 등을 제시하고 있다. 이 중 기회균등과 중립
성에 대한 조항은 다음과 같다.

제4조(교육의 기회균등) ① 모든 국민은 성별, 종교, 신념, 인종, 사회적 신분, 경
제적 지위 또는 신체적 조건 등을 이유로 교육에서 차별을 받지 아니한다.

제6조(교육의 중립성) ① 교육은 교육 본래의 목적에 따라 그 기능을 다하도록 운
영되어야 하며, 정치적·파당적 또는 개인적 편견을 전파하기 위한 방편으로
이용되어서는 아니 된다.

② 국가와 지방자치단체가 설립한 학교에서는 특정한 종교를 위한 종교교육을
하여서는 아니 된다.

### (4) 생활지도 담당자

「교육기본법」은 생활지도의 담당자로서 보호자(제13조 보호자), 교원(제14조 교원)을 다음과 같이 규정하고 있다.

제13조(보호자) ① 부모 등 보호자는 보호하는 자녀 또는 아동이 바른 인성을 가지고 건강하게 성장하도록 교육할 권리와 책임을 가진다.

제14조(교원) ③ 교원은 교육자로서의 윤리의식을 확립하고, 이를 바탕으로 학생에게 학습윤리를 지도하고 지식을 습득하게 하며, 학생 개개인의 적성을 계발할 수 있도록 노력하여야 한다.

## 2) 「초·중등교육법」[법률 제14603호, 2017. 3. 21., 일부 개정]

### (1) 생활지도의 방법

「초·중등교육법」은 생활지도의 방법과 관련하여 학칙의 제정과 개정(제8조 학교 규칙), 학칙의 심의(제32조 학교운영위원회의 기능), 학생자치활동(제17조 학생자치활동), 학생징계(제18조 학생징계, 제18조의 2 재심청구, 제18조의 3 시·도 학생징계조정위원회의 설치), 학교생활기록(제25조 학교생활기록, 제30조의 6 학생 관련 자료 제공의 제한) 등을 규정하고 있다. 이 중 학칙의 제정과 개정, 학생의 징계와 관련된 조항은 다음과 같다.

제8조(학교 규칙) ① 학교의 장(학교를 설립하는 경우에는 그 학교를 설립하려는 자를 말한다)은 법령의 범위에서 학교 규칙(이하 '학칙'이라 한다)을 제정 또는 개정할 수 있다.

제18조(학생의 징계) ① 학교의 장은 교육상 필요한 경우에는 법령과 학칙으로 정하는 바에 따라 학생을 징계하거나 그 밖의 방법으로 지도할 수 있다. 다만, 의무교육을 받고 있는 학생은 퇴학시킬 수 없다.

② 학교의 장은 학생을 징계하려면 그 학생이나 보호자에게 의견을 진술할 기회를 주는 등 적정한 절차를 거쳐야 한다.

동법 시행령 제9조 학교 규칙의 기재사항 등에는 학교 규칙에 담을 내용을 수업연한·학년·학기 및 휴업일을 포함한 10개 항목으로 규정하고 있으며, 제30조 학생자치활동의 보장에서는 학교의 장이 학생의 자치활동을 권장·보호하기 위하여 필요한 사항을 지원할 것을 규정하고, 제31조 학생의 징계 등, 제31조의 2 퇴학 조치된 자의 재심청구 등에서는 학생징계의 절차를 규정하고 있다.

동법 시행규칙에는 학교생활기록과 관련하여 제21조 학교생활기록의 작성기준, 제22조 학교생활기록의 대상 자료, 제23조 학교생활기록의 구분 관리, 제24조 학교생활기록의 보존 등, 제25조 학교생활기록 작성 등에 관한 특례 등의 조항을 두고 있다.

### (2) 생활지도 내용

「초·중등교육법」은 생활지도의 내용으로서 학습평가(제9조 학생·기관·학교 평가), 의무교육(제13조 취학의무, 제14조 취학의무의 면제, 제15조 고용자의 의무, 제16조 친권자 등에 대한 보조), 인권보장(제18조의 4 학생의 인권보장, 제28조 학습부진아 등에 대한 교육, 제52조 근로청소년을 위한 특별학급 등, 제53조 취학 의무 및 방해 행위의 금지, 제55조 특수학교, 제56조 특수학급), 학사일정(제24조 수업 등, 제26조 학년제, 제27조 조기진급 및 조기졸업 등, 제39조 초등학교 수업연한, 제42조 중학교 수업연한, 제46조 고등학교 수업연한), 안전대책(제30조의 8 학생의 안전대책 등) 등을 규정하고 있다. 이 중 학습평가와 취학의무에 관한 조항은 다음과 같다.

> 제9조(학생·기관·학교 평가) ① 교육부장관은 학교에 재학 중인 학생을 대상으로 학업성취도를 측정하기 위한 평가를 할 수 있다.
> 제13조(취학 의무) ① 모든 국민은 보호하는 자녀 또는 아동이 6세가 된 날이 속하는 해의 다음 해 3월 1일에 그 자녀 또는 아동을 초등학교에 입학시켜야 하고, 초등학교를 졸업할 때까지 다니게 하여야 한다.

동법 시행령에서는 취학과 관련하여 제15조 취학아동명부의 작성 등, 제16조 입학기일 등의 통보, 제17조 취학의 통지 등, 제19조 귀국 학생 및 다문화학생 등의 입학 및 전학, 제21조 초등학교의 전학절차, 제22조 미입학아동 등의 통보, 제25조 독촉·경고 및 통보, 제26조 취학의 독촉 등, 제27조 취학독려조치, 제28조 취학의무의 면제 등, 제29조 유예자 등의 학적관리 등의 조항을 두고 있으며, 학사관리와 관련해서 제44조 학기, 제45조 수업일수, 제46조 학급편성, 제47조 휴업일 등, 제49조 수업시각, 제50조 수료 및 졸업 등, 제52조 학생배치계획, 제53조 조기진급·조기졸업 등의 조항을 두고 있다. 또한 인권보장과 관련하여 제54조 학습부진아 등에 대한 교육 및 시책, 제57조의 2 학생의 안전대책 등, 제104조의 2 교육비 지원 대상 및 기준 등의 조항을 두었으며, 전학지도와 관련하여 제73조 중학교의 전학 등, 제74조 편입학, 제75조 귀국학생 및 다문화학생 등의 입학·전학 및 편입학, 제89조 고등학교의 전학 등, 제89조의 2 귀국학생 등의 입학·전학 및 편입학 등의 조항을 두었다.

### (3) 생활지도 담당자 배치

「초·중등교육법」은 생활지도 담당인력 중 하나인 전문상담교사의 배치에 관하여 제19조의 2 전문상담교사의 배치 조항과 제21조 교원의 자격에서 다음과 같이 규정하고 있다.

> 제19조의 2(전문상담교사의 배치 등) ① 학교에 전문상담교사를 두거나 시·도 교육행정기관에 「교육공무원법」 제22조의 2에 따라 전문상담순회 교사를 둔다.
> ② 제1항의 전문상담순회 교사의 정원·배치 기준 등에 필요한 사항은 대통령령으로 정한다.
> 제21조(교원의 자격) ② 교사는 정교사(1급·2급), 준교사, 전문상담교사(1급·2급), 사서교사(1급·2급), 실기교사, 보건교사(1급·2급) 및 영양교사(1급·2급)로 나누되, [별표 2]의 자격 기준에 해당하는 사람으로서 대통령령으로 정하는 바에 따라 교육부장관이 검정·수여하는 자격증을 받은 사람이어야 한다.

동법 시행령 제40조의 2 전문상담순회 교사의 배치기준에서는 시·도 교육청 또는 교육지원청에 전문상담순회 교사를 두며, 이 경우 전문상담순회 교사의 세부 배치기준은 교육감이 정하도록 규정하고 있다.

## 3) 「인성교육진흥법」[법률 제15233호, 2017. 12. 19., 일부 개정]

### (1) 생활지도의 방향

「인성교육진흥법」은 생활지도의 방향과 관련하여 인성교육의 정의 및 목표(제2조 정의)를 다음과 같이 규정하고 있다.

> 제2조(정의) 이 법에서 사용하는 용어의 뜻은 다음과 같다.
> 1. '인성교육'이란 자신의 내면을 바르고 건전하게 가꾸고 타인·공동체·자연과 더불어 살아가는 데 필요한 인간다운 성품과 역량을 기르는 것을 목적으로 하는 교육을 말한다.
> 2. '핵심 가치·덕목'이란 인성교육의 목표가 되는 것으로 예(禮), 효(孝), 정직, 책임, 존중, 배려, 소통, 협동 등의 마음가짐이나 사람됨과 관련되는 핵심적인 가치 또는 덕목을 말한다.
> 3. '핵심 역량'이란 핵심 가치·덕목을 적극적이고 능동적으로 실천 또는 실행하는 데 필요한 지식과 공감·소통하는 의사소통 능력이나 갈등해결 능력 등이 통합된 능력을 말한다.

### (2) 생활지도 담당책무

「인성교육진흥법」은 생활지도 담당책무와 관련하여 국가와 지방자치단체(제4조 국가 등의 책무), 교육부장관 및 교육감(제6조 인성교육종합계획의 수립 등, 제7조 계획 수립 등의 협조, 제8조 공청회의 개최, 제9조 인성교육진흥위원회, 제11조 인성교육 지원 등, 제15조 인성교육 예산 지원, 제16조 인성교육의 추진성과 및 활동 평가), 학교(제10조 학교의 인성교육 기준과 운영, 제18조 학교의 인성교육 참여 장려) 등에 대하여 규정하고 있다. 이 중 국가와 지방자치단체의 책무는 다음과 같다.

> 제4조(국가 등의 책무) ① 국가와 지방자치단체는 인성을 갖춘 국민을 육성하기 위하여 인성교육에 관한 장기적이고 체계적인 정책을 수립하여 시행하여야 한다.
> ② 국가와 지방자치단체는 학생의 발달 단계 및 단위 학교의 상황과 여건에 적합한 인성교육 진흥에 필요한 시책을 마련하여야 한다.

③ 국가와 지방자치단체는 학교를 중심으로 인성교육 활동을 전개하고, 인성 친화적인 교육환경을 조성할 수 있도록 가정과 지역사회의 유기적인 연계망을 구축하도록 노력하여야 한다.

④ 국가와 지방자치단체는 학교 인성교육의 진흥을 위하여 범국민적 참여의 필요성을 홍보하도록 노력하여야 한다.

⑤ 국민은 국가 및 지방자치단체가 추진하는 인성교육에 관한 정책에 적극적으로 협력하여야 한다.

### (3) 생활지도의 방법

「인성교육진흥법」은 생활지도의 방법과 관련하여 가정 및 학교와 사회의 참여(제5조 인성교육의 기본 방향), 인증된 프로그램 활용(제12조 인성교육 프로그램의 인증, 제13조 인증의 유효기간, 제14조 인증의 취소), 교원 연수 및 전문인력 양성(제17조 교원의 연수 등, 제20조 전문인력의 양성), 언론의 활용(제19조 언론의 인성교육 지원) 등을 규정하고 있다. 이 중 인성교육의 기본 방향과 인성교육 프로그램의 인증과 관련된 조항은 다음과 같다.

제5조(인성교육의 기본 방향) ① 인성교육은 가정 및 학교와 사회에서 모두 장려되어야 한다.

② 인성교육은 인간의 전인적 발달을 고려하면서 장기적 차원에서 계획되고 실시되어야 한다.

③ 인성교육은 학교와 가정, 지역사회의 참여와 연대하에 다양한 사회적 기반을 활용하여 전국적으로 실시되어야 한다.

제12조(인성교육 프로그램의 인증) ① 교육부장관은 인성교육 진흥을 위하여 인성교육 프로그램을 개발·보급하거나 인성교육과정을 개설(開設)·운영하려는 자(이하 '인성교육 프로그램 개발자 등'이라 한다)에 대하여 인성교육 프로그램과 인성교육과정의 인증(이하 '인증'이라 한다)을 할 수 있다.

② 인증을 받고자 하는 인성교육 프로그램 개발자 등은 교육부장관에게 신청하여야 한다.

③ 교육부장관은 제2항에 따라 인증을 신청한 인성교육 프로그램 또는 인성교

육과정이 교육 내용·교육 시간·교육 과목·교육시설 등 교육부령으로 정하는 인증기준에 적합한 경우에는 이를 인증할 수 있다.

## 4)「학교폭력예방 및 대책에 관한 법률」
[법률 제15044호, 2017. 11. 28., 일부 개정]

### (1) 학교폭력 및 예방에 관한 행정기관의 책무

「학교폭력예방 및 대책에 관한 법률」은 학교폭력 및 예방에 관하여 교육부장관이 기본계획을 수립하고(제6조 기본계획의 수립 등), 국가 및 지방지치단체가 필요한 법적·제도적 장치를 마련하며(제4조 국가 및 지방자치단체의 책무), 시·도교육청에 학교폭력의 예방과 대책을 담당하는 전담부서를 설치·운영할 것(제11조 교육감의 임무)을 규정하고 있다. 이 중 국가 및 지방자치단체의 책무 및 기본계획 수립과 관련된 내용은 다음과 같다.

제4조(국가 및 지방자치단체의 책무) ① 국가 및 지방자치단체는 학교폭력을 예방하고 근절하기 위하여 조사·연구·교육·계도 등 필요한 법적·제도적 장치를 마련하여야 한다.

② 국가 및 지방자치단체는 청소년 관련 단체 등 민간의 자율적인 학교폭력 예방 활동과 피해학생의 보호 및 가해학생의 선도·교육 활동을 장려하여야 한다.

③ 국가 및 지방자치단체는 제2항에 따른 청소년 관련 단체 등 민간이 건의한 사항에 대하여는 관련 시책에 반영하도록 노력하여야 한다.

④ 국가 및 지방자치단체는 제1항부터 제3항까지의 규정에 따른 책무를 다하기 위하여 필요한 행정적·재정적 지원을 하여야 한다.

제6조(기본계획의 수립 등) ① 교육부장관은 이 법의 목적을 효율적으로 달성하기 위하여 학교폭력의 예방 및 대책에 관한 정책 목표·방향을 설정하고, 이에 따른 학교폭력의 예방 및 대책에 관한 기본계획(이하 '기본계획'이라 한다)을 제7조에 따른 학교폭력대책위원회의 심의를 거쳐 수립·시행하여야 한다.

② 기본계획은 다음 각 호의 사항을 포함하여 5년마다 수립하여야 한다. 이 경우 교육부장관은 관계 중앙행정기관 등의 의견을 수렴하여야 한다.

1. 학교폭력의 근절을 위한 조사·연구·교육 및 계도

2. 피해학생에 대한 치료·재활 등의 지원

3. 학교폭력 관련 행정기관 및 교육기관 상호 간의 협조·지원

4. 제14조 제1항에 따른 전문상담교사의 배치 및 이에 대한 행정적·재정적 지원

5. 학교폭력의 예방과 피해학생 및 가해학생의 치료·교육을 수행하는 청소년 관련 단체(이하 '전문단체'라 한다) 또는 전문가에 대한 행정적·재정적 지원

6. 그 밖에 학교폭력의 예방 및 대책을 위하여 필요한 사항

③ 교육부장관은 대통령령으로 정하는 바에 따라 특별시·광역시·특별자치시·도 및 특별자치도(이하 '시·도'라 한다) 교육청의 학교폭력 예방 및 대책과 그에 대한 성과를 평가하고, 이를 공표하여야 한다.

제11조(교육감의 임무) ① 교육감은 시·도교육청에 학교폭력의 예방과 대책을 담당하는 전담부서를 설치·운영하여야 한다.

② 교육감은 관할 구역 안에서 학교폭력이 발생한 때에는 해당 학교의 장 및 관련 학교의 장에게 그 경과 및 결과의 보고를 요구할 수 있다.

③ 교육감은 관할 구역 안의 학교폭력이 관할 구역 외의 학교폭력과 관련이 있는 때에는 그 관할 교육감과 협의하여 적절한 조치를 취하여야 한다.

④ 교육감은 학교의 장으로 하여금 학교폭력의 예방 및 대책에 관한 실시계획을 수립·시행하도록 하여야 한다.(중략)

## (2) 담당 위원회의 설치 운영

「학교폭력예방 및 대책에 관한 법률」은 해당 업무를 수행하기 위하여 학교폭력대책위원회(제7조 학교폭력대책위원회의 설치·기능, 제8조 대책위원회의 구성), 학교폭력대책지역위원회(제9조 학교폭력대책지역위원회의 설치, 제10조 학교폭력대책지역위원회의 기능 등), 학교폭력대책지역협의회(제10조의 2 학교폭력대책지역협의회의 설치·운영), 학교폭력대책자치위원회(제12조 학교폭력대책자치위원회의 설치 기능, 제13조 자치위원회의 구성·운영) 등을 규정하고 있다. 이 중 학교폭력대책위원회와 학교폭력대책지역위원회의 설치에 대한 내용은 다음과 같다.

제7조(학교폭력대책위원회의 설치·기능) 학교폭력의 예방 및 대책에 관한 다음

각 호의 사항을 심의하기 위하여 국무총리 소속으로 학교폭력대책위원회(이하 '대책위원회'라 한다)를 둔다.

1. 학교폭력의 예방 및 대책에 관한 기본계획의 수립 및 시행에 대한 평가
2. 학교폭력과 관련하여 관계 중앙행정기관 및 지방자치단체의 장이 요청하는 사항
3. 학교폭력과 관련하여 교육청, 제9조에 따른 학교폭력대책지역위원회, 제10조의 2에 따른 학교폭력대책지역협의회, 제12조에 따른 학교폭력대책자치위원회, 전문단체 및 전문가가 요청하는 사항

제9조(학교폭력대책지역위원회의 설치) ① 지역의 학교폭력 문제를 해결하기 위하여 시·도에 학교폭력대책지역위원회(이하 '지역위원회'라 한다)를 둔다.

② 특별시장·광역시장·특별자치시장·도지사 및 특별자치도지사는 지역위원회의 운영 및 활동에 관하여 시·도의 교육감(이하 '교육감'이라 한다)과 협의하여야 하며, 그 효율적인 운영을 위하여 실무위원회를 둘 수 있다.

③ 지역위원회는 위원장 1인을 포함한 11인 이내의 위원으로 구성한다.

④ 지역위원회 및 제2항에 따른 실무위원회의 구성·운영에 필요한 사항은 대통령령으로 정한다.

## (3) 학교폭력 대처 방법

「학교폭력예방 및 대책에 관한 법률」은 학교폭력에 대한 대처 방법으로서 조사와 상담(제11조의 2 학교폭력 조사·상담 등), 관계기관 협조(제11조의 3 관계기관과의 협조 등), 담당인력의 배치(제14조 전문상담교사 배치 및 전담기구 구성, 제20조의 5 학생보호인력의 배치, 제20조의 6 학교전담경찰관), 예방교육(제15조 학교폭력 예방교육 등), 정보통신망 등 시설 활용(제20조의 2 긴급전화의 설치 등, 제20조의 4 정보통신망의 이용 등, 제20조의 7 영상정보처리기기의 통합 관제), 피해학생 보호 및 가해학생 조치(제16조 피해학생의 보호, 제17조 가해학생에 대한 조치), 장애학생 보호(제16조의 2 장애학생의 보호), 재심청구 및 분쟁조정(제17조의 2 재심청구, 제18조 분쟁조정) 등을 규정하고 있다. 이 중 피해학생의 보호와 가해학생에 대한 조치와 관련된 내용은 다음과 같다.

제16조(피해학생의 보호) ① 자치위원회는 피해학생의 보호를 위하여 필요하다고 인정하는 때에는 피해학생에 대하여 다음 각 호의 어느 하나에 해당하는 조치(수 개의 조치를 병과하는 경우를 포함한다)를 할 것을 학교의 장에게 요청할 수 있 다. 다만, 학교의 장은 피해학생의 보호를 위하여 긴급하다고 인정하거나 피해학 생이 긴급보호의 요청을 하는 경우에는 자치위원회의 요청 전에 제1호, 제2호 및 제6호의 조치를 할 수 있다. 이 경우 자치위원회에 즉시 보고하여야 한다.

1. 학내외 전문가에 의한 심리상담 및 조언

2. 일시보호

3. 치료 및 치료를 위한 요양

4. 학급교체

6. 그 밖에 피해학생의 보호를 위하여 필요한 조치

제17조(가해학생에 대한 조치) ① 자치위원회는 피해학생의 보호와 가해학생의 선도·교육을 위하여 가해학생에 대하여 다음 각 호의 어느 하나에 해당하는 조치(수 개의 조치를 병과하는 경우를 포함한다)를 할 것을 학교의 장에게 요 청하여야 하며, 각 조치별 적용 기준은 대통령령으로 정한다. 다만, 퇴학처분은 의무교육과정에 있는 가해학생에 대하여는 적용하지 아니한다.

1. 피해학생에 대한 서면사과

2. 피해학생 및 신고·고발 학생에 대한 접촉, 협박 및 보복행위의 금지

3. 학교에서의 봉사

4. 사회봉사

5. 학내외 전문가에 의한 특별 교육이수 또는 심리치료

6. 출석정지

7. 학급교체

8. 전학

9. 퇴학처분

## (4) 학교폭력 관련 의무 및 처벌

「학교폭력예방 및 대책에 관한 법률」은 학교폭력과 관련하여 학교장의 보고 및 대처노력의 의무(제19조 학교의 장의 의무), 학교폭력 인지자의 신고의무(제20조 학

교폭력의 신고의무), 비밀누설의 금지(제21조 비밀누설금지 등), 위반장에 대한 벌칙(제22조 벌칙) 등을 규정하고 있다. 이 중 학교폭력의 신고의무와 비밀누설금지에 해당하는 내용은 다음과 같다.

제20조(학교폭력의 신고의무) ① 학교폭력 현장을 보거나 그 사실을 알게 된 자는 학교 등 관계 기관에 이를 즉시 신고하여야 한다.

② 제1항에 따라 신고를 받은 기관은 이를 가해학생 및 피해학생의 보호자와 소속 학교의 장에게 통보하여야 한다.

③ 제2항에 따라 통보받은 소속 학교의 장은 이를 자치위원회에 지체 없이 통보하여야 한다.

④ 누구라도 학교폭력의 예비 · 음모 등을 알게 된 자는 이를 학교의 장 또는 자치위원회에 고발할 수 있다. 다만, 교원이 이를 알게 되었을 경우에는 학교의 장에게 보고하고 해당 학부모에게 알려야 한다.

⑤ 누구든지 제1항부터 제4항까지에 따라 학교폭력을 신고한 사람에게 그 신고행위를 이유로 불이익을 주어서는 아니 된다.

제21조(비밀누설금지 등) ① 이 법에 따라 학교폭력의 예방 및 대책과 관련된 업무를 수행하거나 수행하였던 자는 그 직무로 인하여 알게 된 비밀 또는 가해학생 · 피해학생 및 제20조에 따른 신고자 · 고발자와 관련된 자료를 누설하여서는 아니 된다.

② 제1항에 따른 비밀의 구체적인 범위는 대통령령으로 정한다.

③ 제16조, 제16조의 2, 제17조, 제17조의 2, 제18조에 따른 자치위원회의 회의는 공개하지 아니한다. 다만, 피해학생 · 가해학생 또는 그 보호자가 회의록의 열람 · 복사 등 회의록 공개를 신청한 때에는 학생과 그 가족의 성명, 주민등록번호 및 주소, 위원의 성명 등 개인정보에 관한 사항을 제외하고 공개하여야 한다.

## 5) 위(Wee) 프로젝트 사업관리 · 운영에 관한 규정
### (교육과학기술부 훈령 제274호)

위(Wee) 프로젝트 사업관리 · 운영에 관한 규정은 「초 · 중등교육법 시행령」 제54조

제1항에 따른 학생에 대하여 종합적인 진단·상담·치유 프로그램 등을 제공하는 사업인 위(Wee) 프로젝트를 수행하기 위한 상담시설 설치, 운영, 지원 등에 대한 내용을 다음과 같이 제시하고 있다.

### (1) 위(Wee) 프로젝트 사업관리 및 지원

위(Wee) 프로젝트 사업관리·운영에 관한 규정은 위(Wee) 프로젝트 사업관리 및 지원에 대하여 사업기관선정(제3조 사업기관의 지정 및 지원 등), 위(Wee) 프로젝트 위원회(제8조 위 프로젝트 위원회 설치, 제9조 위 프로젝트 위원회 구성), 위(Wee) 프로젝트 지원전담기관(제11조 위 프로젝트 지원전담기관), 상담기록관리시스템(제12조 상담기록관리시스템), 성과관리(제14조 사업운영의 점검 및 성과관리) 등을 규정하고 있다. 이 중 사업기관 선정 관련 내용은 다음과 같다.

> 제3조(사업기관의 지정 및 지원 등) ① 교육감은 소속 기관 또는 외부 민간기관을 사업기관으로 지정할 수 있으며, 지역 여건과 사업기관의 규모·특성 등을 고려하여 설치 지역, 사업관할 범위 등을 조정할 수 있다.
>
> ② 사업기관의 장은 교육감이 정한 바에 따라 해당 학년도의 사업계획 등을 수립하여 교육감에게 제출하고, 교육감은 사업기관의 사업수행에 필요한 예산 등을 지원하여야 한다.
>
> ③ 교육부장관(이하 '장관'이라 한다)은 국립학교에 대한 사업의 운영·지원 등을 해당 학교 소재지 교육감에게 위임할 수 있다.
>
> 제7조(연수 및 자문) ① 교육감은 사업 종사자의 전문성 향상에 필요한 연수를 실시하여야 한다.
>
> ② 교육감은 사업에 필요한 정보나 자문을 제11조의 위 프로젝트 지원 전담기관에 의뢰하여 해당 시·도의 사업기관에게 제공할 수 있다.

### (2) 상담시설 설치 및 사업수행

위(Wee) 프로젝트 사업관리·운영에 관한 규정은 상담시설로서 위 클래스(제4조 위 클래스), 위(Wee) 센터(제5조 위 센터), 위(Wee) 스쿨(제6조 위 스쿨)을 정하고 이를 다음과 같이 제시하고 있다.

제4조(위 클래스) ① 위(Wee) 클래스가 설치된 학교의 장이 위(Wee) 클래스의 장이 된다.

② 위(Wee) 클래스의 장은 학교 내 부적응 학생 예방, 조기발견 및 상담 지원 등을 위하여 필요한 다음 각 호의 사항을 추진한다.

1. 위(Wee) 클래스 운영에 관한 사항

2. 부적응 학생 예방 등을 위해 필요한 계획 수립·시행, 통계관리, 평가 및 개선

3. 학부모 및 교사에 대한 상담, 자문, 교육지원

4. 학교 내·외 상담자원 및 유관 기관과의 연계·협력 활성화

5. 「학교보건법」 제11조 제2항 제2호에 따른 상담 지원

6. 그 밖에 학생 진단, 상담, 치유 등을 위하여 필요한 사항

③ 위(Wee) 클래스는 학교 내 부적응 학생 등에 대한 상담을 일차적으로 담당하며, 상담 내용 및 위기 수준에 따라 위(Wee) 센터, 위(Wee) 스쿨, 전문 상담기관 등에 학생을 의뢰할 수 있다.

④ 위(Wee) 클래스의 장은 제2항 및 제3항의 효과적인 추진을 위하여 '전문상담사' 등을 채용하여 활용할 수 있다. 다만, 교육감 또는 교육지원청의 장 등은 '전문상담사' 등을 일괄 채용하여 위(Wee) 클래스에 배치할 수 있다.

제5조(위 센터) ① 위(Wee)센터가 설치된 교육감 또는 교육지원청의 장은 상담전문기관 등에 위(Wee) 센터 운영을 위탁할 수 있고, 교육감, 교육지원청의 장 또는 수탁기관의 장이 해당 위(Wee) 센터의 장이 된다.

② 사업의 원활한 추진을 위하여 제3조 제1항에 따라 교육감은 시·도교육청 또는 직속기관에 위(Wee) 센터를 설치할 수 있으며, 이 경우 위(Wee) 센터의 장은 당해 교육감 또는 직속기관의 장이 된다.

③ 위(Wee) 센터의 장은 위기학생에 대한 진단 및 교육 등을 위하여 다음 각 호의 사항을 추진한다.

1. 위(Wee) 센터 운영에 관한 사항

2. 학교폭력 가·피해 학생 등 위기학생에 대한 진단·상담·치유 등을 위해 필요한 사업계획 수립·시행, 통계관리, 평가 및 개선

3. 「초·중등교육법 시행령」 제54조 제5항에 의한 학업중단 숙려제 운영

4. 상담 내용 및 위기 수준에 따라 보호자와 협의하여 위기학생 치유 등을 타 전

문기관에 의뢰하는 사항

5. 사업 종사자 연수, 컨설팅 등 전문성 신장에 관한 사항

6. 시·도교육청, 교육지원청 내·외 상담자원 및 유관 기관과의 연계·협력 활성화

7. 「학교보건법」 제11조 제2항 제2호에 따른 후속 상담 지원

8. 그 밖에 학생 진단, 상담, 치유 및 교육 등을 위하여 필요한 사항

④ 위(Wee) 센터의 장은 제3항의 효과적인 추진을 위하여 '전문상담사'를 채용하여 활용할 수 있다.

제6조(위 스쿨) ① 교육감이 지정하는 소속 기관의 장 또는 수탁기관의 장이 위(Wee) 스쿨의 장이 된다.

② 위(Wee) 스쿨의 장은 학생의 학교복귀 및 치유 등을 위하여 다음 각 호의 사항을 추진한다.

1. 위(Wee) 스쿨 운영에 관한 사항

2. 「초·중등교육법 시행령」 제54조 제2항에 따라 학교로부터 위탁받은 학생 등의 교육을 위해 필요한 계획 수립·시행, 통계관리, 평가 및 개선

3. 지역사회 상담자원 및 유관 기관과의 연계·협력 활성화

4. 그 밖에 학생 상담, 교육, 치유 등을 위하여 필요한 사항

③ 위(Wee) 스쿨의 장은 제2항의 효과적인 추진을 위하여 전문상담사 등을 채용하여 활용할 수 있다.

## 6) 학생인권조례

학생인권조례는 학생의 인권이 학교교육과정에서 실현될 수 있도록 함으로써, 학생의 존엄과 가치 및 자유와 권리를 보장하기 위해 제정된 각 교육청들의 조례다. 경기도에서 2010년 제정되어 경기도 교육청이 2010년 10월 5일 학생인권조례를 공포한 것을 시작으로 2011년 광주, 2012년 서울, 2013년에는 전라북도에서 학생인권조례가 제정되어 공포되었다. 이 중 서울특별시 학생인권조례(서울특별시 조례 제6793호, 2018. 1. 4., 타법 개정)의 주요 내용은 다음과 같다.

### (1) 조례의 원칙과 담당자의 책무

서울특별시 학생인권조례는 제3조 학생인권의 보장 원칙에서 학생인권은 인간으로서의 존엄성을 유지하고 행복을 추구하기 위하여 반드시 보장되어야 하는 기본적인 권리이며, 교육과 학예를 비롯한 모든 학교생활에서 최우선적으로 그리고 최대한 보장되어야 함을 명시하고 있다. 또한 제4조 책무에서 서울특별시 교육감, 학교의 설립자·경영자, 학교의 장, 교직원, 보호자, 학생 등이 각각 수행해야 하는 학생인권 관련 책무를 제시하고 있다.

### (2) 학생인권의 내용

서울특별시 학생인권조례는 제2장 학생인권 부분에서 학생인권의 내용을 차별받지 않을 권리(제5조 차별받지 않을 권리), 폭력 및 위험으로부터의 자유(제6조 폭력으로부터 자유로울 권리, 제7조 위험으로부터의 안전), 교육에 관한 권리(제8조 학습에 관한 권리, 제9조 정규교육과정 이외의 교육활동의 자유, 제10조 휴식권, 제11조 문화활동을 향유할 권리), 사생활의 비밀과 자유 및 정보의 권리(제12조 개성을 실현할 권리, 제13조 사생활의 자유, 제14조 개인정보를 보호받을 권리, 제15조 개인정보를 열람할 권리 등), 양심·종교의 자유 및 표현의 자유(제16조 양심·종교의 자유, 제17조 의사표현의 자유), 자치 및 참여의 권리(제18조 자치활동의 권리, 제19조 학칙 등 학교규정의 제·개정에 참여할 권리, 제20조 정책결정에 참여할 권리), 복지에 관한 권리(제21조 학교복지에 관한 권리, 제22조 교육환경에 대한 권리, 제23조 급식에 대한 권리, 제24조 건강에 관한 권리), 징계 등 절차에서의 권리(제25조 징계 등 절차에서의 권리), 권리침해로부터 보호받을 권리(제26조 권리를 지킬 권리, 제27조 상담 및 조사 등 청구권), 소수자 학생의 권리 보장(제28조 소수자 학생의 권리 보장) 등을 규정하고 있다. 이 중 차별받지 않을 권리의 내용은 다음과 같다.

> 제5조(차별받지 않을 권리)
>
> ① 학생은 성별, 종교, 나이, 사회적 신분, 출신 지역, 출신 국가, 출신 민족, 언어, 장애, 용모 등 신체조건, 임신 또는 출산, 가족 형태 또는 가족 상황, 인종, 경제적 지위, 피부색, 사상 또는 정치적 의견, 성적 지향, 성별 정체성, 병력, 징계, 성적 등을 이유로 차별받지 않을 권리를 가진다.

② 학교의 설립자·경영자, 학교의 장 및 교직원은 제1항에 예시한 사유로 어려움을 겪는 학생의 인권을 보장하기 위하여 적극적으로 노력하여야 한다.

③ 학교의 설립자·경영자, 학교의 장과 교직원, 그리고 학생은 제1항에서 예시된 사유를 이유로 차별적 언사나 행동, 혐오적 표현 등을 통해 다른 사람의 인권을 침해하여서는 아니 된다.

### (3) 학생인권 증진을 위한 체계

서울특별시 학생인권조례는 제3장에서 학생인권 증진을 위하여 학생인권교육과 홍보(제29조 학생인권교육, 제30조 홍보, 제31조 교직원 및 보호자에 대한 인권교육, 제32조 서울특별시 학생인권의 날), 학생인권위원회와 학생참여단 운영(제33조 학생인권위원회, 제34조 위원회의 구성, 제35조 위원회의 운영, 제36조 운영세칙, 제37조 학생참여단), 학생인권옹호관 운영(제38조 학생인권옹호관의 설치, 제39조 학생인권옹호관의 직무, 제40조 보고의무, 제41조 겸직의 제한 등), 학생인권교육센터 설립과 학생인권영향평가 실시(제42조 학생인권교육센터, 제43조 학생인권영향평가), 학생인권종합계획(제44조 학생인권종합계획의 수립, 제45조 연도별 시행계획 및 실태조사, 제46조 공청회 등)을 규정하고 있다.

### (4) 학생인권침해에 대한 구제

서울특별시 학생인권조례는 제34장에서 학생인권침해에 대한 구제와 관련하여 제47조 학생인권침해 구체신청, 제48조 학생인권침해사건의 조사, 제49조 학생인권침해사건의 처리 등과 제50조 비밀유지 의무 등을 규정하고 있다.

## 2. 생활지도 행정체제

생활지도가 실제로 이루어지는 행정체제는 중앙정부, 시·도교육청, 지역교육지원청, 단위학교, 단위학급으로 구성된다. 각 체제의 조직과 역할은 다음과 같다.

## 1) 중앙정부

중앙정부는 생활지도 관련 정책을 수립하고, 예산을 확보하여 각 시·도교육청에 하달하며, 시·도교육청 간의 협조가 필요한 경우 이를 조정하는 역할을 수행한다. 중앙정부의 교육행정조직인 교육부에서 생활지도 주무부서는 학생지원국의 학교생활문화과이며, 교육기회보장과, 학생건강정책과, 민주시민교육과, 교수학습평가과도 관련 업무를 수행하고 있다. 각 부서의 생활지도 관련 업무는 다음과 같다(교육부 업무 안내도, 2019. 1. 23., 현재).

① 학교생활문화과
- 학교폭력 예방, 대책계획 수립
- 위(Wee) 프로젝트 운영
- 학교폭력 사안처리
- 학생 보호

② 교육기회보장과
- 대안교육활성화 지원
- 학업중단 예방 및 학업중단학생 지원

③ 학생건강정책과
- 학교안전관리
- 학교보건
- 학생정신건강
- 교육환경보호

④ 민주시민교육과
- 초·중등 인성교육 총괄
- 초·중등학생 자치역량 강화

⑤ 교수학습평가과
- 학교생활기록부 제도 관리
- 학생평가제도 총괄

## 2) 시·도교육청

시·도교육청은 교육부의 생활지도 정책과 예산을 하달 받아 각 지역의 특수성을 고려하여 지역교육지원청에 하달하는 역할을 수행한다. 또한 일선학교에서 실시하는 생활지도활동을 정기적으로 검토하고 행·재정적으로 지원하며 지도·감독한다. 생활지도를 담당하는 부서는 시·도에 따라 차이가 있는데 서울특별시교육청의 경우 평생진로교육국의 민주시민생활교육과가 생활지도와 관련한 주요 업무를 담당하며 체육건강문화예술과도 관련 업무를 담당하고 있다(서울특별시교육청 홈페이지, 2019).

① 민주시민생활교육과
- 회복적 생활교육 추진
- 학교폭력 예방 및 근절 대책 추진
- 학교폭력 관련 학교 안전망 구축
- 생명존중(자살예방) 교육
- 피·가해 학생을 위한 상담 지원
- 학업중단 예방 및 위기학생 지원
- 서울 위(Wee) 센터 운영 총괄

② 체육건강문화예술과
- 학생정신건강

## 3) 지역교육지원청

지역교육지원청은 시·도교육청의 생활지도 정책을 관할 학교에 전달하는 역할을 수행한다. 각 지역교육지원청에 따라 다르지만 주로 인성진로담당 장학사가 다음과 같은 생활지도 업무를 수행한다.

- 학교생활교육 관련 업무
- 학교폭력 관련 업무
- 학교안전망 구축
- 위(Wee) 센터 및 위(Wee) 클래스 관리
- 인성인권교육
- 학생안전관리
- 배움터 지킴이

### 4) 단위학교

단위학교의 생활지도 행정체제는 각 학교의 상황에 따라 매우 다양하게 이루어지고 있다. 조직으로는 인성부(학생부)와 진로상담부로 구성되어 생활지도 관련 업무를 수행하지만 실제적으로는 담임교사, 진로진학상담 교사, 전문상담교사, 전문상담사, 보건교사, 지역교육전문가(사회복지사), 학교지킴이, 학부모자원봉사자, 학교경찰, 외부기관 전문가 등 다양한 인력이 생활지도에 관여하고 있다. 단위학교의 생활지도 조직을 일원화하여 생활지도 담당교사의 역할과 책임을 부각시켜 전문가 중심으로 업무를 추진하는 방안이 제안되고 있으나(김희대, 2015) 아직 이를 위한 구체적인 조치는 이루어지지 않고 있다.

## 3. 생활지도 관련 법과 행정의 향후 과제

### 1) 생활지도 관련 법의 정비

생활지도와 관련된 법률은 「교육기본법」, 「초·중등교육법」, 「인성교육진흥법」, 「학교폭력예방 및 대책에 관한 법률」, 위(Wee) 프로젝트 사업관리·운영에 관한 규정, 학생인권조례 등 다양하다. 이는 학생생활지도라는 영역을 전체적으로 고려하여 법률이 제정되기보다는 특정 사안 발생 시 이에 대한 대처방안 중 하나로 관련 법안이 제정되었기 때문이라고 할 수 있다. 따라서 전체적으로 볼 때 필요한 부분이 아직 다루어지지 않았거나, 법률 상호 간에 일관성을 갖지 못하는 경우도 있게 된다.

생활지도와 관련하여 학교상담법이 제정되어야 한다는 주장이 지속적으로 제기되어 왔다(김인규, 2009a: 김인규, 2011; 이동갑, 2014). 한 전문 영역이 사회적으로 전문직이 되어 가는 과정에 필수적으로 나타나는 현상이 관련 법률의 제정이다(명대정, 2000). 「변호사법」, 「의료법」, 「공인회계사법」, 「사회복지사업법」 등은 법조 분야, 의료 분야, 공인회계사 분야, 사회복지 분야가 사회적으로 전문 분야로 자리매김하는 토대와 보호막이 되고 있다. 「학교보건법」, 「학교급식법」, 「학교도서관진흥법」 등도 보건교사, 영양교사, 사서교사 활동의 근거와 방향을 제공하고 있다. 이와 마찬가지로 학교상담법이 제정되어 전문상담교사의 배치기준, 학교상담실 운영, 학교와 지역교육청에서의 전문상담교사의 임무와 역할 등을 보다 명확하게 규정하여 학교상담이 한층 발전해 나갈 수 있는 토대를 마련해야 한다(김인규, 2009).

### 2) 생활지도 관련 행정의 일원화

생활지도와 관련된 업무는 교육부부터 일선학교에 이르기까지 다양한 부서에서 나누어 수행하고 있어 일관성이 부족하고 상호 중복되거나 충돌하는 경우도 발생하게 된다. 전국적으로 실시하는 정서행동특성검사의 담당자가 보건교사인지 상담교사인지에 대한 논란은 교육부에서부터의 행정체제의 다원화에서 비롯되었다고 볼 수 있다. 2009년부터 위(Wee) 프로젝트가 시행되면서 생활지도와 관련된 사안이 발생하면 일단 위(Wee) 프로젝트 담당 기관이나 담당자에게 업무를 맡기려 하여 그 업무가 과중하거나 적절하지 않다는 문제제기가 지속적으로 되고 있는데 이 또한 생활지도 관련한 행정이 전체적인 조망 가운데 기획, 수행, 평가되지 못하고 있기 때문이라고 할 수 있다. 우리나라에서 교육 분야 중앙 연구기관이라고 할 수 있는 한국교육개발원에서 생활지도 관련 부서는 교육복지연구실인데(한국교육개발원 홈페이지, 2019), 여기에서도 생활지도를 전반적으로 체계적으로 다루기보다는 사안별 연구를 수행하고 있다고 볼 수 있다.

## 3) 생활지도 관련 인력의 전문화

현재 일선학교에서 생활지도는 담임교사의 일차적 책임하에 인성부(학생부), 진로진학부의 교사들이 담당하고 있다. 전문상담교사, 전문상담사 등이 배치된 학교는 이들도 생활지도 담당인력으로서 기능하고 있으나 아직 이들의 전국적인 배치율은 50%에 이르지 못한다. 즉, 일반교과교사로서 일정 정도 학교교육 경험이 있는 교사들이 생활지도를 담당하고 있는 실정이다. 이는 생활지도가 교과지도처럼 전문적인 지식과 훈련을 필요로 하지 않고 단지 학교에서 일정기간 학생을 교육한 경험이 있으면 수행할 수 있는 업무라고 인식하는 데에서 비롯되었다고 할 수 있다. 이는 교사양성 교육과정에서 생활지도 교과목이 필수과목에 포함되지 않은 것에서도 볼 수 있다. 교사가 되기 위해 교육과정이나 교육행정 교과목은 이수해야 하지만 생활지도 교과목은 이수하지 않아도 된다는 것은 그만큼 생활지도의 전문성을 갖춘 교사를 양성하지 않아도 된다는 인식의 반영이라고 할 수 있다.

이에 생활지도 관련 인력의 전문성을 강화하는 것이 필요한데, 이를 위해서는 교사양성 과정에서 생활지도 교과목을 필수과목화하고 이를 이론 과목으로만이 아니라 실제 학생을 면담하고 지도하는 경험을 할 수 있는 실습수업화하는 것이 우선적으로 필요하다. 또한 교사들을 대상으로 하는 생활지도 관련 연수를 확대 강화하고, 특히 담임으로서의 역할 수행에 대한 사전 연수 및 보수 연수를 제공할 필요가 있다. 또한 생활지도의 중요한 축인 전문적인 상담을 제공할 수 있는 전담인력을 양성, 배치하는 체제가 확립되는 것이 필요하다.

전문상담교사의 양성의 개선에 대해서는 다음 방안을 고려해 볼 수 있다(김인규, 2009b, 2011). 현재 학부에서 2급을, 교육대학원에서 1급을 양성하도록 한 양성체제의 개선이 필요하다. 현재 교육대학원 교육상담전공 석사과정을 이수하면 1급 전문상담교사 자격을 받을 수 있다. 교육상담전공 석사과정은 현행대로 교사경력 3년 이상이면 누구나 입학하여 1급 전문상담교사 자격을 받을 수 있다. 이를 2급 전문상담교사로서 3년 이상 근무한 자가 교육대학원 석사과정을 이수하면 1급 전문상담교사 자격을 받도록 하고, 일반교과목 교사가 전문상담교사 자격을 취득하고자 한다면 별도의 2급 전문상담교사 양성 과정을 이수해야 하는 체제로 전환하는 것이 필요할 것이다. 그래야 단지 교사 경력이 많다고 해서 1급 전문상담교사 자격을 취득하여 전문상담을 할 수 있다는 오해를 막을 수 있으며, 전문상담 경력에 따라 급수가 상승하는 체제를 갖추게 될 것이다.

전문상담교사의 직무분석에 근거하여 교육과정을 정비하여야 한다. 상담 관련 학과, 학회가 연합하여 전문상담교사 양성에 필요한 교육 과목에 대한 논의를 다시 하여야 할 것이다. 여기에는 그동안 부족하다고 지적되어 온 상담 실습, 자문, 조정, 행정, 프로그램 개발, 학업상담 등이 포함되어야 할 것이고, 일정 수준 이상의 전문상담 능력을 담보할 수 있는 기준이 제시되어야 할 것이다(김인규, 조남정, 2011; 김희정 외, 2015).

## 참고문헌

교육부 업무 안내도(2019. 1. 23. 현재). https://www.moe.go.kr/upload/MOE_TEL_190123.pdf

김인규(2009a). 학교상담법제화 방향 탐색. 교육학연구, 47(1), 19-47.

김인규(2009b). 전문상담교사제도 발전방안 연구. 상담학연구, 10(1), 517-534.

김인규(2011). 한국의 학교상담체제. 경기: 교육과학사.

김인규, 조남정(2011). DACUM법을 활용한 전문상담교사 양성 및 계속교육과정 개발연구. 한국교원교육연구, 28(4), 41-60.

김희대(2015). 생활지도와 상담. 서울: 강현출판사.

김희정, 유형근, 정여주, 선혜연(2015). 전문상담교사 양성 및 역량 개발을 위한 표준교육과정 개발연구. 교육부.

명대정(2000). 상담의 전문직화 방안. 서울대학교 대학원 석사학위논문.

이동갑(2014). 한국의 학교상담 법제화 방향 및 입법전략 연구. 학습자중심교과교육연구, 14(9), 345-368.

한국초등상담교육학회(2006). 초등학교 생활지도와 상담. 서울: 학지사.

서울특별시교육청 홈페이지 https://www.sen.go.kr

한국교육개발원 홈페이지 https://www.kedi.re.kr

제15장 **미래 세계와 생활지도**

앞에서 이미 살펴보았듯이 생활지도는 원래는 주로 학교 장면에서 사용되고 있는 개념이다. 학교 교실 내에서 이루어지고 있는 교과지도에 대칭되는 개념으로서 수업시간에 배우는 교과목의 지식과 기술 이외의 원만한 학교 및 일상생활을 위해 필요한 지식과 기술을 가르치고 안내하는 활동이다. 그러나 교육 장면이 학교에서 사회로, 그리고 교육기간이 유아, 청소년, 대학 시기를 넘어 평생으로 확장되면서 생활지도의 개념도 확대되고 있다. 이 같은 맥락에서 보면 생활지도는 전 생애를 통한 개인의 삶에 관한 교육 및 안내활동이라 할 수 있다.

생활지도는 생활교육이나 인성교육의 개념과 매우 유사하다. 지도와 교육이라는 활동적 개념이 근래에 와서는 거의 동의어로 사용되고 있다. 그리고 생활지도의 내용으로 인성을 주로 다루고 있기 때문에 인성지도라는 표현을 사용하기도 한다. 따라서 여기에서는 이들 개념을 명확하게 구분하지 않고, 맥락에 벗어나지 않는 한 서로 바꾸어 사용할 수 있는 개념으로 간주하고자 한다.

사회가 급속도로 변화 · 발전하고 있으므로 인간의 삶에 관한 안내활동인 생활지도도 변화하는 사회에 발맞추어 나아가야 한다. 이를 위해서는 다가오는 미래 세계를 예견하고 그러한 미래 세계에 대비하여 생활지도가 어떻게 나아가야 할 것인지에 대하여 예측해 보는 일이 필요하다. 그리고 이와 관련하여 생활지도가 향후 어떤 과제를 해결해 가야 할지에 관하여 살펴보려고 한다.

## 1. 미래 세계의 모습

우리가 살고 있는 세계의 모습은 급속도로 변해 가고 있다. 현재의 우리 삶의 모습은 10년 전이나 20년 전의 모습과 매우 큰 차이를 보인다. 그 속도가 너무 빨라 이제는 미래 사회의 모습을 정확하게 예견하는 것은 거의 불가능하다고 할 수 있다. 그래서 여기에서는 미래 세계가 어떤 방향으로 나아갈 것인지에 대한 대략적인 동향과 추세에 근거하여 미래 세계의 모습을 그려 보려고 한다.

### 1) 미래 세계의 특징

미래학자인 엘빈 토플러(Alvin Toffler, 2006)에 의하면 인간 사회는 크게 3개의 혁명적 물결을 타고 변화·발전해 가고 있다. 첫 번째 물결은 농업혁명이고, 두 번째 물결은 산업혁명, 그리고 세 번째 물결은 정보혁명이다. 이미 앞의 두 혁명적 물결은 지나갔고 이제 우리 사회는 정보사회에 들어섰으며 엄청난 속도로 변화·발전해 가고 있다. 미래 세계의 특징에 대하여 미래학자들 간에도 다양한 견해차를 보이고 있지만 대체적으로 공통적인 주요 특징은 다음과 같다.

첫째, 정보가 홍수처럼 쏟아져 나오고 있다. 특히, 컴퓨터공학의 발달로 정치, 경제, 사회, 군사, 교육, 생명공학, 문화 등 모든 분야의 지식과 정보가 엄청난 속도로 생산되어 전달되고 있다. 이제는 어느 특정 분야의 정보나 지식이 독립적으로 존재하지 않으며, 학문이나 영역 간의 경계 없는 지식이나 정보가 종적/횡적으로 연결되어 구성되어 가고 있다. 결과적으로 IT 산업이 급성장하고 있다. 정보의 홍수로 말미암은 다양한 개인, 사회, 그리고 국가적 현상이 수반되고 있다.

둘째, 고도의 기술공학의 발전으로 세계가 좁아지고 있다. 특히, 교통과 통신 분야의 기술공학의 발달로 전 세계가 하루 생활권 안으로 들어오고 있다. 그 결과 세계화(globalization)가 가속되고 있다. 세계화란 경제, 정치, 문화 등 다양한 분야에서 공간, 시간이 압축되어 세계가 일체화되어 가는 것, 또는 그러한 의식이 형성되는 것을 말한다. 교통 및 통신 분야의 기술공학의 발달은 시간과 공간 차원에서 국가 간 혹은 지역 간의 관계를 가깝게 만들고 있다. 상대적으로 지구가 좁아지고 있어 지구촌이라는 용어가 사용되기도 한다. 세계화가 가속화되면서 지역 간, 혹은 국가 간에 많은 양의 정보가 매우 빠른 속도로 이동하고 있다. 의식이나 행동, 문화의 교류뿐 아니라 환경오염이나 질병과 같은 것도 세계화의 추세에 있다. 세계화에 이어 이제는 글로컬리제이션(glocalization)이라는 신조어가 등장하고 있다. 이 개념은 범세계적이면서도 현지, 지역의 실정도 함께 고려함을 뜻한다. 즉, 세계화가 이루어지면서 동시에 지역이나 현지의 실정이나 특성을 최대한 존중하는 움직임이 일고 있다.

셋째, 생산 구조와 소비 구조의 변화로 인류의 생활패턴이 바뀌고 있다. 과거의 대량생산 구조에서 점진적으로 다품종 소량생산의 형태로 바뀌고 있으며, 이들 생산품도 대량으로 전달되는 구조에서 점차 개별화되는 경향을 보이고 있다. 상품의 생산에서 분배의 과정이 인터넷에 의해 이루어지고 있다. 지역사회나 국가의 범위를 넘어서 세계 어느 곳의 상품이든 인터넷을 통해 구입하면서 삶의 질을 높이려는 사람들의 관심이 갈수록 커지고 있다.

넷째, 앞에서 언급한 특징들과 맞물려 일어나고 있는 현상으로 가치관의 다양성을 들 수 있다. 이 세계는 매우 다양한 문화가 존재한다. 문화란 특정 집단이 공유하는 사고방식이나 행동양식을 의미하는데, 여기에는 가치관이나 국가관 혹은 세계관, 종교 등이 포함된다. 세계화를 통해 세계가 좁아지면서 다양한 문화들이 유입되기도 하고 서로 충돌할 수도 있다. 가치관이나 이념 간의 갈등, 그리고 이로 말미암은 크고 작은 전쟁 발생 가능성 또한 적지 않다. 가치관의 극치라 할 수 있는 것이 바로 종교인데, 종교 간에 갈등이 발생하면 이 세계는 매우 심각한 위기에 놓일 수 있다. 따라서 타 문화에 대한 존중의 필요성이 증가함과 더불어 문화 간의 갈등에 대한 대처 능력이 더욱 중요해질 수 있다.

다섯째, 인구 구조 및 가족 구조의 변화를 들 수 있다. 이 같은 특징은 결혼관의 변화나 고령화 등의 현상과 깊이 연루되어 있다. 결혼에 대한 관점이 다양해지고 있으며, 최근 1인가구의 수가 많아 이들을 대상으로 하는 생활필수품들이 생산되고 있다. 출산율도 국가 간에 차이는 있으나 우리나라의 경우는 지속적으로 낮아지고 있고, 이혼율이 높아지면서 가족의 형태는 다양해지고 있다. 의학의 발달로 인하여 인간의 수명이 지속적으로 늘고 있어 우리나라도 머지않아 초고령화사회로 들어설 것이라는 보고도 있다. 이민자들의 유입으로 다문화 가족이 늘고 있다. 기존의 가족체계가 붕괴되면서 신 모계사회의 도래를 예견하는 학자도 있다.

이외에도 보는 각도에 따라 다양한 추세를 예견해 볼 수 있다. 예컨대, 정지선, 은혜진, 김연철(2009)은 트렌드로 보는 미래 사회의 5대 특징을 다음과 같이 제시하고 있다. 첫째, 미래 세계는 개인 간, 기업체 간, 국가 간 무한경쟁의 시대가 될 것이고, 둘째, 개인화가 가속화됨과 동시에 다원화가 확산될 것이며, 셋째, 가상공간의 가치가 급속도로 증대되어 갈 것이다. 넷째, 디지털과 휴머니즘과의 결합이 가속화될 것이고, 마지막으로, 다섯째, 사회적 자본으로서 상호 간의 신뢰가 강조되는 사회가 될 것이다.

우리나라의 경우에는 이상과 같은 추세로 나아가면서 동시에 우리나라 고유의 정치적·군사적·문화적 상황이나 맥락의 요소가 가미되어 나름대로의 독특한 모습을 찾아갈 것이다. 그중 가장 먼저 생각해 볼 수 있는 것이 통일된 한국이다. 우리나라는 주변 강대국들과의 관계 속에서 이들과 공생하여야 하는 매우 어려운 상황에 있다. 그러면서 가까운 미래에 통일될 것이라는 예측도 많은 전문가들에 의해 언급되고 있다. 그렇게 될 경우 우리나라는 남·북한 간의 갈등이나 반목 등이 당분간 크게 나타날 것이며 이를 극복하기 위한 다양한 사회적·국가적 노력이 활발하게 이루어질 것이다.

## 2) 미래 세계가 요구하는 인간상

미래 세계가 요구하는 인간상을 그려 보는 것 또한 쉬운 일이 아니다. 인간은 보편적 특성을 가지는 동시에 고유의 문화별·개인별 특성을 가지기 때문이다. 환언하면 보편적 차원에서의 인간상과 우리 문화 차원에서의 인간상을 생각해 볼 수 있다. 무엇보다도 인간은 급변하는 미래 사회에 잘 적응하지 않으면 안 된다. 동시에 주변의 사람들과 조화롭게 지내면서 향후의 미래 세계를 잘 이끌어 가는 사람이 될 수 있어야 한다. 이러한 사람이 되기 위해서 보다 구체적으로 어떤 모습의 사람이 되어야 할까? 미래 세계가 요구하는 인간상에 대하여 개략적 탐색을 시도해 보면 다음과 같다.

### (1) 미래 세계가 요구하는 보편적 인간상

먼저 보편적 특성 차원에서 미래 세계가 요구하는 인간상을 생각해 본다. 학자들의 견해가 다양하지만 이들의 견해를 종합해 보면 미래 세계는 다음과 같은 특성을 지닌 인간을 요구한다고 할 수 있다.

첫째는 신체적·정신적으로 건강하고 강인한 사람이다. 세상에 태어나서 생존하고 발달 및 성장하기 위해서는 신체적으로나 정신적으로 강인하지 않으면 안 된다. 이는 인간의 존립과 관련하여 가장 기본이 되는 특성이라 할 수 있다. 인간은 살아가는 과정에서 신체적으로 혹은 정신적으로 좌절이나 어려움에 처하지 않을 수 없다. 수많은 크고 작은 고난과 역경, 그리고 좌절을 이겨 낼 수 있는 힘이 없으면 개인은 자신의 존재를 더 이상 지속시킬 수 없게 된다. 신체적 강인함과 정신적 강인함은 상호 보완적인 관계에 있다. 신체적으로 건강한 사람은 신체적 질병이 없는 사람이 아니다. 신체적 질병이 없을 뿐 아니라 신체적 기능을 제대로 발휘하고 있는 사람이어야 한다. 정신적 건강도 유사하게 정신질환이 없을 뿐 아니라 정신적 기능을 제대로 발휘하여 결과적으로 행복감을 느끼는 사람이다(Glasser, 2004, 2005). 특히, 정신적 건강과 강인함은 예측이 어려운 미래 세계에 적응해 가기 위해서는 절대적으로 필요한 심리적 특성이라 할 수 있다. 정신적으로 건강한 사람은 일반적으로 행복하며 자아정체감이 안정적으로 형성되어 있으면서 자아실현을 추구한다.

둘째, 미래 세계는 타인과 조화롭게 살 수 있는 사람을 필요로 할 것이다. 인간은 사회적 존재다. 아무리 개인화가 가속되지만 한편으로는 그만큼 다른 사람들과의 좋은 관계를 형성할 수 있는 사람을 필요로 하게 될 것이다. 세계화의 속도가 빨라지면서 다른 문화의 사람과 함께 살아야 하는 경우가 크게 늘고 있다. 자신과 생각, 신념, 가치관, 행동양식, 종교 등을 포함하는 다양한 측면에서 상이한 사람들과 함께 조화롭게 살 수 있는 국제적 마인드를 가진 사람을 미래 사회는 요구할 것이다. 동시에 타인에 대한 배려나 존중, 공감 등이 발달되어 좋은 관계를 형성할 수 있는 사람을 필요로 할 것이다.

셋째, 미래 세계는 개인적인 정체감뿐 아니라 개인이 속한 국가에 대한 확고한 국가관, 그리고 포용적인 세계관을 가지는 사람을 필요로 할 것이다. 개인은 사회나 국가를 떠나 존재의 의미를 찾기 어렵다. 따라서 미래 세계가 개인화 혹은 다원화되어 간다 하더라도 개인이 속하는 국가의 중요성은 소멸되지 않고 오히려 더욱 강해질 것으로 예측된다. 따라서 미래 세계는 안정된 자아정체감을 토대로 자신이 속한 조직이나 국가와의 확고한 관계성을 형성하면서 전 세계의 모든 사람을 포용할 수 있는 역량의 소지자를 필요로 할 것이다.

넷째, 미래 세계는 창의적으로 자신의 일에 몰입할 수 있는 사람을 필요로 할 것이다. 무한경쟁의 사회에서 생존하기 위해서도 창의성이 필요하지만, 개인의 행복을 위해서도 자신의 재능과 잠재력을 충분히 발휘하고 하는 일에 몰입하여 창의적인 성취를 이룩하는 것은 필수적인 인지적 요소가 된다. 나아가 이 같은 개인적 특성은 조직이나 사회, 나아가 국가적 차원에서도 미래 사회가 필요로 하는 사람이라 할 수 있다.

다섯째, 인지적 측면에서의 창의성과는 달리 정의적 측면에서의 감성은 개인 및 사회, 그리고 국가적 차원에서의 문화의 창출과도 맥을 같이 한다. 감성적으로 풍요로운 사람은 매우 다양하고 창의적인 문화활동을 할 가능성이 크다. 최근 우리나라의 문화가 전 세계에 퍼져 나가고 있다. 이른바 '한류(韓流)'라는 표현이 오래전부터 우리 주변에서 많이 사용되고 있다. 우리의 노래 문화나 예술이 하나의 흐름이 되어 전 세계로 퍼져나가는 현상이라 할 수 있다.

여섯째, 미래 세계는 도덕적으로 성숙한 사람을 필요로 할 것이다. 예컨대, 노약자를 위하여 도움을 줄 수 있는 용기를 가진 사람, 부도덕적이며 비윤리적인 행동을 보고도 모른 척하는 사람이 아니라 보다 적극적으로 개입하고 참여하는 도덕적 행동을 실천하는 사람이 미래에 더욱 환영받는 사람이 될 것이다.

앞에서 살펴본 내용을 검토하면 추론할 수 있듯이 이들 각 특성이나 모습은 서로 배타적이지 않으며 상보적 관계에 있다고 보는 것이 적절하다.

미래 세계가 요구하는 인간상으로 '진정한 의미에서 잘 사는 사람' 혹은 '행복한 사람'을 설정한다면 긍정심리학자들의 견해를 참고해 볼 수 있다. 리프와 케이즈(Ryff & Keyes, 1995)는 심리적 안녕감이라는 용어를 사용하면서 행복에 관한 연구를 수행하고 있는데, 그들이 보는 행복의 하위요인으로 자아수용, 긍정적 대인관계,

자율성, 환경에 대한 통제력, 삶의 목적, 개인적 성장을 들고 있다. 긍정심리학의 선두 주자 중 하나인 셀리그먼(Seligman, 2011)은 인간의 웰빙(well-being)의 구성요소로 유쾌함, 몰입, 의미, 성취, 긍정적 관계를 들고 있다. 이들에 관하여 간략히 살펴보면 다음과 같다. 인간이 잘 살기 위해서는 즐거움이나 유쾌함을 경험할 수 있어야 하며, 이는 긍정적 정서가 잘 발달되어 있을 때 가능하다고 본다. 생물학적인 쾌락과 같은 즐거움도 포함될 수 있지만 특히 즐거움과 연합되어 있는 긍정적 정서 언어는 즐거운 삶의 필수조건이 된다. 바꾸어 말하면 행복해지기 위해서는 긍정적 정서 언어가 잘 발달되어 있어야 한다는 것이다. 다음으로 잘 살기 위해서는 어떤 일에 몰입할 수 있어야 한다. 그 일에 푹 파묻혀 시간 가는 줄 모르고 그 일과 하나가 되는 경험을 많이 할수록 잘 사는 삶이라 할 수 있다. 그리고 생활 속에서 삶의 의미를 충분히 찾을 수 있어야 보다 잘 사는 삶이 될 수 있다. 인간은 자신의 존재의 이유와 가치를 찾기 위해 노력하는 존재로서, 자신이 속해 있는 사회나 체제의 유지와 번영을 위해 기여함으로써 더 큰 자신의 존재의 의미를 발견하게 되며 보다 높은 수준의 웰빙을 누릴 수 있다. 잘 사는 것은 또한 생활 속에서 무엇인가 일구어 가면서 성취감을 느낄 때 배가 된다. 자신의 잠재력과 노력을 토대로 자신의 원하는 목표나 바람에 도달하면서 성취감을 가질 때 더욱 행복해진다. 마지막으로 인간의 삶은 타인 특히 중요한 다른 사람들과의 좋은 인간관계를 형성할 때 더 충만해진다. 좋은 인간관계는 인간 존재의 핵심인 사랑과 소속감을 충족시켜 주는 주요 수단이기 때문에 타인과의 좋은 관계를 형성하고 유지하는 것은 웰빙의 핵심적 요소가 된다.

### (2) 우리나라가 요구하는 미래의 인간상

앞에서 살펴본 미래의 인간상은 보다 성숙한 세계인이 되기 위한 특성이나 모습이라 할 수 있다. 한편, 우리나라는 지형학적 측면을 포함하여 다양한 측면에서 여타 다른 나라와 매우 상이한 상황에 있다. 정치, 사회, 경제, 문화, 교육, 군사 등의 차원에서 확고하게 스스로 설 수 있으면서 동시에 주변 국가들과 상생해야 하는 국가적 과제를 안고 있다. 그리고 통일 또한 이룩하여야 한다. 이 같은 우리나라의 특이성에 맞추어 우리나라는 특히 다음과 같은 특성을 지닌 인간을 필요로 한다.

첫째, 앞에서도 살펴보았지만 가장 우선되는 인간상은 강인한 사람이다. 이는 개인이 이 세상에서 살아남고 번영하고 성장·발전하기 위한 가장 기본적 조건이다.

개인적으로 강인한 사람이 되지 못하면 우리 사회나 국가의 강인함을 확보할 수 없다. 우리나라는 어떠한 역경이나 좌절이 주어지더라도 이를 극복하고 새롭게 재기할 수 있는 탄력성과 강인함을 갖춘 사람을 필요로 한다.

둘째, 협동심이 강한 사람이다. 흔히 우리나라 사람은 응집력이 약하다는 지적을 받는다. 개인적으로 강인함을 갖춘 것도 중요하지만 동시에 이를 토대로 여러 사람이 함께 협력하여 시너지 효과를 낼 수 있는 역량이 절실히 필요하다. 보다 강력한 사회나 국가를 구축하기 위해서는 특히 협동심을 필요로 한다. 항상 함께 뭉쳐 어떤 일을 할 수 있는 조건을 갖추고 있어야 한다. 그것이 우리나라가 살 수 있는 길이며 번영할 수 있는 최대 전략이라 할 수 있다.

셋째, 창의적인 사람이다. 우리나라는 자원이 풍부하거나 인구가 많은 나라가 아니기 때문에 국가 경쟁력에서 밀릴 가능성이 크다. 이를 극복하기 위해서는 창의성을 토대로 부가가치가 높은 상품이나 문화를 만들 수 있어야 무한경쟁에서 살아남을 수 있다. 나아가 개인과 국가적 차원에서의 생존과 번영에 기여할 수 있는 여타 덕목(예: 신뢰, 영성, 믿음) 또한 절실하게 요청된다.

넷째, 타협 능력이 높은 사람이다. 우리나라는 우리의 주관이나 주체성을 굳건히 지키면서도 끊임없이 타협하여 보다 좋은 해결책을 찾아낼 수 있는 역량을 갖춘 사람이 필요하다. 어떠한 어려움과 갈등 상황에서도 포기하지 않고 부단히 타협할 수 있는 자세와 역량을 갖춘 사람이 함께 할 수 있으며, 이 같은 노력을 토대로 국가들도 함께 상생할 수 있을 것이다.

이외에도 여러 가지의 모습의 인간상을 생각해 볼 수 있으나 다른 여타의 자료를 참고하기 바란다. 특히, 정범모(2006)는 현재 우리나라 청소년의 심약성을 지적하면서 신체적 측면에서, 지적인 측면에서, 정서적 측면에서, 그리고 도덕적 측면에서 보다 강인하게 육성할 필요가 있음을 강조하고 있다. 현재 청소년의 모습은, 즉 성인의 모습의 반영이라 할 수 있기 때문에 우리나라의 먼 미래를 생각한다면 보다 좋은 모습의 인간상을 그리며 추구하는 것은 매우 중요하고 시급한 과제가 아닐 수 없다.

## 2. 생활지도학의 전망

해방 이후 전통적인 교육 내용이나 교육방법에 의존했던 우리나라 생활지도는 서구 문명의 유입으로 특히 방법론에서 큰 변화를 경험하게 되었다. 보다 민주적인 방법, 보다 학생 중심의 방법으로 생활지도가 소개되기 시작하였다. 이영덕과 정원식(1962)의 『생활지도의 원리와 실제』는 이러한 과정을 잘 반영하고 있다. 그 이후 생활지도의 영역도 많은 변화와 발전이 있었으며, 생활지도라는 과목이 대학교의 교직과목에 포함되어 교직과정을 이수하는 학생이 선택할 수 있는 과목이 되고 있다. 그러나 이제까지의 학교 장면의 현실은 생활지도의 전문화와 활성화를 성공적으로 이끌어내지 못하였다. 그 결과 학생의 생활 관련 문제가 지속적으로 늘고 있고 그 심각성 또한 증대하고 있어 생활지도학에 대한 요청이 커지고 있다고 할 수 있다.

급변하는 사회에 보다 성공적으로 적응할 수 있도록 도움을 주는 생활지도 관련 활동은 모든 연령층에서 요청된다. 영유아에서부터 노인에 이르기까지 생활지도 관련 활동이 있어야 할 것이다. 여기에서 생활지도 관련 활동에는 인성지도나 인성교육활동이 포함된다. 따라서 생활지도 관련 활동은 인간의 사회가 지속되는 한 모든 사람의 적응 촉진을 위하여 필수적인 활동이 되어야 할 것으로 본다. 특히, 어린이집에서부터 시작하여 대학교에 이르기까지 학생을 대상으로 하는 생활지도는 핵심적인 생활지도 활동이 될 것이며 그 중요성이 지속적으로 강조될 것이다.

현재 우리나라의 인성교육이 강조되는 추세로 보아 생활지도는 향후 더욱 강조되고 활성화될 가능성이 크다. 가치지향적 활동으로서 생활지도는 우리의 삶에서 빠질 수 없는 영역으로 그 위치를 더욱 굳건히 확보해 갈 것이다. 진정한 의미에서 어느 정도 활성화되며 어느 정도 성과를 거둘지는 확실치 않지만 최소한 그 필요성은 소멸되지 않고 더욱 증대되어 갈 것이다. 생활지도학은 생활지도에 관한 이론과 지식을 생성하는 학문 영역으로 우리의 삶에 어떤 습관이나 태도가 필요하며 이들을 어떻게 학습자의 몸에 스며들 수 있도록 할 것인가에 관한 학문적 연구를 수행해 갈 것이다.

생활지도는 학교 장면뿐 아니라 일반 여타 교육 장면에서도 활발히 이루어질 것으로 예상된다. 교육은 학교 장면에서만 이루어지는 활동이 아니며, 전 생애에 걸쳐 이루어지는 활동이다. 따라서 생활지도는 시기와 장면이나 상황적 맥락을 막론하고 항상 진행되어야 할 인간의 활동이라 할 수 있다. 특히, 급변하는 사회에 성공적으로 적응할 수 있도록 돕기 위해서, 그리고 다양한 적응 문제를 해결하고 혹은 예방하기 위해서 생활지도에 대한 요청은 다양한 교육 장면에서 더욱 커질 것으로 예상된다.

결과적으로 생활지도와 관련되는 내용과 방법 등을 대상으로 체계적으로 연구하고 관련되는 지식이나 정보의 체계를 구축하는 학문적 활동을 하는 생활지도학에 대한 사회적 요청은 점진적으로 더욱 강해질 것으로 예견된다.

## 3. 생활지도학의 과제

사회가 급변하면 할수록 그 만큼 적응을 위한 생활지도활동을 더욱 필요로 한다. 생활지도는 특정 발달 단계에 있는 아동이나 청소년을 위해서만 필요한 것이 아니라 모든 사람에게 필요한 활동이다. 우리의 미래 사회가 보다 좋은 사회가 되기 위해서는 그만큼 생활지도학의 역할이 중요하다고 할 수 있다. 학생뿐 아니라 모든 국민을 대상으로 삶에 필요한 지식과 기술을 효율적으로 잘 가르치는 역할을 담당할 수 있어야 한다. 이를 위하여 생활지도학이 풀어 가야 하는 과제가 많다. 여기에서는 생활지도학의 주요 과제에 관하여 박재황(1999)의 인성교육의 과제에 관한 견해를 참고하여 탐색해 보고자 한다.

### 1) 생활지도학의 필요성이나 중요성에 관하여 사회 전체의 인식을 더욱 높일 수 있어야 한다

가장 먼저 생활지도학의 과제라 할 수 있는 것은 생활지도의 필요성이나 중요성에 관한 사회 전체의 인식의 과제이다. 사회 전체가 생활지도의 필요성이나 중요성을 얼마나 절실히 느끼고 있느냐에 따라 그에 수반되는 행동이 다를 것이다. 우리 사회는 과연 어느 정도로 생활지도의 중요성을 인식하고 있는가? 개인의 차원에서, 가정의 차원에서, 그리고 학교나 사회 전체적 차원에서 생활지도를 얼마나 중요하게 생각하고 있으며 또한 절실하게 필요로 하고 있는가?

'생활지도는 필요하다'는 진술에 대해 반론을 제기할 사람은 없을 것이다. 그러나 문제는 생활지도의 필요성이나 중요성에 대한 인식의 정도가 개인 간, 집단 간, 사회 간 혹은 국가 간에 서로 다를 수 있다는 점이다. 그리고 인식과 더불어 생활지도를 추구하는 행동도 천차만별이다. 어느 한 특정 집단(예: 교사 집단)이 생활지도의 중요성과 필요성을 인식하는 정도는 사회 전체가 인식하는 정도와 차이가 날 수 있다. 가정이나 학교 혹은 사회가 얼마만큼 생활지도의 필요성과 중요성을 강조하느냐에 따라 전체적으로 생활지도에 대한 활동이나 실천 정도가 달라질 것이다.

그렇다면 우리의 현실은 어떠한가? 추론해 보건대, 현재 생활지도가 제대로 실천되지 않고 있음은 곧 생활지도의 중요성 내지는 필요성에 대한 사회 전체의 인식이 상대적으로 미흡한 탓이라고 볼 수밖에 없다. 개인도, 가정도, 학교도, 사회도 아직 생활지도에 대한 욕구가 그만큼 내면 깊숙이 자리하고 있지 못하고 있다고 보아야 할 것이다. 우리 사회가 전체적으로 생활지도가 활성화되기 위해서는 보다 많은 사람들이 생활지도의 중요성 내지는 필요성을 절감하지 않으면 안 된다.

인식 차원의 문제를 극복하기 위해서는 다각적인 측면에서 생활지도가 왜 가정, 학교, 사회 모두가 총체적으로 관심을 두어야 하는지에 대한 이해를 증진시키는 노력이 있어야 할 것이다. 그리고 무엇보다도 중요한 것은 생활지도의 문제는 실제 교육 장면에서 그 문제를 심각하게 느끼는 사람에 의해서 일차적으로 그 해결이 시도되지 않으면 문제의 해결은 미루어질 수밖에 없다는 사실 또한 인식하는 것이다.

다행히 최근에 와서는 생활지도나 인성교육에 대한 요청이 국가적으로 일고 있다. 2015년에는 「인성교육진흥법」을 제정하여 모든 교육기관에서 인성교육이 제대로 이루어질 수 있도록 매우 강력하게 제도화한 바 있다. 보다 많은 사람들이 이 같은 국가의 의지에 진정으로 동참할 수 있어야 하는데 그 결과가 어떻게 나올지 궁금하다.

필요성이나 중요성에 대한 인식과 더불어 생활지도에 대한 사명감이나 열정은 생활지도가 실천되는 데 있어 아마도 가장 중요한 조건이 될 것이다. 생활지도에 대한 필요성과 중요성은 강하게 인식하고 있으면서도 정작 이 일에 사명감이나 열정을 가지고 실천하는 일에 전념하는 사람은 그리 많지 않다. 생활지도학의 일차적 과제는 생활지도의 중요성과 필요성을 모든 국민이 절감할 수 있도록 안내하고 촉진하는 활동과 관련되어야 할 것이며, 그리고 이와 관련되는 다양한 문제에 대하여 심층적으로 탐구하고 연구하여 그 결과를 제시하는 작업이 될 것이다.

## 2) 생활지도의 개념 및 목표를 확고하게 설정할 수 있어야 한다

다음으로 풀어야 하는 과제는 생활지도 혹은 생활지도학의 개념과 목표를 명확히 하는 작업이다. 이 같은 작업은 어떠한 분야든 그 분야가 이론과 실제에 있어 그 위상을 찾아가기 위해서 가장 먼저 이루어져야 하는 필수적인 작업이다. 생활지도를 어떻게 정의하느냐 하는 것은 여타 수반되는 활동, 특히 어떤 내용을 생활지도에 포함시킬 것인가를 결정하는 데 직접적인 영향을 미치기 때문에 그만큼 중요하다고 할 수 있다.

생활지도의 의미를 명확히 규명하는 것은 쉬운 작업이 아니다. 그 의미가 매우 광범위하며 다양할 수 있기 때문이다. 국어사전에 의하면 생활지도는 "학생들의 일상생활 활동을 지도하여 좋은 습관이나 태도를 기르는 일"이다. 이 정의에서 볼 수 있듯이 생활지도의 일차적 대상은 학생이다. 앞에서도 언급하였지만 학생 대상의 생활지도가 학생만을 지도한다고 해서 소기의 목표에 도달할 수 있는 활동이 아니다. 학생 대상의 지도활동도 학생 주변의 모든 사람이 연루되기 때문에 그 대상이 모든 국민으로 확장되지 않으면 안 된다.

그리고 또 하나 볼 수 있는 것은 생활지도는 가치지향적 활동이다. 좋은 습관이나 태도는 분명 문화와 연관되어 있다. 특정 문화에서 좋다고 보는 행동이나 습관은 다른 문화의 그것들과 다를 수 있다. 즉, 우리나라 문화에 적합한 혹은 우리나라 문화에서 필요로 하는 행동습관이나 태도를 육성하는 것이 우리나라의 생활지도라 할 수 있다. 여기에서부터 출발하여 생활지도의 의미를 보다 총체적이면서 체계적으로 만들어 가는 작업이 생활지도학의 과제 중 하나라고 할 수 있다.

생활지도의 의미를 보다 현실적으로 파악하기 위해서는 그 사용되는 맥락을 참고할 필요가 있다. 생활지도라는 개념은 흔히 학교교육에서 교과지도에 상응하는 다른 한 축의 개념으로 사용된다. 시험이나 대학 진학을 위해 필요한 지식 전달 위주의 교육이 아니라 실제 삶의 과정에서 인간답게 사는 데 필요하다고 보는 내용에 대한 실천교육이다. 이제까지는 학교교육에서의 생활지도가 이 영역을 담당하여 왔다고 할 수 있다.

물론 어떤 특정 개념에 대해 명확하게 합의된 정의에 도달하는 것이 매우 어려운 일일 것이다. 그러나 생활지도가 무엇을 의미하는지에 대해서 최소한 어느 정도는 합의된 정의를 확립할 수 있어야만 체계적으로 접근할 수 있다. 아직은 개념 정립이 미흡한 상태에 있다고 생각된다. 그렇기 때문에 생활지도에 관심을 갖는 학자들이 함께 모여 그 개념 및 하위 개념들을 체계적으로 정립하는 일이 추진되어야 할 것이다.

### 3) 생활지도에 포함시킬 내용을 체계적으로 그리고 구체적으로 찾아내야 한다

생활지도의 정의와 목표를 명확히 하였다면 다음으로 해야 할 작업은 생활지도의 내용을 선정하는 일이다. 생활지도에서 무엇을 가르치고 육성할 것인가? 이는 우리나라의 미래가 요구하는 인간상과 맞물려 가야 할 것이다. 미래 사회에 대비할 수 있도록 안내하기 위해서 어떤 덕목이나 가치관, 혹은 생활습관이나 태도를 키워 주는 것이 필요한가에 대한 답을 찾아내는 작업이 필요하다.

생활지도의 내용에 관한 전체적 그림을 그려 보는 데 있어 긍정심리학에서 주장하고 있는 인간의 여섯 가지 덕목(virtues)과 24가지 성격강점(character strengths)은 좋은 참고자료가 될 수 있다(Peterson & Seligman, 2009). 피터슨과 셀리그먼(Perterson & Seligman, 2009)은 인간이 현재와 같이 번창할 수 있게 된 것은 인간이 가지고 있는 덕목과 성격강점(character strengths) 때문이라고 본다. 그들은 인간이 가지고 있는 덕목을 모두 6개로 나누고 이들 덕목을 다시 2~8개의 성격강점으로 나누어 총 24가지의 성격강점이 있다고 보았다. 이들에 관하여 간략히 살펴보면 다음과 같다. 먼저 첫 번째 덕목은 지혜와 학식 덕목으로 여기에는 호기심, 학구열, 판단력, 창의성, 사회적 지능, 예견력과 같은 성격강점이 있다. 두 번째는 용기 덕목이다. 이 덕목에는 호연지기, 성실, 지조와 같은 성격강점이 포함되고 있다. 세 번째는 사랑과 인간애 덕목으로, 이 덕목에는 친절, 사랑할 능력과 사랑받을 줄 아는 능력과 같은 성격강점이 있다. 네 번째는 정의감 덕목이다. 이 덕목에는 충성심, 공정심, 지도성과 같은 성격강점이 있다. 다섯 번째는 절제력 덕목인데, 이 덕목에는 자기통제력, 신중성, 겸손과 같은 성격강점이 포함된다. 마지막으로, 영성 및 초월성 덕목이 있으며, 이 덕목에는 감상력, 감사, 희망, 영성, 용서, 명랑함과 같은 성격강점이 있다. 이들 24가지의 성격강점을 참고하여 우리 미래 사회가 어떤 성격강점을 특히 필요로 하는지를 예견하고 이들 성격강점을 육성시키는 개입활동을 계획하고 실천할 수 있도록 안내하는 것을 생각해 볼 수 있다. 또한 가능하다면 이들 성격강점의 위계체계를 구성하여 어떤 성격강점이 보다 근본적이며 선행되어야 하는지 등에 관해서도 밝히는 것이 필요하다.

생활지도의 내용은 인간의 발달 단계와 더불어 고려해 보는 것이 좋다. 홍순정 등 (2013)은 인성교육의 내용 선정을 발달 단계, 즉 태아기, 영유아기, 아동기, 청소년기, 성인기, 성인 후기로 나누어 그 단계에서 특히 습득할 필요가 있는 주요 덕목을 그 내용으로 포함시키고 있다. 예컨대, 초등학교 시기인 아동기에 키워 줄 주요 덕목으로 대인관계, 책임감, 협동성, 근면성, 자아존중감을 들고 있고, 성인기에 키워 줄 주요 덕목으로 자아존중감, 배려, 열린 마음과 관용, 신뢰감, 정직, 개인적 및 사회적 책임감 등을 들고 있다. 그러나 이러한 덕목들이 어떤 근거에서 도출되었는지에 관해서는 구체적으로 언급하고 있지 않다. 따라서 발달 단계별로 어떤 덕목이 우선적으로 다루어질 필요가 있고, 어떤 덕목이 차후에 다루어져야 할 것인지, 그리고 어떤 덕목은 전 생애를 통하여 지속적으로 키워져야 할 것인지에 관하여 체계적인 연구를 해 나갈 필요가 있다.

생활지도에서는 가치관 교육도 이루어져야 한다. 하나의 조직이나 문화 혹은 국가는 나름대로의 가치관이 있다. 사회, 국가의 구성원은 그 가치관을 내면화하여 생활 속에서 자연스럽게 구현할 수 있어야 한다. 많은 교육학자나 철학자들은 우리나라는 특히 가치관 교육이 절실하게 요청된다고 지적하고 있다. 생활지도에서 가치관 교육을 포함시키기 위해서는 가치관의 위계와 구성을 체계적으로 정립하여 가치관 교육의 내용 간에 충돌이 발생하지 않도록 하는 작업 등이 이루어져야 할 것이며, 이에 관한 체계적인 연구가 있어야 할 것이다.

또한 생활지도는 진로지도도 포함할 수 있어야 한다. 우리 인간의 삶은 진로를 빼놓고 생각할 수 없다. 따라서 삶에 관한 안내나 교육활동으로서 생활지도활동에는 어떤 형태로든 진로에 관한 내용이 포함되지 않으면 안 된다. 진로지도에 포함되어야 할 내용 또한 만만치 않다. 어떤 진로 관련 내용이 다양한 발달 단계에 따라 어떻게 반영되어야 할지에 관하여 보다 정교한 연구를 하여야 할 것이다.

생활지도의 내용은 실로 다양할 수 있다. 이 같은 다양성 속에서 과연 생활지도의 내용을 어떻게 구성할 것인가 하는 질문은 매우 까다로운 문제가 아닐 수 없다. 이미 언급했듯이 생활지도는 교과지도와 대비되는 개념으로서 학생으로 하여금 전반적인 생활을 건강하고 적절하게 생활할 수 있도록 안내하고 가르치는 활동인 만큼 그 내용이 광범하고 다양하지 않을 수 없다. 이 같은 어려움을 안고서라도 앞에서 언급한 개념 및 목표 정립의 과제에 대한 답을 어느 정도 명확히 할 수 있다면, 그리고 인간의 발달 단계에 따라 배워야 하는 덕목이나 기술 등을 명확히 할 수 있다면 생활지도의 내용은 자연스럽게 모습을 드러낼 수 있을 것으로 본다. 이에 관한 연구가 생활지도학에서 추진해 가야 하는 핵심적 과제 중 하나라 할 수 있다.

## 4) 생활지도의 효율적인 방법을 찾아야 한다

생활지도학에서 다루어야 하는 또 다른 과제는 생활지도를 어떻게 전달할 것이냐 하는 것이다. 생활지도의 목표나 내용을 결정했다 하더라도 이를 어떤 사람이 누구에게 어떻게 효율적으로 전달하느냐 하는 것을 밝히는 것은 또 하나의 매우 중요한 과제라 할 수 있다. 같은 내용이라도 누가 어떻게 전달하느냐에 따라 개입활동의 효율성이 달라진다는 것은 주지의 사실이다.

생활지도의 방법으로서 가장 전형적인 방법은 직접교수 접근법(didactic approach)이라 할 수 있다. 이 방법은 문자 그대로 가르치고자 하는 내용을 강의식으로 전달하는 방식이다. 이 같은 방법은 가치를 변화시키거나 인성과 관련 있는 행동을 습득시키는 생활지도에서는 효율적이지 못하다는 지적이 많다(Leming, 1995). 그러나 현실적으로 많은 교사나 지도자들은 생활지도의 방법으로 지시하고 해결책이나 답안을 제시하며 그대로 이루어지도록 요구하고 있다.

생활지도의 방법으로 직접교수방법이 아닌 여타의 다양한 방법들이 제안되어 오고 있다. 대표적인 예로 협동학습이나 경험학습, 혹은 공동체 내에서의 경험학습 등이 있다(금명자, 김광수, 전명희, 1996). 이들 대안적 방법의 공통점은 학생들로 하여금 자발적이며 적극적으로 토론에 참여케 하여 학생들 스스로 하나의 바람직한 판단에 도달할 수 있도록 안내하는 것이다. 이들 대안적 방법은 직접교수방법보다는 훨씬 더 효과적인 것으로 입증되었으나 실제 행동적 측면의 변화는 두드러지지 못한 것으로 지적되고 있다. 따라서 생활지도는 설명이나 토론을 넘어 실제 작업이나 과업수행 과정에서 행동으로 표현되어 나타날 수 있도록 하는 것이 필요하다는 주장도 있다. 쉽게 예측할 수 있겠지만 우리나라의 현실은 이러한 대안적 방법이 활용되고 있지 않다. 보다 효율적인 생활지도의 방법을 고안하고 그 효율성을 경험적으로 제시할 수 있어야 할 것이다.

교육의 효과는 가르치는 사람에 의해 크게 좌우된다. 로저스(Rogers, 1961)는 일찍이 상담의 방법 중 가장 강력한 방법이 바로 상담자 자신이라고 갈파하였다. 인간의 생활과 관련되는 생활지도에 있어서는 마찬가지다. 생활지도의 효율성을 높이기 위해서는 지도자의 자질이나 역량 수준이 높아야 한다. 어떤 측면에서 어느 정도의 역량을 갖출 필요가 있는지에 관한 연구를 수행하여 그 결과를 제시하는 것은 생활지도학의 과제가 된다.

레밍(Leming, 1995)은 학교의 효과적인 생활지도나 인성교육을 위해서 교사의 역할을 특히 강조하고 있다. 그는 교사의 모델링, 학생 행동에 대한 승인/불승인 표시하기, 설명 등과 같은 행동이 인성교육에 필요하다고 지적하며, 교사의 학생에 대한 민감성이나 효율적인 의사소통기술 또한 중요한 요소로 들고 있다. 누치(Nucci, 1989)는 인성교육을 위한 교사의 여섯 가지 행동, 즉 본보기 보이기, 설명하기, 호소하기, 주위 환경을 조성하기, 학생으로 하여금 자기평가를 하도록 하기, 실제로 경험해 보도록 하기 등을 제시하고 있다. 학교에서의 생활지도에 있어 무엇보다도 중요한 것은 교사의 역할이라 할 수 있다. 교사의 인격이나 품성, 교사의 교육방법 등은 생활지도에 매우 강력한 영향을 주기 때문에 교사들을 대상으로 생활지도를 위한 연수 등을 실시하는 것은 필수적 요소라고 할 수 있다.

이 같은 교사의 역할은 생활지도에 관한 한 부모나 동네 아저씨에게도 그대로 적용될 수 있을 것이다. 즉, 부모가 자녀의 생활지도를 위해서는 특히 모범을 보일 수 있어야 하며, 효율적인 의사소통을 바탕으로 하여 그 내용이 전달될 수 있어야 할 것이다. 생활지도는 특히 인간관계 속에서 이루어지기 때문에 가정에서는 부모와 자녀 사이에서, 학교에서는 교사와 학생 사이에서 그리고 친구들과의 좋은 인간관계에서 경험적으로 습득할 수 있도록 해야 할 것이다. 따라서 생활지도를 담당하는 사람은 좋은 인간관계 형성에 필요한 기본적인 지식과 기술을 갖추어야 한다.

그러나 지식교육에 치우쳐 있는 우리의 현실에서, 이 같은 생활지도를 담당해야 할 사람의 역할은 간과되고 있다. 특히, 부모, 교사 등과 같이 직간접적으로 큰 영향력을 가지고 있는 사람들이 생활지도를 위한 제대로의 기능을 하고 있지 못한 것이 매우 심각한 문제 중 하나이다.

## 5) 생활지도의 대상을 점진적으로 확대해 갈 수 있어야 한다

또 다른 생활지도의 중요한 과제로서 대상을 어디까지 할 것인가의 문제를 생각해 볼 수 있다. 생활지도의 출발은 학교 장면이었기 때문에 학생이 그 주요 대상이라할 수 있다. 학생도 연령에 따라 매우 다양한 학생이 있다. 어린이집의 학생부터 시작하여 초등학생, 중학생, 고등학생, 대학생, 나아가서는 대학원생이 있다. 생활지도학은 어떤 학생까지 생활지도의 대상으로 삼을 것이며, 그리고 그들을 대상으로어떤 생활지도활동을 할 것인지 등에 대한 답을 찾아가야 하는 과제를 안고 있다.

전 생애교육이 활성화되면서 전 생애에 걸친 생활지도도 함께 추진되어야 할 것이다. 홍순정 등(2013)의 관점을 수용하여 태아기부터 시작하여 죽음에 이를 때까지 생활지도활동이 지속될 필요가 있다. 특히, 고령화에 따라 사회를 구성하고 있는 성인 후기나 노인기의 사람을 대상으로도 생활지도를 추진해 갈 필요가 있다. 이와더불어 어떤 내용을 가지고 생활지도를 할 것인가에 대한 답을 찾아가야 할 것이다.

사실상 배움을 필요로 하는 사람은 모두 생활지도의 대상이 될 수 있다. 문제는 개인 스스로 자신이 배울 필요가 있다는 것을 인정할 때 배움 활동이 이루어질 수 있으며 동시에 생활지도활동도 가능하게 된다. 환언하면 우리 국민 모두가 스스로 끊임없이 배우고 익힐 필요가 있다는 것을 인식할 수 있도록 안내하는 활동이 선행될 필요가 있다.

결론적으로 생활지도의 대상을 점진적으로 확대시켜 가는 작업이 생활지도학이 풀어야 할 과제의 하나가 될 것이다.

## 6) 생활지도의 내용에 따른 적절한 교육시기를 밝혀내야 한다

생활지도와 관련하여 신중히 검토하여야 할 또 하나의 문제는 교육시기와 관련된다. 과연 어느 시기에 생활지도를 실시하는 것이 효과적일까? 이 질문에 대한 답을 찾는 것도 쉽지 않다. 앞에서도 언급하였지만 인간은 전 생애를 통하여 배워야한다. 문제는 언제 어떤 내용을 배울 필요가 있는가 하는 것을 밝히는 것이다.

이에 대한 견해도 다양하나 생활태도 및 행동습관(인성, 성격, 품성, 습관, 도덕성 등)은 어린 시절부터 가꾸어져야 한다는 것이 일반적인 통념이다. 프로이트 이후 많은 성격학자들은 인간의 성격이 발달 초기(약 5세 이전)에 형성된다고 주장하고 있으며, 따라서 이 시기에 생활지도나 인성교육이 이루어져야 한다는 것이다. 우리나라의 학자들이나 교사들의 견해도 비슷하다. 예컨대, 김형태(1998)의 인성교육의 시기 적절성에 관한 설문조사에 의하면 교사들의 반응은 초등학교 시절, 평생 동안, 취학 전, 유치원, 중고등학교 순으로 나타나고 있다. 그는 전체적으로 볼 때 인성교육은 초등학교나 혹은 취학 전에 이루어져야 한다고 주장한다. 풀검(Fulghum, 2003)은 자신의 저서 『내가 정말 알아야 모든 것은 유치원에서 배웠다』에서 생활교육을위한 조기교육의 중요성을 지적하고 있다.

그러나 생활지도 시기가 반드시 초등학교 이전에만 국한될 필요는 없다고 본다. 왜냐하면 이 시기 이 후에도 다양한 내용의 생활지도는 필요하기 때문이다. 예컨대, 자아정체감 형성을 목표로 하는 생활지도는 아동 시기보다 청소년 시기가 보다 적절하다고 할 수 있다. 성인을 대상으로도 가치관 교육과 같은 생활지도는 급변하는 사회에서 매우 유용할 수 있다. 즉, 인간의 발달 단계에 적절한 내용의 생활지도는 평생을 통해 이루어질 필요가 있다는 것이다.

따라서 교육 시기의 문제는 인간의 발달 단계와 교육 내용을 함께 고려하여 결정하여야 할 것이다. 과연 어느 시기에 어떤 내용의 생활지도를 시키는 것이 효과적일까 하는 질문으로 바꾸어 생각해 보아야 한다. 즉, 개인의 발달 과정에 따라 적절한 내용의 생활지도가 필요하다고 할 수 있는데 그 적절성은 개인의 발달수준과 발달 과업 등이 얼마만큼 고려되었느냐에 따라 결정될 것이다. 교육 시기와 관련하여 생활지도학이 풀어야 할 과제가 아주 많다.

## 7) 생활지도를 실시할 수 있는 다양한 실천 전략을 확보할 수 있어야 한다

다음으로 생활지도를 실시할 수 있는 실천 전략에 관한 과제를 생각해 본다. 아무리 좋은 생활지도의 내용이나 프로그램을 개발해도 그것이 실제 그 대상에게 효과적으로 전달되지 않으면 아무런 의미가 없다. 실천은 무엇보다도 지도자가 실천을 하고자 하는 의지가 있어야 하며, 이는 생활지도의 필요성이나 중요성에 대한 인식과 직결된다. 그리고 생활지도는 어느 특정 교육 장면에서만 이루어져서는 그 효과를 얻을 수 없다는 것이 일반적인 지적이다. 모든 생활 현장에서 일관성 있게 이루어질 때 비로소 제대로의 생활지도 혹은 인성교육이 된다는 것이다(문용린, 1998). 이 같은 관점에서 여기에서는 생활 장면을 크게 가정, 학교, 사회로 나누고 그 실천 전략의 과제를 생각해 볼 수 있다.

가정에서의 생활지도 실천의 문제는 부모와 직결된다. 우선적으로 자녀를 위한 다양한 인성교육 프로그램을 개발하여 부모들에게 보급하는 일을 생각해 볼 수 있다. 최근 매우 다양한 부모교육이 실시되고 있으나 자녀의 생활지도에는 역부족이다. 특히, 부모 자신의 성격, 품성, 도덕성 등이 제대로 형성되어 있다고 보기 어려운 경우가 많아 부모에 의한 자녀의 생활지도의 결과가 긍정적이지 않다. 설령 부모를 대상으로 프로그램을 실시한다 하더라도 주로 어머니들만이 참여할 때가 대부분이며, 한편으로는 현실적으로 부모교육을 받기가 어려운 사람들이 많아 이 같은 부모들에게 어떻게 접근하느냐 하는 것이 매우 까다로운 문제로 남아 있다. 부모교육을 하나의 사회운동으로 발전시키는 전략은 매우 효과적일 수 있다.

학교에서의 생활지도는 크게 두 가지 전략에 의존해 온 듯하다. 하나는 윤리 혹은 도덕과 같은 정규 과목을 통해서이고, 다른 하나는 일상적 학교생활에서 생활지도 및 상담을 통해서다. 하지만 이 두 전략이 결과적으로 사실상 큰 효과를 거두지 못한 것으로 지적되고 있다. 그 이유는 생활지도활동이 실천 중심이 아니라 지식 중심이었기 때문이었으며, 교사의 적극성이나 전문성의 미흡 등도 그 이유가 될 수 있다. 이 외에도 학생 대상 생활지도를 위해 활용될 수 있는 시간은 다양하다. 예컨대, 특별활동 시간이나 쉬는 시간 등을 들 수 있다. 그러나 이들 시간을 이용한 생활지도에는 별로 관심이 없는 것 같다.

생활지도는 학생들의 학급생활 속에서 이루어져야 한다. 하나의 덕목은 큰 개념이어서 이것을 개인의 몸 안에 자리하도록 하기 위해서는 학급생활 장면에서 그 덕목이 구현될 수 있는 구체적인 행동을 찾아서 매일 꾸준히 연습해야 한다. 필요하면 지속적인 수정·보완 과정을 거치면서 다시 연습하여 몸에 익힐 수 있도록 반복적이면서도 일관성 있는 개입 활동이 제공되어야 한다. 하나의 덕목을 설정하여 일정 기간(예: 1개월) 학급생활에서 연습하도록 하는 것도 좋은 방법이 될 수 있다.

학교의 생활지도에 있어 또 다른 실천 전략의 문제는 인성교육이나 생활지도에 대한 잠재적 교육과정의 미비라 할 수 있다. 학생이 학교에서 생활하는 시간이 막대함은 김종서(1974)가 잘 보여 주고 있다. 실제 교과과목 시간에도 수없이 많은 교과 관련 외의 내용이 진행되고 있는 데, 바로 생활지도와 관련되는 교육이 이 과정에서 일어나고 있음을 직시할 필요가 있다. 그렇다면 과연 이같이 눈에 잘 띄지 않은 시간이나 과정을 어떻게 생활지도를 위해 활용할 것인가 하는 질문을 제기해 볼 수 있다. 생활지도학에서는 이에 대한 보다 명확한 답을 찾아야 할 과제를 안고 있다.

가정, 학교와 함께 사회에서의 생활지도는 그 중요함이 실로 막중하다. 그러나 현실적으로는 사회에서의 생활지도는 우리의 무관심 속에 버려져 있는 실정이다. 담배 피는 어린 학생에게 다가가 그 행동을 지적하고 혼을 내는 어떤 의지 있는 아저씨의 행동만을 간혹 볼 뿐 더 이상의 생활지도는 없어 보인다. 소규모의 지역사회를 중심으로 생활지도의 기능을 하는 어떤 모임을 결성하여 운영하는 방안을 생각해 볼 수 있는데 이는 지역사회의 결속력이나 지역 지도자의 강한 의지를 필요로 한다. 미국 대통령 영부인 힐러리 여사가 "It takes a whole village."라고 말한 것처럼 지역사회 전체가 청소년의 생활지도에 참여할 수 있어야 한다.

사회를 구성하는 또 하나의 생활지도의 전략으로 대중매체를 들 수 있다. 청소년뿐 아니라 모든 국민들에게 텔레비전이 미치는 영향은 지대하다. 그러므로 다양한 대중매체를 통하여 생활지도를 실천해 갈 수 있을 것이다. 예컨대, 한국방송광고진흥공사에서 실시하는 텔레비전 공익광고에는 아주 좋은 가치관 교육의 내용이 포함되어 있다. 이 같은 활동은 전 국민을 대상으로 하는 생활지도활동이라 할 수 있다. 생활지도학은 이 같은 생각을 더욱 발전시켜 전 국민 대상 생활지도활동을 위한 다각적인 실천 전략을 찾고, 또 실천해 가야 할 과제를 안고 있다.

## 8) 생활지도학의 이론과 실제가 일관성을 보여 줄 수 있어야 한다

또 하나의 생활지도학의 과제로 이론과 실제의 일관성을 들 수 있다. 생활지도와 관련되는 지식이나 정보 혹은 이론이 실제 생활 현장에서의 개인의 삶에 도움을 주지 않으면 그 지식이나 이론은 공염불에 지나지 않는다. 생활지도, 상담, 혹은 교육 분야에서 가장 어려움을 느끼는 부분이 바로 이 부분이라 할 수 있다. 배운 내용을 생활 속에 적용할 수 있어야 하는데 적용하기가 너무 어렵다거나 배운 내용과 현실 간의 차이가 너무 커서 실천의 의미를 찾기 어려울 때가 있다. 혹은 연구의 결과를 실제에 적용하기가 어려운 경우도 많다.

이렇게 이론과 실제가 통하지 않으면 학문으로서의 생활지도학은 그 힘을 잃게 된다. 생활지도학이 그 의미를 찾기 위해서는 이론이나 지식이 개인의 실제 생활에 적용될 수 있어야 하며, 실질적으로 도움을 줄 수 있어야 한다. 그렇지 않으면 배우고 익힌 내용을 실제 생활에 적용할 이유가 없다. 바로 이론과 실제의 일관성의 문제라 할 수 있다. 생활지도의 어려움의 핵심은 바로 여기에 있다고 생각된다. 생활지도학은 바로 이러한 어려움을 해결해 줄 수 있어야 할 것이다. 나아가 좋은 행동 습관이나 태도를 배우고 익혀도 그것을 실천했을 때 도움은커녕 오히려 손해를 보는 경우가 많다면 그것을 실천할 이유가 없게 된다. 그리고 가정에서 배운 행동이 학교나 사회에서 별로 도움이 되지 않는다면 그러한 행동은 점차 소멸되어 갈 가능성이 크다. 즉, 배우고 익힌 행동이 다양한 생활 장면에서 일관성 있게 도움이 되고 의미가 있을 때 그와 같은 행동은 지속될 가능성이 크다. 이런 사회 전반적인 환경을 조성하는 것 또한 생활지도학이 풀어가야 할 과제 중 하나라고 할 수 있다.

## 4. 요약 및 결론

이제까지 우리나라 미래의 모습을 예견하면서 우리나라의 생활지도학이 나아가야 할 방향과 과제에 대하여 탐색하고 검토하였다. 사회가 급변하고 있다. 미래 세계의 모습을 예견하는 것이 어려울 정도로 현재의 우리 사회는 변해 가고 있다. 미래의 삶은 우리에게 더욱 큰 도전을 요구하고 있다. 그리고 많은 것을 배우고 익히도록 요청해 오고 있다.

생활지도는 삶의 관한 안내와 교육활동이다. 그리고 개인뿐 아니라 사회의 존속과 번영을 위하여 필수적인 활동이다. 사회가 복잡해지고 다원화될수록 그리고 빠른 속도로 변해 갈수록 그만큼 적응이 어려워질 수 있으며 그 결과 구성원들의 적응을 위해서도 생활지도는 필수적인 활동이다. 분명 우리의 미래 사회는 생활지도를 더욱 필요로 할 것이다. 특히, 우리나라의 경우는 국가적으로 특수한 상황에 있기 때문에 개인적 차원뿐 아니라 국민 전체적 차원에서 체계적인 생활지도가 필요하다.

그러나 현재의 생활지도활동의 성과는 매우 미흡한 실정이다. 그만큼 중요하다고 말만 하고 실제로 생활지도에 많은 관심과 시간을 투자하고 있지 못하고 있다. 생활지도가 어떤 역할을 해야 하며 어떻게 개입해 가야 하는지, 그리고 어떻게 사회 전체적으로 생활지도 운동을 펼쳐갈 것인지에 관하여 준비해야 하는 과제를 안고 있다.

이 장에서는 생활지도학이 당면하고 있는 과제를 여덟 가지로 나누어 제시하였다. 첫째, 생활지도학의 필요성이나 중요성에 관하여 사회 전체의 인식을 더욱 높일 수 있어야 한다. 둘째, 생활지도의 개념 및 목표를 확고하게 설정할 수 있어야 한다. 셋째, 생활지도에 포함시킬 내용을 체계적으로 그리고 구체적으로 찾아내야 한다. 넷째, 생활지도의 효율적인 방법을 찾아야 한다. 다섯째, 생활지도의 대상을 점진적으로 확대해 갈 수 있어야 한다. 여섯째, 생활지도의 내용에 따른 적절한 교육시기를 밝혀내야 한다. 일곱째, 생활지도를 실시할 수 있는 다양한 실천 전략을 확보할 수 있어야 한다. 마지막으로 여덟째, 생활지도학의 이론과 실제가 일관성을 보여 줄 수 있어야 한다.

생활지도는 특정 행동습관이나 태도를 학습자가 습득하여 실제로 생활 속에서 실천하지 않으면 그 의미를 찾기 어렵다. 생활지도와 같이 활동 중심의 학문은 활동을 통하여 소기의 목표에 도달하는 성과가 있어야 그 분야의 존재의 이유를 찾을 수 있다. 따라서 생활지도 혹은 생활지도학은 바로 이 활동이나 분야의 존재의 이유를 찾을 수 있는 방안을 강구하여 실천하는 과제를 가지고 있다고 본다.

우리나라 국민을 위한 생활지도는 가치관 교육이 강조될 필요가 있다. 우리나라 사람에게 반드시 필요한 가치관, 국가관, 세계관, 우주관 등을 찾아 이를 추구하도록 안내하는 노력이 필요하다. 우리나라 국민은 인간으로서의 보편적 가치관이나 세계관 혹은 우주관을 가질 필요가 있으며, 동시에 우리나라라고 하는 특수 상황에 부합될 수 있는 가치관이나 국가관을 가질 필요가 있다. 그리고 이러한 가치관을 토대로 우리 전체의 목표를 추구해 나아갈 수 있도록 안내해 가야 할 것이다.

'세 살 버릇 여든까지 간다.'는 속담이 있듯 개인의 발달 초기에 몸에 스며들 수 있도록 생활지도를 실시하는 것이 바람직할 것이다. 유치원과 초등학교의 학교생활을 통하여 생활지도가 이루어지는 것이 중학교나 고등학교에서 이루어지는 것보다 더 효율적일 것이다. 그러나 조기 생활지도의 시기를 놓치는 학생들도 있을 수 있기 때문에 후속되는 학교 장면에서도 생활지도는 꾸준히 이루어져야 할 것이다. 연령이 높을수록 새로운 덕목을 습득하고 습관화하는 것은 그만큼 어렵다. 기존의 습관을 제거하면서 새로운 습관을 형성하는 것은 큰 결단과 많은 노력과 연습이 필요하다.

그러나 삶에서 꼭 필요한 덕목은 언젠가는 습득해야 하기 때문에 힘이 들더라도 교육의 전 과정을 통하여 이를 습득할 수 있도록 안내하고 격려하는 것이 필요하다. 덕목이나 역량이 몸에 밸 때까지 일정 기간 반복적인 연습이 필요하다. 생활지도는 일관성 있게 이루어져야 한다. 가정에서, 학교에서, 사회에서 일관성을 가지고 이루어져야 한다. 만약 그렇지 않으면 그 효과를 기대할 수 없다.

생활지도학에서는 어떻게 이 같은 환경을 조성할 것인가에 대하여 진지하게 연구하고, 관련인을 대상으로 교육하고 설득하면서 전체적으로 일관된 환경을 조성하기 위하여 부단한 노력을 하여야 할 것이다.

## 참고문헌

금명자, 김광수, 전명희(1996). 청소년 도덕성증진 프로그램 연구-신나는 생활의 길-. 청소년상담연구, 28. 청소년대화의 광장.

김종서(1974). **교육과정의 발전적 지향**. 서울특별시 교육위원회, pp. 139-166.

김형태(1998). **청소년세대교육론**. 대전: 한남대학교출판부.

문용린(1998). 21세기를 이끌어 갈 청소년 도덕성교육의 실천과제: 가정과 학교. 제4회 청소년도덕성증진 학술발표대회. 청소년대화의 광장.

박재황(1999). 인성교육의 제 문제. **한국교육문제론**(청남 정원식 박사 고희 기념 논저)(제21장). 서울: 교육과학사.

박재황(2015). **좋은 학급의 운영-Glasser 선택이론/현실치료상담/리드형관리의 적용**. 대구: 학이사.

이영덕, 정원식(1962). **생활지도의 원리와 실제**. 서울: 교학도서 주식회사.

정범모(2006). **사회변화와 상담학**. 한국상담학회 2006 연차대회 기조강연.

정원식, 박성수(1978). 카운슬링의 원리. 서울: 서울: 교학도서 주식회사.

정지선, 은혜진, 김연철(2009). 트렌드로 보는 미래 사회의 5대 특징과 준비 과제. IT&Future Strategy, 제8호. 한국정보화진흥원.

홍순정, 강경희, 박정자, 오윤례, 이숙희, 전방실, 정미자(2013). 전생애 인성교육. 경기: 양서원.

Fulghum, R. (2003). *All I really need to know I learned in kindergarten*. New York: Random House Publishing Group.

Glasser, W. (2004). 경고: 정신과 치료가 당신의 정신건강에 피해를 줄 수 있다(박재황 역). 서울: 한국심리상담연구소. (원전은 2003년에 출판)

Glasser, W. (2005). *Defining mental health as a public health issue*. Chatsworth, CA: William Glasser Institute.

Hersh, R. H., Miller, J. P., & Fielding, G. D. (1996). 도덕 · 가치교육의 교수모형(이석호, 임용경, 김항원, 이재봉, 강두호, 박재주 역). 서울: 교육과학사. (원전은 1980년에 출판)

Leming, J. S. (1995). *Character education: Lessons from the past, models for the future*. Camden, ME: The Institute for Global Ethics.

Nucci, L. P. (1989). *Moral development and character education*. Berkeley, CA: McCutchan.

Peterson, C., & Seligman, M. E. P. (2009). 긍정심리학에서 본 성격강점과 덕목의 분류(문용린, 김인자, 원현주, 백수현, 안성영 역). 서울: 한국심리상담연구소. (원전은 2004년에 출판)

Rogers, C. R. (1961). *On becoming a person: A therapist's view of psychotherapy*. Boston: Houghton Mifflin Company.

Ryff, C. D., & Keyes, C. L. M. (1995). The structure of psychological well-being revisited. *Journal of Personality and Social Psychology, 73*, 549-559.

Seligman, M. E. P. (2002). *Authentic happiness*. New York: The Free Press.

Seligman, M. E. P. (2011). 플로리시(우문식, 윤상운 역). 서울: 물푸레. (원전은 2011년에 출판)

Toffler, A. (2006). 제3의 물결(원창엽 역). 서울: 홍신문화사. (원전은 1991년에 출판)

## 찾아보기

## 저자 소개

**박성수**(Sung-Soo Park)
미국 Western Michigan University, 교육학(Ed.D.)
현 서울대학교 사범대학 교육학과 명예교수


**김영근**(Youngkeun Kim)
서울대학교 교육학과 박사(교육상담 전공)
현 인제대학교 상담심리치료학과 조교수


**김장회**(Janghoi Kim)
서울대학교 교육학과 박사(교육상담 전공)
현 국립경상대학교 교육학과 교수


**임효진**(Hyo Jin Lim)
미국 University of Southern California, 교육심리학(Ph.D.)
현 서울교육대학교 교육전문대학원 부교수


**유현실**(Hyunsil Yoo)
서울대학교 교육학과 박사(교육상담 전공)
미국 University of Virginia, 영재교육 전공(Ph.D.)
현 단국대학교 상담학과 부교수


**최윤정**(Yoonjung Choi)
서울대학교 교육학과 박사(교육상담 전공)
현 강원대학교 교육학과(교육상담 전공) 조교수


**김봉환**(Bong Whan Kim)
서울대학교 교육학과 박사(교육상담 전공)
현 숙명여자대학교 교육학부 교수


**정애경**(Ae-Kyung Jung)
미국 University of Missouri-Columbia, 상담심리학(Ph.D.)
현 경인교육대학교 교육학과 조교수

**박민지**(Minji Park)
서울대학교 교육학과 박사(교육상담 전공)
현 경인교육대학교, 한국방송통신대학교 시간강사
　　서울대학교 경력개발센터, 차심리상담센터 객원상담원


**김용태**(Yong Tae Kim)
미국 Fuller Theological Seminary, 가족치료학(Ph.D.)
현 초월상담연구소 소장
　　햇불트리니티신학대학원대학교 명예교수


**반신환**(Shinhwan Pan)
미국 Graduate Theological Union, 기독교상담(Ph.D.)
현 한남대학교 문과대학 기독교학과 교수


**남상인**(Sangin Nam)
미국 University of Iowa, 상담학(Ph.D.)
현 순천향대학교 청소년교육상담학과 교수


**김계현**(KayHyon Kim)
미국 University of Oregon, 상담심리학(Ph.D.)
현 서울대학교 교육학과 명예교수


**김인규**(Ingyu Kim)
서울대학교 교육학과 박사(교육상담 전공)
현 전주대학교 상담심리학과 교수


**박재황**(Jae Hwang Park)
미국 University of Illinois at Urbana-Champaign, 상담심리학(Ph.D.)
현 William Glasser International, Senior Instructor
　　한국문제해결상담연구소 소장

# 생활지도학개론
## Introduction to Guidance and Counseling

2019년 8월 20일 1판 1쇄 인쇄
2019년 8월 30일 1판 1쇄 발행

지은이 • 박성수 · 김영근 · 김장회 · 임효진 · 유현실 · 최윤정 · 김봉환 · 정애경
　　　　박민지 · 김용태 · 반신환 · 남상인 · 김계현 · 김인규 · 박재황

펴낸이 • 김진환

펴낸곳 • ㈜**학지사**

　　　　04031 서울특별시 마포구 양화로 15길 20 마인드월드빌딩

대표전화 • 02-330-5114　　팩스 • 02-324-2345

등록번호 • 제313-2006-000265호

홈페이지 • http://www.hakjisa.co.kr

페이스북 • https://www.facebook.com/hakjisa

ISBN 978-89-997-1896-0　93370

정가 20,000원

이 도서의 국립중앙도서관 출판시도서목록(CIP)은 서지정보유통지
원시스템 홈페이지(http://seoji.nl.go.kr)와 국가자료공동목록시스템
(http://www.nl.go.kr/kolisnet)에서 이용하실 수 있습니다.
(CIP 제어번호: CIP2019031616)

출판 · 교육 · 미디어기업 **학지사**

간호보건의학출판 **학지사메디컬** www.hakjisamd.co.kr
심리검사연구소 **인싸이트** www.inpsyt.co.kr
학술논문서비스 **뉴논문** www.newnonmun.com
원격교육연수원 **카운피아** www.counpia.com